金冲及文丛

生死关头
—— 中国共产党的道路抉择

金冲及 著

生活·讀書·新知 三联书店

Copyright © 2016 by SDX Joint Publishing Company.
All Rights Reserved.
本作品版权由生活·读书·新知三联书店所有。
未经许可，不得翻印。

图书在版编目（CIP）数据

生死关头：中国共产党的道路抉择／金冲及著. —北京：生活·读书·
新知三联书店，2016.8 （2024.7 重印）
（金冲及文丛）
ISBN 978 - 7 - 108 - 05596 - 5

Ⅰ.①生… Ⅱ.①金… Ⅲ.①中国共产党 - 党史 - 研究
Ⅳ.① D23

中国版本图书馆 CIP 数据核字（2015）第 284881 号

责任编辑　马　翀
装帧设计　蔡立国
责任印制　李思佳

出版发行　生活·讀書·新知 三联书店
　　　　　（北京市东城区美术馆东街 22 号 100010）
网　　址　www.sdxjpc.com
经　　销　新华书店
印　　刷　河北松源印刷有限公司
版　　次　2016 年 8 月北京第 1 版
　　　　　2024 年 7 月北京第 15 次印刷
开　　本　635 毫米 × 965 毫米　1/16　印张 26.25
字　　数　294 千字
印　　数　185,001 - 189,000 册
定　　价　48.00 元

（印装查询：01064002715；邮购查询：01084010542）

前　言

习近平同志在中共十八大后不久说过："道路决定命运，找到一条正确的道路多么不容易，我们必须坚定不移地走下去。"

中国共产党在革命、建设、改革各个时期曾多次地面对道路选择的问题。为什么找到一条正确的道路那么不容易？因为马克思主义的基本原理必须同各国实际国情相结合，才能取得成功。中国是一个和任何西方国家不同的东方农业大国，人口众多，历史悠久，经济文化在近代却大大落后了，各地发展更是极不平衡。在这样一个国家里，无论革命、建设和改革，遇到的都是一个又一个新问题。这些新问题，以往从来没有遇到过，在书本和别国经验中也找不到现成的答案。唯一的办法，只能靠中国人自己，从中国的实际情况出发，迈开步子，大胆探索，从成功和失败的实践中总结经验教训，逐步摸索出一条自己的正确路子来。除此以外，没有其他轻便的路可走。

既然是探索，自然不可能把什么都预先弄得清清楚楚，有百分百的把握才起步。中国的情况又那么复杂，面对的事情有许多未知数或变数，对路该怎么走，自然会有不同的主张，甚至会发生激烈的争论，需要进行抉择。而周围的客观局势又总是那么紧迫，曾经多少次处在生死关头，不容许你从从容容地做好一切准备再行动。许多事情只能看准一个大的方向，便下决心勇敢地往前闯，在闯的中间做种种尝试，由实践来检验。这就是历史的真实。当年做出选择和决断的艰难，也许是生活在和平日子里的后人很难完全体会得到的。检验的结果，有时证明做出的选择是符合实际的，便取得巨大的成功；有时做出的选择并不符合实际，便会遭受挫折，甚至有时会濒临失败的边缘。这种在探索和学习中前进的历程，无论成功也好，一时的失败也好，都给我们留下宝贵的精神财富。

这个时期的中国社会正处在历史上空前的剧烈迅猛的变动中，一个问题解决了，立刻又有新的异常复杂的问题被摆到人们面前，需要做出新的选择和探索，前后相续，从不间断。

中国共产党九十多年来一直沿着这条道路前进，在实践中不断把成功的选择和失败的选择做比较，有时是痛苦的反省，终于找出一条正确的道路，包括在中国如何进行革命、建设、改革的正确道路，百年巨变，取得举世瞩目的巨大成功。它得来是多么不易，是实践检验的结果，也是我们所以能充满道路自信的根据和由来。

历史是人们实践的记录。这本小书中的一些内容，主要是中国共产党在革命、建设和改革的一些重要历史关头如何选择自己的道路以及在实践过程中如何加以丰富、发展或调整的过程。希望书中叙述的历史事实，多少能引起读者的进一步思考。文章是多年中陆续写成的，结集时除极少文字校正外一仍其旧，论述中如有不恰当的地方，希望读者批评指正。

金冲及

2015 年 6 月

目　录

前　言　1

他们为什么选择了社会主义　1

　　一、资产阶级共和国方案在中国的试验和破产　2

　　二、世界范围内的思想大变动对中国的影响　6

　　三、对种种打着社会主义旗号的新思潮的比较推求　11

　　四、五四运动是中国历史上一个新时期的开端　18

从辛亥革命到中国共产党的建立　22

　　一、关于辛亥革命　22

　　二、关于五四运动　30

　　三、关于中国共产党的成立　35

第一次国共合作和大革命　42

　　一、为什么在20世纪20年代中期会出现这样一场大革命　42

　　二、第一次国共合作为什么能够形成　44

　　三、第一次国共合作带来了什么　45

　　四、大革命高潮的到来和蒋介石反共活动的抬头　47

　　五、北伐的胜利进展和蒋介石的反共政变　49

　　六、党的继续妥协退让和大革命的失败　51

　　七、结语　52

对党的六大的历史考察　55

　　一、"左倾"盲动主义的狂热　55

　　二、探索前进中的徘徊　58

　　三、共产国际的二月决议和它的影响　65

四、六大的前进与局限　69

五、简单的结语　74

中国共产党在革命时期三次"左倾"错误的比较研究　76

一、大革命失败和第一次"左倾"错误　76

二、革命走向复兴和第二次"左倾"错误　90

三、"国际路线"和第三次"左倾"错误　109

四、产生错误的根本原因　129

遵义会议：党的历史上的转折点　137

一、分歧的实质　137

二、矛盾的激化　140

三、历史的转折　142

四、新传统的形成　143

中央红军在贵州的若干重大问题　146

一、中央红军为什么会进入贵州　146

二、几种政治力量的剖析　152

三、从黎平到遵义　164

四、四渡赤水，西进云南　176

五、结语　191

抗战前夜中共中央战略决策的形成　194

一、中央红军到达陕北　194

二、瓦窑堡会议　198

三、东征和晋西会议　205

四、对两广事变和国民党五届二中全会的反应　213

五、中共中央关于逼蒋抗日的指示　219

六、西安事变前后　228

从十二月会议到六届六中全会　241

一、中共中央在抗战爆发初期的决策　242

二、王明归国和十二月会议　245

　　三、建立长江局和三月会议　253

　　四、在共产国际的讨论　261

　　五、中共扩大的六届六中全会　265

　　六、结语　271

抗日战争与中华民族的新觉醒　274

　　一、民族自觉的新高度　275

　　二、民主观念的深入人心　279

　　三、中国共产党被更多人所了解和接受　282

　　四、结语　285

三大战略决战中的毛泽东和蒋介石　287

　　一、关于毛泽东　290

　　二、关于蒋介石　302

中国人从此站立起来了　308

　　一、为了共和国的诞生　308

　　二、绘制建设新中国的蓝图　311

　　三、人民共和国开始起步　315

新中国的第一年　321

新中国的前三十年　334

　　一、关于社会主义制度的建立　337

　　二、关于"大跃进"　345

　　三、关于"文化大革命"　353

新民主主义社会和社会主义初级阶段　362

从十一届三中全会到十二大　370

　　一、三中全会的前夜　371

　　二、从端正思想路线入手　372

　　三、新时期基本格局的形成　373

四、拨乱反正和改革开放的开始　375

　　五、高举起中国特色社会主义的旗帜　378

世纪之交的回顾和展望　380

　　一、20世纪中华民族奋起的历程　380

　　二、牢牢抓住前所未有的历史机遇　385

　　三、迎接新世纪的到来　387

中国共产党在新世纪之初的行动纲领　389

　　一、新世纪面对的新形势　390

　　二、高举邓小平理论伟大旗帜，全面贯彻
　　　　"三个代表"重要思想　392

　　三、全面建设小康社会　396

　　四、全面推进党的建设新的伟大工程　399

征引文献　402

　　一、报刊征引文献　402

　　二、图书等征引文献　404

　　三、海外征引文献　413

他们为什么选择了社会主义 [1]

——五四时期先进青年思想变动轨迹的剖析

五四运动在中国近代思想大变动中所占的突出地位,是没有人能够否认的。

那是个充满着疾风暴雨的日子。先进的人们高举起"科学"和"民主"的大旗,向阻碍中国社会进步的旧思想、旧观念发动猛烈的进攻,形成一场新旧思潮的大激战。许多在黑暗环境中极度苦闷的青年人,在思想界卷起的这场巨大波澜中,猛然望见了新的曙光。他们反复比较当时所能接触到的种种新思潮,思考中国的现实出路在哪里,并以大无畏的气概向未来探索。

从比较和思考中,人们得出的结论并不相同。批判目标的一致远不意味着选择目标的一致。反对旧思想、旧观念时曾经并肩站立在一起的亲密伙伴,逐渐发生了分化。多数的先进分子经过不同的途径,先后奔集到科学社会主义也就是马克思主义的旗帜下来。这是当时最引人注目的历史现象。

年轻的瞿秋白,在五四的第二年写道:"中国社会思想到如今,已是一个大变动的时候。一般青年都是栖栖皇皇、寝食不安的样子。究竟为什么?无非是社会生活不安的反动。反动初起的时候,群

---

[1] 本文是作者在1989年5月5日至7日召开的五四运动学术讨论上提交的论文。

流并进,集中于'旧'思想学术制度,作勇敢的攻击。等到代表'旧'的势力宣告无战争力的时期,'新'派思想之中,因潜伏的矛盾点——历史上学术思想的渊源,地理上文化交流之法则——渐渐发现出来,于是思想的趋向就不像当初那样简单了。""我和诸同志当时也是飘流震荡于这种狂涛骇浪之中。"[1]张闻天生动地描述过自己当时的思想旅程:"我们对于这种不合理的社会,情意上早感到不安,因不安也早产生了改造的决心。不过用什么方法来改造呢?应该改造成什么样呢?这些问题常常横在我胸前面一日不能去的。无抵抗主义呢?反抗主义呢?无政府主义呢?社会主义呢?如江河流水,不绝地引起我底烦闷。但永久不决定是不能生活的。那么,取其长,舍其短,自然不能不走社会主义一条路了。自今日起,我希望能够在实现社会主义的历程中做一个小卒。"[2]为什么那么多接受了五四运动洗礼、在当时最有觉悟又富有思考能力的青年,进行了反复比较和思考后,做出同样的选择,把科学社会主义确定为自己的理想?这种现象有它的内在逻辑在支配吗?这的确是一个令人感兴趣的问题。

一、资产阶级共和国方案在中国的试验和破产

事物的发展都不会凭空而来,总有它的来龙去脉可以找寻。为了探讨问题,我们不妨简略地回顾一下五四以前中国先进分子经历过的梦想和现实。

当中国历史进入近代以后,处于封闭状态的传统社会再也无

---

[1] 瞿秋白《饿乡纪程》,《瞿秋白文集》文学编,第1卷,北京:人民文学出版社,1985年版,第29、30页。
[2] 张闻天:《中国底乱源及其解决》,1922年1月,载《党的文献》1989年第3期。

法照旧维持下去了。人们带着惊异的目光,看到外部世界竟有那么多中国人闻所未闻的新道理和新事物。甲午战争失败后,民族危机更加深重了。人们如饥似渴地阅读大量西方社会政治方面的书籍。这些书籍对他们产生了强烈的吸引力,他们既感到新鲜,又受到巨大的鼓舞。1903年日本留学生出版的《江苏》杂志上有一段话把他们这种心情写得淋漓尽致:"横瞰欧美之光明政局,旁探近代之革新历史,注目于其社会,关心于其国事,每有一种葱葱勃勃伟大昌隆之气象,目击焉而心花开,耳触焉而气概扬,不知不觉间激起吾欢欣歌舞羡慕恋爱之一片良感情,跳跃于心头而不能自镇。"[1]越来越多的人逐渐认定:一定要以西方国家为榜样,才能找到拯救祖国的出路,他们不惜为此抛头颅、洒热血,进行了前仆后继的英勇斗争。

这个斗争的高峰是1911年的辛亥革命。它以从西方传入的进化论、天赋人权论和民主共和国方案作为思想武器。投身这场革命的人长时间内充满自信,期待着"一旦我们革新中国的伟大目标得以完成,不但在我们的美丽的国家将会出现新纪元的曙光,整个人类也将得以共享更为光明的前景"。[2]这场革命在中国近代起过的伟大历史作用,是用不着多做解释的。

当时许多人对民主的理解,特别着重在西方国家的一些政治组织形式和政治活动程序方面。民国成立后,不单挂出了共和国的招牌,连议会制、多党制、普选等这些西方国家的政治组织形

---

[1] 汉驹:《新政府之建设》,《江苏》第5期,1903年8月出版。

[2] 孙中山:《中国问题的真解决》,广东省社会科学院历史研究室、中国社会科学院近代史研究所中华民国史研究室、中山大学历史系孙中山研究所合编:《孙中山全集》第1卷,北京:中华书局,1981年版,第255页。

式和活动程序也一度被热热闹闹地搬到了中国。很多人对这些曾抱有很大的期望。曾在日本留学、相当熟悉西方国家政治制度的宋教仁，在被刺前一个多月，还兴高采烈地发表演说："世界上的民主国家，政治的权威是集中于国会的。在国会里头，占得大多数议席的党，才是有政治权威的党，所以我们此时要致力于选举运动。""我们要在国会里头，获得过半数以上的议席，进而在朝，就可以组成一党的责任内阁；退而在野，也可以严密的监督政府，使它有所惮而不敢妄为，应该为的，也使它有所惮而不敢不为。那么，我们的主义和政纲，就可以求其贯彻了。"[1]他所表达的感情无疑是真诚的，听起来也颇为诱人。

奇怪的是，说起来那么动听的东西，甚至在西方国家也许取得过一些成效的政治制度，如果不顾中国国情，一旦硬搬到当时中国社会这块土壤上实行起来，却全然变了样：普选徒具形式；多党制成了拉帮结派，党同伐异；议会里只有一批政客在吵吵嚷嚷；国民党在国会竞选中果然取得了多数，但对国民的实际利益却一无所补。等到袁世凯所代表的旧势力准备好了，猛扑过来，连那点形式上的东西也被掷到九霄云外。种瓜得豆，这真是创业者始料之所不及的。

"无量头颅无量血，可怜购得假共和。"这教训实在太惨痛了！资产阶级共和国方案的试验和破产，也许可以看作20世纪初年这场革命留给中国人的一笔重要精神遗产。

许多人产生了严重的失落感，觉得迷惘、彷徨以至绝望。但是，真正有志气的爱国者不会由此而停止自己前进的脚步。他们

---

[1] 宋教仁：《国民党鄂支部欢迎会演说辞》，陈旭麓主编：《宋教仁集》（下册），北京：中华书局，1981年版，第456页。

在遍布荆棘的崎岖道路上毫不气馁，重新又开始新的探索。很早参加同盟会的林伯渠回顾道："辛亥革命前觉得只要把帝制推翻便可以天下太平，革命以后，经过多少新的转折，自己所追求的民主还是那么遥远，于是慢慢从痛苦的经验中发现此路不通，终于走上了共产主义的道路。这不仅是一个人的经验，在革命队伍里是不缺少这样的人的。"[1]这是中国思想界大转变的重要契机。但新的道路并不是轻易就能踏上的。他们在总结这次革命失败的教训时，最初把注意力集中在文化领域内。辛亥革命时担任过安徽都督府秘书长的新文化运动主将陈独秀在《新青年》上写道："这腐旧思想布满国中，所以我们要诚心巩固共和国体，非得将这班反对共和的伦理、文学等等旧思想，完全洗刷得干干净净不可。否则不但共和政治不能进行，就是这块共和招牌，也是挂不住的。"[2]他认为，造成中国人民愚昧的根源是封建道德，而封建道德就是奴隶道德。他把伦理的觉悟看作"吾人最后之觉悟"，为了做到这一点，"一切政府的压迫，社会的攻击笑骂，就是断头流血，都不推辞"。[3]他们这种无所畏惧、勇猛直前的精神是十分可敬的，产生了巨大的思想解放作用，从而为新思潮的传播扫清了道路。但是，文化终究是社会的政治和经济的反映。当时中国社会的现状是那样腐败和黑暗，正如张闻天所说："中国混乱的原因是由于中国社会组织逐渐崩坏而一时不能产生新的社会组织出来。"[4]如果不从根本上对这个社会进行改造，单从政治组织形式或文化思想下

---

[1] 林伯渠：《荏苒三十年》，《解放日报》（延安），1941年10月10日。
[2] 陈独秀：《旧思想与国体问题》，《新青年》第3卷第3号，1917年5月。
[3] 陈独秀：《吾人最后之觉悟》，《青年》杂志第1卷第6号，1916年2月15日。
[4] 张闻天：《中国底乱源及其解决》，1922年1月，载《党的文献》1989年第3期。

手，怎么能真正解决问题呢？北京大学学生何孟雄1919年10月在《时事新报》上谈到他们这种新的认识："社会仍是这样黑暗，现在的青年要彻底明白旧社会的罪恶，立定不屈不挠奋斗的志向，决不反被旧社会战胜。中国的改造，才有望咧！"[1]于是，"改造社会""建设新社会"的呼声越来越高，逐渐响彻全国。改造社会的问题在思想界被提到如此突出的地位，成为先进青年集中关注的焦点，在中国近代思想史上还是第一次。这是人们对问题向更深层次的挖掘，是当时先进青年中产生的新的觉悟，是中国人在认识上的又一次飞跃。

二、世界范围内的思想大变动对中国的影响

中国的现今社会必须改造，这在先进青年中几乎已成为共识。但是，这个社会应该改造成什么样，多数人最初却并不清楚。

正在这个时刻，世界范围发生的大变动强烈地吸引着中国先进青年的注意：从1914年开始的第一次世界大战延续达四年之久，给欧洲人民带来了浩劫。这场空前残酷的战争，把资本主义世界固有的内在矛盾，以比以往任何时候更加尖锐的形式清楚地暴露出来。劫后的欧洲留下的是满目疮痍，是令人震惊的巨大灾难和混乱，一时仿佛看不到多少光明的前景。这下轮到西方国家许多人也陷入深重的失落感了。

欧战结束后的下一个月，梁启超等动身去西欧游历了一年。他们看到了什么？看到的是普遍的沮丧、彷徨和"世纪末"的失魂落魄情绪。一个美国记者对他说："西方文明已经破产了。"梁启

---

[1] 何孟雄：《过去的青年》，《何孟雄文集》，北京：人民出版社，1986年版，第2页。

超归国后在《欧游心影录》中描述他在欧洲亲眼目睹的这幅凄惨景象:"全社会人心都陷入怀疑、沈闷、畏惧之中,好像失了罗针的海船迎着风遇着雾,不知前途怎生是好。"他从中得到一个强烈的印象:"社会革命,恐怕是二十世纪唯一的特色,没有一国能免,不过争早晚罢了。"[1]梁启超素来以政治态度温和而又富于敏感著称。他的这些言论自然会在国内引起不小的反响。

大名鼎鼎的英国哲学家罗素这时到中国来,到处演讲。他说:"诸君皆知道我相信社会主义的。我以为产业如何发达,若非社会主义行之,必定有不平之事发生,此阶级压制他阶级,苦者益苦,富者益富,弊害丛生。所以必须生产品、器具、土地、利益,皆归之公有,再分配于个人,不为私人所揽有,方为公道。西方社会主义是产业制度的结果,自然而然产生嬗化而来。"尽管罗素并不是一个真正的社会主义者,尽管他同时又鼓吹"中国若想社会主义实现,不得不提倡资本主义",[2]但连他都如此赞扬社会主义,终究也引起更多人对社会主义的注意,使人们感到社会主义比起资本主义来是一种更新、更先进的制度。

至于有机会亲自到欧洲去看看的中国先进青年,受到的刺激自然更加强烈。周恩来在1920年底到达欧洲。不久他给天津《益世报》所写的第一篇通讯劈头就说:"吾人初旅欧土,第一印象感触于吾人眼帘者,即大战后欧洲社会所受巨大之影响,及其显著不安之现状也。影响维何?曰:生产力之缺乏,经济界之恐慌,生活之窘困。凡此种种,均足以使社会上一般人们饥寒失业交困于内外,而复益之以战争中精神文明所得间接之损失,社会

---

[1] 梁启超:《欧游心影录》,《梁启超选集》,上海:上海人民出版社,1981年版,第719、723页。
[2] 罗素:《社会主义》,《时事新报》副刊《学灯》,1921年2月21日。

之现状遂乃因之以不安。"[1] 这就更坚定了他的这种信念："使欧洲危机终不可免而至于爆裂也，则社会革命潮流东向，吾国又何能免？"[2]

长时期来，中国的先进分子一直钦羡西方国家的富强，把它看作中国仿效的榜样。他们密切注视着西方世界的动向，狂热地学习和研究西方的种种新学说和新思潮。西方世界发生的任何社会变动和思想变动，时时都会牵动他们的心弦。

本来，早在19世纪末和20世纪初，当西方资本主义还处在比较稳定时期时，中国先进分子中已有一部分人开始敏锐地察觉到它的阴暗面。孙中山1905年在《民报发刊词》中说："欧美强矣，其民实困，观大同盟罢工与无政府党、社会党之日炽，社会革命其将不远。"[3] 章太炎在《代议然否论》中认为西方的议会制度无非仍为少数人所支配。但这些问题那时没有引起更多人的注意。

现在，欧洲国家的社会矛盾以如此尖锐的形式爆发出来，它的缺陷已暴露得如此明显，连许多西方思想家对它的信心也发生动摇。这不能不使更多的醉心学习西方的中国人感到震惊。西方的社会制度在他们心目中顿时失却原来那种耀眼的光彩。他们自然地得出结论：难道我们还要步人家的后尘，沿着这条旧路再走一遍吗？为什么不能改弦易辙，采纳世界上更新的学说，创立一种更加合理的社会？何孟雄的一段话，反映了不少中国先进青年的这种认识："欧洲资本主义的发达，工人及中产阶级的沦到不幸

---

[1] 周恩来：《欧战后之欧洲危机》，《益世报》（天津），1921年3月22日。

[2] 周恩来：《欧战后之欧洲危机》（续篇），《益世报》（天津），1921年3月23日。

[3] 孙中山：《民报发刊词》，广东省社会科学院历史研究室、中国社会科学院近代史研究所中华民国史研究室、中山大学历史系孙中山研究所合编：《孙中山全集》第1卷，北京：中华书局，1981年版，第288、289页。

的地步,我们中国在产业萌芽的时会,当然要对于欧洲资本主义造出来的罪恶务宜具一种戒心,有了旁的较好的法子,当然采取好的法子。未见得资本主义是必经的阶段,即是资本主义发展了,将来的革命是免不掉的。难道劳动阶级铸定必需受资本主义的痛苦吗?"[1]

列宁领导的十月社会主义革命,为什么这时能对中国先进青年产生如此强大的吸引力?原因就在它正好给他们苦苦思索的问题指出了一条新的出路。在这以前中国人不是没有接触过马克思主义,但那时对马克思主义的一些介绍并不准确,受到它影响的范围也十分有限。许多人不过把它看作欧洲无数新思潮中的一种偶尔涉及,并没有给予认真的注意。现在,社会主义在苏俄从书本上的学说变为活生生的现实,并且在历经种种饥馑、内战、外国干涉的严重磨难后,依然站稳了脚跟,工人和农民破天荒第一次成了社会的主人。一边是尽管还在艰苦创业却充满蓬勃生机的苏俄,一边是混乱颓败的西欧,两者之间形成鲜明的对照。这自然使正在黑暗中摸索的中国先进分子看到了新的希望和新的依靠力量,他们倏然转到俄国十月革命道路这方面来。

李大钊在1918年发表的《庶民的胜利》和《布尔什维主义的胜利》这两篇文章,是中国人民接受十月革命道路的最早表现。五四运动后不久,他又写道:"自俄国革命以来,马克思主义几有风靡世界的势子。德、奥、匈诸国的社会革命相继而起,也都是奉马克思主义为正宗。"[2]并且在这篇文章里比较系统地介绍了马克

---

[1] 何孟雄:《发展中国的实业究竟要采用甚么方法》,《何孟雄文集》,北京:人民出版社,1986年版,第62页。

[2] 李大钊:《我的马克思主义观》,《李大钊文集》(下),北京:人民出版社,1984年版,第46、47页。

思的学说。李达写道:"马克思的社会主义,已经在俄国完全实现了。"[1]其他转到这条道路上来的先进分子也越来越多。同盟会最早会员之一的吴玉章回忆道:"处在十月革命和五四运动的伟大时代,我的思想上不能不发生非常激烈的变化。当时我的感觉是:革命有希望,中国不会亡,要改变过去革命的办法。虽然这时候我对中国革命还不可能立即得出一个系统的完整的新见解,但是通过十月革命和五四运动的教育,必须依靠下层人民,必须走俄国人的道路,这种思想在我头脑中日益炽烈、日益明确了。"[2]这里所说的思想经历,也不只是属于他一个人的。

社会主义不是由任何人心血来潮地凭空臆想出来的,而是资本主义社会固有的内在矛盾难以解决的产物。李达在1919年6月这样说:"法兰西革命,虽是推倒皇帝的专制,打破贵族的阶级,灭除寺院僧的特权,但所有成功只算政治革命的成功。""结果弄到贫者愈贫(这是劳动者),富者愈富(这是资本家),贫富相差愈远。这就是十九世纪政治革命后的文明现状。社会上受了这不平等的刺激,自然会生出近世的社会主义来了。"[3]

当然,历史发展的途径从来不是直线式,而是波浪式的。看一看资本主义社会几百年的历史就会发现:它有过兴旺发达的时期,随后便出现了危机,当渡过危机并经过调整后,又可能会有一个时期的稳定和发展。但即便今天的资本主义世界依然充满着难以解决的矛盾。社会主义社会的历史,比起资本主义来要短促得多。从十

---

[1] 李达:《马克思还原》,《李达文集》第1卷,北京:人民出版社,1981年版,第30页。

[2] 吴玉章:《回忆五四前后我的思想转变》,《吴玉章回忆录》,北京:中国青年出版社,1978年版,第112页。

[3] 李达:《社会主义的目的》,《李达文集》第1卷,北京:人民出版社,1981年版,第4页。

月革命算起，至今还不过七十多年。它有过蓬勃发展的时期，也遇到过曲折和困惑，因而需要改革，但它的生命力还是开始显示出来。如果用历史的眼光来看待这一切，是不足为怪的。

三、对种种打着社会主义旗号的新思潮的比较推求

社会思想变动的进程，不像人们通常所想的那样直捷痛快。那时打着社会主义旗号的新思潮名目繁多，不进行认真的比较推求，很难把它们分辨清楚。不少进步青年从资产阶级民主主义走向科学社会主义的过程中，往往曾经历一个中间环节，那就是受到过无政府主义思潮的影响。

刘少奇在回忆五四运动的情况时曾说过："在起初各派社会主义的思想中，无政府主义是占着优势的。"[1]毛泽东、周恩来、恽代英、邓中夏、陈延年、罗亦农等这些进步青年中的优秀分子，在探索过程中都不同程度地受到过这种思潮的影响。

为什么会出现这种现象？主要有三个原因：

第一，马克思主义在中国，当时还刚刚开始传播。1920年以前，马克思、恩格斯的基本著作没有任何一种完整的中文全译本，列宁的文章连一篇译成中文的也没有。在这种情况下，要真正多了解一点马克思主义，实在是相当艰难的事情。只有少数到过国外或能直接阅读外文的人，如去过日本的李大钊、李达、李汉俊、陈望道和一些北京大学学生等外，其他许多进步青年虽然开始对马克思主义感兴趣，实际上却所知甚少。未来的美好社会令他们神往。可是这种美好社会究竟是怎样的，用什么方法才能够达到？

---

[1]《感想与回忆》，《中国青年》第1卷第2期，1939年5月。

他们的认识还不很清晰。

瞿秋白1920年去苏俄前曾这样写道:"社会主义的讨论,常常引起我们无限的兴味。然而究竟如俄国十九世纪四十年代的青年思想似的,模糊影响,隔着纱窗看晓雾,社会主义流派、社会主义意义都是纷乱、不十分清晰的。正如久壅的水闸,一旦开放,旁流杂出,虽是喷沫鸣溅,究不曾自定出流的方向。其时一般的社会思想大半都是如此。"[1]

邓颖超也说过:"五四运动是思想解放运动。一解放,就像大水奔流。那时的思想,受到长期禁锢,像小脚女人把脚裹住;放开以后,不知怎么走路,有倒的,有歪的,也有跌跤的。那时是百家争鸣,各种思潮都有。"[2]"我们受十月革命的影响,当时也只听说苏联是没有阶级、没有人剥削人的社会。我们很向往这种光明的社会,同情广大劳苦大众,厌恶中国社会的黑暗。我们平常交谈的范围很广,无政府主义、基尔特社会主义都接触到了,但对这些我们都没有明确的认识,也不了解什么是马克思主义。所以,在当时我们还不能称为'共产主义知识分子',只能说从那时起我们这些人要求继续学习,吸取新知识。"[3]在这种情况下,他们虽然向往社会主义社会,但一时对科学社会主义同无政府主义的区别无法分辨得那么清楚,是毫不足怪的。

第二,中国的无政府主义者从开始时起,一直标榜自己是主张"社会主义"以至"共产主义"的。早期的无政府主义者刘师培、

---

[1] 瞿秋白:《饿乡纪程》,《瞿秋白文集》文学编,第1卷,北京:人民文学出版社,1985年版,第26页。
[2]《五四时期老同志座谈会记录》,中国社会科学院近代史研究所编:《五四运动回忆录》续,北京:中国社会科学出版社,1979年版,第10页。
[3] 邓颖超:《回忆天津"觉悟社"等情况》,中国社会科学院现代史研究室、中国革命博物馆党史研究室选编:《一大前后》(二),北京:人民出版社,1980年版,第232、233页。

张继在1907年发起组织社会主义讲习会时,在广告中说:"近岁以来,社会主义盛行于西欧,蔓延于日本,而中国学者则鲜闻其说,虽有志之士渐知民族主义,然仅辨种族之异同,不复计民生之休戚。即使光复之行果可实行,亦恐以暴易暴,不知其非。同人有鉴于此,又慨社会主义之不明,拟搜集东西前哲各学术,参考互验,发挥光大,以饷吾民。"[1]他们这里所说的社会主义,其实是无政府主义。民国成立后,著名无政府主义者师复1914年7月在上海发起组织无政府共产主义同志社,发表宣言,"主张灭除资本制度,改造共产社会,且不用政府统治者也。质言之,即求经济上及政治上之绝对自由也"。[2]他们仍然把自己的主张说成是共产主义。

初期中国无政府主义者的宣传,在两个重要问题上确曾起过积极的启蒙作用:一是鼓舞人们奋起反对专制和强权;二是引导人们以更多的注意力关注原来常被忽视的社会问题,鼓吹"劳动神圣",主张财产公有、人人劳动,认为工人农民才是社会的主人。早期无政府主义刊物如《天义》等上曾片断地刊载过马克思、恩格斯的著作。直到五四运动前后,不少无政府主义者还同马克思主义者合作,而不是像后来那样尖锐对立。因此,它自然容易博得不少进步青年的好感。

第三,无政府主义思潮在进步青年中的一度流行,也同中国近代国情有关,有着适合它的土壤和气候。中国是一个小生产者有如汪洋大海的国家。知识分子由于他们的社会地位和劳动方式,也容易特别看重个人的力量。同现代化大生产相联系的有组织的

---

[1]《社会主义讲习会广告》,《天义》第3卷,1907年7月10日。
[2]《无政府共产主义同志社宣言书》,朱谦之、师复:《谦之文存·师复文存》,上海:上海书店,1991年影印版,第56页。

中国产业工人还不成熟。特定的社会结构总是容易产生相应的社会心态和思维方式。不管是有意识还是无意识，人们往往习惯以小生产者的眼光来看待周围的事物。他们对帝国主义的强权和封建主义的专制充满憎恨，渴望把它们从中国的土地上扫除干净。他们期望社会公正，因而同情社会主义。可是小生产者的狭隘眼光，又使他们难以凝聚成一股巨大的同心同德的集体力量，特别是难以较长时间地保持步调一致的协同动作，而把获得个体的绝对自由看作至高无上的价值取向。当他们被社会上种种强权和不平等现象激怒时，无政府主义那种鼓吹"个人绝对自由"、看起来最激烈最彻底的办法，便特别适合他们的口味。

这三点，可以说是"在起初各派社会主义的思想中，无政府主义是占着优势的"根本原因所在。

但如果真正要排除任何集体和纪律的约束，讲起来固然很痛快，做起来却只能一事无成。在组织上也只能产生一些人数很少、内部极度松散、毫无实际行动的小团体。民国初年出现过的一些无政府主义小团体大体上便是这样，在实际社会生活中没有起什么重要作用。

因此，到五四前后，他们又有了新的形态。在日本新村主义等影响下，当回答"什么叫做无政府共产主义"时，他们提出三个要点：一是组织上"脱离强权的少数的政治统治，另自组织自由的多数人的自由团体"；二是经济上"主张生产机关（如土地、机械等）与所生产之物（如衣、食、房屋）皆归社会全体所共有，各尽所能，各取所需"；三是道德上"是'劳动与互助'五个大字，因为有劳动才可以生存，要互助才可以进化"。[1] 这种方案，表面

---

[1] 见张闻天：《社会问题》，1919 年 8 月，载《党的文献》1989 年第 3 期。

上看起来似乎要可行一些。

于是,五四前后在全国出现了一大批"工读互助团"这类组织。参加这种团体的人,一面劳动,一面读书,把共同劳动所得的收入作为团体共有的财产,个人的生活和学习的费用也由团体开支。这种团体曾经风靡一时,在北京、上海、天津、武汉、南京、长沙、广州、扬州等地以至国外留学生中都有,陈独秀、李大钊等也曾给以赞助。[1]

许多先进青年对这种工读互助团体一度抱有过很大的热情。他们经过五四运动的洗礼,刚从旧家庭或个人小天地中冲出来,但四顾茫茫,周围的社会环境又那样黑暗,希望能有一个可以作为依靠的团体力量,并在这个团体中养成互助和劳动的习惯,把它看作改革社会的实际运动的起点。毛泽东在《学生之工作》一文中写道:"今春回湘,再发生这种想象,乃有在岳麓山建设新村的计议,而先从办一实行社会本位教育说的学校入手。此新村以新家庭、新学术及旁的新社会连成一块为根本理想。""学生认学校如其家庭,认所作田园、林木等如其私物,由学生各个所有私物之联合,为一公共团体。此团体可名之曰:工读同志会。"[2]恽代英更虔诚地说道:"工读主义,实为救今世社会教育不平等之方法。""有志之人,必使互助,且使预备奋斗之力量。果一般学生毕业后,能仍如今日之爱同类、相扶持,三五年后社会即将发生一种切实能力,此或为救人类根本之法欤?"[3]"我信只要自己将自

---

[1] 张允侯、段叙彝等编:《五四时期的社团》(二),北京:生活·读书·新知三联书店,1979年版,第361、496页。

[2] 毛泽东:《学生之工作》,《湖南教育月刊》第1卷第2号,1919年12月。

[3] 恽代英:《实现生活》,《恽代英文集》(上卷),北京:人民出版社,1984年版,第68页。

由、平等、博爱、劳动的真理,——实践起来,勉强自己,莫勉强人家,自然人家要感动的,自然社会要改变的。"[1]他们真诚地把这看作新生活的开始,看作创造新社会的发端。

可是,当中国社会的大环境仍那样黑暗的时候,当周围充满着敌对的旧社会势力的时候,这种被理想化了的小团体怎么可能长期独立存在下去呢? 就在团体内部,人们最初对它抱有很高的热情,但过不很久,个人之间的利益冲突和意见分歧便泛滥起来。几乎没有例外,这类小团体维持不了多少日子,就相继夭折了。李大钊很快看出:"北京的工读互助团,精神上已不能团结,经济上也不能维持,看着有消灭的样子。"[2]恽代英更是沉痛地写道:"在这种群雄争长的局面之下,生活是日益困难而不安定的。靠自己的力量去创造事业,出尽了穷气力还维持不住。靠人家的力量去改良事业,又是常常因人家兴会与机运而常受变迁的。""所以这些努力,其实决没有圆满成功的希望。"[3]人们原来的期待很快就幻灭了。

做这样一番尝试是很有好处的。一种学说如果只在文字上或口头上谈论,而不付诸实践,很难辨别它究竟是真理还是幻想。无政府主义这种思潮有许多高尚而美好的词句装点着,又适合小生产者向往绝对平等和自由的口味,不经过痛苦的实践的检验,是不容易完全摆脱的。但受过这种思潮影响的青年中的多数人,毕竟不是真正对无政府主义有多少系统的了解,更谈不上执着的追求。他们只是一时受到这些看来很新的学说的吸引,对它发生了兴趣,想在实践中去试一试。一旦看到这条路走不通时,也就

---

[1] 恽代英:《致王光祁》,《恽代英文集》(上卷),北京:人民出版社,1984年版,第109页。
[2] 李大钊:《都市上工读团底缺点》,《李大钊文集》(下),北京:人民出版社,1984年版,第212页。
[3] 恽代英:《民治运动》,《恽代英文集》(上卷),北京:人民出版社,1984年版,第338、339页。

改变了想法。正如刘仁静所说："其实，在当时他们对基尔特社会主义和无政府主义也没有什么研究，只是从杂志上看了一些有关宣传品，认为有道理，合乎自己的胃口，以后看见别的主张更好，有的也就放弃了自己原先的主张。"[1]

人们在实际生活中越来越清楚地看到：如果整个社会得不到改造，如果国家和民族得不到解放，个人的问题无法得到根本的解决。而社会、国家和民族的最好出路便是科学的社会主义。这个任务是那样艰巨，它所必须排除的障碍是那样强大，要实现它，关键是要凝聚成万众一心的具有战斗力的核心力量。如果中国人还是像以往那样的一盘散沙，各行其是，中国就没有希望。

许多人终于跨出了有决定意义的一步。

恽代英总结自己痛苦的教训后得出结论："在这样不合理的环境中，想在一局部做成甚么理想事业，是绝对不可能的。要改造须全部改造，须将眼前不良的经济制度，从根本上加一种有效力的攻击。不然，总是没有益处。""群众集合起来的力量，是全世界没有可以对敌的。""我们应研究唯物史观的道理，唤起被经济生活压迫得最厉害的群众，并唤起最能对他们表同情的人，使他们联合起来，向掠夺阶级战斗。""群众的联合以反抗掠夺阶级，其实是经济进化中必然发现的事，本用不着我们煽动，亦非任何人所能遏制。"[2]

到了法国的蔡和森在1920年8月给毛泽东写信说："我近对各

---

[1] 刘仁静：《北京马克思主义研究会的情况》，中共中央党史资料征集委员会编：《共产主义小组》（上），北京：中共党史资料出版社，1988年版，第321页。

[2] 恽代英：《为少年中国学会同人进一解》，《恽代英文集》（上卷），北京：人民出版社，1984年版，第329、331、332页。

种主义综合审缔,觉社会主义真为改造现世界对症之方,中国也不能外此。社会主义必要之方法:阶级战争——无产阶级专政。"[1]毛泽东复信完全赞同他的意见,批评那种"用平和的手段,谋全体的幸福"的主张是"理论上说得通,事实上做不到"。并说:"我看俄国式的革命,是无可如何的山穷水尽诸路皆走不通的一个变计,并不是有更好的方法弃而不采,单要采这个恐怖的方法。"[2]

受无政府主义思想影响更少的周恩来,在欧洲对当时流行的打着社会主义旗号的种种思潮进行认真比较后,最后下定决心:"我们当信共产主义的原则和阶级革命与无产阶级专政两大原则,而实行的手段则当因时制宜。"他断言:"我认的主义一定是不变了,并且很坚决地要为他宣传奔走。"[3]

先驱者们的思想经历是值得后人深思的。他们接受马克思主义,这个决心绝不是轻易下定的,更不是一时冲动或趋时行为,而是经过自己的深思熟虑,经过反复的推求比较和实践检验,最后才做出这个自己一生中最重要的选择。

四、五四运动是中国历史上一个新时期的开端

在历史上常常可以看到这样的现象:一场疾风暴雨式的群众斗争的冲刷,可以使大群大群的人们短时间内在思想上发生剧烈而巨大的变动。这种千百万人的思想大变动,往往在平时多少年

---

[1] 蔡和森:《蔡林彬给毛泽东》,《蔡和森文集》,北京:人民出版社,1980年版,第50页。
[2] 《新民学会通信集(第二集)》,中国革命博物馆编:《新民学会资料》,北京:人民出版社,1980年版,第148页。
[3] 《周恩来书信选集》编委会:《周恩来书信选集》,北京:中央文献出版社,第40、41、46页。

都难以达到,也不是通常几个刊物或几次讲话的影响所能比拟的。

1919年5月4日开始的爱国运动,便是这样一场疾风暴雨式的群众斗争。在严重民族危机的刺激下,这个运动就像从天降落的狂飙一样,迅猛地席卷全国,从大城市一直扩展到中小城市以至偏僻乡镇。千百万人从平时宁静的生活或狭小的圈子中猛然惊醒过来,热血沸腾地走上街头或公共集会,为救亡图存而奔走呼号。"沉默的大多数"不再沉默了!原来处在被统治状态下的民众直接行动起来,干预政治,并且带有如此广泛的群众性,这在中国历史上还是第一回。吴玉章描述他自身的感受:"从前我们搞革命虽然也看到过一些群众运动的局面,但是从来没有见到过这种席卷全国的雄壮浩大的声势。在群众运动的冲激震荡下,整个中国从沉睡中复苏了,开始焕发出青春的活力。"[1]这种情景是何等动人!

这场以挽救祖国危亡为目标的伟大群众斗争,带来了千百万人思想的大解放,起了巨大的启蒙作用。在斗争的高潮中,人们处在异常激动和兴奋的状态。斗争中新旧社会势力生死搏斗的场面,更把一系列尖锐的问题摆到人们面前,迫使他们严肃地寻求答案。当运动从奔腾澎湃的大潮中逐渐平复下来时,一部分人回到自己原来习惯的生活轨道上去,而一些先进分子却转向更深层次的探索,并且同一些志同道合的伙伴聚集在一起,结成新的团体。马克思主义终于成为社会的主流。

科学和民主,这是五四运动前夜的初期新文化运动中早已提出的响亮口号。它在中国近代思想发展旅程中产生了巨大的进步作用,把人们的觉悟大大推进了一步。接受了马克思主义的先进

---

[1] 吴玉章:《回忆五四前后我的思想转变》,《吴玉章回忆录》,北京:中国青年出版社,1978年版,第111页。

分子正是在这面大旗下继续奋进，并且赋予它们以新的更加完整的内容。

他们反复地思考：怎样才是真正的民主，怎样才是真正的科学？中国民众的大多数是工人和农民，如果不到他们中间去，不充分考虑他们的利益和关心的问题，而把他们置于自己的视野之外，只停留在少数学者和知识青年的狭小圈子里活动，那么，不管议论如何激烈，甚至也可以争得某些成果，仍然只是一部分人甚至少数人的民主，谈不上真正广泛的人民民主。科学，最根本的是要符合实际、符合事物发展的客观规律，也就是实事求是。既不应当为陈腐的、过时的、僵化的旧教条所束缚，也不是单凭善良的愿望或学院式的推理就能解决，必须深深地扎根在中国社会的土壤中，脚踏实地地找到促进中国社会进步的切实办法，这自然比坐而论道要艰苦得多。民主和科学的对立物是专制和愚昧。在旧中国，帝国主义和封建势力的统治是中国社会生产力发展和社会进步的最大障碍，是专制和愚昧的最深刻的根源。如果不找到切实的办法扫除那些阻碍历史前进的反动的社会势力，改造社会，在此基础上逐步使现代化大生产替代以小生产为基础的旧社会结构，而单在上层建筑领域内使力气，科学和民主的问题是不能真正得到解决的。可以说，经过五四以后，人们对科学和民主的认识，比起以前来是更加深刻、更加切合实际了。他们是初期新文化运动的科学和民主精神的继承者和发扬者。自然，由于种种主客观条件的限制，特别是马克思主义者本身的幼稚和实践经验的十分不足，他们对科学和民主的认识也有某些局限和偏颇，这方面的消极影响在日后的历史发展中也表现出来了。

还有一些受过五四运动洗礼、仍然坚持科学和民主的信念但没有接受马克思主义的人,他们继续投身过一些民主政治运动,或从事过教育、科学、实业等方面的工作,对中国社会的进步也做出过积极的贡献。可是,他们没有找到解决中国社会问题的根本途径,所以没有能成为中国近代进步思想的主流,也没有能在推动中国近代历史前进中发挥主导作用。

应当承认,当五四运动爆发时,相信马克思主义的人还很少,卷入这个运动的人的思想状况相当复杂,因而很难说它一开始便是在无产阶级领导下进行的。但有如前面所说,五四在中国近代思想大变动中是一个具有决定意义的转折点。这以前,初期新文化运动的发动,科学和民主口号的提出,马克思主义的最初传播等,只是它的酝酿和前奏。从这个历史时刻起,才开始真正有千百万群众的大发动。人们不仅对祖国的命运充满着忧患意识,积极地关心和参与国事,并且勇敢地向未来探索。他们的思考和摸索一刻也没有停息,一年内出版的刊物达400种,第二年在全国便有了数目可观的接受马克思主义的先进青年,并且由五四运动的主将陈独秀等发起成立中国共产党。这是一个前后相续而难以分割的完整的运动过程。在这个意义上,把五四运动称为中国民主革命新时期的开端,是合理的,也是符合实际的。

从辛亥革命到中国共产党的建立 [1]

2011年是辛亥革命100周年，也是中国共产党成立90周年。从辛亥革命到中国共产党的建立，前后相隔不到十年时间，中间还发生了五四运动。这三件事是一环紧扣一环地发展下来的。毛泽东1942年在《如何研究中共党史》中说过："研究中国共产党的历史，还应该把党成立以前的辛亥革命和五四运动的材料研究一下。不然，就不能明了历史的发展。"这里我讲这三件事：辛亥革命、五四运动和中国共产党的建立。事件的具体经过不多说了，主要讲讲在这段时间内，历史是怎样一步一步走过来的，一直到中国共产党的诞生。

一、关于辛亥革命

如何看待辛亥革命？党的十五大报告指出："一个世纪以来，中国人民在前进道路上经历了三次历史性的巨大变化，产生了三位站在时代前列的伟大人物：孙中山、毛泽东、邓小平。"第一次历史性巨变是辛亥革命；第二次是中华人民共和国的成立和社会主义制度的建立；第三次是改革开放，为实现社会主义现代化而奋斗。这对辛亥革命是一个很高的评价，解决了辛亥革命的历史定位问题。

---

[1] 原文载于《党的文献》2011年第4期。

在过去很长时间里,人们对于辛亥革命的认识是很不够的,往往讲它的消极和失败的方面比较多,讲它的历史意义和对中国历史的推进作用比较少。为什么会这样?这里有认识上的原因,也有时代的原因。曾经参加过辛亥革命的林伯渠于1941年在延安《解放日报》上写了一篇文章,其中讲道:"对于许多未经过帝王之治的青年,辛亥革命的政治意义是常被过低估计的。这并不足怪,因为他们没看到推翻几千年因袭下来的专制政体是多么不易的一件事。"林伯渠70年前讲这番话的时候尚且如此,当年的青年现在如果还健在,总得九十来岁了,至于今天的青年对辛亥革命认识不够也就不足为奇了。

时代的原因:辛亥革命虽然取得了很大的成功,但并没有从根本上推翻帝国主义和封建势力的统治,中国半殖民地半封建的社会性质并没有得到改变,中国人民悲惨的境遇也没有改变。所以,孙中山也常讲"革命尚未成功,同志仍须努力"。在民主革命阶段,包括共产党人在内的先进人士着重强调的通常是辛亥革命并没有从根本上解决问题,目的是鼓舞人们继续奋斗去夺取胜利。因此,以前对辛亥革命不足方面讲得多是可以理解的。现在,过了100年,中国人已经站立起来并且取得了伟大的胜利,回过头来看,我们自然可以也应该对辛亥革命的历史功绩做出更冷静、更全面、更客观的评价。

把辛亥革命看作是20世纪中国的第一次历史性巨变,它的主要历史功绩至少体现在三个方面:

(一)辛亥革命开创了完全意义上的近代民族民主革命

这是党的十五大报告中对于辛亥革命的表述。但是这句话似乎并没有引起人们足够的注意。说辛亥革命开创了完全意义上的近代民族民主革命，是说它在中华民族的历史发展上提出了新的奋斗目标。

近代以来，中华民族遭受的苦难太深重了。中华民族在古代曾经创造过灿烂的文明，但到近代却大大落后。说鸦片战争是中国近代史的开端，因为从那时起，中国开始丧失作为一个独立国家拥有的完整主权和尊严，走上了听凭外国殖民者欺凌和摆布的半殖民地道路。此后，中华民族逐步陷入苦难的深渊。当时，压在中国人心头的有两块巨石，一块是帝国主义的压迫，一块是清政府的封建专制统治。

1894年至1895年的中日甲午战争中，中国战败并被迫签订《马关条约》。此后，原来十分深重的民族危机又空前加剧。亲历过这场事变的吴玉章曾在回忆录中写道："这真是空前未有的亡国条约！它使全中国都为之震动。从前我国还只是被西方大国打败过，现在竟被东方的小国打败了，而且失败得那样惨，条约又订得那样苛，这是多么大的耻辱啊！……我还记得甲午战败的消息传到我家乡的时候，我和我的二哥曾经痛哭不止……我们当时悲痛之深，实非言语所能表述。"可见甲午战争失败对中国人震动和影响之大。

事情远未到此为止。1897年冬，德国出兵强租胶州湾（今天的青岛），自此各国纷纷在中国强租领土，划分势力范围。1900年，八国联军入侵中国，世界上所有帝国主义国家联合起来，共同向一个国家发动战争，这在历史上还是第一次。此后，八国联军占领中国的首都——北京长达一年之久，并且实行分区管制，居民要分别悬挂占领国的国旗。这种耻辱，不能不深深刺痛中国人的心。

1990年后邓小平还谈道:"我是一个中国人,懂得外国侵略中国的历史。当我听到西方七国首脑会议决定要制裁中国,马上就联想到一九〇〇年八国联军侵略中国的历史。七国中除加拿大外,其他六国再加上沙俄和奥地利就是当年组织联军的八个国家。要懂得些中国历史,这是中国发展的一个精神动力。"接下来的1904年至1905年,日本和沙俄为了争夺在华利益,在中国的东北领土上进行了一场日俄战争,给中国人民带来巨大灾难。中朝两国历来唇齿相依。1910年,日本正式吞并朝鲜,又给中国人很大的刺激。中华民族已到了濒临灭亡的边缘。

长期以来,清政府以"天朝大国"自居,许多国人盲目自大、安于现状。即便鸦片战争后,中国已开始沦为半殖民地国家,但一般人的认识还是不足,麻木不仁。1894年甲午战争前夜,郑观应在其名著《盛世危言》中看到"时势又变,屏藩尽撤,强邻日逼"的严重局面,觉得需要危言耸听地提出一系列改革主张,但是在书名中一定要加上"盛世"两字,不敢说已是"衰世",不然受到的压力就太大了。1894年,孙中山成立了兴中会,第一次提出了"振兴中华"的口号。第二年,改良派的严复写了一篇《救亡决论》,最先喊出"救亡"的口号。陈天华在《警世钟》中说"要革命的,这时可以革了,过了这时没有命了",反映出当时中国人那种异常焦虑和急迫的心情。

我们再来看看清政府的腐朽统治。八国联军入侵中国后,流亡西安的清政府发出一道上谕,宣称要"量中华之物力,结与国之欢心"。可见,此时的清政府已俨然成为一个"洋人的朝廷"。清政府还是一个极端专制的政府。在民怨沸腾、革命高潮日益逼近之际,清政府于1908年颁布《钦定宪法大纲》,第一条就是:"大清皇帝统治大清帝国，万世一系，永永尊戴。"它还规定国家颁布法律、召开议会、调集军队、对外宣战、签订条约等权力都集中在君主手中，特别强调"宣战、讲和、订立条约及派遣使臣与认受使臣之权。国交之事，由君上亲裁，不付议院议决"。可见，即使已到穷途末路，清政府依然坚持那种极端专制的制度。由于生产力发展落后，清政府财政收入一直增长缓慢。甲午战争前清政府每年的财政收入大体在白银八千万两左右。而甲午战争失败后向日本的赔款就达两亿三千万两白银，加上分期缴付所需利息，相当于三年的全部财政收入。八国联军强迫签订的《辛丑条约》按照中国人人均一两白银的标准，规定中国向各国赔款四亿五千万两。这些钱从哪里来？一方面，清政府大量举借外债，这大大加深了对列强的依赖，更加唯洋人之命是听；另一方面，就是加重税收、加紧向国民搜刮。至宣统年间，国家的财政收支提高好几倍，达到三亿两白银。这种税收的提高，当然不是因为生产发展，只能是加紧搜刮的结果。

　　如何改变这样的危局？中国的出路在何方？太平天国运动、义和团运动、维新变法等许多尝试都失败了。这时，以孙中山为代表的资产阶级革命派登上了历史舞台。他不仅首先提出"振兴中华"的口号，而且组建了中国同盟会，提出"民族、民权、民生"三大主义。也就是要求实现民族独立、民主政治、民生幸福，这就从近代中国面对的千头万绪矛盾中提纲挈领地抓住了要点，并且要通过革命的手段来实现。那在当时是最进步的思想，反映出时代的要求和人民的愿望。所以，毛泽东说过："中国反帝反封建的资产阶级民主革命，正规地说起来，是从孙中山先生开始的……"现在看来，尽管孙中山的思想中有着空想的成分，并没有找到实现这些目标的具体道路，也没有像中国共产党那样提出社会主义、共产主义的远大理想，但这些目标的提出毕竟激励了不止一代的中国人为之奋斗。辛亥革命没有完成这个任务，但它的历史功绩是不可磨灭的。正是在这个意义上，中国共产党一直把自己看作孙中山先生开创的革命事业的继承者。

（二）辛亥革命推翻了统治中国几千年的君主专制制度

中国在君主专制政体统治下经历过几千年的漫长岁月。这是一个沉重得可怕的因袭重担。多少年来，人们从幼年起，头脑中就不断被灌输"三纲五常"这一套封建伦理观念，把它看成万古不变的天经地义。"国不可一日无君"。中国君主专制制度的经济基础是封建土地制度，而君主专制制度反过来又从政治上保障维护了封建土地制度。君主称为"天子"，仿佛代表天意，站在封建等级制度的顶巅。《红楼梦》里的王熙凤有一句名言："舍得一身剐，敢把皇帝拉下马。"反过来谈，那个时候谁要是想"把皇帝拉下马"，就得要有"舍得一身剐"的勇气才行，一般人是连想都不敢想的。而辛亥革命砍掉了皇帝这个封建社会的"头"，整个旧秩序就全乱了套。从此以后，从北洋军阀到蒋介石南京政府，像走马灯那样一个接一个登场，旧社会势力却再也建立不起一个统一的稳定的政治秩序来。这样的状况和辛亥革命以前显然不同。

有人评论说辛亥革命导致了中国军阀割据，社会更加混乱。似乎革命只能破坏旧的，建立不起新的来，徒然造成社会的更大混乱，妨碍了中国现代化的实现。这是一种目光很短浅的看法。实际上，辛亥革命将清政府打倒后，旧势力只能用赤裸裸的野蛮的军事强权来维持统治，这种方法是无法持久的。而且，军阀混战使旧统治势力四分五裂，相互厮杀，也有利于以后人民革命的开展。所以尽管军阀混战对中国人民的伤害极大，但如果从更长时段的眼光来看，这种动荡和阵痛是社会转型期常需经历的过程。可以说，辛亥革命在这方面正给以后中国人民革命的胜利开辟了道路。

（三）辛亥革命带来了民主意识的高涨和思想的大解放

民主意识是指国民对自己在国家中所处地位的认识。在封建君主专制的社会里，一切都是皇帝"乾纲独断"，老百姓根本谈不上有对国家建议和管理的权利。戊戌变法前的"公车上书"曾在全国引起很大震动，但上书的都是有功名的举人，并且由于都察院拒绝代递，所上的书也就没有送达光绪皇帝，没有结果。辛亥革命后，中华民国临时政府公布了《中华民国临时约法》，孙中山在其中特别提出要写上"中华民国之主权属于国民全体"，这是他最看重的一点。虽然中华民国并没有给人民带来当家做主的现实，但提出而没有实现同根本没有提出两者的差别相当大。比较多的民众心理发生了很大变化，认识自己是国家的主人了。所以民国成立后，各种政治团体纷纷成立，报纸杂志空前活跃起来，群众活动多了。可以这样说，要是没有辛亥革命就没有五四运动，因为如果没有辛亥革命创造的这种社会氛围和民众心理状态，五四运动很难发生。

另一点是思想的解放。辛亥革命将过去被看得至高无上的皇帝推翻了，居然皇帝都可以被打倒，那么，还有什么陈腐的过时的东西不能怀疑、不能推倒呢？陈独秀在《新青年》写了一篇《偶像破坏论》说："其实君主也是一种偶像，它本身并没有什么神奇出众的作用,全靠众人迷信他,尊崇他,才能够号令全国,称作元首。一旦亡了国……比寻常人还要可怜。"五四运动时期对许多旧事物的强烈怀疑和批判,同辛亥革命带来的思想解放有很大关系。

对以孙中山为代表的革命先行者提出的民主共和政体的历史功绩应该有一个正确的评价。从中国近代历史来说,太平天国洪秀全做了天王实际上还是皇帝;戊戌变法是想靠一个好皇帝来实现;义和团运动打的还是扶清灭洋的旗号。在亚洲,这是第一个共和国。从世界范围来说,当时世界大国实行共和政体的只有美国和法国,其他的都不是共和政体。

当然,我们还要看到,以孙中山为代表的资产阶级革命派也有它的严重弱点和不足,主要是三条:首先,没有一个明确的反帝反封建的革命纲领,对帝国主义和封建主义没有足够的认识,单纯地认为推翻清政府就是成功,结果清朝一倒台就失去了继续前进的共同方向和动力,没有根本解决反帝反封建的问题,没有能改变中国的半殖民地半封建的社会性质。其次,没有广泛地发动群众,特别是占中国人口大多数的工农大众。辛亥革命的主干力量是受过近代教育的爱国青年。他们在会党和新军中做了许多工作,开展了有力的革命宣传,博得了相当广泛的同情。这是武昌起义后能够迅速得到多数省响应的原因所在。它在一定程度上发动了群众,所以能取得一定程度的成功。但它发动群众仍严重不足,没有能依靠和发动占中国人口绝大多数的劳动群众,特别是没有一个农村大变动。而没有中国最广大的农民参加和支持,在强大的帝国主义和封建势力面前就觉得自己势单力孤而易于妥协,这是它失败的重要根源。再次,同盟会是一个相当松散的组织,成员复杂,当革命取得初步胜利后,许多人就争权夺利,内部四分五裂,无法形成一个能把革命推向前进的坚强核心。把这三点归结起来就是一句话:没有一个能提出科学的明确的革命纲领、能依靠和发动最大多数群众、由有共同理想和严格纪律的先进分子组成的坚强有力的政党。因此,尽管辛亥革命取得了那么大的成绩,但仍没有解决根本问题。这也迫使许多投身过这场革命或受到它影响的爱国者不能不严肃地重新思考国家社会的许多根本问题,寻找新的出路。

中国共产党人中老一代的如朱德、董必武、林伯渠、吴玉章等,不仅参加了辛亥革命,而且参加了孙中山领导的中国同盟会;比他们年轻一点的,如毛泽东、周恩来、刘少奇等都受到辛亥革命很大影响,毛泽东还参加过当时的湖南新军。他们都从辛亥革命中受到深刻教育,在思想上比前人跨出一大步,随后又发现辛亥革命的严重不足,记取它的教训,继续向前探索。

走了第一步,就会有第二步和第三步。辛亥革命的胜利和失败,从正反两个方面,为五四运动的兴起,为马克思主义在中国的传播,到中国共产党的建立,准备了重要的条件。

二、关于五四运动

五四运动是中国近代史上一个转折点,成为旧民主主义革命和新民主主义革命的界限。人们讲到五四运动,常常有两种用法。一种是指 1919 年 5 月,由巴黎和会中的山东问题激起的五四爱国运动。另一种是指从 1915 年《新青年》杂志(最初叫《青年杂志》)创刊开始的新文化运动到 1920 年中国共产党建立前夕的历史。值得注意的是:后一种用法其实包括一脉相承而性质不同的两个阶段。第一个阶段是1919年五四运动以前的早期新文化运动，它的指导思想仍是西方资产阶级民主主义文化；第二个阶段，从五四爱国运动起，原先的进步思想界发生分化，马克思主义在先进知识分子里开始逐步成为主流。目前很多纪念五四的文章没有分清楚这前后两个阶段之间的传承关系和性质区别，把两者混为一谈，没有着重说明后一阶段才是中国革命进入新时期的真正起点。下面，我们就从历史事件的联系、脉络角度，看看这两个阶段对于中国共产党的建立起了哪些作用。

（一）对封建主义旧思想、旧文化、旧礼教的扫荡式批判为人们接受马克思主义做了重要准备

第一阶段的早期新文化运动，起步源于对辛亥革命为什么没能解决中国问题的反思。指导思想仍是西方资产阶级民主主义文化，但它对封建主义旧思想、旧文化、旧礼教强有力的批判，为人们以后接受马克思主义清除了重要障碍，做了重要的准备。吴玉章讲过，"辛亥革命给长期黑暗无际的中国带来了一线光明，当时人们是多么的欢欣鼓舞啊！但是，转瞬之间，袁世凯窃去国柄，把中国重新投入黑暗的深渊，人们的痛苦和失望，真是达到极点，因此有的便走上了自杀的道路"。更多的先进分子却继续向前求索。《新青年》创刊后，陈独秀提出，共和制度所以不能真正得到巩固，中国的状况依然那样黑暗，根本原因在于缺少一场对旧思想、旧文化、旧礼教的彻底的批判，大多数国民的头脑仍被专制和愚昧牢牢束缚着，缺乏民主和科学的觉悟。《新青年》喊出的最响亮的口号是"民主"和"科学"，当时叫"德先生（democracy）、赛先生（science）"。民主的对立面是专制，科学的对立面是愚昧、迷信，

这正是中国几千年封建统治的恶果。五四运动对封建主义旧思想、旧文化、旧礼教的批判，其尖锐彻底程度远远超过辛亥革命时期，可以说是对辛亥革命的重要补课，起到了至关重要的思想启蒙作用。

早期新文化运动还有一个重要内容是提出"文学革命"，提倡白话文。鲁迅的《狂人日记》，是第一篇用白话文写的成功的小说。以白话文代替文言文，不仅有助于人们的思想从旧框框束缚下解放出来，更因为它的文字表达明白易懂，有助于新文化能够为更多的平民理解和接受，所以新文化运动像思想界的一场狂风暴雨那样，起到很大的扫荡作用。

前面说过，初期的新文化运动还是在西方式民主主义文化的旗帜下进行的，鼓吹以个人为中心的"人格独立"和"个性解放"，着眼点主要是个人的权利，而不是人民的整体利益。这种思想在五四前夜那个历史转折时期，起到了巨大的反封建的进步作用，但它不能从根本上给灾难深重的中国人指明出路。那个时候，挪威作家易卜生的戏剧《娜拉》（中国当时翻译作《玩偶之家》）在中国有很大影响，写的是女主人公娜拉不甘心做"丈夫的傀儡"而离家出走，被不少人兴奋地赞扬为"女性的自觉"。但这样就能解决中国的问题了吗？对中国社会有着深刻认识的鲁迅先生敏锐地做了《娜拉走后怎样》的演讲，说，"从事理上推想起来，娜拉或者也实在只有两条路：不是堕落，就是回来。因为如果是一只小鸟，则笼子里固然不自由，而一出笼门，外面便又有鹰，有猫，以及别的东西之类"。的确，当时的中国社会现实那样黑暗，离开对社会的根本改造，对绝大多数人来说，连生存都难以保障，更谈不上有什么个性解放和个人前途。于是，"改造社会""建设新社会"的呼声越来越高涨起来。但人们在最初面对大量涌入的各式各样新思潮一时难以弄清，对现实社会应该怎样改造、要建设的新社会是怎样的、中国的出路在哪里这些问题，还并不清楚。

（二）为中国共产党的建立做了思想上和干部上的准备

第一次世界大战期间，由于西方资本主义列强忙于战争，无暇东顾，中国的民族工业有了很大发展，中国产业工人的人数迅速增长到二百多万人。随着工人阶级的力量的日趋壮大和工人所受压迫的加深，新的社会问题摆在人们面前，工人阶级的斗争加强了。这时，列宁领导的俄国十月社会主义革命爆发，把科学社会主义的学说变成现实，给正在苦苦思索探求中国社会该怎样改造、应该建立怎样一个新社会的中国先进知识分子打开了眼界。不少先进的知识分子很快认识到：列宁领导的俄国革命和历史上以往任何一次革命都不相同，是一场崭新的以劳工阶级为主体的社会革命，看到了一种全新的社会前景，尽管这种认识还只是初步的。李大钊在1918年10月发表的《庶民的胜利》《布尔什维主义的胜利》，是中国人民接受十月革命道路的最早反映，表明了中国人民的新认识和新觉悟，从而把希望开始转向社会主义。现在有的人说马克思主义是舶来品，是早产儿。在事物的发展变化中，内因从来是基础，外因只是条件。如果不是中国社会和人们思想走到这一步，如果人们急切关注的热点不是正聚焦在这个问题上，俄国十月革命绝不可能对中国产生如此巨大的吸引力。

五四爱国运动正是在这样的历史条件下爆发的。它在人们头脑里产生了怎样的作用？中国在第一次世界大战中是战胜国之一，但巴黎和会却把战败国德国在中国夺取的特权交给日本。这对中国人来讲是奇耻大辱。原本很多人都认为这次世界大战的胜利是"公理战胜强权"。陈独秀写文章讲，美国总统威尔逊可以说是世界上第一个好人。最后，巴黎和会却做出使中国听任日本帝国主义宰割的决定，充分暴露了西方国家以强凌弱的面目，"公理"何在？"强权"仍然支配着一切。这种残酷的事实再一次从反面教育了中国人民。向西方学习幻想的破灭，不仅使人们更加感到民族危机的深重，而且也使他们认识到西方民主的虚伪。这对推动中国人民进一步觉醒，要探索着走另一条新的道路，起了十分重大的作用。早期新文化运动的旗手陈独秀也从小资产阶级急进民主派开始转变到宣传马克思主义上来。瞿秋白1920年在一篇文章中描述中国的先进分子在五四爱国运动中经历的这场历史性巨变："帝国主义压迫的切骨的痛苦，触醒了空泛的民主主义的噩梦。学生运动的引子，山东问题，本来就包括在这里。工业先进国的现代问题是资本主义，在殖民地上就是帝国主义，所以学生运动倏然一变而倾向于社会主义，就是这个问题。"吴玉章则说"处在十月革命和五四运动的伟大时代，我的思想上不能不发生非常激烈的变化。当时我的感觉是：革命有希望，中国不会亡，要改变过去革命的办法。虽然，这个时候我对中国革命还不可能立即得出一个系统的完整的新见解，但是通过十月革命和五四运动的教育，必须依靠下层人民，必须走俄国人的道路，这种思想在我头脑中日益强烈、日益明确了"。从这些话中我们可以明确地认识到，革命先驱们接受马克思主义，不是一时冲动，而是在实际的生活中经过深思熟虑，经过反复的比较和实践检验，最后才做出的重大的选择。

以五四爱国运动为起点，马克思列宁主义开始在中国大地上以波澜壮阔的规模广泛传播，形成气势磅礴的思想主流。接受马克思主义这个科学世界观的先进分子不但没有抛弃民主和科学的旗帜,并且赋予它们新的更加完整的内容,民主不只是少数人的民主,不只是谋求个人的解放,而是要绝大多数人的民主,谋求国家民族的解放;科学是要用科学的理论来重新观察和分析问题。这也加速了革命知识分子与广大人民相结合的步伐。所以,从前者到后者是一个根本的历史性的转变。我们今天纪念五四运动,讲它的伟大意义,因为它为中国共产党的建立创造了条件,打开了通路,使马克思主义在先进分子中间处于主流的地位。

五四爱国运动后,李大钊、陈独秀分别在北京和上海成立了"马克思学说研究会"和"马克思主义研究会",许多先进的知识青年团结在他的周围。从日本回来的一批留学生,如李达、陈望道、李汉俊,也对翻译和宣传马克思主义做了许多工作。这表明,五四运动为中国共产党的建立做了思想上和干部上的重要准备。

三、关于中国共产党的成立

经历了伟大的五四爱国运动,已经有那么多先进分子奔集到马克思主义的旗帜下,树立起新的理想和信念;而祖国和人民的危急处境又驱使他们要求尽快把志同道合的人集合起来,投入改造中国社会的实际行动。于是,中国共产党的建立到了瓜熟蒂落、水到渠成的时候。

最早在中国提出并推动建立共产党的正是陈独秀和李大钊。现在我们看到的最可靠的材料是共产国际中共代表团档案中保存的一份写于1921年的不具名的俄文档案《中国共产党第一次代表大会》。它记录:1920年5月,陈独秀等五个人在上海发起成立中国共产党。李大钊接受马克思主义比陈独秀早，而且对马克思主义的研究和理解比陈独秀要深刻得多。但陈独秀这个人的性格像烈火一样，往往更急于行动。他感到马克思主义好（尽管理解得还比较肤浅），就要成立党，所以对各地的党的组织活动的推动，陈独秀做出很大的贡献。过去我们对陈独秀应该肯定的没有做足够的肯定，把有些不能完全归于他的责任也比较多地归于了他，这是不对的。当然反过来，对陈独秀什么都全盘肯定，不做具体分析，那也不符合客观实际。

在陈独秀、李大钊的推动下，武汉、长沙、广州、济南等地相继建立了党的组织。几乎同时，蔡和森在法国写信给毛泽东，信里讲，现在我们需要的是建立一个党，就是共产党。恽代英在武汉利群书社的基础上建立一个政治组织，叫"波社（波尔什维克团体）"，实际上也是共产党。在四川，吴玉章、杨闇公等成立了一个中国青年共产党。这些组织的成员知道中国共产党已经建立后，有的是个人加入，有的是整个组织都参加了。这个事实说明：在中国建立共产党不是偶然的、不是少数几个人的想法，也不是只靠外来的因素造成的，而是许多中国的先进分子当时的共同要求，是客观的局势发展到这一步的产物，是有历史必然性的。

中国共产党一建立，就有着跟以往中国历史上的任何政党不曾有过的全新的三个特点：

第一，它旗帜鲜明地用科学理论——马克思主义来观察和分析中国的问题

没有马克思主义，就没有中国共产党，这是不用多说的。1920年的5月，中国共产党的早期组织成立后，除发展组织外，主要

做了三件事：建立社会主义青年团；进行马克思主义宣传；开始投身工人运动。当时，接受马克思主义、愿意积极投身社会革命的，以青年学生为多。所以，上海的党组织成立以后花很大的力气建立社会主义青年团。1920年5月早期的党组织一建立，8月间青年团就成立了。青年团几个主要领导人如俞秀松等都是共产党的最早的党员。在宣传马克思主义方面，《新青年》逐渐成为党掌握的刊物。1920年又创办《共产党》，宣传党的主张。1920年4月，陈望道把《共产党宣言》翻译成中文。这是第一本马克思主义基本著作被全文翻译成中文。我和陈望道先生很熟，解放初曾问过他：怎么会想到去翻译《共产党宣言》。他说从日本受到马克思主义影响，回来了就开始要做点什么。还有十分重要的一点：当时不仅大量宣传马克思主义的基本理论，也注意把它跟中国的现实结合起来，解决中国的实际问题。1922年1月，青年团的机关报《先驱》在发刊词中写道："本刊的第一任务就是努力研究中国的客观的实际情形，而求得一最合宜的解决中国问题的方案。"1922年6月，中共中央发表《中国共产党对于时局的主张》，着重指出中国内忧外患的根源是军阀，提出解决中国面对的种种问题唯一的办法"只有加入民主战争打倒军阀"，批评了社会上对时局的三种错误想法。这个主张反映出中国共产党确实正在"努力研究中国的客观的实际情形"。同年，党的二大提出反对帝国主义、反对封建军阀的纲领。过去，孙中山领导辛亥革命推翻了清政府，很多人以为革命大功告成了，事实证明"革命尚未成功"。到早期新文化运动，进步的知识分子认识到不仅要在政治上推翻这个旧政权，更要从旧思想的束缚下解放出来。但光从思想文化上得到解放还不能解决中国的问题，于是就提出"改造社会"，建立新的社会理想。而只有中国共产党建立后，才破天荒第一次鲜明地提出中国现在需要解决的问题是反对帝国主义、反对封建主义。从此，前进就有了明确的目标，并且把中国革命的最低纲领和最高纲领说清楚了。所以，中国共产党跟以往中国历史上其他政党第一个不同，是它有科学的理论来指导，在全国人民面前第一次提出了明确的解决中国问题的纲领。

第二，它从成立时起，就下决心深入下层，到占中国人口最大多数的劳苦大众中去做群众工作

陈望道先生跟我还讲过，那个时候，知识分子要深入到工人中去开展宣传和组织工作并不是一件容易的事。他和沈雁冰（茅盾）常在工厂放工的时候，站在一个高处对工友演讲，却没有多少人理他们。后来他们在实践中摸索出一些新的做法，到工厂里面办工人夜校，提高工人的觉悟，发现积极分子，然后搞工人俱乐部，把工人组织起来，为自己的利益奋斗，开展工人运动。以后就到农村里来开展农民运动。所以说这个党一成立就到社会底层去，到基本群众中去，特别是工人、农民中去。这是共产党的根本，是中国的以往任何政党没有做过的。

现在有些人提出怀疑，说中国共产党的领导人都是知识分子，为什么称这个党是工人阶级先锋队？其实，确定什么人是哪个阶级的政治代表，并不取决于他的出身或本人成分，而是取决于它代表着哪个阶级的根本利益，使用哪个阶级的思想来观察和处理周围的一切，依靠什么力量来实现这些主张。中国共产党成功的经验是农村包围城市、武装夺取政权。但是中国共产党并不是在农村里诞生的，是在城市里诞生的。中国共产党的干部，像毛泽东、刘少奇、周恩来，都先在城市里面从事工人运动，有着广阔的眼界，养成严密的组织性，以后才到农村里面去，领导农民开展游击斗争的。这一条十分重要。没有它，就只能产生旧式的农民革命，也不可能取得胜利，这是几千年来中国历史直到太平天国的事实证明了的。从阶级分析来说，工人阶级有几个特点：一是他与现代化大生产相结合的，这就与地主、农民所结合的落后的小生产方式区别；二是工人阶级有高度的组织性，这就跟小生产者，包括手工业者和一般的农民相区别，也和一般的自由知识分子相区别；三是他是劳动者，这就跟依靠剥削为生的资产阶级、地主阶级相区别。共产党代表的是这个阶级的根本利益，人类将来发展到最后，别的阶级都会被消灭，就剩下与现代化大生产结合的、有高度组织性的、依靠劳动为生的工人阶级（包括从事体力劳动和脑力劳动的劳动者）。所以中国共产党的领导人到农村去领导农民运动和游击战争时，他们的思想是代表先进的社会生产力的工人阶级的思想，有着远大的眼光和很强的组织力，并且用来改造农民意识，这是同旧式农民战争区别的根本所在，也是它最终能取得胜利的关键所在。

第三，把党建成一个有共同理想和严格纪律的先进分子组成的坚强有力的革命政党，使它成为领导革命事业的核心力量

党刚建立的时候，党员很复杂，12个代表中间，有的始终坚持革命，成为党的领导人，像毛泽东、董必武，有的是为革命牺牲了，有的是中间脱离党了，有的是成了叛徒，像陈公博、周佛海、张国焘。以后参加共产党的，也有一些人组织上入党了，思想上没有入党，甚至会蜕化变质，但这不是主流。总是不停地大浪淘沙，

最后把党真正建成一个有共同理想、严格纪律的先进分子的组织。没有那么一个核心力量,什么事也做不成,也不可能带动千百万群众来实现这么一个共同理想。

比较一下就会发现:正好与辛亥革命的教训形成鲜明的对照。前面说过,辛亥革命的问题在哪里?第一,没有一个明确的科学的革命纲领;第二,没有充分地依靠最广大的人民群众;第三,没有一个坚强的革命核心力量。而中国共产党的建立正是当时的先进分子在探索前进时吸取了辛亥革命的这几点教训。党成立的时候,党的一大的代表平均年龄是28岁,代表的党员只有五十多人,但是他们代表的是中国社会中的新生力量和希望所在,经过28年的艰苦奋斗,终于建立了中华人民共和国,创造了新的历史,为实现中华民族的伟大复兴奠定了基础。这几点可以说是我们党最根本的东西。

90年过去了,这几点不但没有改变,还有很大发展。现在中央抓的许多事里面,一条就是一定要有一个正确的理论指导我们前进,用这个理论来武装我们的头脑。在今天就是用中国化的马克思主义,用毛泽东思想和中国特色社会主义理论体系这两大理论成果来武装大家。没有这一条,就没法谈其他。第二,要密切联系群众,到社会基层去,呼吸相通,以最广大人民的根本利益作为一切工作的出发点和归宿。一切为了人民,一切依靠人民。离开这一条,就违背党的宗旨,就什么都做不成。第三点,就是要加强党的建设,使党真正成为一个先进的、有执政能力的政党。一定要有共同的理想和严格的纪律,这样才能成为一个有战斗力的核心力量。

历史总是一步一步地前进的,跨出了第一步才有第二步。一部中国近现代史就好像接力跑一样，后来的人以前面跑到的地方为出发点，接过棒来，然后又远远地跑到前人的前头去。从辛亥革命到中国共产党建立这十年的历史，是不断探索、不断在矛盾中前进的历史。它留下的经验教训，不仅使我们了解共产党建立的必然性，而且对我们今天如何前进仍有重要的启示。

第一次国共合作和大革命 [1]

1924年至1927年,在中国大地上爆发了一场席卷全国的革命运动。这场革命运动声势之浩大、发动群众之广泛,在中国近代历史上是前所未有的。人们通常把它称为中国的"大革命"。这场大革命和第一次国共合作可以说是相共始终的。

一、为什么在20世纪20年代中期会出现这样一场大革命

这个问题看起来很容易回答:这是帝国主义、封建势力同中国人民之间矛盾发展的结果,人民革命的要求是不可遏制的。但人们反过来可以问:中国近代这个基本矛盾一直存在,而且常常表现得很尖锐,为什么并不是在任何时候都能出现大革命时期那样全国规模的群众性革命运动高潮?看来,还需要对当时中国的社会历史状况做一点具体分析:

第一,那时候,欧美列强刚刚渡过第一次世界大战造成的严重政治和经济危机,从1924年起统治秩序又进入一个相对稳定时期。他们在远东卷土重来,不等价交换的倾销商品大量涌入,对中国工矿事业的掠夺和控制大大加强,英、美两国表现得尤为积极。华盛顿会议当时那样受到人们重视就是这个原因。中国的民族工

---

[1] 本文是在全国台办主任培训班上的讲课提纲,1996年9月印发。

业在大战期间曾有很大发展,战后初期还有相当发展,但到1924年以后就处处感到来自西方列强的压力,丧失了原来有过的那种顺利发展的条件,发展速度明显迟缓下来,逐渐陷入困境。拿民族工业中最重要的棉纺织业来说,如果以1920年拥有的纱锭指数为100,到1924年为208,四年内还增长了一倍多,而到1929年为255,五年内只增长四分之一。洋人在中国的土地上趾高气扬,为所欲为,中国人的日子越来越难过。社会上大多数人直接感受到这种压力。国内的反帝情绪、民族主义情绪普遍高涨。五卅运动就是在这种背景下发生的。

第二,国内政治生活中,突出的现象是军阀割据和军阀混战的不断扩大。国家实际上陷于分崩离析的局面,各省份则由那些专横跋扈的军人统治,这种状况在袁世凯称帝失败后愈演愈烈。1920年发生直皖战争,1922年发生第一次直奉战争,1924年发生第二次直奉战争,这些都是有全国影响的战争,至于地方性的更是年年不断。在军阀之间争夺造成的连年战火下,人民的生命财产得不到起码的保障,更谈不上其他了。《向导》创刊号的《本报宣言》中说:"现在最大多数中国人民所要的是什么?我们敢说是要统一与和平。""为了要和平要统一而推倒的和平统一障碍的军阀,乃是中国最大多数人的真正民意。"变革现状,已成为社会各阶层的强烈的共同愿望。

第三,这次大革命能够发生的决定因素,是这时已有了中国共产党,并实现了第一次国共合作。在国共合作的广东革命根据地,国共共同喊出了"打倒列强,除军阀"的响亮口号,它们有着革命政权和革命军队,广泛地发动工农运动,对全国产生了巨大的吸引力。可以这样说:一场革命大风暴的出现,只有人民的痛苦和失望是不够的，它总需要能给人以一种新的信念和希望，把人们团聚起来。它需要有正确的领导，否则有了机遇也无法抓住。所以，在三个原因中这一点又是关键。

二、第一次国共合作为什么能够形成

中国共产党是1921年7月成立的。它从一开始就有几个鲜明的特点：第一，它以马克思列宁主义为指导，运用阶级分析的方法，党成立一年后就在中国历史上第一次明确地提出了反帝反封建的政治纲领，指明了中国的出路。第二，它从一开始就深入到占中国人口绝大多数的下层劳动群众中去，放手发动群众。第三，这个党的党员有着社会主义、共产主义的理想和信念，能够凝聚成一个生气勃勃的战斗核心。尽管它最初还很幼稚，还有这样那样的弱点，但这几个突出的优点是中国以往任何一个政党不曾有过的。但是，帝国主义和封建军阀毕竟是相当强大的力量，少数人的孤军奋斗或分散的各自为战都难以把它打倒，必须联合一切赞同民族民主革命的力量共同奋斗。这是国共合作能够实现的客观基础。

那时，国民党也不很景气，在屡经挫折后并没有多大实力，内部成分相当复杂，还严重地脱离群众。但它也有几个不容忽视的优点：第一，这个党在当时中国社会中有一定的威望。它的前身同盟会领导过推翻清朝政府的辛亥革命。它的领袖孙中山此后在极端困难的条件下一直不屈不挠地坚持反对外国侵略和本国军阀势力，在人们心目中是革命的象征。鲁迅说过："中山先生的一生历史具在，站出世间来就是革命，失败了还是革命。""他是一个全体，永远的革命者。无论所做的哪一件，全都是革命。"第二，这个党在广东有一块革命根据地。在这里，可以高举国民革命的大旗，可以允许革命力量公开活动，可以合法地开展工农运动。这在全国范围内是绝无仅有的。第三，这个党内有一批忠实于民族民主革命的人士愿意同共产党合作，如孙中山、宋庆龄、廖仲恺、邓演达、柳亚子等。通过他们，还可以团结一大批中间分子。共产国际对促成国共合作也起了重要作用。

从国民党方面看，它的领袖孙中山长期以来真诚地同情社会主义。他在屡经挫折特别是在陈炯明叛变后，公开声言："我党今后之革命，非以俄为师，断无成就。"他从西方国家得不到任何援助，而苏联却从财力、武器、军事政治顾问等多方面给以援助。国民党过去是不搞群众运动的，因此缺乏群众运动的领袖人物，共产党人在这方面弥补了它的不足。宋庆龄回忆道：孙中山决定同共产党合作后，"我记得当时我问他为什么作出这个决定。他在回答我时把国民党比作一个就要死的人，他说这种合作将会加强和恢复它的血液的流动"。他对这次合作的态度是真心实意的。

三、第一次国共合作带来了什么

国共合作的正式形式是以1924年1月召开的国民党第一次全国代表大会为标志的。大会通过的宣言对三民主义做出适应时代潮流的新解释，在事实上确立了联俄、联共、扶助农工的三大政策。

对国共两党的关系，毛泽东在1938年5月4日这样说过："合则两利，分则两伤。"

第一次国共合作给国民党带来了什么？第一，经过共产党的帮助，使它有了一个比较明确的反帝反封建的政治纲领，集中体现在国民党一大的宣言中。经过重新解释的民族主义，强调对外反对帝国主义，对内实行各民族平等。在民权主义里，强调中国的权力应该为大多数人所共有，而不是少数人所专有，甚至提出不能为资产阶级所专有。在民生主义里，提出"节制资本"和"平均地权"两大原则。不久，孙中山又提出"耕者有其田"的口号。第二，促进了广东工农运动的高涨，影响及于邻近的湖南、江西等省。没有这个条件，北伐的顺利发展是不可能的。第三，训练了一支党军。黄埔军官学校是国共合作的产物。它的重要特点是：把政治教育放在和军事训练同样的地位，以革命精神来武装学生。这支军队当时是很有革命朝气的，有严格的纪律，同群众的关系也比较好。担任黄埔军校政治部主任的周恩来在这方面做出了重要贡献。在黄埔军校第一期学员中，既有共产党的重要将领徐向前、陈赓、左权、许继慎等，也有国民党军队的重要将领胡宗南、杜聿明、关麟征、宋希濂、郑洞国、黄杰等。苏联派来了军事教官，给了200万元现款作为开办费，还运来8000支步枪、500万发子弹。第四，改组国民党，大大发展了国民党的组织。这以前，它的组织只在广东、上海、四川、山东等少数地区存在，连北京、天津、南京、浙江、两湖等地都没有，更不用说边远地区了。在共产党的帮助下，它的组织几乎遍及全国。到国民党二大时，除新疆、云南、贵州等少数几个省外，都建立了国民党的组织，不少省市党部的负责人由共产党员担任，如李大钊、董必武、林祖涵（伯渠）、夏曦、宣中华、侯绍裘等，那里的国民党组织很多是在共产党人努力下建立起来的。可以说，没有共产党的帮助，就没有后来国民党那样大的局面。

国共合作对共产党也有很大好处：它使党提出的反帝反封建的政治纲领能在更广阔的范围内深入人心。党在广东可以公开从事活动，更便于党在群众斗争的大场面中得到锻炼，培养了大批干部，积累了许多可贵的经验。党的组织也得到发展，在1923年6月确定实行国共合作的三大时还只有党员420名，1925年1月已发展到994人，到这年年底增加到1万人。一些原来没有党组织的地方建立了党组织，如云南、广西、安徽、福建等。这些，都为迎接北伐战争的到来做了重要准备。

要说弱点，那时中国共产党把自己的工作重心放在帮助国民党上，却忽视了争取领导权和自身建设发展的问题。党的活动主要在政治教育和群众运动方面；而国民党右派却牢牢地抓住了政权和军权，一旦羽翼丰满，翻过脸来收拾你，革命就遭受严重挫折。

四、大革命高潮的到来和蒋介石反共活动的抬头

大革命高潮的到来是以五卅运动为起点的，形成了席卷全国的反帝反军阀的群众运动高潮。它传到南方，发生了有25万人参加的省港大罢工。在五卅、省港大罢工前后，广东革命政府发动了两次东征和南征，平定了杨希闵、刘震寰的叛变，统一了广东革命根据地。

中国共产党在这个过程中，全力投入群众运动和政治宣传教育工作，发挥了巨大作用。但共产国际代表一开始便认为国民党力量大而共产党力量还小，一再强调"一切工作归国民党"，甚至认为共产党这时只能充当"苦力"。

就在看起来一派大好的形势下，国民党右派的反共活动逐渐

抬头了。

国民党本来是一个复杂的混合体，它的成员从左到右都有。有相当一批人虽曾追随孙中山参加过反清革命，但反对社会革命，反对工农运动的兴起。在这个队伍中，还有一大批政客、旧军人和野心分子。在国共合作实现后，一直有一部分人反对这种合作。孙中山逝世、廖仲恺被刺后，他们的反共活动更趋猖獗。但最初它还没有能影响全局。

起关键作用的是蒋介石。蒋介石在国民党内的地位本来并不高，在国民党一大时还没有被选入中央执行委员会。黄埔军校成立时，孙中山曾经考虑过让程潜当校长。蒋介石那时是粤军参谋长，粤军总司令是许崇智。蒋介石地位的提高，是国共合作以后的事。他最初把自己装扮成坚决拥护国共合作的"左派"，办事果断认真，受到各方面的重视。随着黄埔军校的建立和统一广东革命根据地战争的胜利，他的地位一步步上升，羽毛逐渐丰满，反共面目便逐渐显露出来。1926年3月20日的中山舰事件，对蒋介石说来，一方面逼走当时貌似"左派"、担任国民政府主席的汪精卫，把国民党的大权集中到他手里，另一方面是公开进行反共活动的重要试探。这次试探得手后，他的胆子更大了，这年5月又在国民党二届二中全会上提出并通过所谓整理党务案，规定共产党员不能担任国民党中央的部长等，把共产党人排除出国民党领导岗位之外。共产党再一次让了步。陈独秀还提出要"办而不包，退而不出"。北伐前夜，蒋介石又当上了国民革命军总司令。

在共产党内，毛泽东等是主张对这种反共活动进行反击的。但那时党还很幼稚。共产国际代表和中共中央领导人害怕由此引起同蒋的破裂，一味主张退让，以为退让便可以使对方满足，使矛盾得到缓和，以便进行北伐。这样，便丧失了重要的时机。

当然，那时北伐在即，广东的力量有限，蒋介石还没有完全站稳脚跟，仍需要继续得到苏联和中国共产党人的帮助，所以，老谋深算的他没有立刻实行破裂，有时甚至还做出了一些缓和的姿态。

五、北伐的胜利进展和蒋介石的反共政变

讨伐北洋军阀的北伐战争，以出人意料的速度取得重大胜利。1926年10月，北伐军已控制直系军阀首领吴佩孚支配的两湖地区。11月，又在江西战场上取得对盘踞东南五省的孙传芳部的决定性胜利。

随着北伐进军的顺利进行，中国南部各地的工农运动和反帝爱国运动蓬勃兴起，掀起一场迅猛异常的革命大风暴。如果没有北伐战争的节节胜利，单靠以五卅运动为起点的群众性运动高潮，还难以发展成那样轰轰烈烈的大革命局面。

当北伐胜利进行时，蒋介石乘北洋军阀势力兵败如山倒的有利形势，大量收编投奔过来的旧军阀军队，抢占地方政权，使自己的实力得到很大扩充。中共中央却与此相反，除原由共产党员叶挺领导的独立团外，不去掌握军队，甚至严厉取缔共产党人参加地方政权，因而不能在有利形势下积聚更多的力量，扩大自己的阵地，使力量对比日益向不利于自己的方面变化。

蒋介石发动反共政变蓄谋已久，但他需要选择时机。这个时机什么时候到来，转折点发生在江西战场取得决定性胜利的时刻。这是因为：第一，这以前，北伐军虽已攻占武汉，但孙传芳一直严重威胁着它的侧翼。如果在江西失利，孙部就可以乘胜直入湖南，

切断湖北前线同广东后方之间的联系，使它首尾不能相顾。北伐军在江西战场的胜利，不仅消除了这种危险，而且席卷东南之势已定，整个南中国的政治军事局势便全然改观。第二，帝国主义列强最初对高唱"打倒列强，除军阀"歌曲浩荡北上的北伐军十分恐惧，处处进行破坏。但他们逐渐看到：对中国革命阵营进行分化远比直接出兵干涉更为有利。特别是日本，派驻九江总领事到南昌见蒋介石。蒋向他表示：我们成功以后，一定尊重各国在中国签订的条约。日方很满意。这就使蒋介石有了把握能在帝国主义列强支持下，取得经济最为富庶的江浙地区作为根据地。第三，一批同蒋有关系的北方官僚政客联袂南下，上海金融资本家也给蒋以资助。曾在北方任代理国务总理的黄郛，在前往南昌路过上海时，中国银行副总裁张公权便答应给蒋透支 100 万元。各种旧势力伸出千百只手来拉蒋介石。所以，当时有"军事北伐，政治南伐"的说法。正是在这种复杂微妙的背景下，蒋介石蓄谋已久的反共活动就逐渐明朗化了。

  面对着联合战线随时可能破裂的严重威胁，中共中央却在 1926 年 12 月会议上认为：目前"最主要的最严重的倾向是一方面民众运动勃起之日渐向左，一方面军事政权对于民众运动之勃起而恐怖而日渐向右"。事实上，它对防止蒋介石等的"日渐向右"完全无能为力，只是一句空话，剩下的只是一味压制工农运动。当然，南方各省的工农运动仍在继续发展，多少年来遭受深重压迫的工人和农民一旦发动和组织起来，确有一些过火行动，使中间分子感到害怕，但中共中央总的指导思想是日益向右发展。中国共产党所能依靠的力量主要是工农群众。如果离开把工农群众有效地发动并组织起来，不但无法有力地反对即将到来的蒋介石反共准备，连中间派的动摇也难以克服，无异于在严重危险面前自行解除武装，以后为此付出了沉重的代价。

其实，蒋介石那时的力量还不巩固，内部也矛盾重重，但他富有政治经验，是有决心的，敢于像赌徒那样孤注一掷地冒险，先在步步进逼中使自己的阵地步步扩大，到关键时刻便毫不留情地断然下手。

1927年4月12日，他在上海发动反革命政变。随即宣布"清党"，大量搜捕并屠杀共产党人和进步人士，并自行建立南京政府。共产党对蒋介石虽已有所察觉，但一退再退，而且没有应付突然事变到来的准备，结果吃了大亏。

六、党的继续妥协退让和大革命的失败

蒋介石的叛变，说明大革命已到了生死关头。原在广州的国民政府这时已迁到武汉，表面上是个左派政府，实际上很不可靠，随时可能发生变化。它的成员中，有少数真正的左派，如宋庆龄、邓演达等，而大多数是对蒋介石专断独裁不满的政客和军人，和被大势卷入、待机而动的人物。刚从海外归来、以"左派领袖"姿态出现、口头说得漂亮的汪精卫，更是一个野心勃勃、毫无原则的政客。武汉政府的实权掌握在他们手里。党的迫切任务是要做好可能的全面破裂的应变准备。那样，虽然由于力量对比的关系，不一定能避免失败，至少可以多保存一些力量，为日后的斗争造成较好的态势。

可是党没有这样做。共产国际认为蒋介石的叛变意味着民族资产阶级退出了革命，现在更需要巩固工人、农民、小资产阶级

的联盟，而把武汉政府包括汪精卫在内看作小资产阶级的代表。原来害怕同蒋介石破裂，现在又害怕同汪精卫破裂，认为一破裂就没有力量了，革命就要失败。

从4月27日开始，在武汉举行了党的五大。本来，党在这时面对的是如何生存的问题，各地代表焦急地等待对这个问题做出回答。但五大无论对形势分析还是选择对策都没有做出任何有力的回答，只是空谈中国革命的非资本主义前途等，虽然提到土地革命问题，又认为必须取得"小资产阶级"同意才能实行，实际上是束手无策。这就不能担负起在危急关头挽救革命的任务，只能坐视整个局势日趋恶化。

共产国际派来的顾问鲍罗廷在大革命初期做过一些有益的工作，这时却只是热衷于所谓"西北学说"，力主武汉政府继续北伐，到河南迎出自陕西东下的冯玉祥部队，寄希望于冯玉祥，而冯其实又是个未知数。

这时，武汉的经济局势和军事局势都日益恶化。北伐军在河南经过苦战，迎出了冯玉祥。但冯看到武汉政府的处境不佳，倒向了蒋介石。尽管中共中央力求拉住汪精卫，共产国际派来的路易甚至把国际发来的应对当前事变的密电给汪精卫看，武汉政府仍在7月15日宣布分共，宋庆龄、邓演达等被迫出走，国共关系全面破裂。大革命从此失败，中国革命进入土地革命的新时期。

七、结语

重温这段历史，给我们什么启示？

第一，中国共产党确实是了不起的。从党诞生到第一次国共合作形成不到两年半，到大革命失败也只有六年。这样年轻的党，在成立后那么短的时间里，就能推动起这样大的革命高潮，创造出如此壮观的历史场面，确实是极不寻常的。

第二，大革命为什么失败？这有客观和主观两方面的原因。

客观原因在于双方的力量对比：世界资本主义这时正进入相对稳定时期，能够集中较多力量来干涉中国革命。中国的旧势力盘根错节，反动政治经验丰富，绝不是一两次革命冲击就能摧毁的。中国共产党毕竟还年轻，理论准备、实际政治经验和对中国国情的了解都不足，客观形势却迫使他们必须立刻投身到这样一场大革命中去，并且站在斗争的前列。共产国际离中国那么远，对中国革命的指导出了些好主意，也出了不少不正确的主意。在这种情况下，要在当时就取得大革命在全国范围的胜利，条件是不具备的。

从主观的指导思想来看，在党的初期，特别是敌对力量和同盟者的力量都明显地大于自己的时候，最容易发生的主要错误是右。大革命时期正是这样。尽管在城市和农村的实际工作中也出现过某些幼稚的"左"的错误，这个责任主要在共产国际的错误指导。以陈独秀为首的中共中央虽然对蒋介石的作为有时也有所警惕，但同样过于看重国民党的力量，害怕太刺激蒋介石、汪精卫等而导致破裂，总认为退让就可以使国共关系中出现的紧张局面得到缓和，就可以维护团结。结果，让国民党右派看准了共产党的这个弱点，得寸进尺，步步进逼，气焰越来越高，力量越来越大；共产党却把自己的手脚重重束缚起来，有时也看出一些问题，但一到关键时刻就犹豫畏缩，不敢放手发展进步力量，不敢在必要时理直气壮地进行反击，于是，已有的阵地一个一个地丢失，还抱着种种幻想，没有做好应付突然事变的准备，等到对方一翻脸,几乎全军覆没,教训是十分惨痛的。

在以后的十年内战时期,中国共产党在统一战线问题上的主要错误又成了"左",不顾实际情况,不讲斗争策略,"一切斗争,否认联合",结果严重孤立了自己,一味蛮干,同样几乎导致革命的失败。到抗日战争时期,由于有了这两方面的沉痛教训,中国共产党在统一战线问题上包括处理国共关系问题上,才有了一套完整的成熟的经验。毛泽东对这些经验做了精辟的概括,如"发展进步势力,争取中间势力,孤立反共顽固势力";有联合,有斗争;"以斗争求团结则团结存,以退让求团结则团结亡";在斗争中要"有理、有利、有节",要做到"利用矛盾,争取多数,反对少数,各个击破";要"争取时局好转"而又准备"应付可能的全国性的突然事变","使全党全军在精神上有所准备,在工作上有所布置",如此等等。这些宝贵的经验都是用鲜血为代价所换来的,在没有付出那么沉重代价前是说不出这些话来的。

第三,大革命虽然失败了,但仍可看出中国共产党的优秀品格。世界上曾经有不少政党造成过相当大的声势,但在敌人的突然袭击和血腥镇压下,便失败以致溃散了。中国共产党不是这样。大革命失败时,革命在全国范围内进入低潮,许多人认为共产党不行了,仿佛已陷入绝境。但它在极端困难的条件下,不仅把斗争顽强地坚持下去,并且把工作做得更扎实,很快又重新掀起新的革命高潮。原因就在于:一是在这个党内和党的周围确实集中了一大批中华民族的优秀分子,他们所代表的方向是正确的;二是它能在实践中认真总结经验教训,逐步学会应对极端复杂的环境,在不断探索中前进;三是它同人民群众已建立起血肉的联系,这是任何力量都无法把它战胜的。

对党的六大的历史考察[1]

一次名垂青史的会议，通常都发生在历史的重要转折时刻，而且往往是经历了长时间争论的结果。1928年6月召开的中国共产党第六次全国代表大会便是这样。它有巨大的历史功绩，也有明显的不足之处。怎样来看待这一切呢？如果不对它的复杂背景和会前经历过的长期争论进行历史的考察，要做出恰当的评价是很困难的。

一、"左倾"盲动主义的狂热

中国共产党六大的召开，离大革命失败还不满一年。在这短促的日子里，中国革命走过了一段充满惊涛骇浪的路程。党在城市和农村中的阵地几乎遭到摧毁性的打击，全国党员从近六万人减少到一万多人。面对着反动逆流的高涨，中国共产党人没有畏惧，没有退缩。他们重新整集队伍，拿起武器，开始了新的战斗。可是，在摸索和奋斗中，一种新的危险倾向又抬头了，那便是"左倾"盲动主义。1927年11月召开的中共中央临时政治局扩大会议上，这种错误在全党取得了支配的地位。

十一月会议对中国革命性质、形势估计和现时斗争任务的规

---

[1] 原文载于《党的文献》1988年第1期。

定都是"左"的。对这个错误,共产国际代表罗米纳兹自然要负严重的责任。把中国革命的性质和速度都用一句话来概括,称作"无间断的革命",这个发明权是属于他的。但问题不能简单地只归结到这一点,因为这种"左"的思想和情绪当时同样也普遍存在于中国共产党人中。他们并不单单出自盲从,也经历过自己的严肃思考。

我们可以读一读当时中共中央主要负责人瞿秋白所写的《中国革命是什么样的革命?》。他先提出问题:"革命是低落了吗?"然后回答道:"革命潮流的低落或消沉,在现时的中国必须有三个条件:一、反革命的统治能相当解决中国社会关系中的严重问题(如土地问题、劳资问题等);二、反革命的统治能够逐渐稳定;三、革命的群众溃散而消沉。如今事实上中国绝对没有这些条件。"他又提出问题:"中国革命只是民权主义的吗?"然后回答道:"中国革命要推翻豪绅地主阶级便不能不同时推翻资产阶级。"因此就不能不超越资产阶级的民权主义的范畴。"所以中国当前的革命,显然是由解决民权主义任务急转直下到社会主义革命。"[1]在回答这些问题时,瞿秋白显然是经过深思熟虑的,并且充满着自信。

我们再读一读中共中央在同月内接连发出的第十五号和第十六号《中央通告》。这两个通告督责各地工农民众尽可能实行武装暴动;并且声言,如果认为不可"轻举妄动",想多"保存着"党的组织,"那就又是机会主义毒发作,势必至于阻碍群众暴动的发展"。[2]他们在这样指责时,同样也充满着自信。

失误究竟发生在什么地方呢?这同他们当时面对的问题的复

---

[1] 瞿秋白:《中国革命是什么样的革命?》,1927年11月16日。
[2]《中央通告第十五号》,1927年11月。

杂性有关。

不错,在大革命失败后,中国民族资产阶级确曾一度因动摇而退出革命,分化到反革命方面。"中国是资产阶级民主革命,可是又要反对资产阶级,这在当时就成为很难理解的问题。"[1]不少人以为现时的中国革命已是"工农革命",并把它同社会主义革命混为一谈。李立三在广东"曾发表一篇论文,认为现在已走到资产阶级革命与社会主义革命的混合时期"。[2]可是,革命性质只能由革命任务来决定。反帝反封建这个中国资产阶级民主革命的任务并没有完成,中国革命不可能超越阶段而急转直下地立刻发展成社会主义革命。

同样不错,中国社会内部的根本矛盾确实一个也没有解决,反动势力不可能建立起长期的稳定的统治,人民也不可能放弃斗争。但事情还有另外一面:在大革命失败后,反动势力和它们之间的结合是暂时加强了,而革命势力却遭到严重的削弱。从全国范围来说,革命潮流现时并不处在"一直高涨"之中。

中国共产党毕竟是一个年轻的党。他们在极端困难的条件下把斗争终于坚持了下来,这是了不起的事情。但他们还缺乏处理如此复杂问题的足够经验。对敌人屠杀的愤恨和复仇的渴望,对机会主义错误的强烈憎恶,像一团烈火那样燃烧在许多革命者的胸膛中,使他们产生一种近乎拼命的急躁的冲动的心理,容易只看到(甚至夸大)事情的一个方面,而忽略事情的另一方面,由一个极端走向另一个极端。"当时这种'左倾情绪',在革命者内

---

[1] 周恩来:《关于党的"六大"的研究》,《周恩来选集》编委会:《周恩来选集》(上卷),北京:人民出版社,1980年版,第158页。

[2] 李立三在六大政治报告讨论时的发言,1928年6月23日。

部乃是普遍现象。"[1]许多中央领导人也是如此。李立三说过："革命遭受了失败,很多的工人遭受屠杀或失业,大多数的群众因疲倦而要休息,但一部分急进分子是不能忍耐的,而走上群众的前面去了,这就是盲动主义与强迫罢工等的来源。"[2]他的分析是符合实际情况的。这种盲动主义错误不能只用某一个人的失误来解释,在某种意义上可以说是一种历史现象。

二、探索前进中的徘徊

帮助中国共产党人开始冷静下来重新考虑问题的,不是抽象的学理探讨,而是活生生的事实的教训。

十一月会议后中共中央的主要希望是寄托在广州暴动和两湖暴动上。当时发生的广东地方实力派张(发奎)李(济深)之间的混战和南京政府西征军入湘后李(宗仁)程(潜)之间的冲突,更使他们十分兴奋,以为这是在湘鄂粤赣四省发动武装暴动取得胜利的大好时机。他们认为:"广州暴动是全国工农暴动夺取政权的一个信号。"并且进一步训令:"两湖党团应全体动员,加紧准备在新的战争(西征军入湘)中实现总暴动。""特别是湖南,应立刻割据起来,使之变成海陆丰第二,因为那边有很好的环境和我们的军事力量。""总之,现在要以两湖及赣东南的暴动保卫广东的胜利,扩大全国的总局势。"[3]

---

[1] 李维汉:《对瞿秋白"左倾"盲动主义的回忆与研究》,《回忆与研究》(上),北京:中共党史资料出版社,1986年版,第231页。

[2] 李立三在六大政治报告讨论时的发言,1928年6月23日。

[3] 《中央通告第二十三号》,1927年12月14日。

冷酷的现实无情地撕碎了他们美好的期待。广州起义维持三天便失败了。湖南的"灰日暴动"一开始就被镇压下去。湖北根本没有发动起来。中共广东省委书记张太雷和湖南省委书记王一飞先后牺牲了。

这些用烈士的鲜血换来的教训不能不使人感到震惊。人们不禁要问：为什么主观的设想是这样，客观的效果却是那样？失败的原因究竟在哪里？于是，一些比较清醒的声音在中共中央内部开始响起，其中包括在十一月会议上新补为中央政治局常委的周恩来和罗亦农。

他们在这以前对暴动问题都提出过一些比较切合实际的主张。罗亦农这年10月间曾制止在武汉三镇立刻实行暴动的错误计划，认为"目前绝非继续总的暴动时期",[1]因此遭到过严重的打击。周恩来在南昌起义军失败时得了重病，11月初才到上海（那时处于秘密状态的中共中央设在上海）。12月初，他先后在政治局常委会上提出过：浙江工农武装暴动的布置恐怕太乐观了；江苏省委准备明年元旦在大江南北同时发动全省暴动的日期不应如此定，要看预备的程度来定。他尖锐地批评当时青年团内存在的先锋主义倾向，说：上海党部近来实在有点军事投机——冒险，为的是怕青年团说是机会主义，被小孩笑话。如青年团不严重注意，青年团将变成冒险主义，走到虚无主义的别一面去。青年团大部分主张试验，认为失败也不要紧，这也是孤注一掷的错误，与"一暴成功"是两个极端。这个危险可能牺牲许多同志，此点要注意。团中央书记任弼时接着说：恩来方才说的是对的，团的同志将暴动看得

---

[1]《长江局最近政治决议案》，1927年10月29日。

太容易了，对暴动为何物还不太了解，随便暴动是很危险的。"[1]

湖南"灰日暴动"和广州起义相继失败后，中共中央的多数人也开始有了新的认识。当时主持中共中央工作的瞿秋白只有28岁。李维汉对他有一段中肯的评论："我认为秋白是一个正派人，他没有野心，能平等待人，愿听取不同意见，能团结同志，不搞宗派主义。"[2]因此，在事实面前，他能够逐步修正自己的错误看法。1928年1月3日，中共中央政治局通过了《广州暴动之意义与教训》《关于湖北党内问题的决议》。前一个文件提道：在反对"剩余的机会主义的遗毒"的同时，也要坚决迅速地扫除"表面上革命的盲动主义"。后一个决议批评了一部分同志不顾实际条件就决定总暴动，"是有玩弄暴动的危险的"。同月14日，中共中央发出由周恩来起草的给湖北省委的信，指出："中央认为你们有无政府党与盲动主义的倾向，即是认为一切的斗争都是暴动，无往而不暴动，一切解决于暴动。"要求湖北省委"赶快停止无政府党、盲动主义的行动，很艰苦地深入到工农群众中去工作，在领导工农群众的日常的斗争中，去发动与创造群众的革命大潮"。[3]

对实际工作的部署，同广州起义前也有了明显的变化："停止了两湖年关总暴动，明确对湘、鄂、赣三省的暴动不是从占领中心城市开始，而是先从分区割据做起，同时加强城市工作。"[4]

应当承认，广州起义失败后中共中央在认识上和行动上确实

---

[1] 周恩来、任弼时在中共中央常委会上的发言，1927年12月6日。

[2] 李维汉：《对瞿秋白"左倾"盲动主义的回忆与研究》，《回忆与研究》（上），北京：中共党史资料出版社，1986年版，第231页。

[3] 中共中央给湖北省委的信，1928年1月14日。

[4] 李维汉：《对瞿秋白"左倾"盲动主义的回忆与研究》，《回忆与研究》（上），北京：中共党史资料出版社，1986年版，第231页。

都比原来前进了一大步。但这些主要还是从战术上而不是从战略上提出问题的，对革命潮流高涨这一估计并没有改变，全党的主要注意力仍集中在暴动问题上。区别还只是认为发动暴动必须考虑到主客观条件是否具备，不能不顾一切地蛮干。这自然是远远不够的。

这种认识上的不彻底性，表现在1月中旬的《中央通告》上。这个通告是由罗亦农、瞿秋白先后执笔起草的。它一方面正确地批评道："不问群众情绪的程度如何，不问党的组织力量如何，不问党与群众的关系如何，一味的主张'暴动'，无往不是'暴动'，这实在是一种盲动主义的倾向。"另一方面，又把事情看得很简单，认为："广州暴动的胜利，主要是能发动群众，造成工农兵三大力量之结合；它的失败，主要的也是发动群众之尚不充分。"[1]仿佛"万事齐备，只欠东风"，只需主观上加强一些努力，问题是不难解决的。这样，仍不能从根本上摆脱"左倾"盲动主义的错误。

到2月间，一场激烈的争论在党内发生了。

引起争论的是江苏省委。那时的江苏省委包括上海在内，在全国党组织中居于举足轻重的地位。他们身处实际工作的第一线，对大革命失败后环境的艰难有着更深切的体会。省委常委在讨论职工运动时，提出了一个尖锐的问题：中国革命潮流到底是高涨还是低落？很多人认为是低落。[2]上海各区委书记联席会议上，许多同志也认为革命潮流是低落的。[3]

这自然使中共中央感到震动。2月12日，中共中央召开政治

---

[1]《中央通告第二十八号》，1928年1月12日。
[2] 王若飞在政治谈话会上的发言，1928年2月12日。
[3] 周恩来在六大政治报告讨论时的发言，1928年6月27日。

谈话会，参加的有瞿秋白、周恩来、罗亦农、项英、王若飞、陈乔年、刘峻山、刘伯坚、郑覆他九人。会上发生了激烈的争辩。江苏省委常委王若飞明确地表示："我以为现在革命潮流是低落的。"他说："广州暴动失败后，两阶级争取革命领导权的斗争已决出了胜负，资产阶级已得到了暂时的胜利。以什么事来表现革命潮流的低落呢？在政治上，现在帝国主义大批的撤兵，以为国民党已经能够镇压革命了；在经济上看，武汉反动以来帝国主义的经济已有转变到一天一天恢复的状态，并不是说他的危机完全消灭，但是减少了；在群众方面，现在已比从前消沉了。在农村斗争与城市不同一点，许多农村还在发展，但有许多地方一起来即失败。"他说："如果对革命的估量不清楚，政策一定是不正确的。现在，不能认为全国整个群众的情绪已可以达到暴动夺取政权，从党的力量来说要全国暴动也是不可能的。"江苏省委书记项英的态度比王若飞缓和一些。他一面说："广州暴动是在此转变中敌人必然的反攻的结果，不能说他就是革命潮低落。"另一面又说："如在战略上只向前进是不对的。""我以为现在是转变中的低落。""简单地说革命潮流高涨，我是不同意的。"瞿秋白在会上发了两次言。他最初实事求是地分析了当前的严重困难："我们的斗争的确是很困难。八七会议后我当时想，以为或者可以似洪杨那样发展，但结果不然。现在我们不能不承认我们的力量比敌人弱，需要休息一下，自然不是永久休息。"并且说："我也以为现在整个政策应更郑重的使用党的力量，要使党变成一个群众的党，并要注意培养党的力量，要使党的力量培养到一个地步才能发动，现在党的牺牲是很大的了。"但一谈到革命潮流是不是高涨，他又说："我们可以肯定的说，整个的革命潮是高涨的，农民自发的暴动是很多的。如说是低落，工农一定是很灰心的。""自然说高涨，并不是今天说明天就要暴动的。""我们可以说客观上的革命潮流是高涨的，一省与几省夺取政权的目标仍然是要有的。"值得注意的是，多次反对盲动的周恩来和罗亦农在谈到这个问题时，都强调革命是高涨的。周恩来也担心讲革命潮流低落是"由失败而发生出来的观念，不但是低落，而且会悲观"。他说："我以为中国工人中的革命潮流不见得是低落，同时广东暴动对各地工人是有影响的。农村中可以不必说，割据局面还是继续发展。我们不能因为政策及运用政策的方法而怀疑到低落，（这）是不正确的。"罗亦农说："我以为中国革命是高涨的。恩来说的话，我完全同意。"[1]

四天后，为了准备六大，又开了一次中央委员谈话会，到会的有瞿秋白、周恩来、张国焘、罗章龙、刘少奇、汪泽楷。会上，刘少奇提出一个很值得注意的看法："关于革命潮流是高涨还是低落的，依乡村看来是高涨的，依城市的看来是低落的趋势。""农民的革命是向上涨，只是波浪式的而非潮流的。"周恩来在会上主张：中国革命是不平衡的发展。我认为依目前中国工农很需要革命的情形看，革命的潮流并未低落是高涨的，割据有长时间的可能，我们应有长期的准备。[2] 他还设想可以"以农民的游击战争包围广州"，来造成"广东割据"。瞿秋白在会上仍强调："中央常委认为革命潮流一直高涨。"[3]

粗看起来，中共中央几个主要负责人在这几次会上比以前更加强调革命潮流的"高涨"，似乎认识上又出现重大的反复。但仔

---

[1] 政治谈话会记录，1928年2月12日。
[2] 中央委员谈话会记录，1928年2月16日。
[3] 转引自张国焘在六大前的政治谈话会上的发言，1928年6月15日。

细玩味他们的发言，不难发现他们的心情是复杂而矛盾的：一方面，他们的思考正在深入，不仅看到当前局势中的严重困难，并已从更深的层次上开始接触到中国革命的长期性、不平衡性和农村割据的重要性这些根本问题，考虑到党需要有一段休整的时间，需要以更大的力量来争取群众。这种深刻的思想变动，是以后六大取得成功的重要思想基础。另一方面，他们又有一个很大的顾虑：以为说革命低落是广州起义失败后在党内滋长起来的一种灰心沮丧的情绪，对革命的推进将会产生消极的影响；以为在困难的情况下更需要用乐观的估计来鼓舞人们，所以比以往更多地强调起"革命高涨"来。读他们的发言，处处都可以感觉到这种矛盾的心理。

再过三天，中共中央政治局会议进行了讨论。瞿秋白、周恩来、罗亦农等继续强调革命潮流是高涨的，并决定由瞿秋白起草一个通告。罗亦农说："通告中还要包括中国目前的政治现状，并说明中国目前革命潮为什么高涨，说革命潮低落是最可耻的机会主义，说低落就是不要准备暴动的问题。我以为即使万安、海陆丰失败，中国革命潮也是高涨的，因为统治阶级无论如何是不能稳定，群众的情绪无论如何是高涨的。"[1]

瞿秋白起草的这个通告，便是《中央通告第三十六号》。它强调"革命是正在高涨无疑"。并且提出："从一般形势看，现有两个革命中心区域，第一是广东，第二是湘、鄂、赣及豫南，后一区域的布置应暂以湖南为中心，而武汉的暴动应当是这一区域暴动的完成，并当使暴动的武汉变为全国的革命中心。"在附文中说："中国革命既是高涨的，武装暴动夺取政权的总策略不但仍旧是目前

---

[1] 罗亦农在中共中央政治局会议上的发言，1928年2月19日。

的问题，而且夺取一省或几省政权的问题更加紧迫起来。"并且批评道："可是有些同志，例如上海，却说现在这种状况不但是上海革命潮流已低落，就是全国的革命潮流也已经低落了，这应当采取保守策略了。这种论调显然是错误的，显然是陷入机会主义的观点。"中共中央在发出通告时特别规定："附文是给各指导机关参考的，亦应尽可能的发到支部去，但正文必须发到支部去。"[1]可见他们是想用这个通告来统一全党思想的。

但在实际工作的指导上，他们的工作重心已开始移向要求各省形成农村割据的局面。"武汉的暴动应当是这一区域暴动的完成"这句看起来很激烈的话，反过来读可以得到另一种理解，那就是说：武汉的暴动只能是湘、鄂、赣及豫南区域暴动的最后的"完成"，而不能是它最初的"信号"。这同广州起义前的指导思想显然是不同的。这种矛盾而复杂的现象，同样需要和前面的分析联系起来才易理解。

三、共产国际的二月决议和它的影响

广州起义的失败，同样给了共产国际和斯大林以很大的震动。

1927年12月2日至19日，联共（布）召开第十五次代表大会。共产国际驻中国代表罗米纳兹赶回去参加了这次大会。广州起义爆发的消息传到莫斯科。罗米纳兹在会上发言时兴高采烈地宣称：苏维埃政权在广东的建立，"这证明这个省显然出现了大好的革命形势，现在可以提出夺取政权的问题了。看来我们很快就会成为

---

[1]《中央通告第三十六号》和《附文》，1928年3月6日。

该省开展大规模革命行动的见证人"。[1]他在这次发言中还提出：中国社会的特点是亚细亚生产方式，不是封建主义，因此中国的资产阶级构不成一个有实力的政治力量；大革命失败后中国革命是工农革命，这种革命会超过资产阶级民主革命阶段而直接转变到社会主义革命。

广州起义的失败来得太快了。罗米纳兹刚讲完，起义失败的消息就传到莫斯科。中山大学校长米夫在联共十五大上发言反驳罗米纳兹，批评他把封建制度同亚细亚生产方式对立起来和认为资产阶级已不是一个有实力的政治力量的说法。对中国革命形势的估计，米夫的说法是混乱的。一会儿讲："如果力量的对比仍不利于无产阶级和农民基本群众，那么就会在反动派取得暂时胜利的同时出现中国地主资产阶级的斯托雷平反动统治时期。"一会儿又讲："尽管中国无产阶级屡遭严重打击，中国仍存在着直接革命的形势。"[2]

争论到这里并没有结束。联共十五大开完后，共产国际执委会接着就准备召开第九次全会，中国问题显然将成为它的重要议程之一。会前不久，罗米纳兹写了《中国革命的新阶段和中国共产党人的任务》，坚持认为："中国革命现阶段的特点是资产阶级民主革命直接转变为社会主义革命。"[3]米夫写了《中国革命的争

---

[1] [格鲁吉亚] 罗米纳兹：《在联共第十五次大会上的发言》，孙武霞、许俊基编：《共产国际与中国资料选辑（1925—1927）》，北京：人民出版社，1985年版，第593页。

[2] [苏] 米夫：《在联共（布）第十五次代表大会上的发言》，中国社会科学院近代史研究所编：《米夫关于中国革命言论》，北京：人民出版社，1986年版，第48页。

[3] [格鲁吉亚] 罗米纳兹：《中国革命的新阶段和中国共产党人的任务》，中国社会科学院近代史研究所编：《国外中国近代史研究》第3辑，北京：中国社会科学出版社，1989年版，第30、31页。

论问题》,继续对罗米纳兹进行反驳。这两篇针锋相对的争论文章,以后安排在《布尔什维克》杂志的同一期上发表,因而格外引人注目。

共产国际执行委员会第九次全会是在1928年2月9日至25日召开的。会议最后一天,通过了以苏联和中国共产党代表团斯大林、布哈林、向忠发、李震瀛四人名义提出的《共产国际关于中国问题的议决案》。这个决议以十分明确的语言指出:中国革命现时的阶段是资产阶级民权革命,认为它已生长成了社会主义革命的主张或"不断革命"的主张(共产国际执委会驻中国代表的)是不对的;中国工农广大的革命运动之第一个浪潮已经过去,现在还没有全国范围的新的群众革命运动之强有力的高潮,但是许多朕兆都指示工农革命正走向这种新的高潮;现时党的工作之中心是在争取几千百万的工农群众,准备革命之新的浪潮之高潮;必须坚决地反对盲动主义。值得注意的是,它还指出:中国革命运动的发展在各省是不平衡的,在城市与乡村之间也是不平衡的。在苏维埃化的农民区域中,党的主要任务是实行土地革命和组织红军军队。这些农民暴动可以变成全国暴动胜利的出发点。但又以为:这些只能在他们与无产阶级中心之新的革命高潮相结合的条件下才能实现,党的主要任务是在准备城市与乡村相配合相适应的发动,而必须反对对于游击战争的溺爱。[1]

这是一个十分重要的决议。周恩来在延安整风时曾对它做过很高的评价。他说:"1928年的国际决议是最好的,六大决议反不如它,因未着重和彻底的反'左倾'盲动。"[2]

---

[1]《共产国际执行委员会第九次扩大会议关于中国问题的议决案》,1928年2月25日。
[2] 周恩来:《关于共产国际指示及反立三路线的研究》,1943年9月16日至20日。

它传到处于秘密状态的中共中央手中时，已到了4月的下旬。4月28日，中共中央召开政治局会议进行讨论。参加会议的有瞿秋白、周恩来、李维汉、邓中夏、项英五人（罗亦农在几天前被捕牺牲）。他们立刻感到："国际决议显然（同11月）扩大会议决议有几点不同。"它在中共中央引起怎样的反响呢？这里有几种不同的情况：一、对中国革命性质问题，认识比较一致了。瞿秋白在会上说："革命性质以为是资产阶级民权革命，中央是没有不同意见的。"二、对农村同城市斗争的关系，在中共中央内部认识上还有不同。周恩来说：中国因为农民占了一个重要的因素，所以与俄国的不同。国际仿佛以为乡村与城市要配合好一点，配合问题也是非常重要的。"过去城市的工作的确不好，但在中国形式（势）下很适宜的配合是很困难的，要这样必致引到乡村的等待，这是不好的。""过去配合不匀的现象在土地革命初期是不免的。过去的事实仍是证明土地革命的深入，而不能证明玩弄斗争。""我以为现在是加紧配合的工作，但各地自发的斗争，我们还是要领导，这种工作是没有法子停止的。"瞿秋白说："国际的意见是先配合后发动。中央以前的缺点是过去自然是无意中忽略了城市工作，但我们承认得很早，忽视工运也有其原因。此问题可以等到大会讨论，因为是比较复杂的问题。"三、对革命形势的估计问题，中共中央仍没有解决。周恩来说："中央的意见是革命潮仍是高涨的，但不是一个最高潮。我以为现在还是这样解释。"其他人大体上也是这种态度。[1]

两天后，中共中央发出接受共产国际执委会二月议决案的第四十四号通告，对中国革命性质问题，对反对盲动主义问题，都

---

[1] 中共中央第十二次政治局会议记录，1928年4月28日。

明确表示了态度。但对中国革命形势的估计问题却没有提到,这自然不是出于偶然的疏忽。[1] 半个月后,瞿秋白曾坦率地说道:"中央对国际决议案是有不同见解的。""然而中央与国际见解之不同尚未到如何巨大的程度。所以可以不必提出于中国下层党部讨论,而且应当先和国际讨论,再交大会以及全国党部。"[2]

正因为如此,国际决议在 4 月下旬到达中国后,虽然实际工作中的"左倾"盲动主义错误已经停止下来,但认识上的有些问题(特别是对中国革命形势的估计问题)仍保留下来,需要到即将召开的中共六大中去解决。

四、六大的前进与局限

第四十四号通告一发出,中共中央负责人就陆续启程前往莫斯科,去参加准备在那里召开的中国共产党第六次全国代表大会。

六大从 6 月 18 日至 7 月 11 日,连续进行了 24 天。会上有许多报告和讨论,最重要的是政治报告和讨论,结束时通过了《政治决议案》等决议,选举产生了新的中央委员会。经过比较充分的讨论,大会对中国革命的一系列根本问题取得了比较一致的认识,其中主要是三个问题:

第一,中国革命的性质、任务和前途

现时中国革命的性质是资产阶级民主革命,这在过去早已提出,本来不是一个新问题。到了大革命失败后,"革命的阶段深入

---

[1]《中央通告第四十四号》,1928 年 4 月 30 日。
[2] 瞿秋白在六大前的政治谈话会上的发言,1928 年 6 月 15 日。

到土地革命。因此,革命的转变时期到来。一般人的认识,对于革命转变认识又都缺乏,所以就把土地革命认为社会革命,占领工厂也认为社会革命。这种观念的结果,就产生没收一切土地的口号和其他一切超过革命阶段的观点"。[1]六大上代表们对这个问题没有发生严重的争论,但认识上仍取得一个重大的进展,弄清了"应以革命任务来决定革命性质,而不是以革命动力来决定革命性质,这个问题还是一个新的问题"。[2]还有一点也需要注意:六大在批判罗米纳兹的"不断革命论"时,没有否定中国革命的非资本主义前途,这对以后中国革命的发展是有积极意义的。

第二,对中国革命形势的估计

这是当时争论得最为激烈的问题。六大前夜,"中国代表曾争论到斯大林同志面前。斯大林同志说,现在的形势不是高潮,是低潮。李立三同志则说,现在还是高潮,因为各地还存在工人、农民的斗争。斯大林同志说,在低潮时也有几个浪花"。[3]斯大林还明确地说"革命高潮是将来的事,而不是眼前的事"。[4]六大政治报告的讨论中,对这个问题继续进行了激烈的争辩,看法仍很分歧。瞿秋白总结时还想从字义上把"高潮"和"高涨"分开。他说:"高涨、低落是表示动状的名词,高潮与停顿是表示静状的名词。"在他看来,"高涨"同"走向高潮"是一个意思,但"同志们既然弄

---

[1] 周恩来在六大政治报告讨论时的发言,1928年6月27日。
[2] 周恩来:《关于党的"六大"的研究》,《周恩来选集》编委会:《周恩来选集》(上卷),北京:人民出版社,1980年版,第158页。
[3] 同[2],第175页。
[4] 斯大林同瞿秋白、向忠发、周恩来和其他的中共代表的谈话,1928年6月。

不清楚,就不用这些名词"。[1]有些代表的发言很明确,如王若飞说:"'八七'以来中央对于现时斗争形势的估量是不正确的","现在斗争的形势绝不能说是高涨,只能说是革命是向前进展"。[2]周恩来的态度也很明朗,他说:"从敌人一致进攻我们得到胜利,和我们发展的不平衡——以地方言,南部与中部北部的不同,以阶级言,农民发展与城市沉闷不相配合——来看,当然我们不能说是革命的高潮。""我们虽然不能说是高潮,的确也说不到高涨,但我们相信革命是前进,是向高涨或高潮方面的前进。"[3]布哈林在总结时也着重谈了这个问题。他说得更直截了当:"不要忘记我们现在是被人打败了。现在还没有什么新的革命高涨。""现在对于中国党最危险的地方,就是中国党不看见许多失败以后的低落。"[4]最后,大会通过的《政治决议案》明确地写道:"现时的形势,一般说来是没有广泛的群众的革命高潮,中国革命运动发展底速度是不平衡的,亦就是现时形势的特征。"[5]这就使党内长期存在的争论得出了一个明确的符合实际的结论,这是六大取得的重大成果。

第三,中国革命现时的任务和策略

对形势做出恰当的估计,目的是为现时的中国革命规定正确的路线和策略方针。如果认定中国革命潮流是"一直高涨"的,结论自然只能是实行"总暴动"的策略方针。六大在这个问题上也取得巨大的进展。瞿秋白在结论中说:"一切组织政治任务集中

---

[1] 瞿秋白在六大政治报告讨论后的结论,1928年6月28日。
[2] 王若飞在六大政治报告讨论时的发言,1928年6月25日。
[3] 周恩来在六大政治报告讨论时的发言,1928年6月27日。
[4] 布哈林在六大政治报告讨论后的结论,1928年6月29日。
[5] 中共六大《政治决议案》,1928年7月9日。

于争取群众以准备暴动。"[1]布哈林在结论中说:"从前我们的政策是说明天暴动,而现在我们说明天在全国范围内还不能暴动。我们要开始准备我们的力量。到了我们力量准备好了的时候,到那时候我们再暴动。但这并不是说我们在全国各处都不能有个别的暴动。"[2]大会的《政治决议案》明确规定"现在第一个革命浪潮已经因为历次失败而过去了,而新的浪潮还没有到来,反革命的势力还超过工农,党底总路线是争取群众",并且提出了"消除极左倾向"的问题,指明"最主要的危险倾向就是盲动主义和命令主义,他们都是使党脱离群众的"。[3]把党的工作中心从千方百计地组织暴动,转变到从事长期的艰苦的群众工作,以争取群众作为首要任务,把"左倾"作为主要危险来反对。这也可说是党的工作中一次战略重点转移,对六大后整个工作的转变和复兴起着巨大的指导作用。

六大是中国共产党历史上一次有着重大意义的全国代表大会。延安整风时周恩来说过:"总体说来,'六大'关于革命的性质、动力、前途、形势和策略方针等问题的决定基本上是对的,所以说'六大'的路线基本上是对的。"[4]由于这些决定是党的全国代表大会的决议,不只是哪一个人的主张,它所产生的影响特别巨大,从而在一系列带根本性的问题上澄清了党内长期存在的错误认识,对统一全党思想、推进中国革命起了积极作用。这是六大的巨大历史功绩。

当然,六大也有它的缺点,主要是:第一,还是把城市工作

---

[1] 瞿秋白在六大政治报告讨论后的结论,1928年6月28日。

[2] 布哈林在六大政治报告讨论后的结论,1928年6月29日。

[3] 中共六大《政治决议案》,1928年7月9日。

[4] 周恩来:《关于党的"六大"的研究》,《周恩来选集》编委会:《周恩来选集》(上卷),北京:人民出版社,1980年版,第186页。

放在中心地位，没有认识到中国革命的特点是走农村包围城市的道路。第二，继续把民族资产阶级看作革命的敌人，对中间阶级的作用、反动势力内部的矛盾也缺乏正确的估计和政策。这些都产生过消极的影响。

但是，对这些问题也需要采取分析的态度：第一，这些问题都早已存在，并不是六大提出来的，六大只是还没有能加以解决。周恩来说过："依据当时的实际情况与理论水平，要求'六大'产生一个以无产阶级为领导、以乡村作中心的思想是不可能的。当时虽然有了农民游击战争，但我们这种经验还不够，还在摸索。""在历史上无论中外都找不到农村包围城市的经验。从我国当时的实际情况来看，正是处在整个农村革命的游击运动非常困难的时期，蒋桂战争还未爆发，想在这种情况下肯定以乡村作中心是不可能的。"他还说道："关于把工作中心放在乡村，共产党代表无产阶级来领导农民游击战争，我认为当时毛泽东同志也还没有这些思想，他也还是认为要以城市工作为中心的。"[1]这些不取决于任何人的主观愿望，需要在长期的实践中，通过正反两方面经验的反复比较，才能逐步取得解决的。第二，六大对这些问题虽未能解决，但认识上比过去还是有所前进的。例如，对红军和农村革命根据地能否存在和发展的问题，六大曾给以确认。毛泽东在1936年曾说道："不答复中国革命根据地和中国红军能否存在和发展的问题，我们就不能前进一步。1928年中国共产党第六次全国代表大会，把这个问题又做了一次答复。中国革命运动，从此就有了正确的理论

---

[1] 周恩来：《关于党的"六大"的研究》，《周恩来选集》编委会：《周恩来选集》（上卷），北京：人民出版社，1980年版，第177—179页。

基础。"[1]可见六大在这方面的认识是前进了一步,而不是后退。对六大的不足的一面,周恩来这样评论:"'六大'也有毛病,犯了一些错误。但这些错误没有形成路线错误,没有形成宗派主义,虽然一些倾向是有的。这些,对以后立三路线、宗派主义的形成是有影响的,但不能负直接责任。"[2]这个评论是很公允的。

五、简单的结语

先驱者的探索是多么艰难!他们处在历史大变动的年代,周围的环境变化得那样快,许多陌生而复杂的问题突然提出来,等着要他们回答。许多问题在刚出现时还不那么清晰,它的发展前景中包含着许多难以捉摸的未知数,留给人思考的时间又不多。在这种情况下,要立刻做出准确的判断和选择,实在并不容易。一些在后人看来似乎十分明白的道理,先驱者却常要在付出巨大代价后才能把它弄清。

大革命失败时,中国共产党诞生才只有六年。六大的一些重要参加者瞿秋白、周恩来、蔡和森、邓中夏、李立三、王若飞等当年都只是三十岁上下的年轻人,革命的理论准备和实际经验都还有限。他们在革命遭受重大挫败的严峻时刻挺身而出,挑起了这副历史重担,站在时代潮流的前列,将革命向前推进,在极端艰难的环境中进行探索,做出了不可抹杀的巨大贡献。当我们在

---

[1] 毛泽东:《中国革命战争的战略问题》,《毛泽东选集》第1卷,北京:人民出版社,1991年版,第188页。

[2] 周恩来:《关于党的"六大"的研究》,《周恩来选集》(上卷),北京:人民出版社,1980年版,第187页。

60年后的今天回顾这些动人情景时,不能不对这些先驱者们肃然起敬。自然,他们不是没有缺点和不足。恰如其分地分析这些不足,从中引出值得后人深思的教训,是有必要的。但如果把主要注意力放在责备他们为什么没有解决这个或那个问题上,那难道是公平的吗?这些,也都要从历史条件加以说明,使人理解,不可以苛求于前人的。

中国共产党在革命时期三次"左倾"错误的比较研究[1]

中国共产党在革命时期发生过三次"左倾"错误，这对多少了解中国共产主义运动历史的人几乎已是常识。三次"左倾"错误各有它的主要负责人，又都同共产国际有关。问题是：为什么当一次"左倾"错误刚得到纠正后，接着又会发生另一次"左倾"错误，而且一次比一次更加严重？为什么当这些错误发生时，能够被党内许多人，包括不少领导人所接受和支持？这三次"左倾"错误，有哪些相同的地方，又有哪些不同的特点？这就需要把这几次错误的发展过程贯通起来，从总体上做一些考察和比较。这篇文章，试图在这些方面做一点探讨。

一、大革命失败和第一次"左倾"错误

以盲动主义为特点的第一次"左倾"错误，是在1924至1927年大革命突然遭受惨重失败的历史条件下发生的。这是它同以后两次"左倾"错误有明显区别的地方。

对大革命的失败，许多共产党人缺乏足够的精神准备。这以前，在国共合作的条件下，北伐军从珠江流域很快推进到长江流域；

---

[1] 原文载于日本京都大学《东方学报》第71册，1999年3月。

工农运动随后猛烈发展起来。党内对未来充满乐观的情绪。尽管对国民革命阵营内部发生分裂的征兆,人们并不是毫无觉察,但对行将到来的事变的极端残酷性,认识极为不足,更谈不上做好应付突发事变的对策和措施了。

蒋介石、汪精卫的反共政变一发动,便断然采取极端残忍的手段,到处都是严密的搜捕和血腥的屠杀。据中共六大所做的不完全统计,从1927年3月到1928年上半年,在"清党"名义下被杀害的有三十一万多人,其中共产党员二万六千多人。党员人数在短时间内从近六万人迅速减少到一万多人。工会和农民协会被封闭、被解散。许多地方的党组织被打散。党内思想一时异常混乱,许多人不知道下一步该怎么办。

中国革命已进入低潮。中国共产党正面临被瓦解和消灭的危险。

面对如此严峻的局势,党内出现剧烈的分化:一部分人被屠刀所吓倒,动摇了,退却了,甚至背叛了;而中国共产党和它的基本力量在极端困难的条件下,重新整集队伍,开始新的战斗。八一南昌起义、八七紧急会议、湘赣边界秋收起义,为挽救党和革命做出了巨大贡献。但就在这时,另一种危险倾向很快又抬头了,那就是"左倾"盲动主义。它的突出表现有两点:第一,完全不顾实际条件,不注意在恶劣环境中保存革命阵地和收集革命力量,而是到处要求组织暴动,急于夺取重要城市,打开一个大的局面;第二,轻视革命军队的作用,强调主要靠工农自己起来暴动,不要偏重军事力量,否则就是"军事投机"。

当时,中共中央把暴动重点放在大革命时期工农运动有较好基础的湖南、湖北、广东三省,要求在这三个省迅速发动全省规模的暴动,夺取主要城市。根据这个要求,中共中央接连发布一系列的指示。

8月29日,中共中央常委通过的《两湖暴动计划决议案》中写道:"目前两湖的社会经济政治情形,纯是一个暴动局面。"他们规定湖南和湖北都从9月10日开始,组织全省范围的暴动:湖南暴动分三大区,暴动成功后迅速调遣大部分力量进攻长沙,长沙也应在九月十二三日暴动,建立政权;湖北暴动分七个区,从鄂南开始,暴动后直攻武汉,武汉这时也必须有一个大的暴动。并且强调:"土地革命必须依靠真正的农民的群众力量,军队与土匪不过是农民革命的一种副力。坐待军队与土匪的行动,这也是机会主义的一种形式的表现。这样领导暴动,暴动无疑义的要归于失败。这不是暴动,这是一种军事的冒险,或者军事投机。"[1]

9月23日,中共中央又要求广东全省应该不等待南昌起义军的到达,"即行发展普遍的暴动"。"如果我们真正把暴动的主力建立在农民群众的身上,而不是靠单纯的工农军的军事行动,则我们枪支虽少,不难扑灭有数倍枪支的敌军(这是两湖的经验)。这里,所需要的是我们指导者和群众的坚决的勇气。我们何可在事先自己怀着一种恐惧的心理?!"对城市来说,尽管"工人大多数没有枪支",也不要等待,否则就是"太书生了"。"假设在乡村中农民暴动很激烈,城市已经很恐慌,而工人群众的革命情绪又很高涨的时候,我们无论有多少枪支,都应立即暴动,不能等待'得力农军的帮助',换言之,便是不要等待直接的军事力量,否则便是军事投机。"[2]

---

[1] 中共中央常委:《两湖暴动计划决议案》,1927年8月29日。
[2] 中共中央致南方局并转广东省委信,1927年9月23日。

不久，他们又对国民党统治力量最强大的江浙地区提出这样的要求："江浙的农民与工人也要领导起来暴动，以推翻南京政府为目的，至少是扩大土地革命的潮流于农民群众之中，摇动南京政府的政权。"[1]

当然，不能笼统地说所有暴动都是错误的。当国民党当局实行大规模的血腥屠杀时，在主客观条件具备的地方，特别是统治势力比较薄弱的农村地区，依靠群众，奋起反抗，实行工农武装割据，而不是束手待毙，无疑是必要的。在中共六大的大会发言中，有的代表说道："秋收暴动是对的。何故呢？那时工农群众受了绝大的打击，农会、工会都封闭了，工农群众都恨之入骨。"[2]在湘赣边区有着武装起义的主客观条件，不这样做倒是错误的。但是，到处要求几乎赤手空拳又没有受过严格训练和组织的工农民众，单凭"指导者和群众的坚决勇气"，"无论有多少枪支都应立即举行暴动"，去同训练有素又有较好武器装备、在数量上也占有绝对优势的国民党正规军队作战，去夺取主要城市，以为并"不难扑灭有数倍枪支的敌军"，这完全是脱离实际的空想。其结果，只能使大革命失败后好不容易保存下来的那点力量在众寡悬殊的盲动中再次遭受重大损失，并且使党内和工农民众的革命信心和积极性进一步受到挫伤。

这种看起来近似儿戏的盲动行为为什么会发生？它在相当程度上反映了当时党内的普遍情绪：第一，那时候，中国共产党刚成立了六年，是一个年轻的党。许多党员在极端困难的条件下顽强不屈，把斗争坚持了下来，但十分缺乏对付如此复杂局面的经验。

---

[1]《中央通告第十五号》，1927年11月1日。
[2] 余茂怀在中共六大上的发言记录，1928年6月24日。

对国民党屠杀的愤怒和复仇的渴望，对一部分人动摇背叛的强烈憎恨，使他们产生一种近乎拼命的急躁的冲动的心理，往往只看到（甚至夸大）事情有利的方面，而忽略（乃至无视）事情不利的方面。对情况做出错误的判断。第二，对相隔不久的大革命高潮中那些轰轰烈烈场面的强烈回忆和怀念，使他们中许多人不容易承认已经大大改变了的冷酷现实，从实际出发，做出长期打算，而以为只要凭着满腔热情，不难很快打开一个新的局面，总觉得"现在这种局面持续的时间不会太长"。[1]李维汉曾概括地说："当时，这种'左倾情绪'，在革命者内部乃是普遍现象。"[2]中共中央许多领导人也是如此。李立三在六大的发言中说道："革命遭受了失败，很多的工人遭受屠杀或失业，大多数的群众因疲倦而要休息，但一部分急进分子是不能忍耐的，而走到群众前面去了，这就是盲动主义与强迫罢工等的来源。"[3]这个分析是符合实际情况的。

接连的挫败没有立刻使中共中央从中得出正确的结论。相反，那些看起来轰轰烈烈的此起彼伏的各地暴动，包括一部分地区由于主客观因素配合得比较适当而取得成功，使他们对整个局势进一步做出错误的判断。本来，八七紧急会议通过的《告全党党员书中》还这样说："中央委员会紧急会议现在致书于全体同志的时候，正是很困难危险的时期——伟大的中国革命遇见了极艰巨的折磨。"[4]8月21日，中央常委通过的决议也仍承认："如果要达到工农运动方面的胜利，那就必须是民权革命的急剧的前进与高涨。

---

[1] 管文蔚：《管文蔚回忆录》，北京：人民出版社，1985年版，第61页。

[2] 李维汉：《对瞿秋白"左倾"盲动主义的回忆与研究》，《回忆与研究》（上），北京：中共党史资料出版社，1986年版，第231页。

[3] 李立三在中共六大政治报告讨论时的发言记录，1928年6月23日。

[4] 《中国共产党中央执行委员会告全党党员书》，1927年8月7日。

然而实际上现在是资产阶级军阀的反动得着了胜利,这当然是中国革命的极大的严重的失败。"[1]而相隔没有多久,这些领导人却断言:整个革命形势已在"更加高涨起来"。

10月下旬,国民党统治集团内部的矛盾发展为武装冲突,特别是南京政府下令讨伐控制着湖北、湖南、安徽等省的唐生智。唐生智部迅速崩溃,两湖局势混乱。这更使中共中央认定:工农民众的革命力量,在反动统治已不能稳定的局面下,客观上已有一触即发的趋势。"中央特委到湖北,命令即刻停止省委工作,隔了一天,特委便发第二号通告,主张即刻暴动。那时特委什么东西都没有看到,究竟群众的情绪怎样,党的主观力量怎样,群众的斗争和组织力量怎样,这些都一无所知,只是在通告上:暴动暴动。"[2]

10月24日,中共中央的机关刊物《布尔塞维克》创刊。这时,南昌起义军已经失败,两湖暴动也没有取得预期的成果。这期刊物的一篇文章却说:"虽然我们的革命军在潮汕失败了,然而各地的农民暴动并不是衰落下去,而是要增长起来,更加猛烈而普遍起来。"这就是说:革命浪潮还在高涨。那么,怎样看待接连遭受挫败这个事实呢? 文章依然充满自信地说:"革命史上,从没有劳动民众的暴动预先便绝对有胜利保证的事。革命的政党绝不能因为暴动亦许会失败,而决定不顾客观情形的要求,停止暴动的进行。如果这一政党竟如此决定,那么,他绝不是共产主义的党,绝不是无产阶级的党,绝不是革命的党。"[3]当下级党组织和党员干

---

[1]《中国共产党的政治任务与策略的议决案》,1927年8月21日。
[2] 任旭在中共六大上的发言记录,1928年6月25日。
[3] 毛达:《八一革命之意义与叶贺军队之失败》,《布尔塞维克》第1卷第1期。

部客观地反映组织暴动时遇到的困难特别是工人在国民党残酷镇压下还缺乏暴动要求和决心时，就遭到严厉的斥责，认为是对革命的动摇，是机会主义的倾向。

11月7日，中共中央主要负责人瞿秋白在《布尔塞维克》上发表文章，用更强烈的语调写道："中国社会的大破裂现在已经开始了。军阀混战和国民党分崩的局面之下，反革命的豪绅资产阶级不能巩固自己的统治，不能稳定，不能统一；工农贫民的斗争却在急遽的爆发，更加高涨起来；虽然半年来已经受着屡次的挫折，屡次残暴的压迫，但是工农贫民的革命力量始终飞突的进展，现时已在全国爆裂起来。"[1]这篇文章，显然是在为将要召开的中央十一月会议在党内做舆论准备。

11月9日至10日举行的中共中央临时政治局扩大会议，使这种"左倾"盲动主义的错误发展到高峰，取得在全党的统治地位。

会议通过的《中国现状与党的任务决议案》，一开始就提出要对当前形势和党的策略做出新的判断，写道："最近的一期，各地工农民众的斗争又重新猛烈的爆发，一般政治状况及各阶级的相互关系经过了很严重的变更。中国共产党的任务，就是要考察现时的新时机而决定适应这种客观时机的策略。"决议在列举中国社会严重危机的种种表现后，得出一个重要的结论："中国劳动民众革命运动的力量不但还有很多很多没有用尽，而且现在刚在重新爆发革命斗争的高潮。""现时全中国的状况是直接革命的形势"，"中国革命带着长期的性质，但是是无间断的性质"。决议向全党提出创造总暴动局面的任务，说："现在虽还没有到总暴动的时机，而党的任务却正在于努力鼓动各地城乡革命的高潮，创造总暴动

---

[1] 秋白：《中国社会的大破裂》，《布尔塞维克》第1卷第3期。

的局面。"并且认为：现在的革命斗争，已经必然要超越民权主义的范围而急遽地进展。对以往多次暴动的失败，决议不但没有从中引出必要的教训，相反却指责说："许多次农民暴动之中，指导者犹豫动摇，没有革命的坚决的意志，都是多次失败的主要原因。"[1]

这个决议是在共产国际代表罗米纳兹指导下起草的，使"左倾"盲动主义的错误指导更加系统化和理论化了。把中国革命的性质和速度概括为"无间断的革命"，也是罗米纳兹的发明。但这种"左"的思想和情绪，当时在中国共产党内也相当普遍地存在着。

中国共产党的领导人们接受这些主张，并不只是出自对共产国际的盲从，也经过自己的严肃思考，力图从理论上做出分析和说明。十一月会议结束后数天，瞿秋白写了《中国革命是什么样的革命？》一文，在《布尔塞维克》第5期上发表。这是一篇很有代表性的文章。瞿秋白一开始先提出问题："革命是低落吗？"接着便回答道："革命潮流的低落与消沉，在现时的中国必须有三个条件：一、反革命的统治能相当解决中国社会关系中的严重问题（如土地问题、劳资问题等）；二、反革命的统治能够迅速稳定；三、革命的群众溃散而消沉。如今事实上中国绝没有这些条件。"以这三个条件来衡量，他得出结论："中国革命是高涨而不是低落。中国革命的高涨而且是无间断的性质——各地农民暴动的继续爆发以及城市工人中斗争的日益剧烈，显然有汇合而成总暴动的趋势。"[2]

《布尔塞维克》下一期是"中国共产党中央临时政治局扩大会

---

[1]《中国现状与党的任务决议案》，1927年11月9—10日。

[2] 瞿秋白：《中国革命是什么样的革命？》，《布尔塞维克》第1卷第5期。

议特刊"。这期的社论中又写道:"历史的教训指示我们……民众不能等待叶贺来替广东工农革命,不能等待任何军事势力(甚至于某某工农讨逆军、某某农军)来打倒统治者阶级。此后的革命,坚决的只有工农自己起来武装暴动,自动手的杀戮豪绅工贼反革命派,自动手的没收土地分配土地,摧毁一切旧的社会关系。'民众反军阀的战争已经开始了',中国共产党最近决定如此的策略,实在是开辟中国革命史的新纪元。""中国现在所需要的革命,是彻底的土地革命——最彻底的推翻封建宗法制度的民权主义革命,而且是急转直下这种社会主义的革命——马克思所谓无间断性的革命。况且,中国革命经过三次失败而仍旧继续不断的高涨,群众的斗争与暴动普遍全国的爆发,更是中国革命的无间断性之表演。"[1]

事情确实是复杂的:国民党虽然继续打着"国民革命"旗号,中国社会内部那些异常尖锐的根本问题却一个也没有得到解决,反动势力并没有建立起长期的稳定的统治,人民也不可能放弃斗争,在这种情况下,革命自然必将继续向前发展。如果看不到这一点,就会走到悲观失望的取消主义的道路上去。但事情还有另外一面:大革命失败,国民党已经暂时建立起相对稳定的统治,不少人对它抱有期望,他们的军事力量更占有极大的优势,而革命势力却遭到严重的削弱。从全国范围来看,革命潮流正处在低谷,而不是在"一直高涨"之中。这也是无可否认的事实。

王若飞在六大的发言中说:"我们或只片面的看到敌人统治的摇动,或只看到群众有革命的要求,或只看到乡村争斗的发展,或只看到一地方之急进,便认为全国革命潮流是一直高涨,可以

---

[1]《布尔塞维克万岁》,《布尔塞维克》第1卷第6期。

即刻暴动，这是错的。"[1]项英在这次会上也说："国民党反叛后工人阶级的力量是减弱了。""我们可以拿工人的话来讲：'我们现在没有力量。'这表示有些工人一面痛恨国民党，一面又找不着出路。"[2]

更多的人往往需要经过事实反复多次的教育，才能真正把事情看清楚，才能真正把错误纠正过来。

十一月会议后，中共中央继续紧锣密鼓地部署各地暴动，并且仍把主要希望寄托在广东和两湖的暴动上："对于广东，中央坚决的训令广东省委须于最短期间变张（发奎）李（济深）的军阀混战为工农夺取政权的战争。对于两湖，中央亦曾训令两湖省委于最短期间布置出一个总暴动的局面。"[3]12月11日，广东省委根据中共中央的指示，发动广州起义，经过十多小时激战，占领广州市区的绝大部分，成立了苏维埃政府。"苏维埃"这个名词是从苏联搬来的，就是代表会议的意思。这次起义，其实仍是以隐蔽下来的共产党员叶剑英所领导的第四军教导团和警卫团等革命军队为骨干发动起来的，也有工人赤卫队七个联队和市郊一部分农民武装参加。中共中央却把它看成是"广大群众自己的力量举行暴动，有组织的军事势力不过成一种辅助的力量"。并且认为："中国革命潮流确实是一天一天的高涨，中国革命确实是深入而扩大，不仅没有失败，而且不是停顿。"[4]

苏南地区的宜兴和无锡在11月间相继爆发有几千农民参加的

---

[1]王若飞在中共六大上的发言记录，1928年6月25日。
[2]项英在中共六大上的发言记录，1928年6月24日。
[3]《中央通告第二十三号》，1927年12月14日。
[4]《伟大的广州工农兵暴动！》，《布尔塞维克》第1卷第9期。

武装暴动，宜兴暴动农民并曾一度乘虚占领县城，也使中共中央感到十分兴奋。《布尔塞维克》第4期的社论写道："江南的农民已经在宜兴、无锡开始伟大的暴动了。宜兴、无锡爆发的农民暴动明显表示：无论豪绅资产阶级政权如何以亚洲式最野蛮的手段镇压中国工农贫民的真革命，但中国的革命运动仍然潜滋暗长的发展着，且将更伟大的爆发出来。""这次暴动是普遍江南各县的暴动。宜兴的挫折和其他城镇的失败都不能停止暴动，只有更加扩大暴动的范围，由苏常至浙江以及于江北，而且江南正是中国最大的工业区，上海就是中国无产阶级最强有力的营垒。江南乡村农民暴动更将与城市工人暴动联结起来，根本推翻豪绅资产阶级根据地，攫取其政权，建立苏维埃的中国。"[1]

事情的发展完全不是像他们所期望的那样。广州起义，因为共产国际代表诺伊曼坚持起义只能以城市为中心，必须"进攻进攻再进攻"，而丧失了及早把起义军主力转向农村、避开优势敌人打击的时机，寡不敌众，维持了三天便失败了，遭受巨大损失。湖南的"灰日暴动"一开始就被镇压下去。湖北的暴动根本没有发动起来。苏南是国民党统治的心脏地区，兵力集中，交通便利，暴动一起，国民党军队就赶到了，很快把暴动扑灭。

每次暴动起来，盲动主义的领导人总是一味只从顺利的方面去设想，以为只要暴动起来，第一步就可以如何如何，第二步又可以如何如何；而对暴动后会遇到哪些困难，怎样对付敌人残酷的镇压，很少考虑和准备；对有些根本没有条件举行暴动的地方，不但不去组织有秩序的退却，反而也强令他们去举行毫无胜利希望的暴动。项英在六大会上批评道："过去党对于政治分析，只说

[1]《江南农民大暴动之开始》，《布尔塞维克》第1卷第4期。

敌人的弱点与我们的强点。反动势力进攻的形势怎样，我们主观力量怎样，都没有提及。"[1]

这样，一旦出现原来没有料想到的情况，便不知所措而陷于失败。结果，暴动地区的许多领导人和革命积极分子被杀害，包括中共广东省委书记张太雷和湖南省委书记王一飞等高级干部都先后牺牲；中国共产党在原来群众基础最好的这些地区很不容易地保留下来的一点力量，再次遭到严重摧残；群众情绪也因接连挫败而明显低落。罗章龙在六大谈到湖南的情况："此时中央派一飞到长沙，惟一政策是继续暴动。湖南同志当反革命高压及大多数同志牺牲之后，在中央的无条件暴动政策之下，并不知道暴动的前途是什么，只是人人怀必死之心，服从上级命令，为暴动而暴动罢了。自一飞到长沙后，首先声明他的惟一任务来湖南是以暴动为目的的。只有一点力量，便尽量的运用它发动一个暴动，在长沙、安源及外县尽量的发展。这些单独盲动的结果，尽被敌人各个击破，只是将我们党少数团聚的力量完全毁坏，党的干部及工会的干部直到后来死亡殆尽（只剩了极少数人逃生的）。"[2]如果继续这样不顾一切地不断暴动下去，党组织和革命的力量可能会全部丧失干净。

惨痛而冷酷的事实不能不使中共中央领导人感到震惊，开始冷静下来重新考虑问题。这是用多少血的代价换来的啊。当时，人们最迫切要求回答的问题是：暴动是不是需要具备应有的条件？1928年1月14日，中共中央发出由刚到中央不久的周恩来起草的致湖北省委的信，指出："中央认为你们有无政府党与盲动主义的

---

[1] 项英在中共六大上的发言记录，1928年6月24日。
[2] 罗章龙在中共六大上的发言记录，1928年6月24日。

倾向,即是认为一切的斗争都是暴动,无往而不暴动,一切解决于暴动。"要求湖北省委"赶快停止无政府党、盲动主义的行动,很艰苦的深入到工农群众中去工作,在领导工农群众的日常斗争中,去发动与创造群众的革命大潮"。[1]在整个工作部署上,中共中央也做了重大调整,停止原来计划的两湖"年关总暴动"。在实际工作中出现明显的变化。

但是,要彻底纠正一种已经形成系统的错误指导思想,实在不是容易的事情。尽管有了一些变化,中共中央并没有改变中国革命潮流仍在高涨这个根本估计。2月10日,瞿秋白给共产国际的报告中,虽然讲到工农之间、各地域之间革命运动发展的不平衡,但仍认为"革命的潮流显然不是低落的","一般民众的出路,是只有武装暴动,夺取政权"。"阶级斗争已经到最剧烈最残酷的形式。"[2]而党内对这个问题已经存在不同看法。在第一线工作的中共江苏省委负责人王若飞、项英等,根据实际生活中的体会,提出:中国革命潮流是低落的,不能简单地说革命潮流高涨。中共中央一些领导人仍坚持说整个的革命潮流是高涨的。他们有一个很大的顾虑,生怕一说革命潮流低落,会使党内滋长灰心沮丧的情绪,使人心在本已极端困难的情况下更加涣散,对革命的推进产生消极作用。连多次反对过盲动主义的周恩来、罗亦农也是如此。周恩来在中共中央召开的一次谈话会上表示:讲革命潮流低落是"由失败而发生出来的观念,不但是低落,而且会悲观"。[3]他们十分担心这一点。这样,纠正"左倾"盲动主义就很难坚决而彻底。

---

[1] 中共中央给湖北省委的信,1928年1月14日。
[2] 瞿秋白:《瞿秋白文集》政治理论编,第5卷,北京:人民出版社,1995年版,第314、315页。
[3] 周恩来在政治谈话会上的发言记录,1928年2月12日。

同年2月,共产国际执行委员会第九次扩大会议通过关于中国问题的决议。这个决议是比较好的,批评了盲动主义和共产国际代表罗米纳兹的错误。决议指出:"目前中国革命所处的时期是资产阶级民主革命时期。""认为现阶段的中国革命已经转变为社会主义革命的看法是不正确的。同样地,认为现阶段的革命是'不断革命'的看法(这是共产国际执委会驻中国代表的观点),也是不正确的。"对中国革命的形势,决议做出明确的论断:"这场革命运动的第一个浪潮已经过去,在许多革命运动的中心地区,这个浪潮止息下去,工人和农民遭到惨败……目前,在全国范围内还没有出现群众革命运动的新高潮。"[1]

对形势的判断是制定党的基本策略路线的依据。共产国际这个决议着重指出:"在目前形势下,一个最大的危险就是工农运动的先锋队由于对当前形势的错误估计,由于对敌人力量估计不足,因而可能脱离群众,过于冒进,分散自己的力量,从而被各个击破。""要经常地、日复一日地做提高群众阶级觉悟的工作,要领导群众的日常斗争以及组织群众。这一切对于中国共产党来说,目前比过去任何时候都更为必要。""必须坚决反对工人阶级某些阶层中的盲动主义,反对在城市和农村采取无准备、无组织的行动,反对把起义当作儿戏。"[2]这个决议传到处于秘密状态的中共中央手里,已到了4月下旬。4月28日,中共中央召开政治局会议进行讨论。参加会议的有瞿秋白、周恩来、李维汉、邓中夏、项英五人。

---

[1] 中国社会科学院近代史研究所翻译室编译:《共产国际有关中国革命的文献资料》第1辑,北京:中国社会科学出版社,1981年版,第350页。
[2] 同[1],第350—352页。

两天后，中共中央发出接受共产国际执委会二月决议的第四十四号通告，对中国革命性质和反对盲动主义的问题都明确表示了态度。这样，中国共产党在革命时期的第一次"左倾"错误，在全国范围内基本结束。

二、革命走向复兴和第二次"左倾"错误

中国共产党在革命时期的第二次"左倾"错误，是在1930年夏间发生的。它同第一次"左倾"错误的结束，相隔两年时间。两者有明显的不同：第一次是在大革命遭受严重挫败时带有浓厚拼命色彩的盲目蛮干；第二次却是在国民党各派军事势力间爆发大规模混战、革命运动明显走向复兴时，由于对革命发展的有利形势做出过分夸大的估计而发生的迫不及待的冒险主义。

中国共产党第六次全国代表大会是在1928年6月18日至7月11日在莫斯科举行的。会上许多代表对盲动主义错误提出批评，如王若飞说："这些都是没有看清当时争斗形势，不顾群众力量，纯主观的办法，自然要迭次遭受失败。""现在还没有全国范围内的高潮，我们要努力准备新的高潮的到来。"[1]

在经历了"左倾"盲动主义的狂热和一连串失败带来的迷惘以后，六大的基调是坚定而清醒的。它肯定中国革命现在阶段的性质仍是资产阶级民主革命，明确地指出目前的形势没有群众的革命高潮，要求党的工作根据阶级力量的实际对比有一个坚决的转变。六大的政治决议写道："工农运动底第一浪潮，大都是中国共产党所指导的。这个浪潮已经完结，因为工农受着极严重的失败，

---

[1] 王若飞在中共六大上的发言记录，1928年6月25日。

他们的革命组织受着极大的摧毁（工会、农民协会、共产党党部），最好的干部遭受屠杀，工农底先锋遭受很大的损伤。现时的形势，一般说来是没有广泛的群众的革命高潮，中国革命运动发展底速度是不平衡的，亦就是现时形势底特征。"决议提出了必须实现工作方向转变这样一个十分重要的问题："因为革命受了这严重失败的关系，工作底方向必须坚决地从广大范围内直接的武装发动，转变到加紧组织和动员群众的日常工作的方向来。"并且明确规定："现在，第一个浪潮已经因为历次失败而过去了，而新的浪潮还没有到来，反革命底势力还超过工农，党底总路线是争取群众。"怎样才能取得争取群众的成效？决议强调指出："最主要的危险倾向就是盲动主义和命令主义，他们都是使党脱离群众的。""现在必须继续反对机会主义的斗争，尤其要反对左倾的弊病。"[1]共产国际主席布哈林在会上所做长篇报告，也对盲动主义批评道："在失败之后，我们身上现在还有数十百个创伤，现在若仍要暴动，简直是以革命为儿戏，这是绝对不正确的。"[2]

对六大的历史评价，延安整风时周恩来说过："总起说来，'六大'关于革命的性质、动力、前途、形势和策略方针等问题的决定基本上是对的，所以说'六大'的路线基本上是对的。"[3]

六大后的两年间，在极端复杂而困难的环境中，中共中央领导各地党组织进行了艰苦而扎实的工作。尽管工作中仍有失误，但总的说取得了不少进步，主要表现在两个方面：

---

[1]《中国共产党第六次全国代表大会政治决议案》，1928年7月9日。
[2] 布哈林在中共六大上关于政治报告的讨论结论，《党的生活》第3期。
[3] 周恩来：《关于党的"六大"的研究》，《周恩来选集》编委会：《周恩来选集》（上卷），北京：人民出版社，1980年版，第186页。

第一，整顿几乎被打散了的党组织，恢复并发展党在国民党统治区域内的秘密工作。那时候，在国民党严密搜捕和党的"左倾"盲动下，全国的省委机关没有一个不曾被破坏过。以原来基础较好的湖北来说，在1928年连续遭受三次摧毁性破坏后，全省城市十分之九已没有党的组织，工人党员下降到不足五十人。在这种情况下，中共中央帮助各省一个一个地恢复组织，并且把"深入群众"当作当前组织上的中心口号。全党的作风有明显的改变，注意深入到群众中去，了解他们的切身利益和要求，努力团结更广泛的群众。党在群众中的政治影响和领导斗争的力量，都有了新的进展。城市的工人运动出现复兴的趋势。这些虽还是初步的，却是得来不易的。

第二，工农红军和农村革命根据地的工作取得巨大的发展。六大前后，中国农村的革命游击战争正处在特别艰难的时刻。那时，国民党各派军事势力间的大规模内战还没有爆发，可以集中较多兵力对工农红军进行"清剿"。红军的农村游击战争开始还不久，力量很小，经验不足，失利的消息一个接着一个地传来。经过一年多的努力，加上国民党各派军事势力之间的大规模内战开始，无暇顾及对工农红军"进剿"，红军力量有了很大发展。到1930年年初，红军已有第一军至第十三军共13个军，62700多人，28900多支枪（其中最强大的是朱德、毛泽东领导的红四军，有10000人、7000支枪；其次是彭德怀、滕代远领导的红三军，有9400多人、6500多支枪），分布在中国南部127个县。[1]在国民党统治力量薄弱的几省边界地区，已先后建立起赣南、闽西、湘赣、湘鄂赣、闽浙赣、洪湖及湘西、鄂豫皖、左右江等大小15个农村革命根据地，

---

[1] 周恩来：《红军的数目与区域》，1930年3月。

有几万、几十万农民团结在共产党周围,开展土地革命,没收地主土地,建立自己的武装和政权。

中国革命运动的面貌,经过两年的努力,和六大闭幕时相比已大大不同了,处处呈现出向前发展的态势。

六大对形势的估计,本来遗留下一个问题。它虽然指出"现在第一个革命浪潮已经因为历次失败而过去了,而新的浪潮还没有到来",但对新的革命浪潮究竟在什么时候可以到来,并没有具体做出回答,而在当时确实也难以回答。《六大政治决议案》还写道:"新的广大的革命高潮是不可避免的。""反动的统治在各区域巩固的程度是不平衡的,因此在总的新高潮之下,可以使革命先在一省或几省重要省区之内胜利。目前没有革命高潮的条件之下这种胜利没有可能实现,然而这种前途是可能的。"[1]因此,新的革命高潮何时到来,就一直萦绕在中共中央许多人的头脑中。在主观上,他们是急切地期望这种新的革命高潮能够早日到来的。革命形势处处呈现向前发展的态势,更增强了他们的这种情绪。这是中国共产党内"左"的急性病容易重新抬头的重要原因。

不过,在六大后的最初一年左右时间内,中共中央的态度仍是比较冷静的。1928年11月,中央军部给南路军的指示信,在指出反动统治阶级面对的各种基本矛盾一个也无法解决、新的革命高潮终将到来以后,接着就说:"然这也不容许过分估量,因为统治阶级虽不能根本解决革命危机,但它却能和缓这个革命危机,尤其是我们党在目前不能领导成千上万的工农贫民兵士群众于党的政治影响之下,坐使工农贫民兵士自发的斗争成为零碎的失败,而不能使阶级斗争成为更剧烈的形式,更足以推延这个革命高潮

---

[1]《中国共产党第六次全国代表大会政治决议案》,1928年7月9日。

的到来。故在目前反革命势力还超过工农斗争力量时,党的总路线是争取群众。武装暴动在全国范围内还不是行动的口号,而是宣传的口号。"[1]这一类分析,在当时中共中央文件中到处可见。

已经担任政治局常委兼宣传部长的李立三,最初也还能保持冷静的头脑,并不像不久后那样狂热。他在1929年3月发表的文章中写道:"我们分析各种群众的情形,很明显的是广大群众的斗争又已开始复兴的形势,虽然这一复兴的形势是很缓慢的,但的确是很稳着的向前进展。"同时也指出:"如果认为现在群众斗争已经复兴了,将要很快的走向革命高潮,这也是极不正确的观点,同一样的有害于我们正确的路线。因为这一无聊的乐观主义要使我们认不清敌人的策略,尤其是使我们认不清革命的主观的弱点。""所以我们对于这一开始复兴的形势决不能作过分的估量,认为革命高涨必然很快的到来。"[2]直到这年7月初,他在一篇文章里叙述两个月来国民党统治危机加深和革命斗争发展的事实后,仍然比较冷静地写道:"我们不能将这些现象的程度夸大了,我们还不能说很快的便是革命的高潮,但是这种现象却无疑意的走向革命高潮的形势。"[3]

但随着形势的变化,党内"左"的急性病又一步一步地抬头。到1929年底和1930年初,这种"左"的偏向便急转直下地发展起来。当时,有两个不能忽视的因素:一个来自共产国际,另一个来自国内政治局势的变化。

来自共产国际方面的,主要是两件事,那就是共产国际十次

---

[1] 中央军部给南路军的指示信,1928年11月13日。

[2] 立三:《目前政治形势的分析与我们的中心任务》,《布尔塞维克》第2卷第5期。

[3] 立三:《反动统治的动摇与革命斗争的开展》,《布尔塞维克》第2卷第7期。

全会大力开展反右倾斗争和国际给中共中央写来四封指示信。当时共产国际在各国共产党内有着很高的威信，并且在组织上对中国党有着约束作用。因此，这两件事都在中国共产党内引起震动，产生了不小的影响。

共产国际执行委员会第十次全会是1929年7月3日至19日举行的。这次会议着重批判了共产国际原主要领导人布哈林的"右倾"，撤销了他在国际中担负的工作。会议政治决议案对布哈林在国际六大提出的战后"第三时期"的论断重新做了解释。这样写道："目前是大战后的第三时期，是资本主义一般危机增长起来而帝国主义内外矛盾日加剧烈的时期。此时期的矛盾将要达到帝国主义新的战争，将要达到伟大的阶级冲突，将要达到主要资本主义国家的新的革命浪潮之发展，将要达到殖民地反帝国主义的大革命。"这个论断，后来成为中国共产党内第二次"左倾"错误的重要理论依据。全会决议认为，由于世界资本主义经济危机的发展和苏联第一个五年计划经济建设的成功，"帝国主义对苏联的进攻乃是主要的危险"。共产国际经常把它自己的主张，不加区别地规定为各国共产党一律都要严格执行的任务，而不顾这些国家的不同国情和实际形势。由于这次会议的主题是反右倾，它就提出："加紧反右倾的斗争，在殖民地国家共产党内也是必要的。"[1]莫洛托夫在会上的演讲中说："反对右派及调和派的斗争，带着国际的性质。这个斗争的尖锐程度，它的严厉和坚决的程度，大部分可以作为各国共产党发展的一个标准。"他还说："在这个'第三时期'和直

---

[1]《国际状况与共产国际的目前任务——一九二九年七月共产国际执行委员会第十次全体会议的政治决议案》，《布尔塞维克》第3卷第1期。

接革命形势之间并没有隔着一道万里长城。"[1]

这一来，"反右倾"的口号立刻在中国共产党内上升到突出地位，党内的政治空气顿时一变。"左"的急躁情绪迅速大幅度上升。《布尔塞维克》为这次国际会议出版了"特号"，并且发表文章说："第三时期，是帝国主义没落的时期，是全世界革命总爆发的时候。""帝国主义战争的危险日益迫近，特别是对苏联的进攻的危机更是日益迫近。反对帝国主义战争、保护苏联的口号，日益成为共产主义每日的口号。"[2] 12月20日，中共中央政治局专门通过《中国共产党接受共产国际第十次全体会议决议的决议》，完全同意国际十次全会对大战后第三时期的分析，认为在中国革命复兴的形势下，要更迅速地开展这一全国革命高潮，提出"在现在中国革命的形势之下，在城市在工人中组织同盟罢工、示威运动，发展到政治的总同盟罢工，扩大游击战争，组织地方暴动，尽量地扩大红军，组织兵变，是现在党领导各种革命斗争汇合起来成为推翻国民党军阀政权、建立苏维埃政权之直接斗争的主要策略"，并且表示要坚决开展反右倾斗争。[3]

1929年这一年，共产国际给中共中央写来四封信。它的内容都着重在反右倾。其中影响最大的是10月26日的信。它一开始就危言耸听地说："中国最近的事实，迫着我们在还没有接到你们关于党在现时条件下的行动和路线的消息的时候，就来说一说我们对于中国时局的估计，就来预先指出你们中国共产党底最重要的任务。"信中做出一个严重的结论："中国进到了深刻的全国危机

---

[1] 莫洛托夫：《共产国际与新的革命浪潮》，《布尔塞维克》第3卷第1期。
[2] 陆定一：《共产国际第十次全体会议的总结》，《布尔塞维克》第3卷第1期。
[3]《中国共产党接受共产国际第十次全体会议决议的决议》，1929年12月20日。

底时期。"从这个总判断出发，他们提出："现在已经可以开始、而且应当开始准备群众去用革命方法推翻地主资产阶级联盟底政权，去建立苏维埃形式的工农专政。同时，要积极地发展和扩大革命形式的阶级斗争（群众的政治罢工、革命的示威运动、游击运动等）。"他们不再要求反对盲动主义，相反地认为："盲动主义的错误在大体上已经纠正过来。你们现在切不要重复这些错误，而应当尽力鼓动并加紧阶级冲突，领导群众底义愤，按照阶级冲突底向前发展而提高要求，把革命斗争推进到日益更高的发展阶段上去。"[1] 1930年1月11日，中共中央政治局通过接受国际这封指示信的决议，表示："目前全国情形，正如国际来信所指出，确已进到深刻的全国危机的时期。""现时虽不能预言转变到直接革命形势的速度，即实行武装暴动直接推翻反动统治的形势的速度，但我们必须如国际所指示，在现在就准备群众去实现这一任务，并积极的开展和扩大阶级斗争的革命方式。"[2]

国内的政治局势，这时也朝着有利于革命的方向发展。南京政府在北伐军占领北平和天津、北洋军阀的统治被推翻后，曾有过一段相对稳定的时期，民族工商业因为国内战争基本停息和交通全面恢复而有所发展，但从1929年3月蒋桂战争爆发起，重又陷入连年不断的各派军事势力的混战之中，许多原来"清剿"工农红军的军队纷纷调往军阀混战的战场，后方空虚，给了各地工农红军以发展的机会。在国民党政府统治下，中国的民族危机更加深重，中国社会内部的矛盾不但一个也没有得到解决，而且更加激化。原来对国民党抱有期待的人们的不满情绪也日益滋长起

---

[1]《共产国际执委给中共中央关于国民党改组派和中共任务问题的信》，1929年10月26日。
[2] 中共中央：《接受国际一九二九年十月二十六日指示信的决议》，1930年1月11日。

来。1930年2月9日，在华北处于举足轻重地位的阎锡山通电要求蒋介石下野。阎锡山、冯玉祥、李宗仁和改组派、西山会议派等联合反蒋的新格局日见明朗，规模空前的中原大战迫在眉睫。国民党统治地区内的状况越来越混乱。

事情就是这样不幸：当1928年革命浪潮低落、革命遭到严重挫败的时候，党内虽然一度出现"左"的错误，在事实的教训下，大家终于清醒过来，纠正了盲动主义的错误。但过了一年多，到国民党各派军事势力混战大规模爆发、革命运动明显走向复兴时，党内许多人又过分兴奋起来，忘乎所以，对革命形势的发展做出脱离实际的过高估计，逐步导致第二次"左倾"错误。

"左"的急性病一旦重新抬头，很快就不断升温。2月17日，中共中央政治局举行会议，讨论全国的"政治形势与战略策略"。李立三在会上做报告。他说：现在全国大混战又要爆发了，蒋阎战争的范围当然更扩大。他判断道："在今天，在全国范围内固无直接革命形势，然而它的到来并非很远。因为军阀战争削弱统治力量，加重群众痛苦。这一混战的确有可能爆发一直接革命形势。"因此，他提出："我们目前总策略路线应针对这一前途，'变军阀战争为消灭军阀的革命战争''以群众武装暴动消灭军阀战争'不仅为宣传口号，而且变为动员群众的直接口号。因此，策略总方针是：组织群众行动，以消灭军阀战争。""在某几省的形势之下，组织一省或几省暴动，在今天应有坚决决定，首先就是湖北问题。"[1]在国际指示信影响下，原来比较慎重的周恩来也提出要"组织政治罢工，组织地方暴动，组织兵变，集中红军攻坚"，并且说："这四

---

[1] 李立三在中共中央政治局会议上的发言记录，1930年2月17日。

大口号是我们目前的中心策略。"[1]当然，也需要注意到：从当时中共中央一些文件来看，他们所考虑的还只是如何"准备全国暴动"，如何"推进直接革命形势更快到来"，还没有做出在全国范围内组织暴动的具体部署。

5月间，酝酿已久的蒋介石同阎锡山、冯玉祥、李宗仁等之间的中原大战爆发。这是一次规模空前的新军阀大战。双方动用的兵力在一百六十万人以上，在陇海铁路、津浦铁路、平汉铁路一带展开反复拉锯的激战，战争持续达四个月之久。当时，周恩来已去苏联向共产国际报告工作，实际上主持中共中央工作的李立三认为革命危机已在全国范围内走向成熟。他在5月15日出版的《布尔塞维克》上发表题为《新的革命高潮前面的诸问题》的长篇文章。这可以说是一篇纲领性的文件，无论在对国内局势的估计上，还是在整个工作的部署上，都出现重大的转折。文章对形势做出这样的论断："有了农村暴动的广泛的发展，有了工农红军的迅速扩大，有了兵士的动摇与自觉的哗变的事实的增加，有了统治阶级这样严重的危机，的确只要是在产业区域与政治中心爆发了一个伟大的工人争斗，便马上可以形成革命的高潮——直接革命的形势。""这些革命客观条件日益成熟的时候……那么在任何一个问题上都有爆发革命高潮的可能；而且在革命高潮到来的形势之下，群众组织可以飞速的从极小的组织发展到几十万人甚至几百万人的伟大的组织。同样，党的组织也可以在几星期甚至几日以内变成广泛的群众的党。"[2]

李立三也知道：中国这么大，国民党统治的巩固程度和革命

---

[1] 周恩来在中共中央政治局会议上的发言记录，1930年2月17日。
[2] 李立三:《新的革命高潮前面的诸问题》,《布尔塞维克》第3卷第4、5期合刊。

势力的发展在各个区域是不平衡的。他在文章中说:"当全国范围内已经到了革命高潮的时候,但革命政权或许不能同时在全国范围内取得胜利,而要首先建立一省或几省的革命政权。"可是,后面又写道:"一省与几省政权,必须是紧接着全国革命的胜利,绝不能有什么'割据'、'偏安'的局面。所以在准备夺取一省与几省政权的时候,如果只注意在某几省区的狭隘的范围而忽视了全国工作同时加紧的配合,便是绝对的错误观念。"[1]

怎样来夺取一省与几省的首先胜利呢?李立三仍从城市中心论的观点出发,认为主要得依靠城市产业工人从政治罢工到总同盟罢工再到武装暴动。他写道:"没有中心城市,产业区域,特别铁路海员兵工厂工人群众的罢工高潮,决不能有一省与几省政权的胜利。想'以乡村来包围城市','单凭红军来夺取中心城市'都只是一种幻想,一种绝对错误的观念。所以准备夺取一省与几省政权的胜利的条件,特别要加紧主要城市尤其是重要产业工人中的工作。所以,组织政治罢工,扩大到总同盟罢工,加紧工人武装的组织与训练,以创造武装暴动的胜利的基础,是准备一省与几省政权夺取的最主要的策略。"但工农红军这时毕竟已成为谁都无法忽视的力量,所以,和第一次"左倾"错误时不同,李立三没有再去批评什么"军事冒险",而把红军对城市的进攻也看作他的计划中的重要辅助力量,故这样写道:"在中国客观经济政治条件之下,单只无产阶级斗争的高潮,而没有农民的暴动,兵士的哗变,红军的有力进攻,各种革命势力的配合,同样是绝对不会有革命的胜利。而且在这四种革命势力中,缺乏任何一种,都

---

[1] 李立三:《新的革命高潮前面的诸问题》,《布尔塞维克》第3卷第4、5期合刊。

是不可能的。"[1]

值得注意的是，王明在同期《布尔塞维克》上也发表了一篇文章。他的基本观点同李立三没有多少差别。文章写道："此次军阀战争是中国整个政治经济危机尖锐化的具体反映。""力争革命首先在武汉及其邻近各省胜利的前途加速实现，即变军阀战争为工农兵武装暴动推翻军阀统治的战争，不仅是武汉及其邻近各省的工农群众的紧迫任务，而是全中国工农群众的迫切任务。夺取武汉毫无疑义地是建立全中国苏维埃政府的开始。它不仅能使武汉及其邻近各省脱离军阀战争的惨祸，而且能变全国军阀混战为全国革命战争。共产党领导全国工农兵群众为加速夺取武汉而斗争，一切工作和斗争都应当向着这个中心任务进行，这毫无疑义是必要的。"[2]可见他们的思想本来就有很多相通的地方。

6月9日，李立三在中央政治局会议上对他起草的关于目前政治任务决议案的内容做报告。他在报告一开始便说："现在革命形势上，革命高潮已到了。目前，夺取政权的任务，已到我们前面来。"他说："现在中国党总的路线是组织暴动。""在全国革命高潮将要到来之下，有首先在这一省或那一省爆发革命高潮而马上普遍到全国的可能，这是对的，不过这一普遍的发展是很快的，因为在全国任何地方的客观条件都已经成熟，首先爆发的地方，则是统治阶级最弱，而同时是革命斗争更加发展的地方。""因此，中央在七十号通告上指出来，武汉有这一胜利的可能，不是简单的主观问题，而是要看客观的条件。"他在报告中还尖锐地批评毛泽东所主张的要在长时期中用主要力量去创造农村根据地、发展游击

---

[1] 李立三：《新的革命高潮前面的诸问题》，《布尔塞维克》第3卷第4、5期合刊。
[2] 韶玉：《目前军阀战争与党的任务》，《布尔塞维克》第3卷第4、5期合刊。

战争、以农村来包围城市、推动全国革命形势发展的思想,说:"在全国军事会议中发现了妨害红军发展的两个障碍,一是苏维埃区域的保守观念,一是红军狭隘的游击战略,最明显的是四军毛泽东,他有他一贯的游击观念,这一路线完全与中央的路线不同。""这一问题必须要根本解决。游击战争的战术已不适合于现在的形势,现在的红军需要扩大充实,而不是短小精悍的游击队式的组织。"[1]

6月11日,政治局根据李立三的报告,通过《目前政治任务的决议——新的革命高潮与一省或几省的首先胜利》。这个决议改变了六大规定的"争取群众"这个党的总路线,写道:"在革命急剧的发展、伟大的革命巨潮已经接近的现在,党不只是要注意到夺取广大群众,组织广大群众的斗争,以促进这一革命巨潮更快的爆发,尤其要注意到革命巨潮爆发时,组织全国武装暴动夺取政权的任务。因此,加紧组织群众的政治斗争,加紧宣传武装暴动、夺取政权的必要,注意促进全国革命高潮,注意武装暴动的组织上和技术上的准备,注意布置以武汉为中心的附近省区首先胜利,是目前党的策略总路线。"决议还写道:"中国是帝国主义统治世界的锁链中最薄弱的一环,就是世界革命的火花最容易爆发的地方。所以在现在全世界革命危机都已严重化的时候,中国革命有首先爆发、掀起全世界最后的阶级决战到来的可能。"[2]

由于这个决议的通过,第二次"左倾"冒险主义错误在中共中央内部取得了统治地位。

接着,中共中央便着手布置武汉暴动、南京暴动和上海总同盟罢工,把它们作为全盘计划的重点。7月13日,李立三在临时政

---

[1] 李立三在中共中央政治局会议上的报告记录,1930年6月9日。
[2] 中共中央:《目前政治的决议——新的革命高潮与一省或几省的首先胜利》,1930年6月11日。

治局会议提出：他同江苏省委讨论后认为，南京兵暴是推动全国革命高潮之起点；组织南京兵暴必须与组织上海总同盟罢工同时并进；南京暴动的胜利必须有武汉暴动紧接着爆发，以争取武汉首先胜利，中央苏维埃政府的建立也必须在武汉，全国各省必须注意各重要城市中加紧组织总罢工，各省的工作都须以总罢工为前提。16日，中共中央以政治局主席向忠发的名义致书共产国际主席团，声言："决定组织南京兵士暴动，同组织上海的总同盟罢工，并力争武汉暴动首先胜利，建立全国苏维埃政权。"[1]

这个计划听起来轰轰烈烈，其实根本不具备付诸实施的力量和条件，只是主观臆想的产物。拿准备"首先胜利"的武汉来说，那时只有党员一百五十多人，[2]赤色工人会员也只有近二百人，而国民党政府在武汉附近却驻有重兵。南京也只有很少的士兵倾向革命，并没有举行暴动的力量。即便是上海也只有党员一千多人，赤色工会会员两千一百人。李立三却认为：主观力量的薄弱并不要紧，既然中国的社会危机这样深重，统治集团内部状况这样混乱，群众对现状这样不满，可以不需要主观力量的充分准备，只要登高一呼，便不难收到群山响应的效果，局势将出现惊人的变化。同年12月间，李立三在共产国际执委主席团召开的会议上检讨时说："当时领导同志的意见以为革命斗争爆发的时候，在很短期间就可组织很广大的工人群众和革命群众。整个的方针是这样的：就是以为革命斗争是可以任其自然的，只要有客观的革命条件，只要有党的政治影响，主观的薄弱是不重要的。"[3]第二年，中共中央政治局给李立三

---

[1] 向忠发致共产国际主席团的信，1930年7月16日。

[2] 中共长江局向中央的报告，1930年9月25日。

[3]《共产国际执委主席团对于立三路线的讨论》，《布尔塞维克》第4卷第3期。

的一封信中也写道:"你过去每每论到工人组织与党的发展,总是以五卅、武汉时代为例,证明只要客观形势存在,一号召便可罢工,几万、几十万群众一下子都可以组织起来。其实,这是你对于过去历史认识的错误,五卅上海和香港大罢工、一九二七年的上海暴动,何尝不是经过极艰苦的工作与组织力量的推动呢?"[1]李立三期待的,正是以突然一击来引发那种戏剧性奇迹的出现。

7月27日,红军第三军团当国民党各派军事势力内战方殷之际,一度乘虚攻占湖南省会长沙,李立三更加兴高采烈,以为他的主张是正确的,以为出现他所期待的那种惊人剧变的时机到了。这时共产国际致电中共中央,认为中国党的主观力量太弱,还没有夺取工人阶级的大多数,不同意布置武汉暴动、南京暴动和上海总同盟罢工。8月1日,中共中央政治局召开会议,讨论国际来电。李立三首先发言。他说:"昨晚看电后,我感觉到国际的来电,确没有知道中国革命发展的形势。""切实说起来,国际不仅不了解目前革命发展的形势,并且没有了解中国革命的总趋势。"他强调:"我们如用机械的执行国际的指示,表面上忠于国际的来电,实际上放松现在革命的紧急关头,便是不忠于革命,不忠于革命就是不忠于国际。"[2]8月3日,政治局继续举行会议。李立三在长篇发言中进一步谈了全国工作布置和军事战略,并且声言:"我们的战略也必须推动国际无产阶级对帝国主义的决战","国际在目前形势,我想必须采取积极进攻路线才有办法,首先是苏联,苏联必须积极准备战争"。[3]会上决定在发动武汉暴动、南京暴动与上海

---

[1] 中共中央政治局关于李立三声明书的复信,1931年10月12日。
[2] 李立三在中共中央政治局会议上的发言记录,1930年8月1日。
[3] 李立三在中共中央政治局会议上的发言记录,1930年8月3日。

总同盟罢工的同时，要调集红一、二、三、四、五、六、八等军分路向武汉推进，要求南方局在广州组织暴动，还要求蒙古出兵配合。

8月6日，中共中央成立全国总行动委员会，作为领导武装暴动和总同盟罢工的最高指挥机关，把共产党、青年团和工会的各级领导机关合并为准备武装起义的各级行动委员会，停止了党、团、工会的正常活动，使一切经常工作陷于停顿。李立三在中央行动委员会上做《目前政治形势与党在准备武装暴动中的任务》的报告。他对目前中国革命形势的高涨做了极其夸大的描述，认为中国革命高潮到来之后必然紧接着出现全国武装暴动的形势。他说："现在只要有一个伟大的力量，他能坚决号召反对军阀战争，能勇敢的做反对军阀战争的领导者与组织者，则无疑问的，广大群众一定会汹涌的起来拥护他。这里，首先是要求我们有真正的起来反对军阀战争的决心，要勇敢、勇敢、再勇敢的前进，一定可以取得全国最广大群众的拥护。"他还是这样的逻辑：只要党自己有决心，"勇敢、勇敢、再勇敢"，群众就一定会"汹涌的起来拥护他"。"如果红军更加逼近武汉，统治阶级更加失败动摇，这便是武汉暴动的更成熟的条件，无疑的我们可以领导武汉工人暴动起来，而取得完全的胜利。"[1]

同在8月6日，中央政治局委员项英奉命到达这次计划中的重点地区——武汉，着手改组长江局，成立总行动委员会，准备发动武汉总暴动。他下车伊始，在8月8日给中央的报告中还信心十足地写道："一般工人都异常兴奋，异口同声说：我们大干一下。""的确武汉工人在目前对于经济斗争的要求反不如要求大干

---

[1] 李立三在中央行动委员会上的报告记录，1930年8月6日。

来得迫切。一般工人都认为现在还谈什么加工价，要干就大干一下。这完全证明中央对于革命形势发展的估量以及指出中国革命的特点是十分正确。""中央决定目前在武汉坚决的组织武装暴动是万分正确。只有在这一坚决路线之下，才能抓住一切机会，才能获得广大工人及劳苦群众有武装暴动胜利。"[1]但只过了两天，稍稍接触一点实际情况后，他在报告中的口气就起了变化："近几日来，此地白色恐怖愈加厉害，每日有杀人的举动，人数一天比一天多。""最近敌人将川军继续调往武汉，现在驻扎武汉军队共计七团一旅，武装保安队十七队。""我抵此数日，对于群众更详细情形还未十分知道，因为省委同志对于情形都不十分了解，甚至下层工作更是都是知道不大清楚，这是如何严重问题。我数日来对于此事真是气极！"[2]8月20日，长江局给中央的报告中说："武汉最近以来，恐慌状况并未丝毫减少。前几日敌人故意谣传共党于十四、十五、十六三日夺取武汉，借此宣布特别戒严，下午军警步哨密布街巷要道大搜行人，到八时即不准行人，颁布十六条斩罪。武汉警备司令部会议决定'宁可误拿释放，不可使共犯幸逃'。武汉连日在通衢大道杀头示威。"更使他们感到棘手的是："在屡次报告中最大的缺点，就是没有将武汉工人情形详细报告。直到这一次报告，仍然是不能写出。""甚至到斗争来，党的工作还未达到支部与工会下层组织，当然与群众隔膜，一切情形无从知道。这成为目前党最严重最严重的问题，假如不能迅速解决，则武汉工作就不能在最短期内迅速的广大发展起来。"[3]到9月5日，项英

---

[1] 项英、关向应给中共中央的报告，1930年8月8日。
[2] 项英向中央的报告，1930年8月10日。
[3] 长江局关于目前武汉形势与工作状况向中央的报告，1930年8月20日。

给中共中央的信中便直截了当地说:"现在我正式向中央说明此地基础之薄弱,大出乎我们在上海所想象之外。我到此地后,以最坚决的精神来斗争,整个工作还未完全迅速转变过来。"[1]"大出乎我们在上海所想象之外"这句话,充分说明在上海的中共中央原来对武汉暴动的设想是完全脱离武汉的实际情况的。所谓"武汉暴动",根本就无法发动起来。李立三等抱着最大希望的武汉的状况尚且如此,其他地方更可想而知。

第二次"左倾"错误在党内统治的时间虽然只有三个多月,但党为此付出了惨重的代价。国民党统治区内,许多地方的党组织因为急于组织暴动而把原来就很有限的力量暴露出来,先后有11个省委机关遭到破坏,武汉、南京等城市的党组织几乎全部瓦解。长江局给中央的报告中写道:武汉党组织在遭受大破坏后,"汉口、汉阳区的下层组织几乎完全坍台,诚武汉工作的浩劫"。[2]红军在进攻大城市时也遭到很大损失。

这次"左倾"冒险主义的重要特征,依然是脱离客观实际,单凭主观愿望或想象,急于求成。因此,在推行过程中受到不少了解实际情况的党内干部的抵制,比第一次"左倾"错误时更加明显。中共江苏省委常委何孟雄,在9月1日的一次谈话会上尖锐地批评"立三主义"的三点错误:一、忽视不平衡的发展;二、忽视主观力量;三、忽视阶级力量的对比。毛泽东、朱德率领红一军团,奉命攻打南昌,也在执行过程中根据实际情况改变了原有部署,不打南昌。因此,这次"左倾"错误在实际工作中,特别是在红军和各根据地中,并没有得到全面的贯彻。

---

[1] 项英给中央的信,1930年9月5日。
[2] 长江局向中共中央的报告,1930年10月21日。

李立三的"左倾"冒险主义，也超出共产国际所能允许的范围。7月23日，共产国际执行委员会做出了《关于中国问题的决议》，认为："在分析当前斗争阶段的时候，必须考虑到，我们暂时还不具备全国范围的客观革命形势"，"运动在革命高潮的初期阶段尚有一定弱点，因为这时投入斗争的群众还不能马上占领工业中心，各种斗争力量的一般对比，最初是对工农不利的"。"共产党应当懂得，在目前中国的特殊条件下，建立富有战斗力的、政治坚定的红军，乃是一项头等的任务；解决这个任务，才能肯定地保证革命取得重大的进展。"[1]并要周恩来、瞿秋白回国纠正这次错误。

周恩来、瞿秋白在8月下半月先后回到上海。中共中央政治局连续举行了多次会议。这时"左倾"冒险主义错误使革命受到的重大损失也已显露出来。9月8日，中共中央政治局致电共产国际，表示接受国际的《关于中国问题的决议》和停止武汉暴动、南京暴动、上海总同盟罢工的指示。9月24日至28日，中共中央召开六届三中全会扩大会议。周恩来在会上所做《传达国际决议的报告》，指出："今天尚没有全中国客观革命形势，也就是在今天尚不是全国的直接武装暴动的形势。"[2]会后，李立三离开了原有的领导地位，城市暴动的计划已经取消，中央和地方的行动委员会不再保持，党、团、工会的组织重新恢复。尽管三中全会还有不足之处，但总的说来，作为"立三路线"主要特征的那些错误已在实际工作中得到纠正，问题基本上得到解决，整个工作正逐步转到正常轨道上来。

---

[1] 中国社会科学院近代史研究所翻译室编译：《共产国际有关中国革命的文献资料》第2辑，北京：中国社会科学出版社，1982年版，第93、94页。

[2] 周恩来：《关于传达国际决议的报告》，1930年9月24日。

三、"国际路线"和第三次"左倾"错误

第三次"左倾"错误，几乎紧接着第二次"左倾"错误而来，从1931年1月的六届四中全会开始，一直延续到1935年1月遵义会议前，历时整整四年。它以王明为代表，以教条主义为特征，旗号是"国际路线"。谈到第三次"左倾"错误同第二次"左倾"错误的区别，有两个问题是特别值得注意的：

第一，它是在共产国际的直接指挥下形成的，比前两次更完整地体现了共产国际的主张。

为什么以王明为代表的第三次"左倾"错误要突出地打起"国际路线"的旗号？这里需要先讨论一个问题：李立三为代表的第二次"左倾"错误本来也是在国际十次全会和四次来信的直接影响下形成的，为什么共产国际后来要把它称为反国际的路线？如果只是因为它对中国革命形势做出过高的估计，制定出冒险主义的行动计划，那完全可以作为工作中的错误来纠正，不需要把事情提到如此严重的程度。出现这种状况，问题的真正症结究竟在哪里？

那时候，共产国际的政治路线在相当程度上服从于苏联对外政策的需要。1929年开始的世界经济危机，从西方经济最发达的美国开始，迅速席卷全球，造成空前严重的经济大衰退，持续达四年之久，使资本主义各国内部种种矛盾更加紧张起来，而苏联正需要集中力量进行第一个五年计划的建设，对战争危险感到忧心忡忡。共产国际十次全会决议中关于"帝国主义对苏联的进攻乃是主要的危险"的结论，便是在这种背景下得出来的。他们希望发展各国的革命运动，包括殖民地、半殖民地国家的革命运动，

以利于牵制帝国主义国家的力量，达到"反对帝国主义战争、保护苏联"的目的。

读读李立三的那些主张，不难发现它恰恰同共产国际的设想背道而驰。他在《新的革命高潮前面的诸问题》中写道："帝国主义束缚世界的锁链中，中国是最薄弱的一环，就是革命最易爆发的地方。所以世界革命有首先在中国爆发的可能，而且这一爆发以后，必要引起整个世界革命的爆发。""中国革命只有在与帝国主义作决死争斗、取得全世界无产阶级的强大的援助与共同斗争的条件之下，才能保障最后的胜利。所以更加巩固与世界无产阶级斗争的联系，特别加强世界无产阶级对中国无产阶级的信念，加强他们对中国革命的认识，以取得他们对中国革命的强大的援助与及时的一致的行动，这是准备中国革命胜利的主要的条件，这是中国指导革命的无产阶级政党的任务，而且是国际与各国的无产阶级政党的严重的任务。""中国革命要在这一最后的搏战中取得胜利，同时世界无产阶级也会在这一最后搏战中取得最后的胜利，完成社会主义的世界。"[1]他这些话简直是在向共产国际发号施令了。

中共中央政治局通过的6月11日《决议》中也写道："在现在全世界革命危机都严重化的时候，中国革命有首先爆发、掀起全世界的大革命、全世界最后的阶级决战到来的可能。""因为中国革命的爆发，可以掀动全世界大革命的客观条件，到了这一残酷战争的逼临，我们不只是可以动员国内几千万以至几万万群众对帝国主义作激烈的斗争，并且可以号召起全世界无产阶级与殖民

---

[1] 李立三：《新的革命高潮前面的诸问题》，《布尔塞维克》第3卷第4、5期合刊。

地的劳苦群众与帝国主义作最后的决战,无疑的,在这一最后决战的当中,可以取得我们的完全胜利。"[1]

一个是希望中国革命的发展能牵制"帝国主义对苏联的进攻",另一个却是想以中国革命为起点,把苏联和各国无产阶级卷进到"世界的大革命,全世界最后的阶级决战"中来,这当然是两种根本对立的设想。等到李立三8月1日和3日在政治局会议上公然指责共产国际"没有了解中国革命的总趋势",说"表面上忠于国际的来电,实际上放松在革命的紧急关头,便是不忠于革命",并且要求蒙古出兵配合中国革命,"苏联必须积极准备战争",那就更使共产国际感到不能容忍了。

这年12月,共产国际把李立三召到莫斯科,执委主席团会议讨论"立三路线"问题时,国际重要负责人曼努伊尔斯基在发言中把他心里的这个"根本问题"点破了。他说:"现在的问题正不是你们做了个别错误的问题。""我们并不是仅仅批评这些错误。所有这样的错误,都是由于一个根本的错误——这个根本错误是发生于立三从中国革命发展的前途上对于整个国际状况的估量。""你们能不能用自己的力量,依靠着苏联,依靠自己的红军冲破这个制度呢?这是根本问题。……立三同志!问题不在于我们今天通过一个反对你的决议案,我们要你了解,你们表现了很厉害的地方主义。从此就发生其他的问题,因此说苏联有狭隘的民族成见,说俄国人不了解中国情形,其他一切观点及整个的概念。自然,很可警心的是我们和中国共产党的关系。"[2]

---

[1] 中共中央:《目前政治任务的决议——新的革命高潮与一省或几省的首先胜利》,1930年6月11日。

[2]《共产国际执委主席团对于立三路线的讨论》,《布尔塞维克》第4卷第3期。

既然共产国际已经把问题提到"我们和中国共产党的关系"这样"警心"的高度，在它看来，要解决的自然也就不只是这个或那个"个别错误"，而需要根本改变国际"和中国共产党的关系"。他们希望中国共产党的中央能够完全听他们的话，不折不扣地贯彻共产国际的意图，其结果，便是在四中全会上，改组中共中央，使多年在苏联、一向受到共产国际信任的王明等人取得中央领导地位。这是一批缺乏实际工作经验的空谈家，而又目空一切，极端自以为是，不顾中国国情，一味搬用书本教条，机械执行共产国际指示。这就开始了中国共产党内的第三次"左倾"错误。

第二，这次"左倾"错误在全盘工作部署上，和第二次也有明显的不同。

第二次"左倾"错误，要在比较短的时间内发动全国的暴动。他们提到"一省或几省的首先胜利"，但认为主要是靠城市产业工人暴动，并且紧接着必须很快得到全国暴动的配合，否则是无法坚持的。他们又担心中国革命的力量不足以实现这个目标，又把希望寄托在"引起整个世界革命的爆发"和要求"苏联必须积极准备战争"上。共产国际既然要求中国共产党"用自己的力量"来夺取胜利，而事实上已越来越清楚地表明中国革命的主要力量是工农红军和农村革命根据地，他们便更多地想依托这个力量来取得全国的胜利。用王明那本《两条路线底斗争》的小册子里的话说，就是："目前我们还没有直接革命形势，但在全国革命运动新高潮日益生长和不平衡发展的条件下，直接革命形势最近可以首先包括一个或者几个主要的省份。"他所说的这些省份，是指红军和革命根据地有较强力量的湖南、湖北、江西等省。他又夸大这些地区的革命形势，认为："在那些首先成熟了革命形势的地域，我们必须夺取政权，建立起红军和临时中央革命政府，建立起巩固的革命根据地，以便真正实现一省或几省的首先胜利，进而推进与争取全国范围内的胜利。"[1]

重视工农红军和农村革命根据地本来应该是一件好事。问题在于：这时中共中央的领导权已置于教条主义者手里，随着就把一整套从他们的主观意愿和推理出发，完全脱离中国实际的荒唐做法，强加给工农红军和农村革命根据地，好事便变成了坏事。在这以前，中共中央一直把注意力的重点放在城市工人运动上，虽然多次要求红军配合进攻城市，造成一些损失，但对红军和农村革命根据地的内部事务还没有做太多的干预，因此，毛泽东等有较多的余地，能根据实际情况，采取灵活的做法，独立地进行探索，使革命力量一步一步发展起来。现在，第三次"左倾"错误的领导对红军和农村革命根据地事务处处横加干涉，逐渐发展到控制一切的程度，结果就造成更加严重的损失，几乎把艰难缔造的红军和农村革命根据地全部断送掉。

第三次"左倾"错误统治的时期长达四年。它有一个发展过程，大体上可以分为三个阶段：

第一个阶段，从1931年1月的六届四中全会到这年9月临时中央成立之前，主要的内容是在"保障国际路线的执行"的旗号下，改组中共中央。

本来，六届三中全会已使第二次"左倾"错误的主要特征在实际工作中得到纠正。但共产国际得知李立三在8月1日和3日两次发言的内容后，又在10月致信中共中央，提出李立三制定的是"反马克思主义、反列宁主义的方针"，已经形成一条"同共产国

---

[1] 王明：《两条路线底斗争》，1931年2月。

际执行委员会政治路线相对立的路线"。[1]王明等从归国的留苏学生那里，比中共中央更早得知来信的内容，立刻写出《两条路线底斗争》那本小册子（以后经过增订，改名为《为中共更加布尔塞维克化而斗争》），提出一个具有新的形态的"左倾"的政治纲领，猛烈抨击三中全会没有揭露"立三路线"的实质，并且把问题集中到这一点上来："现时的领导同志维它（注：瞿秋白）等，已经没有可能再继续自己的领导"，要求"根本改造党的领导"，"对于政治局成分应有相当的改变"，"以能积极拥护和执行国际路线的斗争干部"来"改造和充实各级领导机关"。他们还在《布尔塞维克》发表多篇文章，要求"党在自身的工作方法上、干部的引进和创造上以及整个的领导上，需要有重大而且迅速的转变"。[2]"撤去不可改正的立三路线的干部，换上能够了解和执行国际路线的干部。"[3]可见，"根本改造党的领导""换上能够了解和执行国际路线的干部"，是他们推行自己那一套错误主张的着手点，而这离开共产国际的直接干预是办不到的。

1931年1月10日，中共六届四中全会在上海举行。这次全会是根据特地赶来中国的共产国际东方部副部长米夫的要求召开的。它在历史上没有任何积极意义可言，主要是做了两件事：第一，突出强调所谓"进攻路线"。全会决议案一开始就提出共产国际要求中国党"开展进攻的任务"，并且断言"右倾依然是党内目前主要危险"。全会后的第一号中央通告中提出："我们必须坚决执行进

---

[1] 中国社会科学院近代史研究所翻译室编译：《共产国际有关中国革命的文献资料》第2辑，北京：中国社会科学出版社，1982年版，第103、104页。
[2] 泽民：《中国革命的当前任务与反对李立三路线》，《布尔塞维克》第4卷第1期。
[3] 泽民：《三中全会的错误与国际路线》，《布尔塞维克》第4卷第1期。

攻路线。"这就开始了比第二次"左倾"更左的错误。第二，实行对中共中央的改组。全会决议案规定的第一条任务就是"必须取消三中全会所补选的赞助立三同志的中央委员，引进反立三主义的斗争之中拥护国际路线的同志到中央委员会来，并且重新审定政治局的成分，以保障党的正确领导"。[1] 会上，撤销了瞿秋白、李立三、李维汉在政治局中的职务，而把原来不是中央委员的王明补选入政治局。一批归国不久的留苏学生如博古等，分别担任党内重要职务。他们倚仗米夫的直接支持，在中共中央内部很快取得主导地位。

四中全会一结束，立刻向全国各地有系统地派遣中央代表、中央代表机关或新的领导干部，来贯彻他们所谓的"进攻路线"和"反右倾斗争"。2月下旬，以中共中央主要负责人向忠发名义给共产国际执委会报告全会后一个半月来所做的工作时，头三条都是关于这件事的。报告写道："中央对全国工作的指导，过去是偏重形式上的文件，如通告、指导信等，现在则侧重在活的指导，派人去直接巡视与加强省委及地方工作。"他们派遣中央代表、中央代表机关或新的领导干部的重点是各革命根据地。向忠发的报告写道："从中央政治局起，以百分之六十的干部力量去加强与巩固苏区的领导。"[2] 除原已成立的苏区中央局外，又先后在鄂豫皖、湘鄂西两处成立中央分局，派刚从莫斯科归来的张国焘、夏曦前往主持。这些组织措施，使第三次"左倾"错误在各革命根据地比前两次得到更加有力得多的贯彻。

---

[1]《四中全会决议案》，中央档案馆编：《中共中央文件选集》第7集，北京：中共中央党校出版社，1991年版，第13、25页。

[2] 向忠发给共产国际执委会的报告，1931年2月22日。

这年3月26日至4月11日，共产国际执行委员会举行第十一次全会。这次大会的基调是更加强调世界范围内的革命高潮在加速发展。曼努伊尔斯基在大会所做报告中认为，这种形势的发展必将为当前的经济危机转变为革命危机创造先决条件。他在报告中说："中国共产党现阶段正在解决下列三位一体的任务：一，使红军成为一支拥有巩固的根据地的正规军队。二，建立苏维埃政府，在苏区实施反帝革命和土地革命的纲领。三，在非苏区开展工人阶级和农民的经济斗争和政治斗争，并通过斗争把群众组织起来，做军阀部队的工作。"[1] 8月间，中共中央相应地通过了《接受共产国际执委第十一次全会总结的决议》，认为这"三位一体"的任务是"中国党的中心的迫切任务"。同第二次"左倾"错误相比，他们没有再主张在中心城市组织起义，在一个时期内也没有主张集中红军进攻主要的中心城市，但当他们把注意力的重点转向红军和革命根据地后，便在红军建设和作战指导上片面强调"正规"的原则，不停顿地发动进攻；而在国民党统治区开展群众斗争时又急于求成，并在各个方面大力开展"反右倾"斗争。这样，很快就在实际工作中发展成一整套形态更加完备的"左"的错误政策。

对农村革命根据内部的各项政策，四中全会后的中央也提出一些"左"的错误主张，其中最重要的是"地主不分田，富农分坏田"。他们在一封指示信中规定："地主残余即使无显著反动证据，他的家属子弟也必须派他们去做苦力工作，绝对没有权利分得土地。对于富农，在重新平分一切土地时，如果他愿以自己的劳动力来耕种田地，则可以分得一份劳动的土地，但必须给他以坏的

---

[1] 中国社会科学院近代史研究所翻译室编译：《共产国际有关中国革命的文献资料》第2辑，北京：中国社会科学出版社，1982年版，第120页。

土地，而不能与贫农、雇农、中农享有同等权利。"[1]这就是不给地主以生活出路，不给富农以经济出路，并且会因界限不清而使一部分中农的利益受到损害，以后在革命根据地造成十分有害的后果。

第二个阶段：从1931年9月博古负总责的临时中央成立，到临时中央迁入中央革命根据地前。这时，第三次"左倾"错误得到比较全面的展开。

当临时中央成立的那一个月，国内政治局势出现了两个重大变化：一个是日本军国主义势力发动九一八事变，武装占领中国的东北地区，激起全国民族民主运动的新高潮，一些中间势力也提出"民主政治"和"一致抗日"的口号，民族矛盾上升到主要的支配一切的地位；另一个是毛泽东、朱德率领的红一方面军粉碎了国民党军队的第三次"围剿"，歼敌三万多人，使赣南和闽西两个根据地联成一片。

新的客观形势，需要中共中央及时决断，相应地做出重大的政策调整和工作部署，积极发展抗日民族统一战线。但是，由博古负总责的临时中央却忽视九一八事变后民族矛盾的上升和中间阶级的抗日民主要求，夸大当时国民党统治的危机和革命力量的发展，继续主张打倒一切，甚至把中间势力看作最危险的敌人。用博古后来的话说："由于客观情况的急剧变化"，这就成了"完全同现实不相适合的倒行逆施"。[2]结果，丧失了有利的历史机遇，反而使革命遭受新的不应有的严重挫折。

这些错误主张，最初相当集中地表现在9月20日政治局通过

---

[1] 中共中央给赣东北特委的指示信，1931年2月12日。
[2] 博古在中共七大上的发言记录，1945年5月3日。

的《由于工农红军冲破第三次"围剿"及革命危机逐渐成熟而产生的党的紧急任务》。这个文件是王明起草的,突出地提出:"目前中国政治形势的中心的中心,是反革命与革命的决死的斗争。"第三次"左倾"错误时期一再高唱的"决战论"便是从这里发源的。它不顾九一八事变后国内局势的变化,用极为夸张的语言来描述革命力量的急速发展,断言国民党统治正在崩溃,认为这一切"织成了全中国成熟着的革命危机的图画,这一图画很明显的画出了争取革命在一省或数省首先胜利的前途"。接着,就随心所欲地提出一系列没有可能实现的"紧急任务",包括:苏区的党在粉碎第三次"围剿"后必须"集中力量追击敌人退却部队,消灭他的一方面,在政治军事顺利条件之下取得一两个中心的或次要的城市,不要再重复胜利后休息,致使敌人得以从容退却,以致能很快的重整他们的旗鼓,向苏区为新的捣乱";尽可能地把零碎的分散的苏区打成一片,必须在十月革命节正式成立苏维埃全国临时中央政府;立刻扩大与巩固红军,"各军必须开始城市战、堡垒战的演习";在非苏区,必须向群众做关于红军的宣传鼓动工作,并同临时中央政府成立纪念日的群众运动联系起来;要把灾民骚动引导走向游击战争;在上海等地提出"罢工、罢操、罢课,反对日本帝国主义"等口号,"但是这些口号绝对不能同'打倒国民党'、'拥护苏联'、'拥护工农兵苏维埃红军'等口号的宣传分裂开来";尽可能地在某些城市中(如上海、唐山、天津等)组织某一产业的同盟罢工等。文件最后写道:"各级党部必定能够在最短的时期之内,百分之百的把这些紧急任务完成起来。"[1]

---

[1]《由于工农红军冲破第三次"围剿"及革命危机逐渐成熟而产生的党的紧急任务》,1931年9月20日。

这可以算是一个标本，充分表现出那些根本不懂世事的教条主义者一旦掌权，并且自以为站住脚跟后，竟会如此不顾主客观条件，随心所欲地发号施令起来。那时，整个国民党统治区只有几千个党员，全国红军主力也只有几万人，至于武器装备更不能同国民党军队相比，他们却规定出这样的任务，并且要求各级党部必须在"最短的时期之内，百分之百的把这些紧急任务完成起来"。这一切，简直如同梦呓。

三个多月过去了，除苏维埃全国临时中央政府按期成立外，其他任务都没有做到，更谈不上"百分之百"地实现了。1932年1月9日，临时中央又做出《关于争取革命在一省或数省首先胜利的决议》。如果说前一个文件还有"最短的时期之内"这样一个不长的期限，那么，这一个文件便是必须马上执行的"决议"，规定的目标也更加具体。决议写道：由于国内阶级力量对比的变动，"过去正确的不占取大市的策略，现在是不同了；扩大苏区，将零星的苏区联系成整个的苏区，利用目前顺利的政治与军事的条件，占取一二个重要的中心城市，以开始革命在一省数省的首先胜利是放到党的全部工作与苏维埃运动的议事日程上面了"。"必须依照中央最近的军事训令来努力求得将中央区、闽粤赣、赣东北、湘鄂赣、湘赣边各苏区联系成整个一片的苏区，并以占取南昌、抚州、吉安等中心城市，来结合目前分散的苏维埃根据地，开始湘鄂赣各省的首先胜利。"为着实现以上目标，决议着重提出反右倾的任务，说："右倾机会主义仍然是目前革命的危险，这种倾向在现在表现在对于目前革命危机紧张的估计不足；对于红军行动的消极，悲观失望的胡说红军涣散，不愿意利用顺利的形势开展进攻的斗争，以昨天的正确的策略，当作永远不变的教条；对于工会工作的消极,忽视工人的经济斗争,认为工人斗争在经济恐慌之下是不可能的;在反帝运动中作国民党各派及其他各派的俘虏等。应该集中火力来反对右倾。"[1]

临时中央这些文件,离开客观实际实在太远了。它受到党内各方面的抵制,比第一次和第二次"左倾"错误时更加普遍而强烈。这种抵制不仅来自红军和革命根据地,在国民党统治区内也有不同意见。当时担任中共中央职工部长的刘少奇坦率地反映了不少工人的情绪:"工人群众绝不愿意玩弄罢工,不轻易发动罢工,我们的煽动家多次得到工人这样的回答:'你们所说的是对的,可是我们暂时还不能照你们说的那样做。'"他还批评说:"我们的组织还不彻底了解企业中的情形,不能提出群众最迫切的要求。""不会准备斗争。"[2]这些老实话,却激怒了毫无实际工作经验的临时中央负责人。所有这类批评统统被看作是"机会主义的动摇"。

临时中央的一个负责人康生,3月25日在党内刊物上发表《反对职工运动的机会主义》,针对刘少奇的观点提出:"职工运动,许多机会主义的观点,必须予以无情斗争与彻底的肃清的。"认为它的具体表现是:对武装工人、反对帝国主义国民党的工作表现了机会主义的消极;放弃组织在业工人的罢工;放弃组织赤色工会等。并且总结道:"这些机会主义的来源,主要的是:对于目前政治上的估量不足,不相信群众的力量,不相信只有无产阶级团结起来、武装起来,才能争取反帝国主义国民党的革命战争彻底胜利!"[3]

---

[1]《中央关于争取革命在一省与数省首先胜利的决议》,1932年1月9日。
[2]《一九三一年职工运动的总结》,《红旗周报》第31期。
[3] 谢康:《反对职工运动中的机会主义》,《红旗周报》第33期。

临时中央另一个负责人洛甫,接着又发表《在争取中国革命在一省与数省的首先胜利中中国共产党内机会主义的动摇》。文章以更尖锐的语调提出:"拿革命的进攻,去回答帝国主义与国民党以及一切反革命派别对于革命的进攻,这是目前中国革命危机中革命与反革命的决死斗争的过程中的中心特点。然而这种特点,还没有能够为中国共产党内的全党同志所了解。反革命的白色恐怖与反革命的武断宣传,不能不影响到了我们党内一部分最不坚定的同志,使他们对于目前的革命估计不足,对于党所提出的许多中心任务发生机会主义的动摇,对于中国党实是目前最大的危险。"这篇文章几乎对各革命根据地的党组织和中央职工部等部门都提出挑战性的尖锐批评,认为:"中央苏区的同志在这里表示出了浓厚的等待主义,等待敌人的进攻,等待新的胜利。他们始终没有能够利用客观上的顺利环境去采取积极进攻的策略。他们把'巩固苏区根据地'当作符咒一样的去念,把消灭'土围子'当作巩固根据地的中心工作,以等待敌人的新的进攻,新的'坚壁清野',新的'诱敌深入'与新的胜利。这种观点,实际上同样是对于反动统治的过分的估计所产生的。"文章再次指责:"中央职工部刘同志对于目前工人运动形势的估计,即犯了右倾机会主义的错误,认为目前工人斗争,是防御的与反攻的。"文章得出结论:"目前的主要危险,是对于国民党统治过分的估计,与对于革命的力量估计不足的右倾机会主义。""我们的同志还不能了解或不很了解,国民党政府是在迅速地走向崩溃与死亡,苏维埃政府是在迅速地走向巩固与发展。"[1]

---

[1] 洛甫:《在争取中国革命在一省与数省的首先胜利中中国共产党内机会主义的动摇》,1932年4月4日。

明明是临时中央对于革命力量做出过分的估计而对国民党统治的力量估计不足,却说是别人"对于国民党统治过分的估计与对于革命的力量估计不足"。只容许不停息地去"积极进攻",绝不容许"等待"恰当的时机,更不容许在双方力量悬殊的条件下实行必要的防御和退却,以便"诱敌深入",抓住有利时机,在运动中歼灭敌人。谁要是按照真实情况说一点老实话,讲到存在哪些困难,采取一些切合实际的灵活做法,马上会被指责为对革命"不坚定",是受反革命的白色恐怖和武断宣传的影响,是"悲观、失望、消极、怠工",从而成为"机会主义的动摇"。

这一路棍子打过来,就是要把党内一切不同意见统统压下去,为第三次"左倾"错误的全面贯彻扫清道路。

第三个阶段,从1933年初,临时中央迁入中央革命根据地到1935年1月遵义会议前。在这个阶段,他们直接控制红军和革命根据地,全面推行"左"的冒险主义方针,最后导致中央革命根据地的丧失和红军的被迫长征,中国共产党再次濒临大失败的边缘。

原在上海的临时中央是在1933年1月17日决定迁入以赣南和闽西为中心的中央革命根据地的。中国共产党在国民党统治区的工作接连遭受严重破坏,处境日趋恶劣,临时中央在上海已难继续立足。二三月间,临时中央领导人博古等先后到达中央革命根据地。

博古一到,立刻把中央革命根据地的党、政、军大权全部抓到自己手里,并且更有系统地进行在前一阶段已经开始的"反右倾"斗争。当时中央革命根据地边缘地区一些领导人,根据以往多次粉碎国民党军队"围剿"的成功经验,在双方力量悬殊的条件下,避实就虚，暂时避免同敌人的决战，把力量转移到比较有利的边缘山区开展游击战争。这些，被临时中央看作是"对革命悲观失望的右倾机会主义的逃跑退却路线"。为了排除障碍，临时中央在组织上采取宗派主义的手段，对抱有不同意见的干部进行"残酷斗争"和"无情打击"。

2月16日，也就是他们刚刚到达中央革命根据地的时刻，博古便在工农红军学校第四期毕业生的党团员大会上做报告，猛烈批判闽粤赣省委代书记罗明。他说："我们现在要问，在目前的政治形势之下，党的策略路线应该是进攻的呢？还是退守的呢？没有问题，在目前我们党的策略，党的总路线应该是进攻的路线。""但是正在这时候，在我们党内（很可惜，甚至在党的领导同志内），有一部分动摇懦弱无气节的小资产阶级的分子，受着阶级敌人的影响，充分地暴露了那种悲观失望、退却逃跑的情绪，以致形成他们自己的机会主义的取消主义的逃跑退却路线，反抗党的进攻路线，妨害党的布尔塞维克的动员群众。这个机会主义的退却路线最明显的代表者，便是从前福建省委的代理书记罗明同志与新泉县委书记杨文仲同志。"他号召：为着动员一切力量，去粉碎敌人的进攻，克服面前的困难，只有一种方法，便是开展在各方面的布尔塞维克的进攻。"这首先要我们粉碎自己队伍中的机会主义分子的动摇，把他们隔绝起来，因为他们妨害我们的进攻。"[1]罗明回忆道："在福建，反对'罗明路线'的斗争首先在省级机关展开，然后自上而下，由内到外，全面铺开。他们往往采取对待敌人的办法来对待同志和处理党内斗争，提出了'用布尔塞维克的铁拳

---

[1] 博古:《拥护党的布尔塞维克的进攻路线》，《斗争》第3期。

将他们粉碎'、'无情打击'等等口号。"[1]罗明担任的省委代理书记的职务被撤销。省军区司令员谭震林和省苏维埃政府主席张鼎丞随后也被撤职。这可以说是临时中央进入中央革命根据地后对根据地干部的第一个下马威。

接着,在博古等部署下,3月31日,江西会昌、寻乌、安福三县党的积极分子会议根据洛甫的报告做出决议:"大会认为会、寻、安三县过去在以邓小平同志为首的中心县委的领导之下,执行了纯粹的防御路线。这一路线在敌人大举进攻前面,完全表示悲观失望,对于群众的与党员同志的力量没有丝毫信心,以至一闻敌人进攻苏区的消息,立刻表示张皇失措,退却逃跑,甚至将整个寻乌县完全放弃,交给广东军阀。这一路线显然同党的进攻路线丝毫没有相同的地方。这是在会、寻、安的罗明路线。"[2]4月16日至22日举行的江西党的全省三个月工作总结会议,又对邓小平、毛泽覃、谢唯俊、古柏进行批判,称他们代表着一条"江西的罗明路线(即'单纯防御路线')"。[3]邓小平随即被撤销江西省委宣传部长的职务。这场斗争的矛头,直接批判的是邓小平等人,实际上是针对毛泽东历来的各项主张的。这以后,又开展了对政府中和军队中的"罗明路线"的批判。对不同意见的压制和打击,造成人心惶惶,使中央革命根据地内的政治空气变得极不正常。

1933年下半年,蒋介石发动了对中央革命根据地的第五次大规模"围剿",并亲自担任总司令,在经济上实行严密封锁,在军事上采取"堡垒主义"的新策略,步步推进。这次"围剿"的规

---

[1] 罗明:《罗明回忆录》,福州:福建人民出版社,1991年版,第135页。

[2] 《会寻安三县党积极分子会议决议》,《斗争》第8期。

[3] 罗迈:《为党的路线而斗争》,《斗争》第12期。

模和动员的力量比前四次要大得多，直接用于进攻中央革命根据地的兵力就达到50万人。一场更加激烈的大战开始了。中央革命根据地的军民面对着极为严峻的考验。这时，临时中央已同苏区中央局合并，称为中共中央局。那些"左倾"教条主义者是怎样对待这种严峻局势呢？

在形势估计上，他们依然一味夸大自身的力量，过分估计国民党统治的危机，对情况做出根本不符合客观实际的判断，认为这是一场"阶级决战"，可以导致"实现中国革命一省或数省的首先胜利"。7月24日，中共中央做出《关于帝国主义国民党五次"围剿"与我们党的任务的决议》，写道："五次'围剿'是更加剧烈与残酷的阶级决战……五次'围剿'的粉碎，将使我们有完全的可能实现中国革命一省或数省的首先胜利。"[1]9月下半月，国民党军队对中央革命根据地的全面进攻已经开始，博古在这时发表文章说："这是残酷的剧烈的决战。机会主义的惊慌失措者，已经是在手足无措的叫喊……以及用种种夸大词句形容国民党的金钱、军械、军队，而对自己的力量却处处的过低估计，以为敌人方面一切都好，我们什么都没有。"[2]这年十一二月间，共产国际执行委员会在莫斯科举行第十三次全会。11月30日，王明在会上讲演，更是哗众取宠地大言道：中华苏维埃共和国的领土现在已发展到比任何西方与东方资本主义列强的领土更大些，固定的苏区和游击区的总面积已占中国内部十八省总面积的四分之一，已经完全具备有现代国家的一切条件和成分。"中华苏维埃共和国和中国共产党，不仅是现代中国整个政治生活的主要因素，而且是世界政治

---

[1]《中共中央关于帝国主义国民党五次"围剿"与我们党的任务的决议》，《斗争》第21期。
[2]博古:《献给江西省第二次党代表大会》，《斗争》第27期。

的决定性因素之一。这是去年世界政治中一个最主要、最新颖的因素。"他再三强调：四中全会后的中央"百分之百地绝对忠于共产国际的列宁主义总路线"，并得出结论："通过中国苏维埃革命的决定胜利来争取消除远东的战争危机，乃是中国共产党的最近目标，是它的基本的、伟大的任务。"[1]

在军事上，他们认为，既然这是中国两个政权之间的一场决战，就要强调战争的正规性，摆出堂堂正正之势，"御敌于国门之外"。在中共中央7月24日决议中已经提出"创造一百万铁的红军""不让敌人蹂躏一寸苏区"等错误口号。9月间，共产国际派来的军事顾问李德（德国人）从上海来到中央革命根据地。博古不懂军事，就把红军的指挥大权交给李德。李德根本不了解中国国情，完全抛弃红军以往粉碎四次"围剿"时行之有效的成功经验，而把第一次世界大战期间欧洲战场上大规模阵地战的经验硬搬到中央革命根据地来强加推行。他的作风又独断专行，蛮横粗暴，要求红军处处设防，节节防御，推行"以碉堡对碉堡"和"短促突击"的错误方针，既不敢举行向敌人后方打去的进攻，也不敢大胆放手地诱敌深入，聚而歼之。结果，在双方兵力和武器装备悬殊的条件下，有如毛泽东所嘲笑的乞丐和海龙王比宝那样，使红军完全陷入被动地位，进行的许多战斗都遭到失败，军力也受到很大损伤。

在对待同盟者的关系上，他们实行的是拒人于千里之外的严重关门主义，继续把那些同国民党统治有矛盾而正在积极活动起来的中间派别看做"最危险的敌人"，加以排斥。当时，曾出现过

---

[1] 中国社会科学院近代史研究所翻译室编译：《共产国际有关中国革命的文献资料》第2辑，北京：中国社会科学出版社，1982年版，第202、203、212、214页。

一次对红军粉碎第五次"围剿"十分有利的机会：曾在上海坚持抗日、此时正奉调南下参加"围剿"的国民党十九路军将领在福建宣布成立政府，主张抗日反蒋，并派代表同红军谈判合作，双方草签了抗日反蒋的初步协定。但博古等依然把十九路军的行动看作是欺骗行为，拒绝在军事上同他们配合。结果，孤立无援的福建人民政府很快失败，蒋介石得以完成对中央革命根据地的四面合围。凯丰却高兴地在党刊上发表文章说："福建'人民'政府是没有人民、没有共产党参加的'人民'政府，有的是一般政客官僚，代表着地主资产阶级的另一部分，想用改良主义的欺骗来阻止群众的斗争，来阻止群众向着苏维埃道路的迈进。""福建'人民'政府的破产、苏维埃红军的胜利与二次全苏大会的开幕，完全的证明着苏维埃是中国民众从民族危机与经济浩劫中惟一的革命的出路。"[1]

1934年1月，中国共产党在中央革命根据地的首府江西瑞金召开六届五中全会。这次会议把第三次"左倾"错误推向又一个高峰。会议通过的政治决议案写道："目前的形势，是中国领土内存在着的两个绝对相反的政权，两个绝对相反的世界，正在进行生死存亡的斗争。""五次'围剿'的斗争，即是阻止中国走向殖民地道路的斗争，即是争取苏维埃中国完全胜利的斗争。"决议案得出结论："中国正处在革命与战争的漩涡中，粉碎五次'围剿'的决战面前，苏维埃道路与殖民地道路之间谁战胜谁的问题，正式尖锐的提了出来。"[2]这是以中央全会决议的形式再一次把"决战论"肯定了下来，并且进一步提到"苏维埃道路与殖民地道路之

---

[1] 凯丰：《二次全苏大会的开幕与福建"人民"政府的破产》，《斗争》第45期。
[2] 中共五中全会政治决议案，1934年1月18日。

间谁战胜谁"的高度。毛泽东几年后感叹地说:"决战论兴,而红军危矣。"

"五中全会以后,这条路线的恶果已经开始可以看出。白区工作在冒险盲动的路线下,已全部损失了。红军、苏区在五次'围剿'中不断的遭受失败。"[1] 4月中旬,国民党军队集中优势兵力进攻中央革命根据地的北大门广昌。博古、李德不顾敌强我弱的实际情况,调集红军主力,修筑简陋的工事,坚守广昌,并亲赴前线指挥。经过18天血战,在对方猛烈炮火的轰击下,顽强抵抗的红军遭受重大伤亡,广昌失守。10月初,国民党军队已推进到中央革命根据地腹地,红军主力被迫实行战略转移。这便是长征的开始。

当"左倾"错误的领导还远在国民党统治区的大城市中、没有直接控制红军和革命根据地时,尽管敌我力量悬殊,红军还能够独立地在实践中进行探索,运用长期积累起来的"打得赢就打,打不赢就走""诱敌深入""集中优势兵力,选择敌人的弱点,在运动战中有把握地消灭敌人的一部或大部,以各个击破敌人"等切合实际的战略战术,接连粉碎了国民党军队的多次"围剿"。到九一八事变后,随着民族矛盾的激化,国内阶级关系发生重大变动,情况本来更加有利于中国共产党和工农红军去团结全国绝大多数人,把中国民族民主革命推向前进。可是,由于当时中共中央领导权落到一些根本不懂得中国国情、却得到共产国际信任的"左倾"教条主义者手中,随心所欲地发号施令,接着又进入中央革命根据地直接把持一切,结果,几乎把中国革命断送干净。

事实是最有说服力的教员。惨痛的失败,帮助了党和红军内绝大多数人从实践中逐渐分清了什么是正确的,什么是错误的。

---

[1] 博古在中共七大上的发言记录,1945年5月3日。

长征途中，1935年1月在贵州遵义召开的政治局扩大会议，终于纠正了第三次"左倾"错误，结束了它在中国共产党内的统治地位，在极端危急的关头挽救了党和红军。中国革命从此揭开了新的一页。

四、产生错误的根本原因

中国共产党在革命时期所犯的三次"左倾"错误，给革命造成严重损失。这些错误是怎么造成的？

那时候，中国共产党在政治上还很幼稚。党的领导人大多是三十岁左右的年轻人，有着满腔革命热情，有着不怕牺牲的献身精神，渴望能够早日改变中国备受帝国主义奴役和封建势力压迫的悲惨命运，渴望能够早日实现改造社会的良好愿望，而对中国国情的复杂性以及由此决定的革命的长期性、艰苦性和不平衡性几乎没有认识，总是急于求成，想干一番轰轰烈烈的大事，使革命在短时间内取得胜利，而不懂得怎样按照事物本身的客观规律办事，结果一次又一次地吃了大亏。

三次"左倾"错误各有自己的特点：第一次错误是在波澜壮阔的大革命突然遭受惨重失败的情况下发生的，人们对革命为什么失败还没有完全理解，急于改变现状，进行近乎拼命的盲目蛮干。他们不顾主客观条件，只要哪里还留有一点革命力量，就要求在这些地方组织暴动，并且认为必须主要依靠工农民众的暴动，轻视革命军队的力量。第二次"左倾"错误是在革命走向复兴的条件下发生的。这种刚刚走向复兴的趋势，使他们好不容易才稍稍冷静下来的头脑又重新发热起来，以为早就期待着的直接革命形势已经到来。国民党各派军事势力之间空前规模的大战爆发，更使他们看作统治阶级已难再继续统治下去，是夺取全国胜利的极好机会。他们的目光主要仍放在几个大城市上，如武汉、南京、上海，认为这些城市对全国的号召力和影响最大，指望能以突然的行动，一举冲破国民党的高压而取得胜利。由于工农红军这时已形成一支不容忽视的力量，因此也要求红军向这些大城市进攻，但仍处在配合的地位。他们担心单靠这些力量还不足以取得全国胜利，又提出要求"苏联必须积极准备战争"，想以中国革命为起点，掀起全世界的大革命。第三次"左倾"错误是在"国际路线"的旗号下推行的，统治的时间最长。他们具有更加完备的理论形态，认为中国已具有不需要等待世界革命爆发而单独取得胜利的条件。怎样取得胜利呢？这时，城市工人运动的低落和工农红军的发展已成为越来越明显的事实，他们便越来越多地把重点放到红军和革命根据地方面来，认为中国已出现两个政权相对峙的局面，强调要实行红军和苏维埃政权的"正规性"，强调必须推行积极的进攻路线，认为现在已到了决战的时刻，在获得一省或几省首先取得胜利后，可以夺取全国的胜利。这三次"左倾"错误都以失败告终。

为什么这种"左倾"错误会一次又一次地接连发生，尽管在具体形态上有所不同？为什么许多在今天看来十分荒唐可笑的东西，当事人在那时却十分认真地对待，似乎充满着信心？它们之间有哪些前后一贯的相通的地方？

最根本的一点，在于他们的指导思想是主观主义的，缺乏实事求是的态度，并不符合客观存在的实际。要做到实事求是，主观符合客观，本来是一件很不容易的事情。而他们总是单凭热情，从主观愿望出发，或从搬用书本上的个别词句或外国的经验出发，夸夸其谈，自以为是，不尊重客观实际，不去下苦功夫对周围复杂的真实情况进行周密的调查和冷静的分析，这就不能找出解决问题的切实有效的办法。当然，他们每次也都对形势做一番分析，但由于早已有了主观设定的框架，总是把有利的方面无限夸大，把个别事实说成普遍现象，把少数积极分子的思想情绪说成广大群众的要求；而对不利的方面却熟视无睹，或者轻描淡写地一带而过，没有认真加以对待。他们总想走笔直又笔直的道路，希望几步就跨到目的地，缺乏要经过长期而艰苦工作的精神准备。正当他们兴高采烈的时候，原来被忽视而没有认真对待的不利方面跑了出来，便张皇失措，陷入完全被动的局面。这在三次"左倾"错误时几乎如出一辙，并且一再重复地出现。正因为如此，延安整风时把"反对主观主义"放在第一位。只有这样，才能从思想方法的高度从根本上整治以往几次错误的病根。

　　这种主观和客观相脱离，在中国革命问题上最突出的表现是对中国近代国情这个客观实际没有真切的了解，对中国革命的长期性、复杂性和残酷性几乎没有认识，把它看作是一件很容易的事情。近代中国是一个半殖民地半封建国家。那时候，尽管各种社会矛盾已达到异常尖锐的程度，但并不等于说问题就能轻易地得到解决。这里首先有一个力量对比问题：帝国主义和封建势力的力量是相当强大的，多少年来盘根错节地统治着这个国家，中心城市更处在他们的严密控制下；革命的力量一时还很小，群众觉悟程度和组织程度的提高不是一朝一夕可以做到的；人数众多的处于中间状态的人一时还在观望和徘徊。就是在革命走向复兴和统治阶级内部危机加深时，革命的复兴一时并没有强大到足以推翻整个统治者的程度,统治阶级内部的危机也没有很快达到使它崩溃的地步。再加上中国是一个幅员辽阔的农业大国,城市和农村之间、地区和地区之间在经济上和政治上存在着极大的不平衡性和不统一性。这些都决定着中国革命必须经过一个长期而艰苦的历程,从小到大,逐步积聚力量,以农村包围城市,到条件成熟时取得最后的胜利。这不是谁喜欢怎么做就可以怎么做的,而是中国社会具体条件下的必由之路。就像登山一样:你心中尽可以悬着攀登主峰这个远大目标,脚底下却只能一个台阶一个台阶地向上走,有时甚至还需要依照山势的迂回曲折,起起伏伏地前进,绝不可能一个大步就登上你预期的目标。洛甫在中共七大上肯定地指出:"革命是一件不容易的事情,是复杂与麻烦的事情。不采取郑重的与谨慎的态度是决然不会成功的。""我们只要马虎一点,成千成万人的血就会因为我们的马虎而白流了。所以郑重与谨慎的态度,也就是对人民负责的态度。"[1]如果没有这种"如临深渊,如履薄冰"的极端郑重和谨慎的态度,如果不充分考虑客观环境,主观主义地轻率地提出超越实际可能的种种做法,不但无济于事,而且会导致失败,付出沉重的血的代价。

这种主观主义,在第三次"左倾"错误时达到最严重的程度。由于它披着"理论"的外衣,造成的影响就更大更坏。博古在延安整风时做过自我批评。他说:"1932年至1935年的错误,我是主要负责的一人……当时我们完全没有实际经验,在苏联学的是德波林主义的哲学教条,又搬运了一些苏联社会主义建设的教条和西欧党的经验到中国来。过去许多党的决议是照抄国际的。"[2]在

---

[1] 洛甫在中共七大上的发言记录,1945年5月2日。
[2] 《胡乔木回忆延安整风》(上),《党的文献》1994年第1期。

党的七大上,他对教条主义的错误做了进一步的检查,说:"对于马列主义的著作,只觉得其精深博大,把什么问题都解决了。对于苏联革命斗争的经验,由于革命成功的经验证明,亦觉得是传之万世不可或易的真理。就以为只熟读马克思主义的定义和结论,记得联共的策略公式,就会使中国革命成功了。因而产生了背诵马列主义个别结论与辞句,机械搬用死板策略、笼统公式的教条主义的思想方法。""碰到实际问题,不先想实际情况而是先想马、恩、列、斯在什么地方怎样说过,或者在欧洲或俄国革命史上有过什么相关的情况、用过什么口号策略。并把它们原封不动地搬运到中国来。"[1]博古的自我批评是诚恳的,是符合实际的。当然,犯"左倾"错误的负责人的情况并不完全相同。如果读一读王明《为中共更加布尔塞维克化而斗争》那本小册子和他在共产国际执委会十次全会上的长篇发言,都能够感觉到那种哗众取宠的自我表现和它背后的勃勃个人野心。而在那些犯过"左倾"错误的负责人中,恰恰只有王明从来没有做过一点自我批评。

对中国革命的认识偏离客观实际,出现几次"左"的错误,这对还缺乏经验的中国共产党来说,也许是难以完全避免的。他们走的是前人没有走过的路,周围的环境变化得那么快,许多陌生的问题突然提出来等待着立刻回答,中国的事情又那么复杂,任何人都不可能一下子把它完全看清楚,处理得十分恰当和周全。但是,既然主观的认识同客观实际并不相符,人们在实践中总会程度不同地发现这种不符合实际的地方。第一次"左倾"错误后期,江苏省委王若飞、项英等提出过革命已处在低潮的看法。这次错误纠正后,刘少奇在党刊上发表过一段很有见地的话:"我们对

---

[1] 博古在中共七大上的发言记录,1945年5月3日。

于实际情形的观察应该经常采取许多真实的材料,切实到群众中去了解各部分群众的生活与情绪,绝不可单凭某一部分群众一时特殊的表示及几个领袖一时气愤与悲观的报告,就认定全部群众的要求和情绪是如此,而规定或转变我们口号。过去我们许多错误的原因,大半是因为对于实际情形的观察和估量不能深切和正确。"[1]第二次"左倾"错误时,何孟雄曾尖锐地指出:这样做是忽视不平衡的发展,忽视主观力量,忽视阶级力量的对比。第三次"左倾"错误时,就有更多的地区和部门提出不同意见或采取抵制的做法。为什么这些错误没有及时得到纠正,而且延续得这么久?

这里有一个能不能保证党内正常的集体领导和群众路线的问题,也就是党内民主问题。这里说的群众路线,很重要的一点,就是要把全党在实践中获得的正确认识不断集中起来,这样才能补救少数人认识上的局限和偏差。那些"左倾"错误的负责人、特别是第三次"左倾"错误的负责人,却总是自以为是,刚愎自用,在很长时间内认定只有自己的看法才是百分之百正确的,不愿自我批评,不愿意听别人的批评。如果有人提出不同意见,他们不但不听,还要压制和打击,进行过火的斗争,斥为政治上的不坚定、严重的右倾以至机会主义的动摇等,用严厉的组织措施来保证他们主张的继续贯彻。洛甫在延安整风时谈到过这方面的教训。他说:"组织上是宗派主义,不相信老干部,否定过去一切经验,推翻旧的领导,以意气相投者结合,这必然会发展到乱打击干部。"[2]在七大上,他又诚恳地做自我批评说:"我们为了贯彻我们的错误路线,却一意孤行,并且还在所谓反对'右倾机会主义'、反'狭隘经验

---

[1] 刘少奇:《口号的转变》,《布尔塞维克》第2卷第1期。
[2]《张闻天选集》编辑组编:《张闻天选集》,北京:人民出版社,1985年版,第314页。

主义'等的口号之下,完全错误的打击了党内了解中国实际情况与富有中国革命经验的领导同志,大大的发展了宗派主义,这实在是非常错误的。"[1]自然,这不是他一个人的责任,而且他在这些领导人中是觉悟得比较早的。这类根本违背党内民主和群众路线的做法,使问题不能及时得到纠正,以致使第三次"左倾"错误延续了四年之久。

回顾这段历史时,还不能不看到:中国共产党在民主革命时期的三次"左倾"错误都同共产国际有着密切的关系。第一次"左倾"错误是在共产国际代表罗米纳兹直接指导下发生的,不少文件就是由他起草的。第二次"左倾"错误明显地受到共产国际十次全会和四封来信的影响,当然李立三后来又把它发展了,增加了新的内容,有着自己的责任。第三次"左倾"错误更是完全倚仗共产国际在中国共产党内的巨大威望和组织约束力,才能取得支配地位并持续得那么久。当然,共产国际对中国革命也做过一些起了积极作用的好事,不能一笔抹杀。但从根本上说,要指导一个国家的活动,必须从它的具体国情出发,对它的情况有系统而细致的了解,正确地把握住这个国家各个社会阶层的要求和情绪,才能对不断变动着的形势做出准确的估量,采取恰当的对策。这些,对远处万里之外、对中国国情相当隔膜的共产国际来说,是无法做到的。他们的许多判断和决定,已被事实证明是脱离实际的瞎指挥,却被硬搬到中国来,强制性地加以执行,就不能不把事情弄糟。对中国共产党来说,在不短的一段时间内,几乎无条件地接受共产国际的指挥,不敢轻易加以怀疑,又反映了当时党在政治上的不成熟。毛泽东在1930年写了一篇《调查工作》(60

---

[1] 洛甫在中共七大上的发言记录,1945年5月2日。

年代公开发表时改名为《反对本本主义》),尖锐地批评党内有些人开口闭口要"拿本本来",指出:"不根据实际情况进行讨论和审察,一味盲目执行,这种单纯建立在'上级'观念上的形式主义的态度是很不对的。"他意味深长地写道:"中国革命斗争的胜利要靠中国同志了解中国情况。""共产党的正确而不动摇的斗争策略,决不是少数人坐在房子里能够产生的,它是要在群众的斗争过程中才能产生的,这就是说要在实际经验中才能产生。因此,我们需要时时了解社会情况,时时进行实际调查。"[1]这自然是针对许多人机械执行共产国际指示或者盲目照搬俄国革命经验的状况提出的,表现了独立自主的精神。

必须坚持实事求是,群众路线,独立自主,这是中国共产党人在长期的革命实践中经过艰苦探索而得出的三条基本结论,也可以说是从总结三次"左倾"错误产生原因中得出的三点基本认识。

---

[1] 毛泽东:《毛泽东选集》第1卷,北京:人民出版社,1991年版,第111、115页。

遵义会议：党的历史上的转折点[1]

2015年是遵义会议80周年。对遵义会议的历史地位，中共中央在1945年的历史问题决议中有明确的论断：它"是中国党内最有历史意义的转变"；在1981年的历史问题决议中又指出："这在党的历史上是一个生死攸关的转折点。"任何重要历史事件都必须把它放在整个历史发展进程中来考察，才能真正理解它的意义。既然遵义会议是党的历史上的转折点，就要用长时段的眼光，从中国共产党整个历史发展进程来考察，对遵义会议以前和以后党的状况进行比较，看发生了怎样的根本性变化，才能更清晰更深刻地认识这次会议的历史地位。

一、分歧的实质

亲身经历过这场巨大变化的陆定一同志，在遵义会议九年后说过一段没有引起人们足够重视的话："它在党史上是个很重要的关键，在内战时期党内有两条路线：一条是'左'倾机会主义的路线，一条是以毛主席为代表的正确路线。遵义会议是由错误路线转变到正确路线的关头。"他以一个过来人的身份指出："不了解当时的情况，很难了解这个决议。"

---

[1] 本文为纪念遵义会议80周年而作的论文，原文载于《人民日报》2015年1月15日第7版。

这句话说到点子上了。那时共产国际刚刚解散,他的话还不便说得更明白。其实,他所说的"两条路线"是两种指导思想:前者就是把马克思主义教条化,把共产国际的指示和决定神圣化,一切听从它的指挥,在十年内战时期表现为"左"的机会主义错误,王明和早期的博古是它的主要代表;后者是把马克思主义基本原理同中国革命实际相结合,独立自主,坚持一切从中国实际出发,依靠中国人自己的力量去夺取胜利,毛泽东同志是它的主要代表。这是两种截然不同的指导思想。遵义会议前,前者在中共中央占有优势;遵义会议后,后者在中共中央取得了优势地位。这个变化可以称得上中国共产党历史上的转折点,与党和国家命运的关系太大了;而取得这个变化,实在极不容易。

为什么会出现把马克思主义教条化、把共产国际指示神圣化的现象,而且长时间在中共中央居于统治地位?这反映了中国共产党当时还处在不成熟的幼年时期,也缘于中国革命的极端复杂性和极端曲折性。

中国共产党从成立时起就把马克思主义的科学真理作为指导思想,从而使中国革命的面目为之一新。但正如列宁在1919年11月向东方的共产主义者所指出的那样:"你们面临着全世界共产党人所没有遇到过的一个任务,就是你们必须以共产主义的一般理论和实践为依据,适应欧洲各国所没有的特殊条件,善于把这种理论和实践运用于主要群众是农民、需要解决的斗争任务不是反对资本而是反对中世纪残余这样的条件。这是一个困难而特殊的任务,但又是一个能收到卓著成效的任务。"而这个任务只能在实践中经过反复探索才能完成。在开始时,很多人容易无视本国的特点,把书本上的东西当作教条加以绝对化。

再说共产国际和中国革命的关系。这是一个十分重要而又相当复杂的问题，需要进行具体分析。周恩来同志说过："毛泽东同志说，它是两头好，中间差。两头好，也有一些问题；中间差，也不是一无是处。"这是一个实事求是、恰如其分的论断。

"两头好"，包括它的早期。中国共产党的成立，第一次国共合作的形成，共产国际都起了不可忽视的积极作用。对幼年时期的中国共产党来说，共产国际的这种帮助十分重要，但确实也有一些问题。共产国际对中国的实际情况了解太少，派到中国来指导工作的代表很多并不高明，大革命的失败同他们指导中的错误有重大关系。

"中间差"，主要是指土地革命时期我们党内三次"左"倾错误都同共产国际有关。第一次"左"倾错误集中体现在1927年11月中共中央临时政治局会议通过的《中国现状与党的任务决议案》中，认为"现时全中国的状况是直接革命的形势"，向全党提出"创造总暴动的局面"的任务。这个决议案是在共产国际代表罗米纳兹指导下起草的。第二次"左"倾错误（就是"立三路线"）也直接受到共产国际十次全会大力开展反右倾斗争和共产国际给中共中央四封指示信的影响。指示信说："中国进到了深刻的全国危机底时期。""现在已经可以开始、而且应当开始准备群众去用革命方法推翻地主资产阶级底联盟，去建立苏维埃形式的工农专政。"当然，共产国际在这段时间里也不是一无是处，如中共六大在共产国际指导下指明的中国革命性质、形势和策略方针是基本正确的。由于中国共产党当时是共产国际的一个支部，共产国际对它不仅有巨大的思想影响，而且有严格的组织约束，重大问题必须执行它的指示并经过它批准，要突破和改变这种格局极为不易。

为什么尽管"左"的错误多次在中共中央居于支配地位，但中国内部仍能出现并发展起一批从中国实际出发、建立农村革命根据地的成功范例？那是因为不少在第一线做实际工作的领导人在实践摸索中积累起新的经验和认识，逐渐明白：只有这样做才能生存和发展，否则只有走向灭亡。而当时中共中央一直留在中心城市上海，工作重心放在城市工作方面，同根据地的通信联系十分不便，因而干预比较少。

这样就逐步形成了中国共产党内两种不同指导思想之间的根本分歧。

二、矛盾的激化

从 1931 年 1 月中共六届四中全会起，"左"倾教条主义在中央取得统治地位。在推行"左"倾教条主义错误方面，比起前两次严重得多，所造成的危害要大得多，时间也长达四年之久。

刚从苏联回国不久、缺乏实际革命经验、只会搬用那些书本教条来吓唬人、主观主义地发号施令的王明等人，得到共产国际代表和远东局更大的支持，成为中共中央的主要领导人。他们自称"百分之百的布尔什维克"，提出要"为中共更加布尔什维克化而斗争"，把不顾敌我力量对比实际情况的"进攻路线"称为"国际路线"，极端夸大革命力量，把反动统治势力看得不堪一击，认为革命和反革命之间已到了决战阶段；而把坚持从中国实际情况出发、趋利避害、灵活机动从而取得一系列反"围剿"战争胜利的正确主张斥为怠工、逃跑的"右倾机会主义"，进行"残酷斗争、无情打击"。他们有系统地向全国各地派遣中央代表、中央代表机关或新的领导干部,来贯彻他们的"反右倾"斗争。

1933年初,以博古为首的临时中央由于在城市工作中遭到严重失败,被迫迁入中央苏区,直接把持了革命根据地和红军的一切大权。这是以往不曾有过的。他们在反对"罗明路线"的口号下,严厉打击、排斥以至惩办从实际情况出发和坚持根据地历来实行的正确主张的各方面领导人。毛泽东同志被剥夺党、政、军各方面的领导权,处于"靠边站"的地位。由临时中央召集的六届五中全会是第三次"左"倾错误发展的顶点。会议盲目地判断"中国的革命危机已到了新的尖锐的阶段——直接革命形势在中国存在着",说第五次反"围剿"斗争"即是争取中国革命完全胜利的斗争",说这一斗争将决定中国的"革命道路与殖民地道路之间谁战胜谁的问题"。在军事上,共产国际远东局派来的军事顾问李德,把第一次世界大战时期的经验和从苏联军事学校学来的条条硬搬到中国来,反对游击战,硬打阵地战,同强大的敌人死拼。这种"左"倾错误气焰之高、打击异己手段之狠,在党以往的历史上不曾有过。尽管党和红军中一些领导人仍提出不同意见,但并不能扭转和改变这种状况。最终,第五次反"围剿"失败,红军被迫长征。

这是中国共产党继大革命失败后一次最重大的失败,使党和红军面临极端严重的危机。但长征开始时,党和红军的领导权仍掌握在"左"倾教条主义者手中。他们不顾周围的实际情况,采取直线式行军,又导致抢渡湘江时的惨重损失。进入贵州时,红军已处在千钧一发的生死关头。如果再沿着这条路走下去,党和红军必将被完全断送。事实是最好的教员。矛盾的激化也表明,长期存在的问题已到了非解决不可的时候了。党和红军中大多数人在惨痛的事实教育下,认识到再也不能照那条错路继续走下去。

这时，同共产国际联系的电台已在过湘江时被敌机炸毁。遵义会议就是在这种情况下召开的。这是中国共产党第一次完全独立自主地根据实际情况做出历史性决断的会议。

三、历史的转折

遵义会议直接解决的是军事问题和组织问题，这是当时具有决定意义而又有可能解决的问题，但它的意义并不限于这两个问题，这两个问题反映的是两种指导思想、两种方法论的根本对立。陆定一同志在1944年讲解遵义会议决议时说："军事问题的讨论是放在第一位。但会议的本质是反机会主义的开始。"他举例说："过去估计敌我力量都不是从实际出发，如说国民党已经崩溃了，帝国主义就要垮台。""我们要学习毛主席，在工作中从实际出发。"毛泽东同志1963年同外宾谈话时更明确地说道："真正懂得独立自主是从遵义会议开始的。这次会议批判了教条主义。教条主义者说苏联一切都对，不把苏联的经验同中国的实际相结合。"这次会议解决了中国共产党面对的一个根本问题：究竟一切按共产国际和"左"倾教条主义的指挥行事，还是独立自主地从中国国情出发走自己的路。会后，党和红军立刻呈现全新的面貌，显示出强大的生机和活力，四渡赤水，直入云南，抢渡金沙江和大渡河，同红四方面军会合，又摆脱新发生的内部危机，挥师北上，到达陕北，取得长征的胜利。

当时担任红军总参谋长的刘伯承同志回忆道："遵义会议以后，我军一反以前的情况，好像忽然获得了新的生命，迂回曲折，穿插于敌人之间，以为我向东却又向西，以为我渡江北上却又远途回击，处处主动，生龙活虎，左右敌人。我军一动，敌又须重摆阵势，因而我军得以从容休息，发动群众，扩大红军。待敌部署就绪，我们却又打到别处去了。弄得敌人扑朔迷离，到处挨打，疲于奔命。这些情况和'左'倾路线统治时期相对照，全军指战员更深刻地认识到：毛主席的正确的路线，和高度发展了的马克思主义的军事艺术，是使我军立于不败之地的唯一保证。"

为什么同样是这支中央红军，在长征初期处处被动挨打，造成重大损失，而在遵义会议后便有如生龙活虎，取得如此巨大的胜利？发生这样令人耳目一新的变化，原因便在于从教条主义的僵硬束缚下解放出来，独立自主地坚持从实际出发，敢于大胆地灵活地采取被实践证明行之有效的决断和行动，冲破万难，终于闯出一条新路来。

四、新传统的形成

当然，不可能在一次会议上解决所有问题，特别是全党还来不及从思想根源上深入总结造成以往种种错误的教训。这需要有一个过程。但只要将遵义会议以前和以后对比一下，就会清楚地看到：中国共产党从指导思想到实际工作由什么占主导地位确实已起了根本变化，进入一个新的阶段。

这以后，又经过瓦窑堡会议、抗日战争爆发、六届六中全会、全党整风到党的七大。现在，很多人对那次整风运动的真实情况和深远意义了解太少，有的还存在误解或曲解，把某些支流说成主流。其实，那次整风运动最集中的内容不是别的，就是反对主观主义尤其是教条主义，要求尊重客观实际，把实事求是放在最突出的地位。它的方法是要求各级干部结合以往自己和党的实际工作经历中的成败得失进行总结，看清楚只有当主观符合客观时才能取得成功，如果只凭主观行事而违背客观实际就会碰钉子或导致失败。这自然比一般空泛的议论有效得多。陈云同志在1943年系统地读了毛泽东同志起草的全部文件、电报后说："感到里面贯穿着一个基本指导思想，就是实事求是。"整风运动的最大成果是什么？就是使这种观念从此在中国共产党内深入人心。这是它最重要的意义所在。这是又一次思想大解放。不了解这一点，就不可能真正懂得这次整风运动。接着，中共六届七中全会扩大会议通过《关于若干历史问题的决议》；中共七大通过的《中国共产党章程》明确规定："中国共产党，以马克思列宁主义的理论与中国革命的实践之统一的思想——毛泽东思想，作为自己一切工作的指针。"刘少奇同志在七大所做关于修改党章的报告中说："这些理论与政策，完全是马克思主义，又完全是中国的。"这个极端重要的结论得来不易。它是中国共产党成熟的表现，又是从遵义会议起顺流而下、水到渠成的结果。

实事求是、群众路线、独立自主的观念，就这样一步一步地深深镌刻在中国共产党人的心中，成为党内公认的正路，形成全党新的传统。以后，在中国革命、建设、改革的各个时期，它成为一种无形的衡量是非的行为准则。人们有时对事情会有各种不同看法，但最终只能以是否符合这些准则来判断什么是正确的、什么是错误的。这是一份极端宝贵的精神遗产。尽管以后历史发展中还经历过种种困难和曲折，但如果没有遵义会议开始的这个根本变化和它产生的深远影响，就很难想象中国共产党能领导全国人民在此后几十年岁月里取得如此巨大的成就。

正因为这样，遵义会议才称得上第一次历史决议所说的"中国党内最有历史意义的转变"，称得上第二次历史决议所说的"在党的历史上是一个生死攸关的转折点"。

邓小平同志在党的十二大开幕词中说："中国的事情要按照中国的情况来办，要依靠中国人自己的力量来办。""无论是革命还是建设，都要注意学习和借鉴外国经验。但是，照抄照搬别国经验、别国模式，从来不能得到成功。这方面我们有过不少教训。把马克思主义的普遍真理同我国的具体实际结合起来，走自己的道路，建设有中国特色的社会主义，这就是我们总结长期历史经验得出的基本结论。"这也是对遵义会议前后这段历史做出的最好的结论。

中央红军在贵州的若干重大问题[1]

中央红军长征进程中，在贵州境内的四个多月特别重要。当时红军的前途，存在两种可能性：或者成功突出重围；或者处置不当，就有全军覆没的危险。遵义会议成为重要的转折点，红军在贵州闯过了生死关头，从被动转入主动，为长征的最终胜利奠定了基础。这是充满惊涛骇浪的日子。中央红军在极端复杂而险恶的环境中，在前进道路上面对众多不确定因素，经过迂回曲折的探索，多次果断地大幅度调整行进方向，终于突破重围，闯出一条新路来。

对这段引起大家异常关注的历史，研究成果已经十分丰富。本文不必再原原本本地叙述中央红军在贵州的全部经过，也不准备以很多篇幅去重复那些极为重要而已谈得很多的事件，只想选择其中的几个重大问题试做一些探讨，力图为长征史研究这项已有巨大成就的工程继续提供一砖一瓦。

一、中央红军为什么会进入贵州

1934年10月，中央红军主力撤离中央革命根据地开始长征，是被迫的、不得已的。陈云不久后向共产国际书记处汇报时说："当

---

[1] 原文载于《历史研究》2014年第1期。

敌人包围了我们以前的苏区，把我们挤到一小块地区里时，我党为保存红军的有生力量，把主力从过去的苏区撤出。目的是要在中国西部的广阔地区建立新的根据地。"[1]当时，中共中央由博古（秦邦宪）负总责，全军主力突围的主要着眼点是"撤出有生力量，使它免遭打击"。这种考虑已经过三四个月的酝酿。至于在西部什么地方能站得住脚、建立起新的根据地，由于对西部的环境不熟悉以及对可能遇到的问题不十分清楚，最初考虑只能是一个大致设想，并不是很明确、很有把握。1934年9月17日，博古向共产国际执行委员会发出绝密电报："（中共）中央和革命军事委员会根据我们的总计划，决定从10月初集中主要力量在江西南部对广东的力量实施进攻战役，最终目的是向湖南南部和湘桂两省的边境地区撤退。"30日，共产国际政治书记处政治委员会致电中共中央正式答复："考虑到这样一个情况，即今后只在江西进行防御战是不可能取得对南京军队的决定性胜利的，我们同意你们将主力调往湖南的计划。"[2]

为了组织并指挥这次突围和西进，中共中央成立了"三人团"，由博古、李德（从共产国际来的军事顾问）、周恩来组成。这个"三人团"的工作状况是怎样的？《周恩来传》中有一句很重要而似乎没有引起研究者注意的话：它"只开过两次会，一次在李德房中，一次在中央局"。[3]这句话引自周恩来1943年11月15日所写的在中共中央政治局会议上的发言提纲手稿。他在提纲中还写道：

---

[1] 陈云：《在共产国际执行委员会书记处会议上关于红军长征和遵义会议情况的报告》，《党的文献》2001年第4期。

[2] 中共中央党史研究室第一研究部编：《联共（布）、共产国际与中国苏维埃运动（1931—1937）》（14），北京：中共党史出版社，2007年版，第144、251、256页。

[3] 中共中央文献研究室编，金冲及主编：《周恩来传》第1卷，北京：中央文献出版社，1998年版，第342页。

三人团的工作"主要是军事，且是形式上的"。所以，在现存档案中找不到"三人团"活动的记录。实际工作中，政治上由博古做主，军事上由李德做主，周恩来督促军事准备计划的实行。

中央红军里除项英、陈毅等率领部分红军和地方武装留在中央革命根据地坚持斗争外，参加突围西征的有第一、三、五、八、九军团，由中央机关和直属部队编成的两个纵队。其中，主力是第一军团（军团长林彪、政治委员聂荣臻）、第三军团（军团长彭德怀、政治委员杨尚昆）、第五军团（军团长董振堂、政治委员李卓然）。

红军突围从1934年10月10日开始。16日，全军在中央苏区东南角的雩都河以北地区集结完毕。第二天起，以迅速动作渡河西进。由于严格保密，并没有被蒋介石发觉。23日，国民党南路军（粤军）第一军军长余汉谋致电北路军（蒋介石嫡系部队）前敌总指挥陈诚："共军主力已西窜，赣南方面仅留有少数共军担任掩护。"[1] 蒋介石还没有真正弄清楚，在同一天日记里带有疑问地写道："匪果西窜乎？"到30日才断定："匪向西窜。"[2]

蒋介石对中央红军的突围方向在此前也有过估计："其突围窜走，必西与川北之徐匪，或湘西之萧贺股匪会合。""曾提出'宁可迫使东窜，不可纵其西窜'之原则，详定封锁计划。"[3] 国民党方面后来有一种说法，认为蒋介石有意让中央红军西进，以便借此进兵并控制西南。这并不符合当时的事实。

---

[1] 蒋纬国：《历史见证人的实录——蒋中正先生传》第2册，台北：青年日报社，1997年版，第139页。

[2] 蒋介石日记（手稿本），1934年10月23日、30日，美国斯坦福大学胡佛研究所藏。

[3] 贺国光：《参谋团大事记》（上），北京：军事科学院军事图书馆，1986年影印本，第326页。

因此，国民党军在西、南这两个方向预先设置了四道封锁线。红军对前三道封锁线比较顺利地突破了，但在广西北部的全县和兴安之间的界首等处抢渡湘江时，受到湘军和桂军的夹击，又因"大搬家"的方式，携带大批物资，行动迟缓，遭受严重损失。12月1日，红军主力终于渡过湘江。11日，大队穿过桂北龙胜地区走出广西，来到湖南省西南端的通道县。12日，中共中央在通道召开临时会议，确定了迅速西进贵州。

西进贵州，是不是到通道会议时才提出来的？这在研究工作者中有着不同看法：一种认为通道会议改变了战略进军方向，称为"通道转兵"；另一种认为不宜提"通道转兵"。笔者认为，后一种主张比较符合实际情况。

在通道会议上确实发生过争论。但从当时的情况来看，中央红军只能选择先西进贵州。那时候，受到重大损失的红军渡过湘江后还来不及整理，桂军仍在后面紧紧尾追，薛岳率领国民党中央军整整八个师重兵驻扎在离通道北面不远的芷江、黔阳一带守候。红二、六军团远在湘西北的桑植、永顺、大庸一带（今张家界地区），同通道之间相隔约三百公里之遥。中间这片地区是苗民聚居区，山峦起伏，地势险峻。清朝嘉庆年间，为了镇压苗民，在这里连续作战多年，修建了千余碉堡，并筑有边墙，易守难攻，行军十分艰难。而通道离相邻的黔东南黎平地区不足五十公里，那里只有少量战斗力很差的黔军，是国民党军队防线上的薄弱环节。红军在这种情况下，该怎样行动是不难判断的。用陈云的话来说，这叫"避实就虚"。[1]

其实不到三个月前，由任弼时、萧克、王震率领的从湘赣边

---

[1] 陈云：《陈云文选》第1卷，北京：人民出版社，1995年版，第55页。

区西进的红六军团,在全县、兴安间渡过湘江后,并没有从这里沿湘西直接北上,而是同样选择了先西进贵州。红六军团先是经广西龙胜地区,于9月16日袭占通道,接着在22日进入黎平地区,再折而北上,到黔东北同贺龙、关向应率领的红三军(不久改称红二军团)会合。应该说,红六军团西进是为中央红军"探路"。这两支红军在最初所走的几乎是同一条路。中央红军即便要同红二、六军团会合,到通道后也只能先西进贵州,再从黔东北上,不宜由通道沿湘西北上。

再细读红军向通道前进的那几天红军总部同各军团、纵队的来往电报,更可以清楚地看到红军到达通道前规定的下一步行动方向并不是从通道沿湘西北上,而是要西进贵州,特别是指向黔东南的黎平。12月8日和10日,中央革命军事委员会主席朱德致各军团、纵队首长电中只说"我野战军明九日继续西进"和"我军明十一号继续西进"。11日进入通道当天,他给林彪、聂荣臻的电报中要求红一军团派出侦察部队先行"侦察入黔的道路"。12日晨6时,朱德致电林、聂,指定红一军团和红三军团分路"入黔"的分界线,"望依此分界线自定前进路线"。这些都是在通道会议前已经做出的部署。同日19时半,通道会议举行后,便由中央革命军事委员会正式"万万火急"地致电各军团、纵队首长,要求红一军团第一师"相机进占黎平"。13日21时半,朱德又以"万万火急"致电各军团、纵队首长:"我军以迅速脱离桂敌,西进贵州,寻求机动,以便转入北上之目的。"[1]把当时这些电报逐日排列下来,确实可以让读者对这一事实看得更准确、更清楚。

---

[1] 中共湖南省党史资料征集研究委员会研究处编:《红军长征在湘南专号》,《峥嵘岁月》第7集,长沙:湖南人民出版社,1987年版,第176、179、181、184—186页。

再从蒋介石的军事部署来观察，他的重点也放在防止红军西进贵州，而不是在湘西摆开阵势准备进行决战。在湘江战役前夜的1934年11月17日，蒋介石下达《湘桂黔会剿计划大纲》，首先要求"期于湘水以东地区，将匪扑灭"，但"万一漏网，突窜湘漓水以西"，他的"方针"是"应以不使该匪能长驱入黔，会合川匪及蔓延湘西，与贺萧合股之目的"。红军开始抢渡湘江时，他又在26日致电薛岳："如匪不能在湘桂边境消灭，则中央追击两纵队应继续跟进，即入黔川腹地，亦所不辞。并预备入黔为要。"[1]当红军突破湘江、重入湘南时，蒋介石12月9日在日记"预定"事项中，特别提到要注意"贵州地形"。[2]在12日通道会议的同一天，他又重申《湘桂黔会剿计划大纲》："严密防赣匪入黔"，并要求"湘军除巩固原防外，以追剿部队之一部，追至铜仁，巩固黔军左侧之防线。"[3]

在前方指挥的薛岳也这样判断："敌军从湖南西北入湘西与贺龙合股，公算不大；徘徊于粤边之连县、桂边贺富地区迟迟不动，南入粤桂，生存不易，因之公算也小。全面观察，企图西行，强渡湘江入桂转黔，步萧克故伎可能性大。"[4]

从以上材料分析可以看出，当时中央红军从通道西进贵州，在敌我双方的军事领导人看来，都是很自然的事情。

---

[1]《蒋介石档案·事略稿本》(28)，台北："国史馆"，2007年，第491页。

[2] 蒋介石日记（手稿本），1934年12月9日，美国斯坦福大学胡佛研究所藏。

[3] 贵州省档案馆编：《红军转战贵州——旧政权档案史料选编》，贵阳：贵州人民出版社，1984年版，第78、80、81页。

[4] 李以劻：《薛岳率军追堵红军的经过》，中国人民政治协商会议全国委员会文史资料委员会《围追堵截红军长征亲历记》编审组编：《围追堵截红军长征亲历记——原国民党将领的回忆》(上)，北京：中国文史出版社，1991年版，第44页。

二、几种政治力量的剖析

中央红军进入贵州后的行动灵活多变,有时使人有扑朔迷离的感觉。不能认为这一切全都是事前完整地设计好,随后只是按照原定计划行事。它是多种力量在冲突中相互制约和相互作用的结果。

正确的决断,是来自对错综复杂的客观现实进行合理的分析并能及时做出正确的估量,才能用来指导行动。恩格斯有过一段深刻的分析:"历史是这样创造的:最终的结果总是从许多单个的意志的相互冲突中产生出来的,而其中每一个意志,又是由于许多特殊的生活条件,才成为它所成为的那样。这样就有无数互相交错的力量,有无数个力的平行四边形,由此就产生出一个合力,即历史结果,而这个结果又可以看作一个作为整体的、不自觉地和不自主地起着作用的力量的产物。因为任何一个人的愿望都会受到任何另一个人的妨碍,而最后出现的结果就是谁都没有希望过的事物。"恩格斯把它称为"一个总的合力"。他接着又说明:"然而从这一事实中决不应做出结论说,这些意志等于零。相反地,每个意志都对合力有所贡献,因而是包括在这个合力里面的。"[1]

红军在贵州的这四个多月内,确实是几种政治力量各自抱有不同的愿望和意志,努力给对方造成妨碍,都在起着作用。最后的结果是红军胜利地突出重围,但它的具体发展过程是最初谁都没有预想到的。所以,考察中央红军在贵州的活动,需要先对中央红军当时的状况、国民党当局和蒋介石对中央红军突围及长征的应对、西南地方势力的状况及其对中央红军进入贵州后发展进

---

[1]《马克思恩格斯选集》第 4 卷,北京:人民出版社,2012 年版,第 605、606 页。

程的影响等几方面的力量分别做些分析。只有清楚地了解当时双方阵营中矛盾冲突错综复杂的大背景，才能正确地理解红军到贵州后的活动为什么会那样一步一步地发展。

首先，中央红军的状况。

湘江战役中红军受到严重损失，这是不争的事实。军内因此对博古、李德的领导极为不满，强烈要求改组。但有些研究工作者容易由此对红军在湘江战役中的损失做出超过实际的估计，以为这次战役使中央红军的实力和战斗力已损折过半，甚至产生一种错觉，认为中央红军人数一下子从十一万六千多人锐减到三万多人。

这是一种误解。要是那样的话，中央红军进入贵州后所表现出的很强战斗力就不好理解了。

对事实需要做具体分析，才能得出恰如其分的估计。石仲泉根据桂林市委党史研究室提供的资料写道："第一次突围减员三千七百余人，第二次突围减员九千七百余人，第三次突围减员八千六百余人，共减员两万两千多人。""这就是说，红军突破第四道封锁线时的实际兵力，不再是出发时的八万多，而只有六万四千人左右。"[1]

突破前三道封锁线时不是没有经过激烈的战斗吗？那么，在这段时间内占全军人数四分之一的减员是怎么发生的？读一读当时在第五军团当师长（后任军团参谋长）的陈伯钧的日记就可以想见其大概。陈伯钧的日记写得比较详细，在过湖南道县以东的潇水前那段日子里，看不到这支后卫部队有过激烈战斗的记载，倒是一而再、再而三地可以看到这类事实："这几日，因长途跋涉，

---

[1] 石仲泉：《长征行》，北京：中共党史出版社，2006年版，第34页。

致病故者不下十人！""近来落伍人员太多，有真正失去联络的，有借故掉队的，对我之行军计划有莫大障碍。""昨日各部逃亡现象极为严重。""道路均不良，上高山时，路又滑又陡，污泥太深，掉队的较多。""掉队人员约一百以上，这是历来最艰难的一次行军。"如此等等。[1] 不难看出，到湘江前这段路上的大量减员，有些是因病或其他客观原因掉队的，有些是新入伍而不愿远离家乡的，大多还不是红军的主力。

当然，并不是说在这过程中没有发生过战斗。红三军团第四师师长洪超，就是在通过第一道封锁线时牺牲的。红三军团政委杨尚昆回忆道："后来才明白，我们突围前，军委虽然通知了粤军指挥部门，由于前沿阵地还没有接到'放路'的命令，因而在过第一道封锁线时造成如此损失，令人叹息不已！"[2] 湘江的战斗进行得很激烈，红军损失很大。当时担任师政治委员的黄克诚写道："界首一战，中央红军遭到的伤亡是空前的。自开始长征以来，中央红军沿途受到敌人的围追堵截，迭遭损失，其中以通过广西境内时的损失为最大，伤亡不下两万人。而界首一战，则是在广西境内作战中损失最重大的一次。"[3] 他说"伤亡不下两万人"，是比较准确的。

对这次巨大损失也需要补充做一点分析。石仲泉在《长征行》中写道："尤其是担任殿后任务、掩护大军渡过湘江的红八军团、红九军团和红五军团，付出了惨重的代价。红八军团由长征出发

---

[1] 陈伯钧：《陈伯钧日记（1933—1937）》，上海：上海人民出版社，1987年版，第324、325、328、329页。

[2] 杨尚昆：《杨尚昆回忆录》，北京：中央文献出版社，2001年版，第107页。

[3] 黄克诚：《黄克诚自述》，北京：人民出版社，1994年版，第126页。

时的 10922 人，在渡过湘江后只剩下 1000 多人；红九军团由 11538 人减为 3000 多人；红五军团第三十四师全部牺牲。"[1]红八军团和红九军团的减员约 18000 人，这两个军团是中央红军中成立不久的新军团：后者成立于 1933 年 10 月下旬；前者成立于 1934 年 9 月下旬，离长征出发只有十多天。陈云说：红军在长征开始前"吸收了三万多志愿者参军"。[2]聂荣臻说："那时候，教条宗派集团，不注意主力兵团的充实建设，却成立了一些缺乏基础的新部队。"[3]杨尚昆也说："那时也蠢，只想成立新的师，却没有用这些新兵去补充老部队，结果，新成立的师因为缺乏训练和实战经验，战斗力不强，有些在长征开始后的战斗中就溃散了。"[4]红八、红九这两个军团，新兵占的比重很大，思想政治教育和作战训练的时间比较短，在战斗中的损失就特别大。（第九军团在军团长罗炳辉、政治委员何长工指挥下，以后仍多次担负独立作战的艰巨任务，发挥了牵制和迷惑敌军的重要作用。）这以外，红五军团第三十四师战斗力较强，一直作为全军的后卫，因浮桥最后被敌机炸毁而未能渡河，最后都牺牲了。第三军团的第六师有两个团被敌军切断而全部损失。其他部队虽有伤亡，基本队伍依然渡过了湘江。

渡过湘江当天（12 月 1 日）17 时，朱德在致各军团负责人电中写道："我八军团之一部被敌击散，我六师约一个团（引者注：后来查明，红三军团第六师的第十七、十八两个团'被截断于湘

---

[1] 石仲泉：《长征行》，北京：中共党史出版社，2006 年版，第 43 页。
[2] 陈云：《在共产国际执行委员会书记处会议上关于红军长征和遵义会议情况的报告》，《党的文献》2001 年第 4 期。
[3] 聂荣臻：《聂荣臻回忆录》（上），北京：解放军出版社，1984 年版，第 231 页。
[4] 杨尚昆：《杨尚昆回忆录》，北京：中央文献出版社，2001 年版，第 103 页。

江以东，大部牺牲'，该师随即缩编为独立团。[1]）及三十四师被切断，其余部队则已渡过湘江。"[2]这是当天下午所做的统计，虽还有不完备的地方，但总体上同样印证了前面所说的状况。

可以看出，尽管中央红军在湘江战役中受到很大损失，人员数量有大幅度减少，但全军主力也就是它的核心部分依然基本保存下来。这是一支有着共同理想信念和严格纪律、有着旺盛的战斗意志和作战经验、能够吃大苦耐大劳的精锐军队。特别是最早渡过湘江的红一军团所受损失较小，中央红军全军建制也没有被打乱。

正确估量中央红军渡过湘江后的实力，十分重要。正因为这样，进入贵州后一旦纠正了原来"左"的错误，有了正确的军事指挥，它立刻变得生龙活虎，表现出很强的战斗力。这又大大超出国民党及其高级将领的估计，是他们没有料到的。滇军将领、第十路军总指挥部参谋长孙渡说：最初，"绝大多数人都认为红军只有少数力量，在大军跟踪紧迫、各省军队到处堵截的情况之下，'实无幸存之理'"。"未几，闻吴奇伟的第一纵队向遵义进犯，遭到红军猛烈的回击，几乎全军覆灭。我觉得红军的威力，并不因长途征战而稍减。"[3]对红军力量的这种错误估计，成为他们军事部署失误的一个重要原因。

其次，国民党当局、蒋介石对中央红军突围和长征的应对策略。

1934年10月3日，蒋介石致电时任行政院长的汪精卫还说"目

---

[1] 军事科学院军事图书馆编著：《中国人民解放军组织沿革和各级领导成员名录》，北京：军事科学出版社，1990年版，第90页。

[2] 中央档案馆编：《红军长征档案史料选编》，北京：学习出版社，1996年版，第46页。

[3] 孙渡：《滇军入黔防堵红军长征亲历记》，《贵州社会科学》编辑部、贵州省博物馆编：《红军长征在贵州史料选辑》，内部资料，1983年版，第466、467、471页。

前生死关头，厥为剿匪问题"，并称已到"剿匪工作浮屠合尖之际"。[1]但是，他却在给汪精卫发电报的次日下庐山北上，花了四十天时间，巡视豫、陕、甘、宁、鲁、平、冀、察、绥、晋等省区，直到11月12日才回到他指挥几十万大军对中央苏区进行"围剿"的大本营——江西南昌。那时，中央红军已经突破国民党军三道防线，向湘江前进了。这一点，确实让人看起来很奇怪。

还有一点也值得注意：蒋介石在第五次"围剿"中央苏区时动用大部分主力自北向南推进，北路军总司令是顾祝同，前敌总指挥是陈诚。它的东侧是陈诚直接指挥的第三路军，下辖第三、五、十纵队（即樊崧甫、罗卓英、汤恩伯纵队），在广昌战役后分两路向石城、宁都推进，直指中央苏区首府瑞金；西侧是薛岳指挥的第六路军，下辖第七、八纵队（即吴奇伟、周浑元纵队），分别向兴国和古龙岗推进。当得知中央红军主力从西南方向突围后，"'追剿'军前敌总指挥委何人担任的问题，蒋初意是陈诚，而陈却保荐薛岳，后来蒋同意以薛岳充任，决定抽出九个师（引者注：当为八个师和一个支队。[2]）的兵力归薛岳率领；陈诚则任预备军总指挥，集中亟待休整的嫡系部队作为机动兵策应各方面的需要"。[3]薛岳指挥的就是原来从北路西侧向南推进的吴奇伟、周浑元两个纵队。吴奇伟纵队主要是原张发奎部的粤军，还有属于陈诚系的梁华盛师。周浑元纵队主要是赣军，还有鄂军万耀煌师。

---

[1]《蒋介石档案·事略稿本》(28)，台北："国史馆"，2007年，第202页。

[2] 蒋纬国：《历史见证人的实录——蒋中正先生传》第2册，台北：青年日报社，1997年版，第145页。

[3] 晏道刚：《追堵长征红军的部署及其失败》，中国人民政治协商会议全国委员会文史资料委员会《围追堵截红军长征亲历记》编审组编：《围追堵截红军长征亲历记——原国民党将领的回忆》(上)，北京：中国文史出版社，1991年版，第5页。

为什么蒋介石在中央红军将要突围这样的紧要时刻会花四十天时间去巡视北方各省？为什么确知红军已从西南方向突围后，只派薛岳率吴、周两个纵队追击，而没有动用原来进攻中央苏区的全部主力？有以下几个原因：

一是蒋介石对中央红军的力量一开始就做了错误的过低的估计。他在10月3日给汪精卫的电报中说："倘三个月内，时局不生枝节，则歼灭赣赤，饶有把握。"[1]中央红军突围后，他仍认为红军丧失中央革命根据地后已成"流寇"，覆灭已为期不远。11月9日，致电陈济棠："现窜匪离巢，复经重创，自必愈形慌乱，并希饬令加紧蹑追，分头截击，务期歼匪于汝城、郴州之线，毋使漏网为盼。"[2]

11月12日，他从北方回到南昌后，立刻召集杨永泰、熊式辉、林蔚、贺国光、晏道刚等心腹谋士商议，"对大家说：'不问共军是南下或西行、北进，只要他们离开江西，就除去我心腹之患。'又说：'红军不论走哪一条路，久困之师经不起长途消耗，只要我们追堵及时，将士用命，政治配合得好，消灭共军的时机已到，大家要好好策划。'""杨永泰以为还要考虑红军尔后渡长江上游金沙江入川西的可能性。蒋说：'这是石达开走的死路。他们走死路干什么？如走此路，消灭他们就更容易了。'"他还"认为红军已经'流徙千里，四面受创，下山猛虎（指红军放弃根据地），不难就擒'"。[3]12月9日，他在日记中写道："本日拟庆祝剿匪胜利之意义之文

---

[1] 秦孝仪总编纂：《蒋介石大事长编初稿》卷3，台北：国民党中央党史委员会，1978年，第105页。

[2] 《蒋介石档案·事略稿本》(28)，台北："国史馆"，2007年，第424页。

[3] 晏道刚：《追堵长征红军的部署及其失败》，中国人民政治协商会议全国委员会文史资料委员会《围追堵截红军长征亲历记》编审组编：《围追堵截红军长征亲历记——原国民党将领的回忆》(上)，北京：中国文史出版社，1991年版，第5、7页。

稿。"[1]湘江战役刚结束，蒋介石就准备"庆祝剿匪胜利"，可见在他看来战争已到扫尾阶段。

在这种得意心态下，蒋介石认为对付中央红军已稳操胜券，可以用更多的力量来考虑如何进一步掌握北方全局，特别是如何把自己的势力伸入西南、加强控制西南地方势力了。这是他的夙愿。

二是红军主力虽已离开中央苏区，仍留下项英、陈毅等率领一万六千多兵力在那里继续坚持。红军主力撤走时，石城、古龙岗、兴国、宁都、长汀、瑞金、雩都、会昌、宁化等地仍由红军据守。蒋介石对中央红军在这个地区还有多少兵力心中并不完全清楚。就是国民党军已经占领的地区，划区"清剿"和重新恢复旧社会秩序也不是轻而易举的事情。这都使蒋介石放不下心来。因此，任命顾祝同为驻赣绥靖主任、蒋鼎文为驻闽绥靖主任，率领二十多个师的兵力，继续致力于摧毁位于江西、福建的中央苏区，来消除他所说的"心腹之患"。为什么最初考虑由陈诚负责指挥"追剿"军，后来改由薛岳指挥？据国民党军第四军副军长陈芝馨说，原因之一也是"蒋介石考虑到江西方面困难重重，须由陈诚负责"。[2]蒋在返抵南昌当天就致电陈诚："吾人当前最急之务，为湘边追击及赣南清剿，必须用其全力先完成此种任务。"[3]把二者并提，可见他对"赣南清剿"的重视程度。

三是中央红军突围后，进入西南地区。这个地区的地方势力不仅同蒋介石貌合神离，而且彼此猜忌十分严重。蒋介石固然打

---

[1] 蒋介石日记（手稿本），1934年12月9日，美国斯坦福大学胡佛研究所藏。
[2] 魏鉴贤：《随薛岳所部追堵红军长征的见闻》，中国人民政治协商会议全国委员会文史资料研究委员会编：《文史资料选辑》第62辑，内部资料，北京：中华书局，1979年版，第48页。
[3] 《蒋介石档案·事略稿本》(28)，台北："国史馆"，2007年，第442页。

算乘"追剿"红军的机会将他的中央军开入西南诸省，控制这一地区。但如操之过急，将中央军大量开入，势必引起同地方势力之间的矛盾迅速激化。因此，蒋介石在这个问题上显得十分小心。当薛岳率部进入湖南时，他在 11 月 12 日任命湖南省政府主席何键为"追剿军"总司令，而以薛岳、周浑元分任"追剿军"第二、三路司令，电令："派何键为追剿总司令。所有北路入湘第六路总指挥薛岳所部，及周浑元所部，统归指挥；并率领在湘各部队及团队，追剿西窜股匪，务须歼灭（于）湘、漓水以东地区。"[1]当薛岳部进入贵州后，贵州省政府主席王家烈的兵力薄弱，不在蒋介石的眼里，他就任命云南省政府主席龙云为第二路军总司令，薛岳为前敌总指挥，吴奇伟、周浑元分任第一、二纵队司令，滇军将领孙渡为第三纵队司令，王家烈为第四纵队司令。他还致电薛岳："望速与滇龙主席切实联系，事事表示敬意，受其指挥为要。"[2]事实上，何键也好，龙云也好，都无法指挥薛岳的部队，但蒋介石这样做无非是为了减少他们的疑忌。

更值得注意的是，在中央红军突围西进时，薛岳指挥的两个纵队虽然一直尾随红军进入西南地区，但在很长一段时间并没有同红军作战，仗基本都由粤军、湘军、桂军去打。在蒋介石的算盘中，如果这些部队同红军打得相互削弱、两败俱伤，那是最合他的心意。所以，薛岳率领的吴奇伟、周浑元"两个纵队均在红军的右侧后，相距红军甚远，直至贵州边境，没有与红军接触过"。[3]"蒋军以大

---

[1] 贵州省档案馆编：《红军转战贵州——旧政权档案史料选编》，贵阳：贵州人民出版社，1984 年版，第 77 页。

[2] 《蒋介石档案·事略稿本》(29)，台北："国史馆"，2007 年，第 190、191 页。

[3] 魏鉴贤：《随薛岳所部追堵红军长征的见闻》，中国人民政治协商会议全国委员会文史资料研究委员会编：《文史资料选辑》第 62 辑，内部资料，北京：中华书局，1979 年版，第 50 页。

包围形势与红军保持二日行程,停止不前。"[1]这真是罕见的怪事,却又是可以理解其中奥妙的。

第三,西南地方势力的状况及其对中央红军进入贵州后发展进程的影响。

毛泽东在1928年所写的《中国的红色政权为什么能够存在?》中说:"因为有了白色政权间的长期的分裂和战争,便给了一种条件,使一小块或若干小块的共产党领导的红色区域,能够在四周白色政权包围的中间发生和坚持下来。"[2]

到了1934年,情况虽然和毛泽东六年前说的有了变化,南京政府在名义上已能号令各省,但它们之间的长期分裂以至冲突事实上依然存在。从西南地区(包括广东在内)来说,还有以胡汉民为旗号的国民党西南执行部和西南政务委员会。无论广东的陈济棠,还是广西的李宗仁、白崇禧,同蒋介石一直互存敌意,冲突有一触即发之势。而对四川、西康、云南、贵州,南京政府的势力也未来得及深入,这些地区仍保持着半独立状态。这是蒋介石急于想改变的。

当时,这些地方势力的心态是既复杂又微妙。他们权衡利害得失的基本点是要保护自己的实力和权益不受损伤,既害怕红军深入他们的腹心地区,并需要有一些表现来应付南京政府;又害怕蒋介石的中央军借口剿共而侵入他们的地盘,取而代之。如果红军要深入他们统治下的腹地,他们也会拼死作战;如果红军只是过境而去,他们宁可选择"保境守土",以"驱逐"为止。

---

[1] 汤垚:《红军长征中白崇禧"开放"湘桂边境的内幕》,中共桂林地委《红军长征过广西》编写组编著:《红军长征过广西》,南宁:广西人民出版社,1986年版,第446、447页。

[2] 毛泽东:《毛泽东选集》第1卷,北京:人民出版社,1991年版,第49页。

考察这段历史，决不能忽视以下这一重要背景。

中央红军主力之所以能比较顺利地突破最初几道封锁线，重要原因就是这年10月初同广东的陈济棠达成五项秘密协议，其中包括"必要时可以互相借道，我们有行动事先告诉陈，陈部撤离四十华里"。[1]因此，红军从中央苏区开始突围时并没有发生激烈战斗。蒋介石对此也有所觉察，在10月20日的日记中写道："粤陈通匪乎？"30日的日记中又写道："匪向西窜，电（蒋）伯诚转诫粤陈：纵匪祸国，何以见后世与天下？"[2]但他也无可奈何。

红军进入湘南后，有西进桂北之势。李宗仁在回忆录中写道：蒋介石"屯兵湘北，任共军西行，然后中央军缓缓南下，迫使共军入桂。……期待我和共军互斗两败俱伤之后，中央军可有借口入占广西，居心极为险恶。"[3]当时给李宗仁当高级参谋的刘斐回忆道："红军的后边有蒋介石的追兵。蒋介石一再打电报要四集团军（引者注：指桂系军队）倾全力堵截红军，他还要湖南何键派兵到桂北协助堵击。我们估计蒋介石的阴谋是要叫广西军和红军两败俱伤，他好顺利地进入广西，'一箭双雕'。同时，我们估计何键是最滑头的，他表面可以答应协助堵击红军，到时他会避开。根据以上的估计，我们研究了一个对付红军的总方针，就是想法不让红军进广西内地。如果进了广西内地，蒋介石就一定会跟进。因此，我们宁可让出一条走廊，让红军从北路经过，让红军到湖南和贵州去。我们把这一方针概括为两个字，就是'送客'。"[4]白

---

[1] 何长工:《何长工回忆录》，北京：解放军出版社，1987年版，第327页。

[2] 蒋介石日记（手稿本），1934年10月20日、30日，美国斯坦福大学胡佛研究所藏。

[3] 李宗仁:《李宗仁回忆录》，香港：南粤出版社，1987年版，第427页。

[4]《刘斐谈话记录》，中共桂林地委《红军长征过广西》编写组编著:《红军长征过广西》，南宁：广西人民出版社，1986年版，第429、430页。

崇禧讲得更坦率。他对桂军供给部参谋长汤垚说："老蒋恨我们比朱毛还更甚，这计划是他最理想的计划。管他呢，有匪有我，无匪无我。我为什么顶着湿锅盖为他造机会？不如留着朱毛，我们还有发展的机会。"[1]

何键因为红二、六军团在湘西北十分活跃，生怕中央红军同它会合后在湘西建立一个大的根据地，所以，对"追剿"行动比桂军积极，但基本态度同样以"送客"出境为上策。

贵州是西南地方势力中最弱的一支。"黔军部队，号称五个师、三个独立旅，由省主席王家烈兼任二十五军军长。各将领表面上拥护王家烈，实际上各据一方，各自为政，而且互不相容。部队训练，民众组训，基础甚差，更兼员额不足，装备低劣，官兵多食鸦片，战力异常脆弱。"[2] 它的力量远不能同粤、桂、川、滇相比。贵州又正位于西南各省的中心区域，战略地位十分重要。而当时蒋介石因为对这一地区鞭长莫及，因此一时对王家烈采取扶植态度。但王家烈总怕蒋介石有朝一日终会对他下手，因此又同邻省相连结。其中，贵州和广西交界绵亘数百里。云贵两省盛产烟土，相当数量经广西外销。"广西当时的财政收入，鸦片烟过境税将近占到岁入的一半——这是新桂系集团经济上的命脉。"桂军主力第七军军长廖磊说："云、贵两省的鸦片烟过境税，是我们一笔最大的财政收入，如果贵州被共产党盘踞了，或者被蒋介石假道灭虢，把王

---

[1] 汤垚：《红军长征中白崇禧"开放"湘桂边境的内幕》，中共桂林地委《红军长征过广西》编写组编著：《红军长征过广西》，南宁：广西人民出版社，1986年版，第447页。

[2] 陈寿恒、蒋荣森等编著：《薛岳将军与国民革命》，台北："中研院"近代史研究所，1988年，第186页。

家烈撵走了,我们这笔财源也就断绝了,而且直接受到威胁。"[1]所以,"王上台后,对南京政府'唯命是从',但为了自保和割据的需要,与两广关系打得火热,最初只限于信使往还,后来因购进枪械,发展到与陈济棠、李宗仁成立了'三省互助同盟',公然附桂,与蒋对抗"。[2]

蒋介石与西南地方势力之间这种钩心斗角的复杂矛盾,对中央红军的突围和入黔后的局势发展有着不可忽视的重要影响。

三、从黎平到遵义

通道会议后,中央革命军事委员会于1934年12月13日正式下达命令西入贵州。

红军迅速跨入贵州境内,但这里的环境与红军此前经过的环境显然不同。旧中国的贵州常被这样形容:天无三日晴,地无三里平,人无三分银。也就是说,百姓穷困,地势险峻,交通不便,气候无常。聂荣臻回忆道:"我们站在山顶上朝广西、贵州交界的地方一看,嚯!一层山接着一层山,像大海里的波涛,无穷无尽,直到天边。我这个出生在四川、又在江西福建打过几年山地战的人,都没有见过这么多山!"[3]那时贵州绝大多数地方没有公路相通,只有逶迤曲折、险峻狭窄的山路,大部队行动十分不便,对国民党中央军那样装备较重的部队来说更是如此。

---

[1] 虞世熙:《桂军远追红军萧克部深入贵州的内幕》,周朝举主编:《红军黔滇驰骋史料总汇》(上),北京:军事科学出版社,1988年版,第537、538页。

[2] 谢本书、冯祖贻主编:《西南军阀史》第3卷,贵阳:贵州人民出版社,1994年版,第302页。

[3] 聂荣臻:《聂荣臻回忆录》(上),北京:解放军出版社,1984年版,第235页。

黔东南要地黎平距通道只有50公里。"黎平城位于清水江东岸，东西面高山环绕，敌人在这里没有修筑什么工事。十二月十四日下午六时，驻守黎平的王家烈的一个团，听到红军进攻黎平城的消息后，部队早就撤走了。"[1]15日，红一军团进占黎平。在此期间，12月13日中央革命军事委员会将红八军团编入红三军团，军委两个纵队合并为军委纵队。

占领黎平，打开了红军向贵州进军的通道。18日，中共中央在黎平召开政治局会议。这是红军长征开始后举行的第一次政治局会议，又是一次讨论红军今后战略方向的会议。会上争论激烈，主持会议的周恩来采纳了毛泽东的意见。他后来说："从湘桂黔交界处，毛主席、稼祥、洛甫批评军事路线，一路开会争论。从老山界到黎平，在黎平争论尤其激烈。这时李德主张折入黔东。这也是非常错误的，是要陷入蒋介石的罗网。毛主席主张到川黔边建立川黔根据地。我决定采取毛主席的意见，循二方面军（引者注：指红六军团）原路，进渡乌江北上。李德因争论失败大怒。""军事指挥与以前也不同，接受毛主席的意见，对前方只指出大方向，使能机动。"[2]

会议通过《中央政治局关于战略方针之决定》（下文简称《决定》）。《决定》指出："鉴于目前所形成之情况，政治局认为过去在湘西创立新的苏维埃根据地的决定在目前已经是不可能的，并且是不适宜的。""政治局认为新的根据地区应该是川黔边区地区，

---

[1] 肖锋：《长征过贵州的日日夜夜》，周朝举主编：《红军黔滇驰骋风云录》，北京：军事科学出版社，1987年版，第174页。

[2] 周恩来：《在延安中央政治局会议上的发言（节录）》，中共中央党校资料征集委员会、中央档案馆编：《遵义会议文献》，北京：人民出版社，1985年版，第64页。

在最初应以遵义为中心之地区,在不利的条件下应该转移至遵义西北地区,但政治局认为深入黔西、黔西南及云南地区,对我们是不利的。"[1]

这是一次十分重要的会议,改变了建立新根据地目标所在,是一个大决策,是红军长征中战略转变的开始。陈云半年多后向共产国际书记处报告时说:黎平会议前,"我们仿佛总是沿着一条用铅笔在纸上画好的路线,朝着一个方向直线前进。这个错误很大。结果,我们无论走到哪里,到处都是遇到敌人追击,因为他们早已从地图上料到我们将出现在哪里,将往哪里前进。于是我们变成了毫无主动权,不能进攻敌人,反而被敌人袭击的对象"。"由于军用地图上的位置常常标错,我们常常走进死路而被迫走回头路。有一个地方,我们打了三天,才走了四公里。""在黎平,领导人内部发生了争论,结果我们终于纠正了所犯的错误。我们对此前'靠铅笔指挥'的领导人表示不信任。""全体红军将士都主张应该突破薄弱环节,朝着敌方较弱而红军可获得新的兵员补充的地方前进。这场争论以决定改变原来的方针而告结束。""红军已不再是经常不断地被敌人攻击、四处流窜的部队,而变成了一支能战能攻的有生力量。"[2]

李维汉谈到这个《决定》时也说:"这个决定非常重要。它既使红军避敌重兵,免遭灭顶之灾,又能放开自己的手脚,打运动战,主动消灭敌人。特别是使红一、三军团获得'解放',可以灵

---

[1] 中央档案馆编:《中共中央文件选集》第8册,北京:中共中央党校出版社,1991年版,第436页。

[2] 陈云:《在共产国际执行委员会书记处会议上关于红军长征和遵义会议情况的报告》,《党的文献》2001年第4期。

活机动地消灭敌人的有生力量，红五军团也不致担负后卫，老吃苦头。"[1]

黎平会议使中央红军开始从被动转向主动，为以后的胜利，为遵义会议的召开奠定了基础。黎平会议后，红军没有停留，沿苗族聚居的清水江南岸西进，三天内接连占领黔东商业重镇镇远和施秉、黄平，这仍是几个月前红六军团刚走过的"原路"。但在这以后所走的路就不同了：红六军团是转向东北，在黔东北角和湘西相邻的仙桃同贺龙率领的红三军（后改红二军团）会师；中央红军却转向西北，经余庆、瓮安在31日直抵乌江南岸，向黔北挺进，因为它的目标不再是想同红二、六军团会合，而是要去创建川黔边区根据地了。

在中央红军做出重要战略部署的同时，蒋介石也在调兵遣将。薛岳率领的吴奇伟、周浑元部的八个师此前一直驻屯在湘西的芷江、黔阳一带按兵不动，当红军转向乌江前进时，才向西开进到镇远、施秉、黄平地区。但他们接着不是向北追击红军，而是继续向西直奔贵阳。

其实，这并不奇怪。蒋介石特别看重的是要乘红军入黔尽快控制贵州省会贵阳。12月31日，多少领会到蒋介石意图的薛岳致电蒋："本路军今次入黔，责在剿匪，间接亦为中央对西南政治设施之监视者。"蒋当即复电："所见甚是，当令筹备。"[2]当时在蒋介石身边的晏道刚后来回忆："当红军于12月进入黔边时，蒋在南昌对陈布雷说：'川、黔、滇三省各自为政，共军入黔我们就可以跟进去，比我们专为图黔而用兵还好。川、滇为自救也不能不欢迎

---

[1] 李维汉：《回忆与研究》（上），北京：中共党史资料出版社，1986年版，第351页。
[2] 《蒋介石档案·事略稿本》（28），台北："国史馆"，2007年，第684页。

我们去，更无从借口阻止我们去，此乃政治上最好的机会。今后只要我们军事、政治、人事、经济调配适宜，必可造成统一局面.'薛岳进占贵阳，正是这一阴谋的具体行动。"[1]

还有一个在蒋介石心中占有很重分量的因素，那就是对桂系的高度疑忌。红军入黔后，李宗仁、白崇禧就致电追剿总司令何键，提出划分作战境界线："该线以东，归何总司令所部，以西归黔、粤、桂军。"[2]很明显，他们的目的是要由桂军来控制贵阳。那时桂军廖磊部两个师已开到黔南的都匀。"这条路线不是红军长征的道路，没有与红军接触。"廖磊部"构筑防御工事，名为'防共'，实则'防蒋'"。[3]蒋介石十分担心桂军会抢先控制贵州，因此更加急于要赶在桂军到达前能进入贵阳。这已成为他一块很大的心病。当薛岳部开入贵州后，蒋介石稍觉宽慰，在12月29日的日记中写道："我军既入黔，不患不能制桂。"[4]

根据薛岳口述、又经他审定的《薛岳将军与国民革命》一书，也这样描写王家烈同桂系之间的关系："他怕共匪侵占贵阳，他又怕中央军进入贵阳，但是，又无法保住贵阳。因之，不惜饮鸩止渴，转向桂系李、白求救，请他们派兵，协守贵阳。野心勃勃的李宗仁，满口答应拔刀相助，即派第七军军长廖磊，率领桂军三师，浩浩荡荡，开向独山前进。"书中接着写道：12月30日，也就是红军前

---

[1] 晏道刚：《追堵长征红军的部署及其失败》，中国人民政治协商会议全国委员会文史资料委员会《围追堵截红军长征亲历记》编审组编：《围追堵截红军长征亲历记——原国民党将领的回忆》（上），北京：中国文史出版社，1991年版，第11页。

[2] 中国第二历史档案馆编：《国民党军追堵红军长征档案史料选编（中央部分）》（上），北京：档案出版社，1987年版，第304页。

[3] 黄炳钿：《阻击红军北上亲历记》，周朝举主编：《红军黔滇驰骋史料总汇》（上），北京：军事科学出版社，1988年版，第529页。

[4] 蒋介石日记（手稿本），1934年12月29日，美国斯坦福大学胡佛研究所藏。

锋红四团到达乌江南岸那一天，薛岳"决向贵阳速进，单枪匹马行入贵阳"。1935年1月4日，薛岳到达贵阳。"一月八日，薛将军令九十九师进入贵阳。二纵队吴奇伟部，亦抵贵阳近郊。三纵队周浑元部，到达马场坪、贵定之线。""一月十三日，桂军之廖磊三个师，到达独山。闻悉中央军捷足先登，只得望贵阳而兴叹。当时，如桂军胆敢先入贵阳，真是不堪设想。"[1]周浑元部师长万耀煌自述："迨元月三日行军至黄平，薛岳来电报要我军快去贵阳，其时匪已北窜。""白崇禧闻讯，急令桂军周祖晃部星夜向贵阳急进，周部到都匀始知中央军已占贵阳，急电向白报告，白闻讯色变，贵阳在战略政略地位之重要可见一斑。"[2]

这就不难明白，为了要赶在桂军前抢先赶到贵阳，而且把它看作异常急迫的任务，蒋介石、薛岳一时就顾不上正向乌江前进的中央红军了。

王家烈早就清楚，蒋介石对他是不怀好意的，是准备夺取对贵州的控制权的。一看薛岳部置北上的红军于不顾，直奔贵阳，他也急忙率部赶回省会贵阳。他回忆道："这次，他的中央军乘追击红军的机会，要进贵州来了，想拒绝他，也不可能。前思后想，心绪非常烦乱。在当前形势下，我只有执行蒋介石的命令，阻击红军，使其早日离开黔境；一面相机同两广联系，保存实力，以图生存。我初步计划是：将黔北（乌江以北）的防务交与侯之担负责；乌江以南的防务由我和犹国才负责。我本人担任贵州东南

---

[1] 陈寿恒、蒋荣森等编著：《薛岳将军与国民革命》，台北："中研院"近代史研究所，1988年，第187—190页。

[2] 万耀煌口述、沈云龙访问，贾廷诗等记录：《万耀煌先生访问记录》，台北："中研院"近代史研究所，1993年，第345页。

路的指挥作战,以便到不得已时向广西靠拢。"[1]

蒋介石、薛岳、王家烈的关注点都集中在贵阳。贵阳离乌江重要渡口江界河等很远,相距一百多公里。中央红军突破乌江、进占遵义时,以为有薛岳和王家烈部紧紧追来,处于两面夹击的险境中,结果面对的主要对手只有战斗力薄弱的黔北军阀侯之担部,背后并没有追敌,这自然是十分有利的条件。

1935年1月1日,中共中央在乌江南岸瓮安县的猴场附近召开政治局会议。会议由周恩来主持,通过《中央政治局关于渡江后新的行动方针的决定》。因为那时还不知道薛岳部到达镇远、施秉、黄平后,并没有紧紧尾追红军、形成南北夹击之势,而是西入贵阳。所以,红军仍把准备同薛岳部作战看作首要任务。《决定》写道:"立刻准备在川黔边广大地区内转入反攻。主要的是和蒋介石主力部队(如薛岳的第二兵团或其他部队)作战,首先消灭他的一部,来彻底粉碎五次'围剿',建立川黔边新苏区根据地。首先以遵义为中心的黔北地区,然后向川南发展是目前最中心的任务。"[2]建立新根据地的具体目标,猴场会议和黎平会议是基本一致的。虽然讲到"然后向川南发展",但没有提出北渡长江,依然是"以黔北为中心来创造苏区"。

由于薛岳部没有尾追而来,王家烈部也随薛部西入贵阳,中央红军抢渡乌江的对手只有黔北军阀侯之担部。侯之担时任第二十五军副军长兼教导师师长,自成一股地方武装势力,并不听王

---

[1] 王家烈:《黔军阻击中央红军经过》,中国人民政治协商会议全国委员会文史资料委员会《围追堵截红军长征亲历记》编审组编:《围追堵截红军长征亲历记——原国民党将领的回忆》(上),北京:中国文史出版社,1991年版,第181页。

[2] 中央档案馆编:《中共中央文件选集》第8册,北京:中共中央党校出版社,1991年版,第441页。

家烈指挥,他派副师长侯汉佑为江防司令。侯汉佑说:"侯部虽号称八个团,但多属空架子,每团两三个营不等,总数约一万人左右。武器除有部分汉阳枪外,余为川造、赤造等杂枪,一部分小迫击炮、轻机关枪和掷弹筒。"战斗力十分薄弱,又缺乏作战准备,实在不堪红军一击。但他们认为:"乌江素称天险,红军远征,长途跋涉,疲惫之师,必难飞渡。红军或不致冒险来乌江,可能另走其他路线。"[1]

乌江的确是天险,但中央红军还是决定在江界河、回龙场、茶山关几个渡口抢渡乌江。1935年1月3日,红军在江界河分批乘竹筏强渡成功,又搭起浮桥,乘胜猛烈追击,侯部军心动摇,全线溃退。江防司令侯汉佑由电话向坐镇遵义的侯之担请示处置。侯之担认为:自身兵力不足,援军一时无望,若继续抵抗,必遭歼灭。"于是侯不及向王家烈请示,即电话指示侯汉佑转令河防部队撤退。"侯汉佑退回遵义,向侯之担建议"避红军锐锋"。"侯之担早已惊惶失措,急图逃命,同意侯汉佑意见,命他率溃退部队后撤。侯之担则率少数卫队乘车退经桐梓、綦江到重庆。""侯的企图是保全力量,在红军走后,复据黔北各县防地。"[2]蒋介石却乘此机会将侯之担扣押,收编了他的部队。

中央红军在渡过乌江后,立即由军委总参谋长刘伯承指挥红二师六团毫不停顿地飞速奔袭遵义。1月6日下午,红军消灭了距

---

[1] 侯汉佑:《乌江战备和侯之担部的改编》,中国人民政治协商会议全国委员会文史资料委员会《围追堵截红军长征亲历记》编审组编:《围追堵截红军长征亲历记——原国民党将领的回忆》(上),北京:中国文史出版社,1991年版,第239页。

[2] 李祖明:《侯之担部防守乌江溃败经过》,中国人民政治协商会议全国委员会文史资料委员会《围追堵截红军长征亲历记》编审组编:《围追堵截红军长征亲历记——原国民党将领的回忆》(上),北京:中国文史出版社,1991年版,第249、251页。

遵义二十里团溪镇的黔军"九响团"。当时,天正下着大雨。"他们迷信乌江天险的障碍,又认为大雨天更为太平。因此,当他们听到枪声仓惶迎战的时候,早已成了瓮中之鳖了。"[1]一部分红军随即改穿缴获的国民党军服并带着俘虏的"九响团"营长冒雨赶到遵义城下,自称是从外围败退下来的侯部,骗开了城门,红军大队随即开入城内。侯之担部三个团弃城而逃,没有经过多少战斗,遵义城便得到解放。

遵义是贵州第二大城市、黔北首府、黔北各种土产的集散地,交通便利,也是贵州通往四川重庆的必经之地,同四川关系密切。城内商业繁荣,市面繁华,男女中学有五六所,书店就有三家。红军在遵义时,所有商店照常营业,参加红军的有四五千人,都是黔滇籍的贫民和退伍者,熟悉地方情形,对红军有很大帮助。红军在兵员和物资上都得到不少补充。

一拿下遵义,刘伯承、聂荣臻立刻命令耿飚、杨成武率领红四团出发北上,迅速占领娄山关和桐梓。娄山关是黔北娄山山脉的最高峰,川黔公路从这里盘旋通过。杨成武回忆道:"遵义到娄山关是六十里,从娄山关到桐梓还有三十里。我们几乎一直都是用跑步的速度行军。""娄山关是遵义通向桐梓的大门,贵州北方的要冲,东西高山耸峙,南北有盘山小道,若是从川南到黔北,占领了娄山关,无险可守的遵义城便成囊中之物了。所以娄山关便成了扼守遵义的兵家必争之地。"[2]红四团乘半夜突袭,攻下了娄山关,随即占领桐梓,遵义北面的安全得到了保障。

---

[1] 王集成:《智取遵义》,周朝举主编:《红军黔滇驰骋风云录》,北京:军事科学出版社,1987年版,第298页。

[2] 杨成武:《杨成武回忆录》,北京:解放军出版社,1987年版,第104页。

由于薛岳、王家烈部远在贵阳，刘湘部川军一时还没有南下，中央红军得以在遵义休息了12天，这是长征开始后从来不曾有过的。它实在很重要。陈云写道："这十二天的休息，使赤军在湘南之疲劳，完全恢复，精神一振；使以后之战争，不仅战斗力不减，反如生龙活虎。"他还着重指出："当时赤军之所以能休息十二天者，由于南京进剿军薛、周两部急急进贵阳城，争夺贵阳地盘，不愿向赤军攻击，深惧牺牲自己实力。然而侯之担、王家烈等小军阀之命运则均至末路矣。"[1]

蒋介石和西南地方势力之间这场涉及彼此核心利益的尖锐争夺，使他们的注意力一时只能集中在如何控制贵阳，而无力顾及黔北，这就为中央红军顺利地渡过乌江、占领遵义并在遵义比较平静地休整提供了便利条件。更重要的是，有了这12天相对安定的环境，中共中央便能在1935年1月15日至17日期间，在遵义比较从容地召开了政治局扩大会议，即遵义会议。这次会议是根据黎平政治局会议的决定召开的，比较系统地批评了博古、李德在军事指挥上的严重错误。根据会议精神通过的《中央关于反对敌人五次"围剿"的总结决议》指出："我们的战略路线应该是决战防御（攻势防御），集中优势兵力，选择敌人的弱点，在运动战中，有把握的去消灭敌人的一部或大部，以各个击破敌人，以彻底粉碎敌人的'围剿'。"[2]会议改组了中央领导机构："毛泽东同志选为常委。""取消三人团，仍由最高军事首长朱、周为军事指挥者，而恩来同志是党内委托的对于指挥军事上下最后决心的负责

---

[1] 陈云：《陈云文选》第1卷，北京：人民出版社，1995年版，第59、60页。
[2] 中央档案馆编：《中共中央文件选集》第8册，北京：中共中央党校出版社，1991年版，第445页。

者。""以泽东同志为恩来同志的军事指挥上的帮助者。"[1]

遵义会议集中解决了当时具有决定意义的军事和组织问题,是中国共产党历史上一个生死攸关的转折点,在极端危急的历史关头,挽救了党,挽救了红军,挽救了中国革命。

对中央红军当前的行动方向,会议也做出北渡长江的新决定。陈云在遵义会议传达提纲中说:"扩大会一致决定改变黎平会议以黔北为中心来创造苏区根据地的决议,一致决定红军渡过长江在成都之西南或西北建立苏区根据地。这个决定的理由是:由于四川在政治上、军事上(与四方面军的更好的配合,背靠西康一个空无敌人的区域)、经济上都比黔北好。"[2]

这是对红军在何处建立新根据地的目标所做的又一次重大改变,是到黔北后根据实地观察做出的决断。渡江北上的主张由刘伯承、聂荣臻提出,他们都是四川人,对四川的情况比较熟悉。聂荣臻回忆道:"伯承同志和我在会上建议,我们打过长江去,到川西北去建立根据地,因为四川条件比贵州要好得多。从我到贵州看到的情况,这里人烟稀少,少数民族又多,我们原来在贵州又毫无工作基础,要想在这里建立根据地实在是太困难了。而到四川,一来有四方面军的川陕根据地可以接应我们,二来四川是西南首富,人烟稠密,只要我们能站稳脚跟,就可以大有作为,三来四川对外交通不便,当地军阀又长期有排外思想,蒋介石想往四川大量调兵不容易。会议接受了我们的建议。"[3]

在黎平会议时,中央红军初到贵州,对贵州的情况很少了解,

---

[1] 陈云:《陈云文选》第1卷,北京:人民出版社,1995年版,第43页。

[2] 同[1],第36、37页。

[3] 聂荣臻:《聂荣臻回忆录》(上),北京:解放军出版社,1984年版,第248页。

但下一步的行动方向在当时必须立即做出决断,因此提出建立以遵义为中心的川黔根据地,而不到湘西北同红二、六军团会合,这是大胆而重要的决定。到了黔北,在遵义停留了十多天后,中共中央有了实地观察,"看到的情况"是这里地势险峻,经济贫瘠,米粮缺乏,人烟稀少,民族关系复杂,汉苗纠纷很多,党的工作基础薄弱,军事行动又缺乏比较宽裕的回旋余地,要在黔北建立强大而巩固的根据地"实在是太困难了",这样,便根据实际情况,果断地对原来的决定做出改变。

国民党方面的军事部署这时也有重大调整。蒋介石牢牢控制贵阳后,在1935年1月13日致电薛岳:"近日匪情如何,甚念。遵义应即须规复,稍缓恐更难图。一俟遵义克复后,即可判断匪情之趋向,乃可确定整个计划。"接着,他也把目光转向川南,在第二天致电刘湘:"匪必进占泸州、叙府,务望从速筹备,先派得力军队巩固该处城防,预作一个月以上守城之计。"这时,叙府在与刘湘不和的刘文辉手中,蒋在电文中又叮嘱道:"万一无兵可派,与其为匪占领,不如与兄(引者注:指刘文辉,当为叔)自动修好。刘文辉责成其固防叙府,以泸、叙非固守不可也。"[1]

于是,薛岳率领的"追剿军"和王家烈的黔军迅速向黔北开来,川军、湘军、滇军也密集地进入这个地区。川军为防止红军渡江北上,进入四川腹地,决心以主力开往川南。湘军主力在1月中旬从湘西开入川黔边区,防止中央红军进入湘西北,同红二、六军团会合。湘军第十五师师长王东原在2月26日日记中写道:"奉令责成本师仍驻酉(阳)、秀(山),防堵萧、贺两匪西窜与朱、

---

[1]《蒋介石档案·事略稿本》(29),台北:"国史馆",2007年,第77、84页。

毛会合，分头派队赴乌江与酉水侦察中。"[1]云南的"龙（云）主席即以训练精悍、战力较强之第二旅安恩溥部，第五旅鲁道源部，第七旅龚顺璧部，推进三省交界之威信、镇雄一带构筑工事，严密戒备。"[2]龙云这样做的目的，是将红军阻挡在云南境外，避免红军进入云南。国民党几路军队集中在这个地区的总兵力已约四十万人，而中央红军只有三万七千多人。这种异常紧迫的局势也要求中央红军不能不迅速做出新的决断。

1935年1月19日，中央红军撤离遵义，开始北上，准备北渡长江。20日，中央革命军事委员会发出《关于渡江的作战计划》，提出："我野战军目前基本方针，由黔北地域经过川南渡江后转入新的地域，协同四方面军，由四川西北方面实行总的反攻。"但新的严峻局面又摆在红军面前，从这里渡江作战的计划仍难以实现。中央红军的行动，便转入四渡赤水、西进云南的新阶段。

四、四渡赤水，西进云南

遵义会议后，中央红军的行动立刻以新的面貌呈现在人们面前，和此前有很大的不同。它的主要特征是：坚持从实际出发，灵活机动，避实就虚，不再是被动挨打，也不是墨守固定的计划，盲目硬干，而是从实际出发，力争掌握战争行动的主动权。

中共中央和中央革命军事委员会1935年2月16日发布的《共产党中央委员会与中央军事委员会告全体红色指战员书》，很能表

---

[1] 何键、王东原：《何键·王东原日记》，北京：中国文史出版社，1993年版，第200页。
[2] 陈寿恒、蒋荣森等编著：《薛岳将军与国民革命》，台北："中研院"近代史研究所，1988年，第192页。

现出这种变化。该文件明确指出:"为了有把握地求得胜利,我们必须寻求有利的时机与地区去消灭敌人,在不利的条件下,我们应该拒绝那种冒险的没有胜利把握的战斗。因此红军必须经常的转移作战地区,有时向东,有时向西,有时走大路,有时走小路,有时走老路,有时走新路,而唯一的目的是为了在有利条件下,求得作战的胜利。"[1]这段话,集中反映了红军作战指挥在遵义会议后发生的巨大变化,可以说是中央红军在这个阶段行动的扼要概括。

当然,在战争中要做到从实际出发、要做到正确地判断什么是"有利的时机与地区"十分不易。战争是敌对双方的殊死较量,充满着未知数和变数。中央红军又是刚突破国民党军队的重围,来到陌生的地区,情报渠道十分有限,要正确判断周围的客观局势更加不易。因此,在初期不可避免地遇到许多困难,甚至遭受一些挫折。

中央红军离开遵义后,主力先北上经过桐梓、松坎再转而向西,于2月24日和26日先后攻占土城、赤水。土城、赤水虽仍属贵州境内,却是向西突出的一角,北、西、南三侧都属四川。由此北渡长江有两条路:东面是从重庆对面渡江,那里是刘湘的根据地,守军兵力雄厚,显然不宜在此渡江,红军也没有打算这样行动;红军的计划偏向西行,在泸州、纳溪上游地区渡过长江。朱德十多年前曾任靖国军旅长,在泸州驻防两年。刘伯承在国共分裂后,曾在泸州、顺义领导过武装起义。两人在当地都有相当大的影响。四川军阀内部,一年多前刚发生刘湘、刘文辉之间的大规模混战,双方动用兵力二十多万。这时,混战虽已停息,双方矛盾仍很深,泸州、叙府正处二刘势力交界之处。这些都是有利条件。

----

[1] 中央档案馆编:《红军长征档案史料选编》,北京:学习出版社,1996年版,第97页。

中央红军估计不足的是，刘湘部川军的兵力和装备远比黔军要强："综计各省及本军在黔边兵力数在二十万以上。"[1]那时，徐向前率领的红四方面军正活跃于川北，中央红军如果北渡长江就有向川中地区发展的可能，这使刘湘深感对他构成心腹之患。蒋介石又特地设立军事委员会委员长行营参谋团，以贺国光为主任，于1935年1月12日到重庆督战。贺国光一到四川就发表书面谈话称："徐匪向前，盘踞川北；朱毛股匪，图窜川南；川省形势，颇趋严重。中央为促进剿匪成功起见，不得不侧重川局，此行营参谋团之所由设也。"[2]在这种情况下，刘湘在川南投入了很大兵力，竭尽全力堵截中央红军北上渡江。1月14日，也就是蒋介石致电刘湘要求他固守泸州、叙府的同一天，刘湘任命第二十三军军长潘文华为四川南岸剿匪军总指挥，率领十二个旅四十多个团的兵力沿江构筑工事，部署防御，派定炮舰游弋江面，并在泸县设立总指挥部。"追剿军"薛岳部、湘军刘建绪部、滇军孙渡部、黔军王家烈部也分头向这一地区赶来。

蒋介石对此下了很大决心，他在日记中这样记下自己的全盘部署："进剿方针：先使其被围，限制其范围，勿使扩大为第一步办法，即：1、封锁；2、包围；3、局部分区清剿；4、固守重要据点。"[3]

那时，双方兵力悬殊。红军在没有根据地而又地瘠民贫的地区连续行军作战，加上春雨连绵，敌军空袭，部队经常夜行军，吃不好，睡不好，困难很多，局势确实十分险恶。

---

[1] 四川省档案馆编：《国民党军追堵红军长征档案史料选编（四川部分）》，北京：档案出版社，1986年版，第91页。

[2] 贺国光：《参谋团大事记》（上），北京：军事科学院军事图书馆，1986年影印本，第270页。

[3] 蒋介石日记（手稿本），1935年1月19日"本周反省录"，美国斯坦福大学胡佛研究所藏。

第一场恶战，1月28日发生在土城地区。土城是黔北入川的要冲。川军精锐郭勋祺部来攻。红军奋力抗击，最初取得一些胜利，但随着川军的源源增援，形势越来越不利。杨尚昆回忆道："这时，彭总发现敌军的兵力不是原来预计的四个团，而是三个旅近九个团，火力很强，立刻建议军委：'脱离此敌，转向新的地区前进。'那天晚上我们都没有睡觉。当晚，毛主席、朱总司令亲临前沿观察，只见周围的山头上，四面都是敌军的探照灯、信号弹，照得夜空雪亮，电台的马达声也隆隆直响，反而使我们知道他们在哪里。判明情况后，军委当机立断，改变原定的渡江计划，命令红军快撤，在第二天拂晓前脱离此敌，西渡赤水，向川南的古蔺地区转进。这就是一渡赤水。后来，毛主席总结了土城之战的三条教训：一是敌情没有摸准；二是对刘湘'模范师'（引者注：土城战役后，蒋介石升郭勋祺为模范师师长）的战斗力估计不足；三是分散了兵力，不该让一军团北上。"[1] 21年后，毛泽东在中共八大预备会议上又说："我是犯过错误的。比如打仗，高兴坏打了败仗，那是我指挥的⋯⋯长征时候的土城战役是我指挥的⋯⋯"[2] 他总结错误教训后，从实际情况出发，立刻果断地调整作战部署，开始一渡赤水。

赤水和长江之间是一条狭长地带，东端是黔北，中间是川南，西端是滇东北。1月29日3时，朱德电令各军团在拂晓前脱离接触之敌，西渡赤水河（即一渡赤水），向川南的古蔺地区西进。（途中，中共中央决定改由张闻天代替博古总负责）渡过赤水后，红军最初仍准备经过古蔺、叙永、长宁，到宜宾（即叙州）附近北

---

[1] 杨尚昆：《杨尚昆回忆录》，北京：中央文献出版社，2001年版，第123、124页。
[2] 毛泽东：《毛泽东文集》第7卷，北京：人民出版社，1999年版，第106页。

渡长江。但很快发现川军各路重兵已逼近川南，他们还有四十多个团扼守长江北岸。中央革命军事委员会鉴于敌情的变化，在2月3日决定撤出战斗，向西开向云南东北端的扎西（今威信）地区，寻机渡江。

蒋介石对中央红军的西进，认为正是消灭中央红军的大好机会。他在1月31日致电贺国光："照现情判断，若匪不南窜滇北，则必向叙府屏山雷波之间北窜无疑。务望将第五路主力最好廿团以上兵力迅速移置于叙州与雷波之间，乃有堵截围歼之望。何如请与甫澄兄（引者注：即刘湘）速即商决立复。"[1]2月1日写道："匪向西窜，受川军此次土城之打击，则其愈进愈死矣。"3日又写道："匪情，迫其窜入川西峦地，陷于绝境。"[2]

中央红军并不像蒋介石所预期的那样行动，先头部队在2月6日抵达滇北扎西。由于进入云南境内，蒋介石判断红军将从这里渡江，急调滇军孙渡部从黔西向扎西地区赶来。那时红军对周围敌情还没有完全弄清，还不能做肯定的判断。朱德当天给一、三军团的命令中把话还说得活一些："根据目前敌情及渡金沙江、大渡河的困难，军委正在考虑渡江可能问题，如不可能，我野战军应即决心留川、滇边境进行战斗与创造新苏区。"[3]

第二天，中共中央在扎西大河滩召开政治局会议，根据面对的险恶局势，再次果断地做出重大决断：放弃原来的渡江计划。当天下午7时正式以军委名义指示各军团："根据目前情况，我野

---

[1]《蒋介石档案·事略稿本》(29)，台北："国史馆"，2007年，第189、190页。

[2] 蒋介石日记（手稿本），1935年2月1日、3日，美国斯坦福大学胡佛研究所藏。

[3] 中共云南省委党史资料征集委员会编：《红军长征过云南》，昆明：云南民族出版社，1986年版，第15页。

战军原定渡河计划已不可能实现。现党中央及军委决定,我野战军应以川、滇、黔边境为发展地区,以战斗的胜利来开展局面,并争取由黔西向东的有利发展。"[1]可以注意到,这里已提出"争取由黔西向东的有利发展",也就是说已在考虑二渡赤水的问题。

2月10日,中共中央判断国民党军大量被吸引到川滇边地区,黔北防守力量薄弱,决定转兵东进,二渡赤水河,再向黔北进军。11日,朱德电令各军团:"我野战军为准备与黔敌王家烈及周浑元部队作战,并争取向赤水河东发展,决改向古蔺及其以南地域前进,并争取渡河先机。"15日,更明确指示:"我野战军以东渡赤水河消灭黔敌王家烈军为主要的作战目标。"[2]这是国民党军根本没有想到的。

那时,国民党军云集川滇黔边境地区,一心想在这里同中央红军决战:"周代总指挥(引者注:指周浑元)所部扼守马蹄滩清水塘。万师扼守邬家渡、仁怀。川军扼守古蔺、叙永。滇军扼守威信、赤水。黔军扼守二郎滩、土城。以上各友军,均以主力准备向匪进击。"[3]2月13日,蒋介石在致薛岳电中兴奋地说:"朱毛一股自窜土城叙永、迭受钜创之后,残余不过数千人,已溃不成军,现甫澄以三旅之众,与中央各部跟踪穷追,在横江以东地区,必可歼灭。"[4]

18日至21日,红军却摆脱各路国民党军特别是川军和滇军的夹击,第二次渡过赤水河,回师黔北。由于国民党军一心想在川

---

[1] 中央档案馆编:《红军长征档案史料选编》,北京:学习出版社,1996年版,第93页。

[2] 朱德:《朱德选集》,北京:人民出版社,1983年版,第22、23页。

[3] 中国第二历史档案馆编:《国民党军追堵红军长征档案史料选编(中央部分)》(上),北京:档案出版社,1987年版,第294页。

[4] 《蒋介石档案·事略稿本》(29),台北:"国史馆",2007年,第353、354页。

南打一个大仗,在黔北兵力空虚,红军渡过赤水河后,面对的对手又是那个不堪一击的黔军王家烈部。25日红军再次占领娄山关,28日晨重占遵义城。这对蒋介石真如晴天霹雳那样,他完全没有想到红军竟会突然东返黔北,这就把他的所有部署全打乱了。他在2月21日的日记中还带着怀疑的态度写道:"匪向东窜乎?"23日写道:"朱匪被滇军截击,向东回窜,颇可顾虑。"27日写道:"朱匪进窥遵义,薛岳处理不当,愤怒伤神,戒之。"[1]

红军将占遵义时,蒋介石在2月21日派薛岳为贵州绥靖主任,并急调中央军吴奇伟纵队两个师,从贵阳和黔西地区驰援遵义。这支"追剿军"尾追红军已四个月,还没有同红军真正交过手,红军最初也不清楚它是哪一支部队。一交火,"敌军的机关枪和迫击炮都响起来了","王家烈部队没有轻机枪,听枪声就知道是吴奇伟部队上来了"。[2]经过激战,孤军深入的吴部两个师全线动摇,大部被歼,少数人向乌江方向溃逃。五天内,中央红军从桐梓、娄山关到遵义一直打到乌江边,消灭吴奇伟部两个师、黔军王家烈部八个团,缴枪两千多支,俘敌三千多人。这是中央红军长征以来打的第一个大胜仗,而且是对"追剿"的国民党中央军的大胜仗,获得大量武器、弹药等物资补充,士气受到很大鼓舞。

当战斗还在激烈地进行时,蒋介石十分紧张。他在2月23日致薛岳、万耀煌电中写道:"如果匪窜踰遵义以东地区,则我在黔之中央部队军誉扫地,且将四面楚歌。关系如此之大,望奋勉无

---

[1] 蒋介石日记(手稿本),1935年2月21日、23日"本周反省录"、27日,美国斯坦福大学胡佛研究所藏。

[2] 王平:《王平回忆录》,北京:解放军出版社,1992年版,第85页。

误。"[1]败耗传来，蒋介石再也坐不住了，在3月2日从武汉飞到重庆指挥作战。这个时候他还担心桂军乘薛岳部遭受重创的机会扩充在贵州的势力，在日记中说："批阅桂逆廖磊部思逞贵阳，殊堪痛心。"他在到达重庆当天的"本周反省录"中写道："朱匪陷遵义，桂逆思逞贵州，局势严重，故直飞重庆镇慑。"[2]

蒋介石亲临前方，认为他自己到重庆指挥，不难击败以至全歼中央红军。当天他致电何键："遵义又陷，是围剿良机。"又致电薛岳："前电关于对桂军处置闭门固守办法，事前切勿慌忙，务望沉着应付，尤须严防贵阳城内杂部，秘密筹划，不可稍露形迹。此时，仍以先破赤匪为要也。"[3]第二天正式发布电令："本委员长已进驻重庆，凡我驻川黔各军，概由本委员长统一指挥，如无本委员长命令，不得擅自进退。务期共同一致完成使命。"[4]

从最初发出的电令来看，他到重庆后最关心的问题：一是要贺国光"下达命令"，令周浑元部和川军郭勋祺部即向遵义东北和西南地区进攻，[5]力图早日重占遵义；二是令湘军何键部三个师"以主力守备乌江沿岸"，又令吴奇伟一部及黔军一部"守备乌江上游"，以"歼灭该匪于乌江以西、巴黔大道地区为目的"。[6]事实上也是防止中央红军东进湘西，同红二、六军团会合。

但对中央红军的真实动向，蒋介石仍心中无数，捉摸不定。

---

[1]《蒋介石档案·事略稿本》(29)，台北："国史馆"，2007年，第509页。
[2] 蒋介石日记（手稿本），1935年3月2日、6日，美国斯坦福大学胡佛研究所藏。
[3]《蒋介石档案·事略稿本》(30)，台北："国史馆"，2008年，第20、22页。
[4]《贵州社会科学》编辑部、贵州省博物馆编：《红军长征在贵州史料选辑》，内部资料，1983年版，第600页。
[5] 贺国光：《参谋团大事记》(上)，北京：军事科学院军事图书馆，1986年影印本，第2—4页。
[6] 同[4]，第601页。

他在3月9日的日记中写道:"匪情:盘踞遵义城,与我决战。"同天"本周反省录"中又写道:"朱匪盘踞遵义,思一决战乎?抑先围击破仁怀周部,留其西窜余步乎?"[1]红军在13日放弃遵义。蒋介石在14日的日记中写道:"本日朱匪尚未窜出赤水河以东,犹在围剿之中,如上帝赐我中华以解放,尚可一网打尽也。"[2]

这时,蒋介石的中央军、川军、湘军、黔军又调集赤水河和乌江之间地区,准备同中央红军决战。滇军孙渡部又移驻黔西,防止红军西进云南。红军再次陷入险境。

为了对付蒋介石的围攻,红军又采取出乎他意料的奇招。中央革命军事委员会在3月4日决定组织前敌司令部,朱德任司令员,毛泽东任政治委员。接着,又成立由周恩来、毛泽东、王稼祥组成的新"三人团",以周恩来为团长,全权指挥军事行动,红军行动更加飘忽灵活。15日,红军主力向鲁班场的周浑元纵队发动进攻。由于周纵队有三个师集中在一起,进攻没有奏效。多路国民党军队赶来,企图夹击红军。16日,中央红军当机立断,朱德对各军团做出三渡赤水的部署:"我野战军决于今十六晚和明十七日十二时以前,由茅台附近全部渡过赤水河西岸,寻求新的机动。"[3]当国民党军自以为调动部署将成之际,红军突然三渡赤水,重返川南的古蔺、叙永地区。

这一行动着实出乎蒋介石意料。他实在不是高明的军事统帅,晕头转向,判断不了红军的战略意图究竟是什么,在3月16日日记中写道:"匪由茅台西窜。其再转南?转北?抑留一部于

---

[1] 蒋介石日记(手稿本),1935年3月9日"本周反省录",美国斯坦福大学胡佛研究所藏。

[2] 蒋介石日记(手稿本),1935年3月14日,美国斯坦福大学胡佛研究所藏。

[3] 朱德:《朱德选集》,北京:人民出版社,1983年版,第25页。

东面乎？"17日写道："匪果西窜古蔺乎？"18日写道："匪向古蔺东南地区窜进，其将越赤水河南而西窜乎？"[1]他还担心红军重到川南会不会又要北渡长江。于是，急忙调整部署，重兵再集中到赤水河西，星夜赶筑大量碉堡，企图用紧密衔接的碉堡封锁线，再度围困红军在赤水河以西，迫使红军在古蔺地区决战。张爱萍回忆道："三渡赤水河，进入川南地区。蒋介石以为我军又要北渡长江，急调川、滇、黔军阀和薛岳部，在长江沿岸设置防线。并在滇黔边境加筑碉堡，构成封锁线，企图围歼我军于长江南岸。"[2]

大部队的调动是不可能马上把部署调整好的，往往使原有的部署陷入混乱，对战局造成很大影响，这是兵家的大忌。国民党的军队更缺乏那种灵活性，弄得手忙脚乱。而红军的三渡赤水，根本不是为了从这里渡江，更不会在这里决战，只是虚晃一枪，迷惑蒋介石，把国民党各路军队再调动到赤水河西岸，自己立刻乘虚转身东进。这更是蒋介石怎么也想不到的。

中央红军在赤水河西只停留了五天。3月20日下午，朱德下达四渡赤水河的行动部署："我野战军决秘密、迅速、坚决出敌不备折而东向，限二十一日夜由二郎滩至林滩地段渡过赤水东岸，寻求机动。"[3]21日夜，中央红军以突然行动闪电式四渡赤水，突出重围，把正在赶筑碉堡的国民党重兵抛在赤水河西。杨尚昆回忆道："四渡赤水后，军委曾考虑向西南行动，扩大机动，以转移

---

[1] 蒋介石日记（手稿本），1935年3月16日、17日、18日，美国斯坦福大学胡佛研究所藏。

[2] 张爱萍：《从遵义到大渡河》，罗永贼、费侃如主编：《四渡赤水战役亲历记》，北京：中央文献出版社，2010年，第87页。

[3] 朱德：《朱德选集》，北京：人民出版社，1983年版，第26页。

战局。彭总和我分析战场态势后,认为'目前向西南寻机动很困难,首先要突破周(浑元)、王(家烈)、孙(渡)纵队,很难完成达到黔西、大定地域的战略任务',而在东南方向,由于原在乌江沿岸设防的周浑元、吴奇伟纵队及黔军已经被我军吸引北上,敌方兵力空虚,因此建议:目前'转到东南之乌江流域比较有利'。""朱总接受了我们的建议,立刻集结主力南下,再一次命令彭、杨指挥一、三两军团迅速向乌江前进。那几天,正是清明前夕,连日阴雨,天空乌云密布,能见度极低,敌机无法侦察,一时敌军摸不清红军的去向,他们既怕我们到四川,又怕我们回湖南,却没有料到红军会如此神速地南下。30日,我们到达乌江边时,南岸的守敌只有一个营,我军先头部队在风雨呼啸中乘竹筏渡乌江。第二天,大军分三处架设浮桥过乌江。"[1]

蒋介石因贵州战局越来越棘手,在3月24日携陈诚、晏道刚等乘飞机由重庆亲赴贵阳,在当天日记中写道:"以晏(道刚)办事迟缓,又加上官(云相)放弃桐梓,忧愤暴戾,不可抑止。"这下蒋介石已亲自到贵州第一线来指挥作战了。他指挥作战的能力到底又怎样呢?其实,他根本弄不清红军的行踪所向。五天后,他在29日的日记中还写道:"匪果由沙土西窜乎?抑图偷渡乌江东窜乎?"到31日才知道:"匪已全部渡过乌江,今日围攻息烽碉堡。"[2]这又使他随后再次做出错误的判断。

息烽就在贵阳正北约六十公里,蒋介石所在的贵阳立刻受到严重威胁。4月1日,滇军将领孙渡的报告中写道:"匪大部已过

---

[1] 杨尚昆:《杨尚昆回忆录》,北京:中央文献出版社,2001年版,第127页。
[2] 蒋介石日记(手稿本),1935年3月24日、29日、31日,美国斯坦福大学胡佛研究所藏。

乌江，大有袭攻贵阳之势。"[1]当时驻守贵阳及其附近的国民党军只有郭思演部第九十九师的四个团，兵力单薄。中央红军的行动使刚到贵阳十来天的蒋介石十分震惊。他在3日致电何应钦、顾祝同，要他们调兵来黔。电文中说："此间兵力实感不足，匪于三十日以主力乘虚偷渡乌江南岸，即攻息烽，只有一营部与一连之兵凭守碉堡，又抽贵阳守兵一营赴援。"不久，"再抽贵阳守备队一营，进驻扎佐防守。至此，贵阳守备队实不足五营之数。四日之内，竟无一兵可调"。[2]足见蒋介石当时处境之狼狈。晏道刚回忆："约在4月2日左右，蒋介石召陈诚、薛岳、何成浚和我一起商谈。大家判断红军这个行动，一是乘虚袭击贵阳，一是仍图东进与湘西红军会师，两案之中以后者公算较大，但两者都威胁贵阳的安全，当前应以确保贵阳为急。"蒋介石随即做出决定，严令前线各部队衔尾疾追，入黔湘军在黔东准备堵截，并"调大定孙渡纵队限期东进集结贵阳"。"约在4月6日（或7日），滇军孙渡纵队先头急行军三四天走了四百多里路终于照蒋的电令赶到贵阳，并确实固守机场。"[3]

　　蒋介石对滇军孙渡纵队东调贵阳这件事十分看重。他在3月31日得知红军渡过乌江后立刻致电孙渡："望兄速率全部""兼程猛进""尤勿延误"。[4]4月6日日记中记录："见滇军将领。"7日记

---

[1]《贵州社会科学》编辑部、贵州省博物馆编：《红军长征在贵州史料选辑》，内部资料，1983年版，第656页。

[2]《蒋介石档案·事略稿本》（30），台北："国史馆"，2008年，第321、322页。

[3] 晏道刚：《追堵长征红军的部署及其失败》，中国人民政治协商会议全国委员会文史资料委员会《围追堵截红军长征亲历记》编审组编：《围追堵截红军长征亲历记——原国民党将领的回忆》（上），北京：中国文史出版社，1991年版，第15—17页。

[4] 同[2]，第272页。

下:"滇军补助费。"8日写道:"孙司令幸平安通过,到达龙里(引者注:龙里在贵阳东南约二十公里)。"9日写道:"滇军在龙里与黄泥哨东西夹击,皆不能包围歼灭。"11日写道:"匪必狡谋脱滇军追击范围,恐其旋盘打圈。"13日写道:"焦灼异甚,终日研究地图。西征以来,以今日忧虑为最甚。"[1]可见他对贵阳安危的心情何等焦虑和急迫。

其实,中央红军的目的既不是"仍图东进",也不想"乘虚袭击贵阳",正是要以佯攻贵阳、虚张声势来迫使蒋介石慌慌忙忙地把原来驻防黔西、阻挡红军进入云南的滇军孙渡部东调贵阳,这样红军西进云南的门户便敞开了。刘伯承说过:"在部署这次行动时,毛主席就曾说:'只要能把滇军调出来,就是胜利。'果然,敌人完全按照毛主席的指挥行动了。"[2]双方在博弈中的高下,不言自明。

但蒋介石向来不愿真正做自我反省。他在4月4日所写的"本月反省录"中写道:"对匪情判断处置,皆如所料。惜将士愚弱,不能遵照旨意,致匪东西自如,不能如计歼灭,任其偷窜者三次,失却良机,可痛。"[3]这些话读起来,不免引人发笑。蒋介石对情况"判断处置"的失误,到此还没有结束。这时,红军以一个团佯攻贵阳,并且在贵阳城外贴出"拿下贵阳城,活捉蒋介石"的标语来迷惑蒋介石,主力却乘隙从贵阳、龙里之间穿越湘黔公路西行。蒋介石在4月4日电令白崇禧、廖磊中却说:"此间各部仍照原定部署向

---

[1] 蒋介石日记(手稿本),1935年4月6日、7日、8日、9日、11日、13日,美国斯坦福大学胡佛研究所藏。

[2] 中国人民解放军军事学院编:《刘伯承军事文选》,北京:解放军出版社,1982年版,第726页。

[3] 蒋介石日记(手稿本),1935年4月4日"本月反省录",美国斯坦福大学胡佛研究所藏。

东猛追。"[1]一时，战场上出现十分奇怪的局面：国民党军向东猛追，红军主力却悄悄地向西南向云南疾进，双方正好背道而驰！

这时，红军以每天行军60公里的速度急进。杨尚昆回忆道："18日，三军团渡过北盘江，改推进为疾进，占贞丰，取兴仁，入普安，几乎每天打下一个县城。22日，和一、五军团及中央纵队会合，第二天到达黔滇边的盘县。24日，红军从贵州进入云南省境。"[2]中央红军终于脱离国民党军重兵云集的贵州，这是一个重要时刻。中共中央做出两手准备，在25日以"万万火急"致电红一、三、五军团，指出最近时期是"争取胜利的转变战局的紧急关头"，要准备在进入云南境内时同国民党军队"决战"。[3]由于已经东进的滇军主力无法赶到，这场决战没有发生。

蒋介石一时仍摸不清红军的行动方向。他在16日写道："本日仍研究作战，匪踪不明。"17日写道："匪已渡百层河，向贞丰西窜乎？"到18日才断定："匪果经贞丰企图西窜。"19日写道："本日匪先头已窜至兴仁之六官堡，其迅速可羡。"[4]此时，他要调动军队阻挡红军入滇已来不及，而且龙云深深疑惧外省军队入滇也使蒋介石在调动军队时不能不有所顾忌，因此行动迟缓。

但蒋介石仍执着地认为："西边之金沙江，他便不能渡越过去，所以他简直是成了陷于'死地'的'穷寇'。"到4月25日，他致薛岳并各纵队司令官、各师旅长电中仍说："此次匪入滇境，层峦重螯，通路崎岖，又复到处苗居，不惟给养困难，而且气候险恶，

---

[1]《蒋介石档案·事略稿本》(30)，台北："国史馆"，2008年，第331、332页。
[2] 杨尚昆：《杨尚昆回忆录》，北京：中央文献出版社，2001年版，第129页。
[3] 中共云南省委党史资料征集委员会编：《红军长征过云南》，昆明：云南民族出版社，1986年版，第25页。
[4] 蒋介石日记（手稿本），1935年4月16日、17日、18日、19日，美国斯坦福大学胡佛研究所藏。

瘴雾弥漫,是匪更陷入绝地与死地也。"[1]

蒋介石所说的"绝地与死地"都没有难住中央红军。红军进入云南后,又像佯攻贵阳那样,摆出进攻昆明的姿态。朱德回忆道:"到了离昆明三十里处,这时坐镇贵阳的蒋介石部都调到东面去,一下就落后了五天路。云南的五个旅也还在贵州,昆明城内只有一个教导团。但我们的目的,并不在占领昆明,而是引诱军队来援。同时,更故意向西去占元谋、禄劝,佯向龙街企图过金沙江。这样,引得大部敌军都趋向元谋,而我们折回头,在皎平渡渡过了金沙江。"[2]周浑元部师长万耀煌说:"在匪尚未渡金沙江时,薛岳曾电令吴奇伟、周浑元乘匪未渡江时围剿之。薛命我去元谋马街堵击,我只有放弃原来追匪计划,回头走两天,未到武定,薛来电报说匪并未去元谋,为何消息如此不确?可见谍报大有问题。""我追到金沙江边,匪已渡完,船已为匪凿沉。周浑元追到金沙的一个渡口,也是匪走船沉。"[3]

这样,红军就通过灵活机动的行动,顺利渡过了天险金沙江,摆脱了国民党中央军的追击。

红军离开贵州前,蒋介石正式免去王家烈的贵州省政府主席和第二十五军军长的职务,在 4 月 16 日把他送到南京去当一个空头的军事参议院中将参议。贵州完全落入蒋介石的直接控制之下。红军渡过金沙江进入川西后,5 月 9 日,龙云致电蒋介石称:"实职之调试无方,各部队(之)追剿不力,尚何能尤人。惟有请钧座

---

[1]《蒋介石档案·事略稿本》(30),台北:"国史馆",2008 年,第 425、574 页。

[2]《朱总司令自传(1886—1937)》,孙泱笔记,稿本。

[3] 万耀煌口述、沈云龙访问、贾廷诗等记录:《万耀煌先生访问记录》,台北:"中研院"近代史研究所,1993 年,第 349、350 页。

将职严行议处,以谢党国。"13日,孙渡也致电龙云,以红军渡江北进而提出引咎辞职。[1]但这时蒋介石还不能像处理王家烈那样来对待龙云和滇军,最后只能不了了之。

接着,红军抢渡大渡河,翻过夹金山,同前来迎接的红四方面军李先念部会师。从此,中央红军长征史进入了一个新阶段。

五、结语

中央红军长征在贵州的四个多月,特别是遵义会议后的四渡赤水,创造了中国战争史上的奇迹。

中央红军之所以能取得成功的最重要原因,是坚持从实际出发,采取符合实际情况的行动方针。对脱离根据地、来到对周围环境都十分陌生的贵州,要做到这一点谈何容易。唯一办法只有在实际活动中去摸索,敏锐地观察动向,沉着地做出判断,灵活应对。因此,他们在四个多月中曾经根据实际情况,几次当机立断地对行动方针做出重大调整:黎平会议,放弃了过去在湘西创立新的根据地的目标,决定新的根据地应该在川黔边区,也就是陈云所说"以黔北为中心来创造苏区根据地的决议";遵义会议又改变以黔北为中心来创造根据地的计划,决定渡过长江,在成都的西南或西北建立根据地;扎西会议,又提出原定渡河计划已不可能实现,决定以川、滇、黔边境为发展地区,以战斗的胜利来开展局面。以后,又决定重回黔北,抢渡乌江,佯攻贵阳,大踏步西进云南。这几次及时的重大调整,出乎国民党军统帅部的意

---

[1] 中共云南省委党史资料征集委员会编:《红军长征过云南》,昆明:云南民族出版社,1986年版,第381、382页。

料之外，目的都是为了使红军的行动方针符合当时不断变化的实际情况。

当时担任中央红军总参谋长的刘伯承评论道："遵义会议以后，我军一反以前的情况，好像忽然获得了新的生命，迂回曲折，穿插于敌人之间，以为我向东却又向西，以为我渡江却又远途回击，处处主动，生龙活虎，左右敌人。我军一动，敌又须重摆阵势，因而我军得以从容休息发动群众，扩大红军。待敌部署就绪，我们却又打到别处去了，弄得敌人扑朔迷离，处处挨打，疲于奔命。"[1]这位中央红军在贵州全过程重要亲历者的评论，是十分中肯的。

还有一个重要问题：行动方针是要靠人去实行的。如果没有红军这样一支队伍，再高明的战略战术也难以得到实施。红军的战略战术，是它在同内外敌人长期作战的锻炼中产生出来，并且完全适合于红军的情况。蒋介石和他们的高级将领熟知红军的作战特点，但他们的军队无法做到，也找不到对付的办法。中央红军在贵州连绵不绝的险峻山地强行军的速度，也是国民党军队怎么也赶不上的。英国军事学家李德·哈特写道："精神与士气乃战争之主宰。""拿破仑的格言的新解是：士气以三比一重于实力。"[2]事实上，它的比重有时还超过三比一。当年在红三军团担任过营长、参谋的张震写道："红军之所以能在艰苦卓绝的长征中，战不垮，打不败，最根本的一条原因是，大家有着共同的理想和必胜的信念。红军战士有了共同的理想，就有了巨大的精神力量，有

---

[1] 中国人民解放军军事学院编：《刘伯承军事文选》，北京：解放军出版社，1982年版，第726页。
[2] [英]李德·哈特著，林光余译：《第一次世界大战战史》，上海：上海人民出版社，2010年版，第391、406页。

了明确的行动指南,就不怕任何艰难,不惜流血牺牲,表现出对党的一片赤诚。他们始终把人民的利益看得高于一切,顽强战斗,勇往直前,无坚不摧。"[1]这也是一位亲历者的自述,说出了红军在贵州所以能突破国民党军重围的又一个重要原因。

---

[1]《伟大转折的起点:黎平会议》编辑组编著:《伟大转折的起点:黎平会议》,贵阳:贵州人民出版社,2009年版,"序言",第4、5页。

抗战前夜中共中央战略决策的形成[1]

从中央红军抵达陕北到抗日战争爆发，在短短一年多时间内，中国共产党实现了一次战略性的大转变：由国内土地革命战争转到实现第二次国共合作，形成抗日民族统一战线，为全民族抗日战争打下了基础。

经历了十年内战后，要实现这样的大转变谈何容易。在10年中，中国共产党人在国民党大屠杀下积累的创痛和仇恨是很难淡忘的。国民党对抗日的态度一时又令人难以捉摸，并且在很长时间内依然一心想消灭共产党。这样两个党要实现和解和合作，结成抗日民族统一战线，不能不经过一段艰难而曲折的旅程。

看起来似乎难以想象的事情，最后终于变成事实。对这个问题，许多学者已从不同角度做过细致的论述。[2]本文想着重从中共中央高层决策过程的视角，做一点探讨。

一、中央红军到达陕北

历史是无法割断的。如果要全面论述这个问题，应该从更早

---

[1] 原文载于《历史研究》2005年第4期。
[2] 有关抗战前后国共关系研究的著作可参考胡绳主编：《中国共产党的七十年》，北京：中共党史出版社，1991年版；黄修荣：《国共关系七十年》，广州：广东教育出版社，1998年版；程中原：《张闻天传》，北京：当代中国出版社，2000年版；杨奎松：《西安事变新探——张学良与中共关系之研究》，台北：东大图书公司，1995年版。

说起。为了节省篇幅，本文选择1935年10月中央红军到达陕北，作为考察的起点。

为什么选择1935年最后几个月作为考察的起点？那时，日本军国主义者正加紧对中国的侵略，特别是要把华北纳入它的直接控制之下，"中华民族到了最危险的时候"的沉痛呼声便是在这时喊出来的；在民族危机空前深重的刺激下，以一二·九运动为起点，中国社会各阶层的抗日救亡浪潮蓬勃兴起，民众广泛觉醒，"停止内战，一致抗日"成为人们的强烈要求；国民党当局由于自身统治遭受严重威胁，开始酝酿改变对日政策；共产国际七大结束不久，提出要建立反法西斯统一战线的策略方针，中共驻共产国际代表团起草的《八一宣言》已经发表。这些构成一幅波澜壮阔的历史画面。离开这个大背景，什么问题都无法说清楚。

本文准备着重考察的是中共中央战略决策的演变，自然不能不先来看一看中共中央当时的具体处境。

结束长征，到达陕北，建立起新的根据地，对中国共产党来说，是一件非同小可的事情。长征开始后，中央红军一直遭受着处于优势地位的国民党军队的前堵后追。多次从千钧一发的险境中冲出来。它所面对的首先是自身的生存问题，如果不能生存，其他一切都无从谈起。这时，它同外界的联系又几乎全被切断，能够得到的国内外信息很少。在这种状况下，中共中央没有可能把建立抗日民族统一战线立刻提到重要的实际工作日程上来。

中央红军同红四方面军会合后，曾先后在两河口会议、沙窝会议、毛儿盖会议上确定北上创造川陕甘苏区根据地的战略方针。这是一个正确的方针。但是，张国焘的分裂活动使局势陡然发生逆转。1935年9月9日，中共中央被迫率领右路军中的红一军、红三军和军委纵队组成陕甘支队,人数只有不多的七千多人,先行北上。下一步到哪里去才能站定脚跟,一时并没有把握。12日,中央政治局在甘肃南部的俄界召开扩大会议。毛泽东在会上说:"我们可以首先在苏联边境创造一个根据地,来向东发展。"他说:"目前战略方针,川陕甘计划是有变更,因一、四方面军分开,张国焘南下,使中国革命受到相当严重损失。""所以应该明确地指出这个问题,经过游击战争,打通国际联系,得到国际的指示与帮助,整顿休养兵力,扩大队伍。"[1]党内负总责的张闻天在会上也说:在川陕甘创造根据地,建立全国革命中心,在目前较少可能。"因为一、四方面军分开,我们的力量削弱了,所以我们的战略方针不能不有变更。"[2]

俄界会议这个决定很值得注意。变更原定在川陕甘创造根据地的战略方针,准备"首先在苏联边境创造一个根据地来向东发展",当然是万不得已的事情,可以看出当时情势是多么险恶。

但出乎意外,情况很快发生了变化。9月17日,陕甘支队先头部队乘虚抢占天险腊子口,突入甘南开阔地带。18日,红军到达宕昌县。在这里,收集到一批天津《大公报》和《山西日报》等,得知在陕北已有徐海东、刘志丹等很有战斗力的红军和大片比较巩固的根据地。这是中央红军长征出发以来不曾遇到过的。事情需要做新的考虑。27日,陕甘支队继续前进到通渭县榜罗镇。第二天,中共中央政治局在这里举行常委会议,改变俄界会议的决定,把落脚点确定在陕北。毛泽东在二十多天后举行的政治局会

---

[1]《中国工农红军第四方面军战史资料选编·长征时期》,北京:解放军出版社,1992年版,第151、152页。

[2] 张闻天:《张闻天文集》(1),北京:中共党史出版社,1990年版,第566页。

议上说:"榜罗镇的会议(由常委同志参加)改变了俄界会议的决定。改变了,因为那里得到了新的材料,知道陕北有这样大的苏区与红军,所以改变决定,在陕北保卫与扩大苏区。在俄界会议上想会合后带到接近苏联的地区去,那时保卫与扩大陕北苏区的观点是没有的,现我们应批准榜罗镇会议的改变,以陕北苏区来领导全国革命。"[1]

毛泽东曾称赞徐海东是"对中国革命有大功的人",[2] 既是对徐海东的赞扬,也是对整个陕北红军和根据地的赞扬,他们在这个重大历史关头立下的,确实是"大功"。

10月19日,北上的陕甘支队到达保安县吴起镇,随后同陕北红军会合。这两支红军合组后,恢复了第一方面军番号。22日,中共中央在这里召开政治局会议。这次会议最重要的内容有两点:一是宣告中央红军主力的长征胜利结束,二是提出了抗日民族战争的新口号。张闻天在会上说:"长途行军中间所决定的任务已经最后完成。到达某一苏区,长途行军就是完结了。现在新的任务是保卫与扩大这一苏区。""应使同志们了解,现在保卫苏区要变为直接的民族革命战争,要把土地革命与反帝直接结合起来。"[3] 毛泽东在会上的报告中说:"现在形势环境均已改变,我们应接受新的形势来工作。""到达这地区的任务已完成了,敌人对我们追击堵击不得不告一段落。现在是敌人围剿,而我们保卫与扩大陕北苏区。"他又说:"日本帝国(主义)独占华北,反帝运动高涨。昨日捉到东北军俘虏,发二元钱回家,(他)说东三省、热河失去,

---

[1] 毛泽东在中共中央政治局会议上的报告记录,1935年10月22日。
[2] 《忆徐海东》编辑组编:《忆徐海东》,郑州:河南人民出版社,1981年版,第2页。
[3] 张闻天:《张闻天文集》(2),北京:中共党史出版社,1993年版,第1页。

回什么家！于学忠发宣言，声明退出东三省是上级命令。反帝革命是在全国酝酿，陕北群众急需革命，这是粉碎围（剿）的客观条件。"[1]

中央红军主力到达陕北，一个大变化是重新有了可以立足的根据地。有这样一个根据地和没有这样一个根据地是大不一样的。如果连生存都没有保障，其他自然都顾不上。而他们能在这时提出抗日民族战争的新口号，又同他们来到接近抗日前线的北方地区、能得到更多信息直接有关。从此，"一个历史时期已经完结，一个新的历史时期开始了"。

二、瓦窑堡会议

1935年最后两个月，对中共中央的战略决策产生重大影响的有两件事：一件是随着日本军国主义者对加紧侵略华北又跨出新的重大步伐，国难更加深重；另一件是参加共产国际七大的张浩回国，向中共中央口头传达了这次大会的精神。

日本军国主义者企图独占华北，蓄谋已久，早已采取一系列实际行动，深深刺痛着中国人的心。这年11月中旬，一个更加令人震惊的消息传来：日本军方导演的所谓"华北自治运动"公开出台。谁都明白，所谓"自治"其实就是要使华北五省二市脱离中央政府，建立亲日政府，处在日本的直接控制之下。日本关东军司令官南次郎派特务机关长土肥原贤二到北平，向兼任平津卫戍司令的第二十九军军长宋哲元提出最后通牒式的警告：限他在11月20日前宣布"自治"，否则日军将武力攻占河北和山东。宋

---

[1] 毛泽东在中共中央政治局会议上的报告记录，1935年10月22日。

哲元等在19日密电蒋介石报告："北方情势，已甚明显，似非少数日本军人自由之行动。日来应付极感困难，彼方要求，必须华北脱离中央，另成局面。迭经拒绝，相逼益紧。"[1]24日，土肥原策动成立"冀东防共自治委员会"（两天后改称"冀东防共自治政府"），公开宣称"自本日起，脱离中央，宣布自治"。[2]华北上空阴云密布，仿佛又重现九一八事变前夜那种浓烈的战争气氛。

民族生存比什么都重要。人们对国民党当局一再对日屈服退让极为不满。北平学生的一二·九爱国运动，便是在这种背景下爆发的。它像燎原的烈火那样，得到社会各阶层的普遍同情和支持，迅猛地向全国各地展开。民众的觉醒和行动引起中共中央的极大重视，抗日救亡的任务自然地被提到越来越突出的地位。

张浩是代表中华全国总工会到苏联参加赤色职工国际工作的，也是中共驻共产国际代表团的成员。这年7月25日至8月20日，共产国际第七次代表大会在莫斯科举行。张浩和中共代表团其他成员出席了这次大会。针对德、意、日法西斯势力在东西方日益猖獗，严重威胁世界的和平与安全，大会提出建立反法西斯统一战线的方针。这次大会着重讨论的是欧洲问题，但共产国际总书记季米特洛夫在报告中也说道：中国共产党要"同中国一切决心真正救国救民的有组织的力量结成反对日本帝国主义及其走狗的广泛的反帝统一战线"。[3]为了尽快恢复共产国际同中共中央之间在红军

---

[1]《中华民国重要史料初编——对日抗战时期》第6编，傀儡组织（2），台北：中国国民党中央党史委员会，1981年，第81页。

[2] 同[1]，第186页。

[3] 中国社会科学院近代史研究所翻译室编译：《共产国际有关中国革命的文献资料》第2辑，北京：中国社会科学出版社，1982年版，第392页。

长征期间中断的联系,不等会议结束,共产国际和中共代表团就派张浩回国。他经过长途跋涉,在11月18日或19日到达瓦窑堡,凭记忆向中共中央传达了共产国际七大的精神。共产国际的意见,对中共中央产生重大影响。它同中共中央在实际生活中强烈感受到的必须团结抗日、救亡图存的要求是一致的。

中共中央机关11月7日从吴起镇迁到瓦窑堡。13日,中共中央发出《为日本帝国主义并吞华北及蒋介石出卖中国宣言》。这时张浩还没有到达瓦窑堡。中共中央在《宣言》中提出:"一切抗日反蒋的中国人民与武装队伍,不论他们的党派、信仰、性别、职业、年龄有如何的不同,都应该联合起来,为打倒日本帝国主义与蒋介石国民党而血战!"《宣言》还写道:"不反对日本帝国主义,我们无法打倒蒋介石国民党,不打倒蒋介石国民党,我们也无法停止日本帝国主义的侵略,推翻日本在中国的统治!抗日反蒋是全中国民众救国图存的唯一出路!"[1]《宣言》虽没有明确地提出建立抗日民族统一战线的主张,但要求各种力量联合起来,显然已包含这个意思,因为这是中国实际情况所要求的。

29日,中共中央举行政治局会议。毛泽东、周恩来因为在前线指挥直罗镇战役刚刚结束,没有能回来参加这次会议。张浩已来到瓦窑堡。张闻天在会上的报告中,根据共产国际七大的精神和中国面对的现实,着重谈了抗日民族统一战线问题,说:"日本对中国的侵略更加紧了。""在目前形势下,反对日本侵略者的,不仅有工农群众、大学教授以及某些派别的资本家,就是在军阀中间也有人对日本侵略不满意。广大阶层参加到民族战线中,许

---

[1] 中央档案馆编:《中共中央文件选集》第10册,北京:中共中央党校出版社,1991年版,第574、575页。

多人持同情态度或守善意中立,反日的基本力量更加广泛。"他强调:"甚至对上层统一战线,我们都要争取。"过去,中国共产党看重的只是"下层统一战线",这时提出对"上层统一战线"也要争取,是一个重要变化。在结论中,张闻天对建立上层统一战线的问题做了更多的阐述,说:"今天提出统一战线,与过去有很大不同。一九二七年大革命失败后,反革命团结起来向革命进攻,小资产阶级消极或同情反革命,我们的力量散了些。在这些条件下,只能搞下层统一战线,我们的工作集中于工农群众中团结和巩固自己的力量。现在情形不同,整个小资产阶级动摇及同情我们,在军阀中也有分化,有的动摇、中立或对我们同情,我们有着坚强的苏维埃、红军及广大的群众拥护,党的力量也比以前加强了。在全国提出的两条道路问题更清楚的提到群众的前面。这样,就更迫切的提出了实行统一战线策略的任务。这个策略是可以实现的,抗日反蒋必须很好的运用这一策略。"[1]刘少奇在会上说:"统一战线问题,我们没有能发动广大群众运动是犯了严重的关门主义,上层领导同志甚至都犯了。""日本帝国主义在侵略中国,中国群众反日运动在高涨,党应去领导和组织这一运动,因此必须反对关门主义。"[2]

12月13日,毛泽东、周恩来回到瓦窑堡。从17日至25日,中共中央连续举行政治局会议。这是一次讨论中国共产党战略决策的十分重要的会议,后来被称为瓦窑堡会议。会议开始后,先由张闻天做政治形势和策略问题的报告,张浩做关于共产国际七大精神的传达报告。会议通过张闻天起草的《中央关于目前政治

---

[1] 张闻天:《张闻天文集》(2),北京:中共党史出版社,1993年版,第16、18、20页。
[2] 刘少奇在中共中央政治局会议上的发言记录,1935年11月29日。

形势与党的任务决议》。决议指出"目前政治形势已经起了一个基本上的变化","党的策略路线,是在发动、团聚与组织全中国全民族一切革命力量去反对当前主要的敌人:日本帝国主义与卖国贼头子蒋介石"。[1]

23日,政治局会议着重讨论军事问题,由负责军事工作的毛泽东报告。他在报告中提出的战略方针是:"在以坚决的民族战争反抗日本帝国主义进攻总任务之下,首先须在一切政治的军事的号召与实际行动上,确定'把国内战争同民族战争结合起来'的方针。""土地革命在民族战争的口号与策略之下执行。"行动上,他主张分三个步骤:第一步是在陕西,包括扩大红军、完成渡河准备等;第二步是在山西,准备用六个月(2月—7月),依情况延长或缩短之;第三步在绥远,时机看战争情况及日本对绥远进攻情形决定。[2]

为什么在建立抗日民族统一战线已成为放在中国共产党面前突出课题的时候,要讨论东征的军事行动?那是现实的需要。第一,它是巩固和发展根据地的需要。直罗镇战役的胜利,虽然已为中共中央把全国革命大本营放在陕北举行了一个奠基礼,但陕北面积狭小,人口稀少,土地瘠薄,经济落后,粮食和工业品缺乏,又遭受国民党重兵的封锁和围困,如果不积极向外发展,只是消极地坐待应付国民党军队的围剿,很容易陷入难以持久的不利处境。要向外发展,山西阎锡山部队的战斗力比驻在陕北以南

---

[1] 中央档案馆编:《中共中央文件选集》第10册,北京:中共中央党校出版社,1991年版,第598、604、618页。
[2] 毛泽东:《毛泽东军事文集》第1卷,北京:军事科学出版社、中央文献出版社,1993年版,第413、415页。

的张学良部东北军弱，打起来较有把握；山西人口稠密，物产丰饶，比陕北以西和以北都要富裕，便于红军的发展；晋绥部队还有一部分已进驻陕北的吴堡、葭县、绥德、清涧一带，进攻山西可以迫使阎锡山将这部分军队调回山西，扩大并巩固陕北苏区。第二，它又便于红军投入抗日的实际行动。那时日本已在河北增兵，并策动伪蒙军向绥远侵袭。东征山西，可以东入河北或北转绥远，"对日直接作战"。张闻天在讨论时说："我同意先向山西方向发展。""我们到了山西，就能组织更广大的群众到我们领导之下，以便来组织抗日的民族战争。山西环境与陕北亦有不同，更能取得广大群众的同情。我们高举抗日旗帜，肯定会取得群众的同情与拥护，群众更会走到我们的领导之下。"[1]

12月27日，毛泽东在党的活动分子会议上做《论反对日本帝国主义的策略》的报告。他在报告一开始就指出：目前形势的基本特点，就是日本帝国主义要变中国为它的殖民地，威胁到了全国人民的生存。"这种情形，就给中国一切阶级和一切政治派别提出了'怎么办'的问题。反抗呢？还是投降呢？或者游移于两者之间呢？"他指出：在这种时候，敌人的营垒是会发生破裂的，而和民族资产阶级有重新建立统一战线的可能性。他进一步分析道："我们说，时局的特点，是新的民族革命高潮的到来，中国处在新的全国大革命的前夜，这是现时革命形势的特点。这是事实，这是一方面的事实。现在我们又说，帝国主义还是一个严重的力量，革命力量的不平衡状态是一个严重的缺点，要打倒敌人必须准备作持久战，这是现时革命形势的又一个特点。这也是事实，这是

---

[1] 中共山西省石楼县委宣传部编：《红军东征》（上），北京：中共党史出版社，1997年版，第44、45页。

又一方面的事实。这两种特点,这两种事实,都一齐跑来教训我们,要求我们适应情况,改变策略,改变我们调动队伍进行战斗的方式。目前的时局,要求我们勇敢地抛弃关门主义,采取广泛的统一战线,防止冒险主义。"[1]

这篇讲话,更透辟地阐述了瓦窑堡会议的精神,指明党的基本策略任务是建立广泛的抗日民族革命统一战线;同时指出中国革命的长期性,预见到反对日本帝国主义的斗争"必须准备作持久战"。还需要提到,它又是遵义会议的继续和发展。遵义会议是在红军长征途中召开的,只能对当时最迫切的军事问题和中央领导机构问题做出决定。只有到了这时,才有可能进一步系统地说明党的政治策略。

中共中央到达陕北还只有两个多月。在这样短的时间内,不仅打破了国民党军队对陕北的第三次"围剿",巩固并发展了陕北革命根据地,开始了东征山西的部署和准备;并且对全国的政治形势做出通盘分析,提出建立广泛的抗日民族统一战线,特别强调发展上层统一战线的必要性和可能性,反对关门主义,在政治策略上实现了大转变。这是一个重大突破,是极不容易的。

自然也要看到,中共中央当时所要建立的抗日民族统一战线甚至上层统一战线,都没有把蒋介石包括在内,主要的口号是"抗日反蒋",把蒋介石称为"卖国贼头子"。这并不奇怪,且不说十年来国共之间的生死搏斗留下的深重伤痕难以在短期内消除;而且在此前他们看到国民党政府从九一八事变到放弃热河和签订塘沽协定,再到所谓"何梅协定"和"秦土协定",对日本侵略者一直是步步屈辱退让,而看不到国民党有改变"攘外必先安内"的

---

[1] 毛泽东:《毛泽东选集》第1卷,北京:人民出版社,1991年版,第143、153页。

方针、奋起抗日的决心;蒋介石又正在继续调集重兵,要把中国共产党和工农红军一举消灭在陕北一隅。在这种情况下,如果能提出"联蒋"的口号倒是一件奇怪的事情。这些问题,从双方来看,都需要再经历一段艰难而曲折的过程才能得到解决。

三、东征和晋西会议

1936年2月20日,红一方面军主力按照瓦窑堡会议的决定,突然强渡黄河,进入山西。中共中央主要负责人张闻天、毛泽东和彭德怀、凯丰、张浩等都随军东征,周恩来、博古、邓发、王稼祥等留在陕北,负责后方工作。东征红军进入山西后取得重大胜利。他们使用中国人民抗日先锋军的名义发表布告:"本军东行抗日。一切爱国志士、革命仁人,不分新旧,不分派别,不分出身,凡属同情于反抗日本帝国主义者,本军均愿与之联合,共同进行民族革命之伟大事业。"[1]这也是抗日民族统一战线主张的体现。

在这期间,整个局势进一步变化,民族危机更加深重,国内各种政治力量之间的关系也出现重要而微妙的变动。

日本军国主义者加紧对华侵略,力图把华北从中国分割出去。1936年1月13日,日本对中国驻屯军司令官提出《第一次北支(华北)处理要纲》,宣称:"自治的区域,以华北五省为目标","先求逐步完成冀察两省及平津两市的自治,进而使其他三省自然地与之合流"。[2] 2月26日,日本部分少壮军人在东京发动兵变,事

---

[1] 中共山西省石楼县委宣传部编:《红军东征》(上),北京:中共党史出版社,1997年版,第123页。
[2] 复旦大学历史系日本史组编译:《日本帝国主义对外侵略史料选编(1931—1945)》,上海:上海人民出版社,1975年版,第191页。

后由广田弘毅担任首相,蛮横而不可一世的军部牢牢控制了日本中央政府,战争气氛更加浓重。

全国范围内的爱国救亡运动蓬勃高涨,群情日趋激昂,上海和许多城市相继成立起各界救国联合会。国民党上层的政治态度也在发生变化,使中国共产党争取建立"上层统一战线"有了更多可能。

驻军陕西关中地区的张学良部东北军的中下级军官和士兵,因为家乡沦陷,强烈地要求停止内战,一致抗日。英国记者詹姆斯·贝特兰当时访问东北军后得到的印象是:"他们对于逼迫他们打自己同胞的命令,日益不满,而打回老家的决心也日益加强,至少也得为自己所信仰的主义战斗到死。"一个四十多岁的团长对他说:"当我们全体都希望打日本的时候,我们为什么还要打红军呢?"[1]这种情绪对张学良和东北军高级将领产生了影响。中共中央在实际接触中逐渐看清了这一点,便把"上层统一战线"的重点首先放在张学良和东北军身上。他们让被俘的东北军团长高福源回去说明中国共产党的政治主张,又派联络局局长李克农两次去见张学良秘密商谈合作,取得很好的效果。驻在关中地区的杨虎城部同中国共产党也早有联系。

这时,蒋介石的态度同样在悄悄地发生变化。日本侵略者的胃口实在太大,已超出南京国民党政府所能容忍的程度,直接威胁到它的生存。正如蒋介石不久后所说:华北一旦成为东北第二,南京又何尝不可以变成北平?社会各阶层强烈要求抗日,也对它形成巨大压力。正是在这种情况下,南京政府不能不开始考虑调整它的对日政策。蒋介石以后有一段话,把他这种内心变化刻画

---

[1] [英]詹姆斯·贝特兰著,林淡秋译:《中国的新生》,北京:新华出版社,1986年版,第219、220页。

得十分清楚:"广田内阁成立之后,把他们侵华的计划,综合为'善邻友好、共同防共与经济合作'的三原则,向国民政府提出交涉。当时的情势是很明白的,我们拒绝他的原则,就是战争;我们接受他的要求,就是灭亡。""中日战争既已无法避免,国民政府乃一面着手对苏交涉,一面着手中共问题的解决。我对于中共问题所持的方针,是中共武装必先解除,而后对他的党的问题才可作为政治问题,以政治方法来解决。"[1]

正是在这种心态下,蒋介石在继续"剿共"的同时,开始伸出一些触角进行政治试探。他加强同苏联的接触,在国内也通过多种渠道设法找寻中共的关系。陈立夫的亲信曾养甫先后与同中共北方局有联系的吕振羽和上海地下党派出的张子华会晤,但他们都不能代表中共中央进行谈判。因此,国民党当局仍希望能同中共中央直接取得联系。最早将这个信息直接送给中共中央的是宋庆龄。1936年1月,宋庆龄在上海找到有着牧师身份的秘密共产党员董健吾,要他送一封信到陕北交给毛泽东、周恩来,还给他一张由孔祥熙签名委董为"西北经济专员"的委任状,这显然是得到南京政府同意的。张子华与董同行。2月27日,董、张两人到达瓦窑堡,会见博古。3月4日,在山西前线的张闻天、毛泽东、彭德怀复电博古转董健吾,表示:"弟等十分欢迎南京当局觉悟与明智的表示,为联合全国力量抗日救国,弟等愿与南京当局开始具体实际之谈判。"电报中向南京政府提出五点要求:"一、停止一切内战,全国武装不分红白,一致抗日;二、组织国防政府与抗日联军;三、容许全国主力红军迅速集中河北,首先抵御日寇迈进;四、释放政治犯,容许人民政治自由;五、内政与经济上实行初

---

[1] 蒋中正:《苏俄在中国》,台北:"中央"文物供应社,1992年版,第59、62页。

步与必要的改革。"[1]第二天,董健吾带着这个密件离开瓦窑堡,回宋庆龄处复命。国共两党高层间中断八年多的联系,终于在宋庆龄推动下接通了。当然,这种联系只是初步的。双方都在相互试探,彼此都还不清楚对方的底细。

3月间,共产国际七大的正式文件由刘长胜带回国内,送交中共中央。董健吾返回南京后,张子华随博古到山西前线向中共中央报告同南京当局接触中的重要情况。这两件事都是牵动战略全局的大事,需要中共中央领导集体认真研究,及时做出决断。

3月20日—27日,中共中央接连举行六次政治局会议,被称为晋西会议。会议有两项议事日程:一是结合中国实际情况讨论共产国际第七次大会决议,二是研究目前战略方针。很可注意的是:第一,这些会议是在紧张的行军过程中进行的,几乎每次会议都要更换地点:20日在交口县大枣郊上贤村,23日在隰县石口,24日、25日在罗村,26日在四江村,27日在石楼附近。第二,参加会议的,除在山西前线的中共中央领导人张闻天、毛泽东等外,原来留在陕北负责后方工作的周恩来、博古等也赶来参加。从这两点,可以看出这次会议是多么重要。

前三次会议讨论共产国际七大决议。首先由张闻天做报告。根据共产国际七大精神,他在报告中说:"中国共产党的任务是,准备开展大规模的民族革命战争,反对日本帝国主义的侵略。目前的关键,是建立统一战线——抗日的人民统一战线。"[2]这就把那次政治局会议的主题点明白了。

讨论中,大家同意这个报告。毛泽东发言中表示:瓦窑堡会

---

[1] 洛甫、毛泽东、彭德怀致博古转周继吾(董健吾)的电报,1936年3月4日。
[2] 张闻天:《张闻天文集》(2),北京:中共党史出版社,1993年版,第83页。

议决议是符合共产国际七大决议的。他说:"要提出停止内战","'争取对日作战的时机'应改为'争取直接对日作战'"。在革命策略上,"我们的任务,利用每一分钟来争取最多数"。"我们要谨防扒手,但第一是应开大门。""政权问题,主张苏维埃当然是对的,但(哪一个)对全国更好,就用哪一个。在华北,一般的用抗日政府较好。"谈到"联俄问题"时,他说:"中国人的事要自己干,相信自己。故(一)相信自己。(二)不要朋友是不对的。"[1]张浩说:瓦窑堡会议时,政治局并没有因为我传达不充分而对共产国际七大的精神不了解,反而具体讨论了问题,与国际决议精神符合。谈到统一战线问题时,他主张:"集中一切力量反对主要敌人。过去'打倒一切帝国主义、一切军阀',好听而做不到。只打一个,就使主要敌人孤立。"[2]彭德怀说:"十二月决议在现在事实证明正确。未过黄河之前,对山西群众的估计不如现在。这里比(中央苏区的)广昌、石城之间还好。学生运动之激烈,刊物之左倾,表示中国革命形势猛烈开展着。""怎样促成抗日反卖国贼统一战线的实现?要定出具体口号,站在领导地位。统一战线的成功,首先要分裂统治阶级的力量。统治者有一部分同情我们,一部分反对我们,要分裂他们,才能促成统一战线。"[3]

可以看出,随着国内外局势的发展,中国共产党的抗日民族统一战线主张已更趋明朗化和具体化,"停止内战"的口号已经提出,对南京国民党政府内部各种力量开始按照是否赞同抗日而区别对待,原来的苏维埃政权也可考虑改称抗日政府。

---

[1] 毛泽东在中共中央政治局会议上的发言记录,1936年3月23日。
[2] 张浩在中共中央政治局会议上的发言记录,1936年3月23日。
[3] 彭德怀在中共中央政治局会议上的发言记录,1936年3月24日。

在这次会议上，有两个问题没有完全解决，说明党的战略决策仍处在逐步形成的过渡阶段。

第一个问题是：抗日民族统一战线是否包括蒋介石。尽管蒋介石通过多种渠道在寻找中国共产党的关系，进行政治试探，董健吾、张子华还拿着南京政府的证件来到瓦窑堡，但这毕竟只是接触的开始，对南京政府的真实意图究竟是什么并不清楚。何况蒋介石又在3月24日委派陈诚为太原绥靖公署第一路总指挥，率领关麟征、汤恩伯等部重兵进入山西协助阎锡山作战，企图围歼红一方面军主力于黄河以东。因此，这次会议自然不可能把蒋介石立刻列入联合对象之内。会上"抗日的人民统一战线"的提法，特别标出人民二字，也表明这种保留态度。但会议没有提抗日反蒋，而是提抗日反卖国贼，包含着一层意思：如果蒋介石决心抗日，那就不是卖国贼了，不再是反对的对象；如果他采取相反的态度，反卖国贼自然也成为反蒋的同义语。张浩在讲要"集中一切力量反对主要敌人"后又说了一句："打蒋介石，现改为'打卖国贼'"，表明这里是有意识地留有余地的，从一个侧面反映出同董、张接触后在口号上的调整。张闻天在做结论时说："有反动派来谈判，我们应说你抗起日来，苏联会帮助。全中国群众看到苏联是好的。故恩来说讲此问题时，要他们表示抗日诚意，这是对的。"[1]这也说明此时中共中央对待蒋介石的态度如何，关键是看他究竟有没有真正的抗日诚意，他的下一步行动如何。

第二个问题是，实行抗日统一战线是否要改变土地革命的政策。十年内战时期中共的主要口号是土地革命，它涉及同广大农民的关系，因此，中共中央在这个问题上不容易很快下决心是很

---

[1] 张闻天在中共中央政治局会议上结论的记录，1936年3月24日。

自然的。特别当全国抗日民族统一战线还没有真正形成时，更不可能轻言改变。张闻天在报告中笼统地谈道："土地革命与抗日斗争联系起来的方式应随环境而异。这种联系也不是公式，是要根据环境而采取的。"讨论中，许多人都对这个问题发表意见。大家更多倾向于不宜改变土地革命的政策，以免脱离农民群众。博古说："土地问题的解决不违背民族统一战线。是否土地革命服从民族革命？如了解为'低一点'则不对的、不适合的。""有人以为'着重土（地）革（命），将使我们与反帝群众脱离'。他未想'群众'是谁。我们恰恰是在群众中依照民众的程度与力量，领导到土地革命。当然土革不是在任何地方简单化，但我们的立场应坚持。"[1]周恩来说："现在土地革命的开展，正是加强统一战线的力量。农民总是要走上土革，是否推迟之使会利于民族革命？党不是勉强制造，亦不是做尾巴。我们的统一战线不是要地主资本家全部而不要农民。对于抗日地主可以优待，而不是不动其土地。"[2]王稼祥说："不发动土地革命，主要人口之农民不能吸收到抗日的战线上去。"[3]会议并没有对这个问题做出结论。

大革命失败时，八七会议确定的总方针是土地革命和武装反抗国民党。十年内战中，中国共产党始终坚持这个总方针，一切行动都是为了实行土地革命和推翻国民党的统治。人们的思想总容易有惯性。因此，新形势下，在处理如何对待蒋介石和如何对待土地革命这两个问题上实行大的转变格外慎重，是可以理解的。

晋西会议后的两次会，是讨论目前战略方针，由毛泽东做报

---

[1] 博古在中共中央政治局会议上的发言记录，1936年3月23日。

[2] 周恩来在中共中央政治局会议上的发言记录，1936年3月23日。

[3] 王稼祥在中共中央政治局会议上的发言记录，1936年3月24日。

告。他说:"经营山陕,主要是山西,是对日作战必要与重要的步骤。"方针应该是:"以发展求巩固,反对巩固的向前发展。""现在应进攻,围剿来时则防御,围剿打破则应进攻,李德则取消进攻。"[1]他批评李德,因为李德不久前写了一个《意见书》,里面说:"转到战略的进攻,我们还非常之弱。我们的转入进攻是过早的,且在将来行动区域中的政治准备不充分,应当注意这两点。"《意见书》还提出"我们应当从我们的战略计划取消向绥远先机接迎外蒙的条文",他担心的是"(苏日)战争未发生以前,在我们方面应当避免能够引起苏日冲突的行动"。[2]讨论中,与会者都同意毛泽东的报告。周恩来说:"发展问题:迅速直接作战之下规定计划,以华北为抗日战场,现在进行山西第一时期的计划。以后计划看形势来定,现在是进行山西作战。"他也批评李德《意见书》:"其整个估计,右倾出发。过去错误根源的未认识,及对红军此次行动政治任务与军事上进攻不认识,是保守主义。这不但是单纯防御,而且丧失进攻机会,引到失败,必须批评之。"[3]

晋西会议最后一天,讨论外交(统一战线)问题,仍由毛泽东做报告。他对情况的估计,第一条就是国民党破裂:民族反革命派,以蒋介石为代表,"坚持大革命失败时期的反动路线,现在与将来暂不改变"(说暂不改变,多少留了余地);民族革命派又分为左右两翼,右翼是"昨天的民族反革命,而由于日本之压迫与民众的压迫,开始变成民族改良主义",左翼如宋庆龄、中小工商业、中小资产阶级、《大众生活》等,"诚意联俄联共,自信能

---

[1] 毛泽东在中共中央政治局会议上的报告记录,1936年3月25日。
[2] 李德:《关于红军渡过黄河后的行动方针问题的意见书》,1936年1月27日。
[3] 周恩来在中共中央政治局会议上的发言记录,1936年3月26日。

打日本，在我们领导下可以坚决走上革命"。他特别指出东北军的特点："失掉土地，因此其抗日情绪高，愿与我们合作。其策略：借助我们与苏联回东三省去。这种情形将来向两极分化。"报告提出的方针："不但要把'民改'与'民反'区别，在外交进行中亦应区别。而且要把'民改'之左右派区别。"对报告中几次提到的"民族改良主义"，中共中央曾有一个解释："民族改良主义就是和帝国主义妥协的主义"，"在某种情况下，民族资产阶级得到相当的让步与利益，或斗争更进一步深入时，他们就会动摇，妥协以至投降叛变，这就是民族改良主义的实质"。[1]

晋西会议后，4月9日，毛泽东、彭德怀致电已回瓦窑堡的张闻天，提出：目前不应发布讨蒋令，而应发布告人民书与通电。我们的旗帜是讨日令，在停止内战旗帜下实行一致抗日。10日，周恩来到延安同张学良会谈，取得良好的效果。

5月2日，因为国民党军队在山西对红军大举进攻，为了避免发生大规模内战，红一方面军主力开始西渡黄河，至5日全部渡完，结束了历时75天的东征。

四、对两广事变和国民党五届二中全会的反应

红军结束东征返回陕北后，又发动了西征。为什么要发动西征？只要看一看陕甘革命根据地四周的形势，就可以明白。那时，陕甘革命根据地需要巩固和发展。在它的南面，中国共产党同驻防陕西关中地区的张学良部东北军和杨虎城部十七路军的关系发展得很快，已建立起比较密切的秘密联系，两部官兵都不愿同红

---

[1] 中央宣传部关于目前形势与党的策略路线的问答，1936年2月3日。

军作战；东面的阎锡山同蒋介石之间也存在矛盾，不再以大量兵力进入陕北"剿共"；因此，这两个方向的战线比较稳定，而西面和北面是国民党军队兵力较为薄弱的方向。5月18日，中共西北军委领导人毛泽东、周恩来、彭德怀下达西征战役的命令，由彭德怀率领红军一万三千多人，组成西方野战军，向西北方向的陕甘宁三省边界地区进攻。发动这次战役的目的，一是巩固并扩大陕甘抗日根据地，二是争取向北打通同苏联、蒙古的联系，三是策应红四方面军和二、六军团北上。但和东征不同，中共中央没有随西征军行动。

这时，国内政治局势发展中最令人怵目惊心的是两件事：第一，日本对华北的侵略采取了新的严重步骤，一是增兵，二是走私。他们"借口保侨，增兵华北。于5月1日宣布以田代皖一郎为日本驻屯军新任司令官，增加兵额约六千名，连同原有驻军达八千余众，于沿平津铁路之杨村、马厂等地分建营房，并设旅团司令部于北平，违反'辛丑条约'限制驻军员额之规定，严重侵犯我国之主权"。[1] 在日军控制冀东地区后，走私活动日趋猖獗。从1935年8月至1936年4月间，中国关税损失达两千五百万元以上；而1936年4月一个月的损失就达八百万元，相当全国关税收入的1/3。华北风云更加险恶。南京政府除令驻日大使许世英向日本提出交涉，并由外交部提出抗议外，并没有采取任何有力措施。第二，南京政府再度准备对陕甘根据地发动大规模军事进攻，他们把红军西渡黄河视为已"遭受重创"，可以乘势"进剿"。中央红军主力又已出动西征。5月26日，蒋介石任命陈诚为晋陕甘宁边区"剿

---

[1] 秦孝仪总编纂：《蒋介石大事长编初稿》卷3，台北：中国国民党中央党史委员会，1978年，第293页。

匪"总指挥。28日，中央军关麟征、汤恩伯等部由山西渡河，进入陕北的清涧、绥德，准备大举进扑中共中央所在的陕甘根据地，一时险象环生。这也是中共中央一时难以下决心把蒋介石列入抗日民族统一战线之内的一个重要原因。

挽救更加危急的民族危机，打破南京政府企图用武力消灭中国共产党的图谋，成为放在中共中央面前的两个最紧迫的问题。

正在这个时刻，爆发了以陈济棠、李宗仁为首打起抗日旗号的两广事变。6月2日，他们用国民党中央执行委员会西南执行部和国民政府西南政务委员会的名义突然发出通电称："时危势亟，敝部等认为非立即对日抗战，国家必无以求生。"[1]4日，陈、李等通电北上抗日，桂军四个师开入湖南境内，矛头实际上对着蒋介石和南京政府。

两广事变的发生很突然，远在陕北的中共中央所掌握的信息更十分有限，但局势却要求它必须很快做出反应。两广事变的旗号是北上抗日。在南京政府正准备对陕北大举进攻的时候，两广事变迫使它不能不分兵南顾，这多少减轻了陕北的压力，自然容易得到中国共产党的好感。起初，中国共产党对两广事变曾做出比较乐观的估计，抱有较大的希望。6月12日，中共中央召开政治局会议，由周恩来做关于西南问题的报告。他说："陈济棠已称抗日革命军，并电蒋北上抗日，总的口号表现抗日的、革命的，这是我们应有之估计。""全国抗日运动将因此而推动，可以利用这次事变将运动推动到广大范围及更彻底道路上去。"[2]毛泽东说："西北是抗日大本营，西南发动对西北起了大作用。""前途：蒋是

---

[1]《一周国内外大事述要》，《国闻周报》第13卷第23期，1936年6月15日。
[2] 周恩来在中共中央政治局会议上的报告记录，1936年6月12日。

否能战胜两广？在政治、军事上不能压倒广东，这次内战带若干革命性质，但两广压倒蒋，暂时亦难做到。"博古说："广东事变是日本更进一步并吞华北所引起人民抗日的一个标志，表现人民抗日运动的高涨。"张闻天说："两广是人民武装抗日的开端，左倾分子到两广是人民阵线的开端。"但政治局会议也多少注意到两广事变的消极方面。王稼祥说："西南行动政纲我们不清楚，但内部有左的及右的，同两广要联合，但也要善意批评及建议。"张闻天说："两广事件发动有很大弱点，弱点在发动领袖。"[1]周恩来在做结论时也讲道："西南事件是抗日民族统一战线最广泛的发端，但运动不发展扩大，有可能妥协软弱下去。"[2]同一天，以毛泽东、朱德的名义公开发表《中华苏维埃人民共和国中央政府、中国人民红军革命军事委员会为两广出师北上抗日宣言》，对两广事变做了充分肯定。[3]

两天后，中共中央举行政治局常委会时，态度更冷静一些。毛泽东在报告中说："西南事变，发动是抗日革命军，故系进步的。第二，它因受帝国主义之操纵及阻止群众斗争，我们立场应该是以进步的革命的建议批评，使他们成为真正抗日的力量。"[4]也就是说，已经多少觉察到对两广事变还不能做过高的估计，不能把它看作已是真正抗日的力量。

随着国内政治局势的发展，加上共产国际对两广事变并不肯定，中共中央对这个问题又有新的估计，并且把原来的态度作为

---

[1] 毛泽东、博古、张闻天、王稼祥在中共中央政治局会议上的发言记录，1936年6月12日。
[2] 周恩来在中共中央政治局会议上的结论记录，1936年6月12日。
[3] 中央档案馆编：《中共中央文件选集》第11册，北京：中共中央党校出版社，1991年版，第25页。
[4] 毛泽东在中共中央政治局常委会上的报告记录，1936年6月14日。

教训来总结。9月15日的中共中央政治局扩大会议上，张闻天在报告中说："对蒋（向陕北）的进攻，我们应站在自卫的立场上来反对进攻。对西南问题，他发表抗日宣言，我们拥护是对的；但在对他挑拨内战上并没有严厉的批评是不对的；对于他没有在广东、在军队中发动群众，我们也没有严厉的批评，也是不对的。因此，我们好像袒护了西南，丧失了我们的立场。在发动西北抗日战争上，我们应接受这一教训。"[1]

这里所说引起中共中央态度变化的国内政治局势的发展，最重要的是指国民党五届二中全会的召开，蒋介石公开表明对日政策有明显转变。

这次国民党中央全会是蒋介石在两广事变发生后决定召开的。召开的原因，一是日本在华北大举增兵等事实直接威胁蒋介石在中国的统治，更使他感到难以容忍，觉得需要加紧应对的准备；二是两广事变反映出国内以至国民党内部对他的对日政策的强烈不满，民众的抗日呼声更加高涨，在国民党内也需要统一认识。蒋介石在中央纪念周上表示："应该采取何种方法来应付当前的事势"，是"一个国家根本大计的决定"，"不但我们任何个人不敢将国家民族生死存亡的大事随便决定，就是中央常会所有负责的同志也不敢随便来断定"，所以需要召开中央第二次全体会议，"对以后的方针有一个决定和指示。在此困难严重的时期，这个会议关系国家前途甚为重要"。[2] 可见，蒋介石对这次全会相当看重。

本来，1935年11月的国民党五大宣言中已曾提出："在和平

---

[1] 张闻天：《张闻天文集》（2），北京：中共党史出版社，1993年版，第147、148页。
[2] 《一周国内外大事述要》，《国闻周报》第13卷第23期，1936年6月15日。

未至完全绝望之时,决不放弃和平,如国家已至非牺牲不可之时,自必决然牺牲,抱定最后牺牲之决心,对和平为最大之努力。"[1]这里已表露出南京政府对日政策的某些变化,但话毕竟说得很笼统,可以从完全不同的角度来解释。隔了半年多,到1936年7月,国民党五届二中全会在南京召开。蒋介石的话就说得明白多了。他在会议第一天讲话,表示要把"所谓最低限度的解决明白说明一下"。他说:"中央对外交所抱的最低限度,就是保持领土主权的完整。任何国家要来侵扰我们领土主权,我们绝对不能容忍,我们绝对不订立任何侵害我们领土主权的协定,并绝对不容忍任何侵害我们领土主权的事实。再明白些说,假如有人强迫我们欲订承认伪国等损害领土主权的时候,就是我们不能容忍的时候,就是我们最后牺牲的时候。这是一点。其次,从去年11月全国代表大会以后,我们如遇有领土主权再被人侵害,如果用尽政治外交方法而仍不能排除这个侵害,就是要危害到我们国家民族之根本的生存,这就是为我们不能容忍的时候。到这时候,我们一定作最后之牺牲,所谓我们的最低限度,就是如此。"[2]日本对中国实在欺侮得太狠了。像这样的硬话,蒋介石以前从来没有说过,更没有在如此重要场合公开说过,不能不引起各方面的极大关注,感到蒋介石有可能参加抗日民族统一战线。这是时局发展中的一个重要关节点,是中共中央稍后做出《关于逼蒋抗日问题的指示》的重要由来。

---

[1] 中国第二历史档案馆:《中华民国史档案资料汇编》第5辑第1编政治(2),南京:江苏古籍出版社,2000年版,第490页。

[2] 秦孝仪总编纂:《蒋介石大事长编初稿》卷3,台北:国民党中央党史委员会,1978年,第304、305页。

五、中共中央关于逼蒋抗日的指示

但真要把一直被称为卖国贼头子的蒋介石列为抗日民族统一战线的争取对象，对中国共产党来说，这个决心仍不好下，有些事情一时还没有完全看清楚，何况国民党当局仍在策划对陕甘根据地的进攻，用武力阻止红二、四方面军北上，有极大可能在解决西南问题后，腾出手来，又大举进攻陕北，并且一直强调抗日的先决条件是实行军政军令的统一，也就是以强势姿态要迫使国内一切政治力量和社会力量听从他的指挥，稍不小心就会跌入他设下的陷阱。但总的趋势确实已发生明显变化。为此，中共中央进行了多次讨论。

8月10日，也就是国民党五届二中全会结束后不到一个月，中共中央召开政治局会议。这是中国共产党开始确定从"抗日反蒋"向"逼蒋抗日"转变的一次重要会议。

毛泽东在会上做军事、外交两个报告。他首先提出蒋介石的对日态度在看起来基本战略没有变中正在发生的微妙变化："准备抗日、国防会议以至局部的对日作战等战术大部变了。然而战术既大变，将来革命发展更大，将来影响他的战略动摇，也有可能。""关于南京往来，对我们提出五条件，他们第一种答复说我们分散力量，再对恩来同志的来信，要我们出去，领袖到南京，改组国民政府，促进联俄，从此可看出蒋有动摇的可能。还有一件事，蒋在苏联大使馆谈话，表示还好。"毛泽东着重指出："明显可以看出蒋的策略：过去是让出东三省等，尽量镇压全国革命，现在总方针变了，现在是巩固他的统治；从前和我们无往来，现在有些改变了，现在他也来谈统一战线；他可能改成国防政府，但要他统一指挥，使群众对他改变态度，使日本退步。他想利用这一民族运动，不愿站在敌对地位。在今天，我们该承认南京是一种民族运动的大的力量。我们为要达到真正的抗日，必须经过这种中间的过程。我们可以和他谈判，但我们唯一的要求是真正的抗日。"他强调：在新形势下，当前党的各项任务中，"统一战线应放在第一位"。[1]

毛泽东报告后，列席会议的潘汉年（潘刚由中共驻共产国际代表团派回国内不久）报告了在苏联同国民党方面的邓文仪、回国后同曾养甫和张冲接触的情况。讨论中，周恩来说："过去抗日必先反蒋的口号，现在不适合，现在应以抗日联合战线为中心，抗日联俄联红为中心。""与南京谈判应提出实际问题：一、停止内战；二、抗日民主，发动抗日战争。"张闻天说："从南京方面所提出四个条件，虽然我们不能满意，但从他容纳各派一点，共产党从此有取得公开活动的可能；从他集中全国人才一点，可说我们可以到南京去。所以我们说，可以与南京谈判。""我们不一定先抗日后统一，这样不能得到群众拥护，我们应该在抗日原则下来统一。"他还谈到一直有争议的土地革命问题，说："现在民族革命是第一，土地革命的策略的改变，主要是适合民族革命。"[2]

毛泽东在做结论时说："对南京问题，现在民主的抗日已冲破蒋的压迫，但并没有冲破蒋的最高界限。他同我们的往来，我们是有半公开活动的可能。我们为什么与他们来往，重心是争取群众。先抗日后统一问题，蒋总说先统一后抗日，我们要他先给抗日的民主，只要看他做到怎样程度，我们就同他讲统一。抗日必须反蒋，

---

[1] 毛泽东在中共中央政治局会议上的报告记录，1936年8月10日。
[2] 周恩来、张闻天在中共中央政治局会议上的发言记录，1936年8月10日。

不适合。""对苏维埃形式，红军形式，土地政策等应有新的变动。这是为得争取群众，是有利的。我们应公开宣言，专门送一封信给南京。"[1]这里说到的那些变动，都是党的战略决策上的重大变动。

这次政治局会议决定发表一个公开宣言，发一个秘密指示。公开宣言就是《中国共产党致中国国民党书》。秘密指示就是《中央关于逼蒋抗日问题的指示》。会后半个多月，中共中央书记处收到共产国际执委会8月15日发来的电报。电报说："得悉你们1935年12月25日决议与电报内容后，我们基本同意你们通过的建立抗日民族统一战线的方针。""我们同意你们的看法，即为了建立抗日民族统一战线，党应该对过去的经济政策做一些重大改变：停止不必要的没收，特别是不再没收出租土地的小土地所有者的土地，不再没收积极参加抗日的官兵的土地，允许自由贸易。""我们认为，把蒋介石与日本侵略者相提并论是不对的。""在现阶段，一切都应服从于对日本帝国主义的斗争。"[2]它的基本精神同这次政治局会议的看法是一致的，也使中共中央的一些提法比原来更明确了。

《中国共产党致中国国民党书》在8月25日发出，是毛泽东写的。信中一开始就强烈呼吁："现在是亡国灭种的紧急关头了。"信中提到蒋介石时都称为蒋委员长，这在中共以往文件中从来没有过。对蒋介石在国民党五届二中全会上就最低限度所做的解释，信中说："我们承认蒋委员长的这种解释，较之过去是有了若干进

---

[1] 毛泽东在中共中央政治局会议上的结论记录，1936年8月10日。
[2] 中国社会科学院近代史研究所翻译室编译：《共产国际有关中国革命的文献资料》第3辑，北京：中国社会科学出版社，1990年版，第7—9页。

步,我们诚恳地欢迎这种进步。"同时,对蒋介石接着所说"半年来外交的形势,大家相信并未到达和平绝望的时期"提出了批评。信中对蒋介石把集中统一说成抗日的先决条件称为本末倒置。信中郑重宣言:"我们赞助建立全中国统一的民主共和国,赞助召集由普选权选举出来的国会,拥护全国人民和抗日军队的抗日救国代表大会,拥护全国统一的国防政府。我们宣布:在全中国统一的民主共和国建立之时,苏维埃区域即可成为全中国统一的民主共和国的一个组成部分,苏区人民的代表将参加全中国的国会,并在苏区实行与全中国一样的民主制度。"信中最后呼吁:"只有国共的重新合作以及同全国各党各派各界的总合作,才能真正的救亡图存。"[1]这里正式提出了国共合作的主张,并且公开发表,是一个引人注目的突破。

9月1日,中共中央发出张闻天起草的秘密文件《关于逼蒋抗日问题的指示》,明确提出:"目前中国的主要敌人,是日帝。所以把日帝与蒋介石同等看待是错误的,'抗日反蒋'的口号,也是不适当的。""在日帝继续进攻,全国民族革命运动继续发展的条件之下蒋军全部或其大部有参加抗日的可能。我们的总方针,应是逼蒋抗日。""在全国人民前面,我们应表现出我们是'停止内战一致抗日'的坚决主张者,是全国各党各派(蒋介石国民党也在内)抗日统一战线的组织者与领导者。"[2]从抗日反蒋到逼蒋抗日,确实是抗战前夜中国共产党战略决策的重大转变,从而开始了中国共产党推进抗日民族统一战线形成的新阶段。

---

[1] 毛泽东:《毛泽东文集》第1卷,北京:人民出版社,1993年版,第424—433页。
[2] 中央档案馆编:《中共中央文件选集》第11册,北京:中共中央党校出版社,1991年版,第89、90页。

为了落实"逼蒋抗日"的方针，中共中央在9月15日、16日举行政治局扩大会议。这次会议的规模很大，参加者有34人，这在以往很少有。

会议一开始，由张闻天做题为《目前政治形势与一年来民族统一战线问题》的报告。他说："现在全国一致要求抗日，停止内战是全国人民的共同要求。""蒋介石正在动摇走到抗日方面来。"报告中最值得注意的是第三部分"修改我们的部分口号"。他说：我们的基本口号是联合全民族的统一战线，这是十二月决议提出来的，但根据目前的形势，部分口号应有修改。"第一，从前是把抗日反蒋并提的，这是错误的；过去我们对南京政府的估计，说他完全是与冀察政权一样的，这也是错误的；说蒋的力量削弱了，但没有估计蒋仍是抗日的大的力量，这也是错误的。""第二，我们所主张的是'停止一切内战，一致抗日'。我们应反对反蒋战争，不应如从前给上海指示信所说的同情反蒋战争。"这里，自然不包括当蒋介石发动进攻时被迫进行的自卫战争。"第三，我们还主张建立'和平统一的国家'。因为全国人民要求的是一个全国统一的民主共和国。这个共和国目前还是资产阶级的民主共和国。过去说国防政府是各阶级的联盟，但现在看来还是不够的。我们应赞成建立民主共和国，应宣布苏维埃愿成为它组成的一部分。"[1]

会上的讨论十分活跃，对报告中一些问题的认识又深化和发展了。毛泽东说："民族资产阶级动摇性，怕帝国主义，又怕民众，表现在国民党方面很明显。""只有共产党有力量来领导，但是这样的领导，还是要争取。""现在问题，国民党说要纳三民主义与共产主义于轨道，虽然没有明说要取消红军，但要改编红军。我

---

[1] 张闻天:《张闻天文集》(2)，北京：中共党史出版社，1993年版，第145—148页。

们要保持独立,不在乎名义上,主要在政治上的独立。""我们现在要用各种办法,逼蒋抗日,抗日统一战线是一条统一战线,不是两条统一战线。对统一战线工作,我们指出自九一八以来是提出了,然而我们是犯了错误的,我们没有实际进行。在与十九路军虽做了些,但仍是有错误。我们应老实承认这一错误。"周恩来引人注目地提出了"联蒋抗日"的问题。他说:"联蒋抗日是具有重要意义的。""对南京是否全部或大部可参加到抗日方面来,我们应有正确的估计。过去把蒋所代表的力量除外是不对的,我们现在要改变过来。""过去蒋是投降的,但自五全大会后是有变动的,近半年来有更多的变动。蒋对帝国主义关系上,认蒋是完全投日的,也是不对的。实际,英美对南京是支持的,英美与日是有矛盾的,蒋是利用这一矛盾来与日讲价钱的。""蒋的本身,如果完全投到日本是不利的。事实因为蒋还没有完全降日,所以他还能维持他的统治,他的本身力量是加强了,这就是由于他没有公开投日,并且利用一些以前不敢用的口号,如停止内战等。不管他的欺骗作用怎样,都说明他在动摇着。察看向着哪个方向动摇,是倾向抗日方面的。但是要实现走到抗日,还是要从斗争中来使它实现。"周恩来对蒋介石的这些分析是很实在的、切合实际的。他还谈到一个需要考虑的问题:"广大群众已起来抗日,但未接受土地革命。"毛泽东在第二次发言中说:"联蒋问题,我们一方面要联,现在还没有实行联。我们的警戒是不能放松的。他和我们联合是可能的,但哪天可实现联合,是说不定的。我们的方针应如此,那方面的事情要由他自己去决定。"[1]

会后,中共中央起草了国共两党抗日救国草案。张闻天、毛

---

[1] 毛泽东、周恩来在中共中央政治局扩大会议上的发言记录,1936年9月15日、16日。

泽东在一份电报中说:"此草案是我方起草,准备恩来带往谈判,彼方所能容纳之最后限制尚不详知。"[1]由于希望谈判能取得成果,先派潘汉年作为初步谈判代表,到上海同陈立夫、张冲会谈,但国民党方面提出的却完全是收编条件,同时又调胡宗南等部进逼陕甘根据地,企图形成城下之盟。毛泽东在给潘汉年的电报中说:"条件使红军无法接受,恩来出去也无益。近日蒋先生猛力进攻,不能不使红军将领生疑。"[2]这样,周恩来就无法前去谈判。陈立夫晚年在回忆录中说周恩来曾到南京同他进行谈判,[3]并非事实,可能是他年老记忆失误。

从"逼蒋抗日"到实现"联蒋抗日",这一步实在相当艰难。在日本军国主义者企图独吞中国的狼子野心和步步紧逼面前,从1935年下半年起,蒋介石逐渐下决心加紧准备抵抗日本的侵略,这是事实。中国要实现全民族的抗日战争,确实离不开蒋介石这个掌握着全国政权、主要军事力量并受到国际承认的最大的政治力量。联蒋抗日是必需的,为此而做出某些重大让步也是必需的。但另一方面,蒋介石对共产党的疑忌实在太深。尽管他派人同共产党联系和谈判,只要有可能,他还是希望先用武力来消灭中国共产党,再来抗日,继续以很大力量来做这种准备和部署。他对包括救国会在内的民众运动同样十分疑忌,仍采取压制的态度,不久还逮捕了救国会"七君子"。而且他的抗日决心并不是不再存在摇摆。这些也是事实。事情就是那样复杂,这两个方面同时都在起作用。蒋介石和

---

[1] 中央统战部、中央档案馆编:《中共中央抗日民族统一战线文件选编》(中),北京:档案出版社,1985年版,第287页。
[2] 毛泽东致潘汉年电,1936年11月12日。
[3] 陈立夫:《成败之鉴——陈立夫回忆录》,台北:正中书局,1994年,第194、195页。

国民党这种两面性，给中共中央出了相当大的难题：既要力争同它联合，又要对它保持高度警戒；既要看到实现联合的可能性，又要做好应对一切不测事件的准备。必须以两手来对付对方的两手，其中还有许多变数。这样，局势只能在一波三折中前进，不可能那样直捷和顺当。

10月22日，三大主力红军胜利会师，结束了长征。对中国共产党来说，这确是一件了不起的大事：如果自身没有足够的力量，别人就容易轻视你，难以团结和带领方方面面的力量形成强大的抗日民族统一战线；有了这样一个坚强的支柱，中国的民族民主革命便有可能很快打开一个新的局面。

11月9日，毛泽东、周恩来致电正在同国民党方面接触的张子华："甲，请告陈委员、曾市长（指陈立夫、曾养甫——引者注），日本新的大举进攻，迫在目前，我方切望南京当局坚持民族立场，立即准备抗战，我方愿以全力赞助，万不可作任何丧失领土主权之让步，再使全国失望，以符蒋介石先生七月间对全国人民宣示之诺言。乙，当此国难严重关头，我方正式宣言只要国民党方面不拦阻红军抗日去路，不侵犯红军抗日后方，红军愿首先实行停止向国民党军队攻击。以此作为我方停止内战、一致抗日的诚意表示，静待南京当局回答，仅在国民党军队向我方攻击时，我方才在不得已的防御方式下给以必要的回击。"[1]

11月13日，中共中央举行政治局会议，讨论在新形势下党的战略方针。毛泽东做了红军行动方向和外交问题的报告，他对张学良和蒋介石的态度都做了冷静而中肯的分析，提出明确的方针，说："张的改变，不完全是表面上的，而是带有根本性的而有

---

[1] 毛泽东、周恩来致张子华电，1936年11月9日。

内容的改变。我们的方针应更争取他根本改变。""对蒋的问题，现在还没有把握。他是要签字才作算的。我们应用很大的力量，要群众的力量。""张学良向蒋说与红军联合，杨虎城亦讲了，都碰了钉子。阎亦来西安要问蒋，蒋不给他讲话的机会。然而蒋不一定始终是不变的。根据情况的变迁，有可能逼他走到与我们联合。现在与南京妥协的范围缩小到红军怎样处理问题，焦点在这里。最近他要我们照广西的样，要服从中央，除红军叫国民革命军，这与国防政府、抗日联军在表面上是不同的。但是表面得不到，我们应准备重实际，应该承认他，这在政治上是胜利的。虽然穿件白军衣服，但更便于进行与白军接洽，便于改白为红。"[1]周恩来做了长篇发言。他说："我们的战略基础应在促成统一战线的成功，不管所遇的困难怎样，每个行动都要在这个基础出发。""我们应估计蒋有可能利用形势，利用抗日力量控制在他手里，有与我们一面妥协，一方面利用可能向我们进攻。蒋是代表资产阶级，即使参加到民族统一战线，他是始终是动摇的。""两广事件妥协后，他就积极派兵来，他是要封锁黄河，阻止我们抗日，逼我们就范，剥夺我们的政治资本。""他对我们的妥协，现在主要是军队问题，想把红军控制在他的下面。逼蒋抗日，是要有很大的力量的，现在力量还不大，他现在只能控制，我们应使他控制不住。""停战运动生了效力，红军的胜利更要推动全国力量。假使我们与全国见面，我们的影响更扩大。红军改名字是不要紧的，是更有利的，不仅包括主力，应包括全国各地红军与游击队。这四种力量（指英美、群众、南京统治集团的其他各派力量、红军的力量——引者注）的范围，是使蒋走到抗日方面来的重要条件，应在这一前

---

[1] 毛泽东在中共中央政治局会议上的报告记录，1936年11月13日。

途上来实现我们的战略计划。"[1]

　　这是西安事变爆发前夜中共中央的一次重要会议。由于各方面的情况已逐渐明朗,中共中央充分估计到局势发展中多种可能的复杂性,特别是充分估计到蒋介石政治态度的两面性,甚至还会"利用可能向我们进攻",但仍判断在各方面压力下,蒋有走到抗日方面来的可能。因此,中共中央已考虑就红军改编为国民革命军等重大让步达成协议,以求得停止内战、一致抗日。可以清楚地看出,中国共产党稍后主张和平解决西安事变,绝不是出于一时的决断,也不是主要因为共产国际因素的影响,而是基于对国内外政治局势的冷静分析,经过一年多对战略决策的深思熟虑和逐步演变的必然结果。

六、西安事变前后

　　12月12日,震惊中外的西安事变爆发了。蒋介石去西安,是为了督责张学良、杨虎城所部全力"进剿"陕甘红军。为什么蒋介石一方面已开始同中国共产党接触和谈判,一方面仍要坚持"剿共"?这种矛盾的现象该怎样解释?其实,蒋介石原来所提以政治方法来解决中共问题,不过是要中共向他投诚,受他收编,这自然是办不到的。因此,如果能用武力来强行解决,在他看来依然是"上策",还要想试一试。他在动身去西安前的12月2日的日记中写道:"本月局势,察北匪伪未退,倭寇交涉将裂,而陕甘边区残匪企图渡河西窜,局势甚不清也。且东北军之兵心,为察绥战争而动摇,而剿赤之举,几将功亏一篑,此实为国家安危最后之关键,故余不

---

[1] 周恩来在中共中央政治局会议上的发言记录,1936年11月13日。

可不进驻西安，以资镇慑，而挽危局，盖余个人之生死，早置诸度外矣。"[1]他带了大批高级将领如陈诚、卫立煌、蒋鼎文、朱绍良、陈调元、万耀煌等同去，显然准备取张、杨而代之。张、杨向他进言，要求停止内战，一致抗日，苦谏不从，最后只得出以兵谏。

关于西安事变的研究成果已经很多很多，这里不复赘言，只准备集中考察一下中共中央高层的决策过程，着重看看在这个时期举行的三次中央政治局会议。

西安事变的发动，中国共产党事先并未与闻。张学良扣留蒋介石后，在当天寅时致电毛泽东、周恩来称：吾等为中华民族及抗日利益计，不顾一切，今已将蒋等扣留，迫其释放爱国分子，改组联合政府，兄等有何高见，速复。毛、周亥时复电，除对军事部署提出建议外，并称：恩来拟来兄处协商大计。

第二天，中共中央召开政治局会议。因为西安事变发生得很突然，内外各方面的情况还不很清楚，有待进一步了解和观察，会上对许多重大问题只是交换意见，需要在进一步弄清情况后才能做出决断。当时最急迫要求立刻回答的问题是毛泽东在会议开始时所说："我们对这一事变的态度怎样，应该拥护，还是中立，或反对？应该明白确定，是不容犹豫的。"由于苏联对张学良一向持怀疑态度，中国共产党更需要表明自己的看法。毛泽东提出明确的主张："这次事变是有革命意义的，是抗日反卖国贼的。他的行动，他的纲领，都有积极的意义，就是在他们自己的出发点上也是革命的。""蒋最近的立场虽是中间的立场，然在剿共一点上还是站在日本方面的，这一立场对他的部下是有很多矛盾的，所

---

[1] 秦孝仪总编纂：《蒋介石大事长编初稿》卷3，台北：国民党中央党史委员会，1978年，第360页。

以他是被这样的矛盾葬送了。"他把西安事变同两广事变做了比较,指出:"这次事变与西南事变是显然不同的,因为他没有任何帝国主义的背景,而且他完全站(在)反对剿匪立场上的。同时,他同我们的友好是公开的。""我们对西安事变说明是革命,但不是共产党干的,是他们自己的英勇。这对于争取蒋的内部与资产阶级是有利的。我们暂不即发宣言,但在实际行动上应积极做。我们应以西安为中心的来领导全国,控制南京,以西北为抗日前线,影响全国,形成抗日战线的中心,并且这一地区又很巩固,应抓紧这一环去做。""我们的政治口号:召集救国大会。其他口号都是附属在这一口号下,这是中心的一环。"[1]周恩来接着说:"在西北的联合是三个力量(指东北军、十七路军和红军——引者注),应使它更巩固,更成为抗日的中心力量,我们应有相当的努力,给他以帮助。在全国力量团结上,首先要注意的是阎锡山,援绥应成为政治的宣传中心。"[2]这里说的援绥,是指日本指使伪蒙军侵入绥远东部,傅作义部晋绥军奇袭百灵庙,取得重大胜利,在全国民众中产生重大影响,应当对它声援。

在这次政治局会议上,由于多年来坚持"剿共"的蒋介石突然被扣,很多人都很兴奋。而发言表现得最激烈的是张国焘。他提出的具体主张是:"我们以西安为抗日中心,就包含了以西安为政权中心的意义。""在反对独裁上,亦要联系到南京政府存在问题。""在西安事件意义上,第一是抗日,第二是反蒋。""内乱问题是不是可免?这是不可免的,只是大小的问题。""以抗日的政府代替妥协的政府。因此,打倒南京政府,建立抗日政府,应该

---

[1] 毛泽东在中共中央政治局会议上的报告记录,1936年12月13日。
[2] 周恩来在中共中央政治局会议上的发言记录,1936年12月13日。

讨论怎样来实现。"讨论中，没有人同意张国焘的主张。周恩来说："在政治上不采取与南京对立，但在实际上应取领导作用，用团结名义，如抗日救国会等，不取发号施令形式。欢迎各方面派代表来参加。"张闻天说："我们不采取与南京对立的方针，不组织与南京对立方式，实际是政权形式，把西安抓的很紧，发动群众，威逼南京。改组南京政府口号并不坏，尽量争取南京政府正统，联合非蒋系队伍。"博古说："我们对西安事件，应看成是抗日的旗帜，而不是抗日反蒋的旗帜。"[1] 毛泽东在做结论时说："为的要争取群众，我们发言要不轻易的。我们不是正面的反蒋，而是具体的指出蒋的个人的错误。我们对这一事变要领导，又要反蒋又不反蒋，不把反蒋与抗日并立。"[2]

14日，毛泽东等十人致电张学良、杨虎城，主张组成西北抗日援绥联军，由张任总司令，下编三个集团军，以张、杨和朱德分任总司令，并主张在联军三部分中提出十个口号，这十个口号没有提到反对蒋介石。15日，毛泽东等十五人又致电南京国民党、国民政府诸负责人，说明中共一直"谋国共之合作，化敌为友，共赴国仇"，要求他们"宜立下决心，接受张、杨二氏主张，停止正在发动之内战，罢免蒋氏，交付国人裁判，联合各党、各派、各界、各军，组织统一战线政府，放弃蒋氏爱摆之集权、统一、纲纪等等索然无味之官僚架子，老老实实与民更始，开放言论自由，启封爱国刊物，释放爱国人犯，举内战之全军，立即开赴晋绥，抗御日寇，化黑暗为光明，变不祥为大庆"。[3] 17日，到达西安并已

---

[1] 张国焘、周恩来、张闻天、博古在中共中央政治局会议上的发言记录，1936年12月13日。
[2] 毛泽东在中共中央政治局会议上的结论记录，1936年12月13日。
[3] 毛泽东:《毛泽东文集》第1卷，北京：人民出版社，1993年版，第469页。

同张学良进行会谈的周恩来致电中共中央,通报他所了解的内外各方面情况,报告"张同意以西北三角团结成推动全中国",并提出"答应保蒋是可以的,但声明如南京兵挑起内战则蒋安全无望"。次日,又续电报告:"蒋态度开始强硬,现在亦转取调和。"[1] 18日,中共中央致电国民党中央执行委员会,提出停止一切内战,一致抗日,召集全国各党各派各界各军的抗日救国代表大会,决定对日抗战,组织国防政府、抗日联军等要求,并明白提出:"本党相信,如贵党能实现上项全国人民的迫切要求,不但国家民族从此得救,即蒋氏的安全自由当亦不成问题。"[2]

12月19日,中共中央召开西安事变发生后的第二次政治局会议。由于对西安和全国的情况比以前更清楚了,这次政治局会议对如何处理西安事变就能提出更明确的方针,那就是和平解决。毛泽东在会上做报告。他说:"西安事变发生后,南京的一切注意力都集中在捉蒋介石问题上,动员一切力量来对付西安,把张杨一切抗日主张都置而不问,更动员所有部队讨伐张杨,这是西安事变发生后所引起的黑暗方面的表现。这是对于抗日不利的,客观上是有利于日本帝国主义。我们必须揭破这是日本帝国主义的阴谋,指出目前问题主要是抗日问题,不是对蒋个人的问题。""西安事变后,对于内战的发生与延长是不利的,我们主要是要消弭内战与不使内战延长。"当时苏联报纸上毫无根据地指责西安事变是日本人策动的,不承认它的革命意义。毛泽东不同意这种看法,说:"苏联《真理报》两次的评论,对西安事变认为等于两广事变一样。日本说苏联造成,苏联说日本造成,双方对事实的实质都

---

[1] 周恩来致毛泽东并中共中央电,1936年12月17日、18日。
[2] 中国共产党中央委员会致南京国民党中央执行委员会电,1936年12月18日。

有抹煞。"[1]博古说:"这一事变有两个前途,一方面是一些蒋的部下在日本帝国主义的挑拨下而进行更大的内战,一方面是成为抗日战争的起点,我们应争取成为抗日战争的前途,我们应反对转为内战。"张闻天说:"一、这次事变的前途,一是全国抗日的发动,一是内战的扩大。我们的方针应确定争取成为全国性的抗日,坚持停止内战、一致抗日的方针。这一立场得到全国的同情,这是完全正确的。二、不站在反蒋的立场上,不站在恢复反蒋的立场,因为这一立场可以使蒋的部下对立,是不好的。我们应把抗日为中心,对于要求把蒋交人民公审的口号是不妥的。"张国焘也改变了说法,称:"这几天事变与消息,我们应采取停止内战、一致抗日的立场是对的。"[2]毛泽东在结论中说:"我们应变国内战争为抗日的战争。""内战的前途一定要结束,才能抗日。现在应估计到这次是有可能使内战结束。"[3]

毛泽东在这次会上还讲道:"我们准备根据这样的立场发表通电。国际指示还未到,或者要停两天再发。"本来,中共中央在西安事变当天中午就把事变的情况电告共产国际书记处,以后几天又连续多次将情况的发展电告共产国际,但共产国际在16日才给中共中央发来一个电报,又因密码差错,无法译出。中共中央在18日去电要求重发。因此,毛泽东在19日的会上说:"国际指示还未到。"原来他讲通电"或者要停两天再发",由于局势紧急,需要中共立刻表明态度,领导层内部又已取得一致意见,所以仍在19日由中华苏维埃中央政府和中共中央公开发出通电,并由中共

---

[1] 毛泽东在中共中央政治局会议上的报告记录,1936年12月19日。
[2] 博古、张闻天、张国焘在中共中央政治局会议上的发言记录,1936年12月19日。
[3] 毛泽东在中共中央政治局会议上的结论记录,1936年12月19日。

中央在内部发出《关于西安事变及我们的任务的指示》。公开发出的通电要求由南京召开和平会议,西安、中共等各方参加,团结全国,反对一切内战,一致抗日。内部指示中更明确地说:"反对新的内战,主张南京及西安间在团结抗日的基础上,和平解决",并且指出事变发展有两个前途:"或者由于这一发动使内战爆发,使南京中派(民族改良派)一部或大部主观上与客观上走向亲日,削弱全国抗日力量,推迟全国抗战的发动,以致造成了日寇侵略的顺利条件";"或者由于这一发动结束了'剿共'的内战,使停止内战一致抗日反而得到早日的实现,使全国的抗日救亡的统一战线反而更迅速的实际建立起来。"[1]同一天,毛泽东致电潘汉年:"请向南京接洽和平解决西安事变之可能性,及其最低限度条件,避免亡国惨祸。"[2]这很清楚,中共中央和平解决西安事变的方针在19日这一天已正式确定下来,并且依此同南京政府接洽。第二天,也就是20日,共产国际的来电也到了,电报中说:"主张用和平方法解决这一冲突。"中共中央当天把共产国际的电报全文立刻电告在西安的周恩来。它同中共中央的决定是一致的。

周恩来到西安后,和张、杨同蒋介石以及随后到西安的宋美龄、宋子文之间的谈判紧张地进行着,其中经过多次反复。最近在海外公布的宋子文12月22日日记中记录了当晚蒋介石同他的谈话:"委员长说,我必须要求周(恩来)同意废除:(一)中国苏维埃政府;(二)取消红军名义;(三)阶级斗争;(四)愿意接受委员长之领导。去告知周,他无时无刻不在思考重组国民党的必要性。如果需要,

---

[1] 中央档案馆编:《中共中央文件选集》第11册,北京:中共中央党校出版社,1991年版,第127、128页。

[2] 毛泽东致潘汉年电,1936年12月19日。

他会要求蒋夫人签订保证书，保证在三个月内召开国民大会。但在此之前，他必须要求国民党大会把权力交给人民。国民党重组后，他将：（一）同意国共联合——假如共产党愿意服从他，正如同他们服从总理；（二）抗日，容共，联俄；（三）同时他愿意给汉卿（即张学良——引者注）收编共产党的手令，而收编进来的伙伴都会配备良好的武器。"宋子文25日的日记又记载，周恩来会见了蒋介石，对蒋说："共产党过去一年来为保存国力，曾试图避免打仗。他们并没有利用西安事变，而且建议的措施也同几个月前提出来的一样。"他要蒋保证："（一）停止剿共；（二）容共抗日；（三）允许派遣代表前往南京向委员长解释。""委员长回应说，共产党向北推进抵抗日本一直是他的希望，果如周所言，共产党愿意停止一切共产主义宣传活动，并服从他的领导，他将像对待自己子弟兵一样看待他们；虽然剿共之事常萦绕于心，但是大部分共产党领导人都是他以前的部下，如果他能以宽大胸怀对待广西，当然也能以宽容态度对待他们。他已经把纳编的共产党军队委托张学良。如果他们对他是忠诚的，他将像对待胡宗南的军队一样对待他们。委员长要周，休息够了，也针对相关问题详细讨论之后，亲自去南京。"宋子文还对周恩来说：身为委员长的旧部属，应该知道委员长是重然诺之人。"[1]

当天下午，张学良没有同周恩来商量，就送蒋介石回南京，并且自己陪去。蒋介石在机场对张、杨说："今天以前发生内战，你们负责；今天以后发生内战，我负责。今后我绝不剿共。我有错，我承认；你们有错，你们亦须承认。"[2]他还把答应的条件重申了一

---

[1]《宋子文西安事变日记》，《近代中国》季刊第157期，2004年6月30日。

[2]《周恩来选集》编委会：《周恩来选集》（上卷），北京：人民出版社，1980年版，第73页。

遍。蒋介石一离西安,态度就发生变化,扣留了张学良,调集中央军直逼西安,并对东北军和十七路军进行分化。但"剿共"的内战毕竟停止了下来,这是很不容易的。国共两党走向第二次合作。

27日,中共中央举行政治局扩大会议。毛泽东在报告中对西安事变的意义,用斩钉截铁的肯定语言,做出高度评价。他说:"西安事变成为国民党转变的关键。没有西安事变,转变时期也许会延长,因为一定要一种力量逼着他来转变。西安事变的力量使国民党结束了十年的错误政策,这是客观上包含了这一意义。就内战来说,十年的内战,什么来结束内战?就是西安事变。西安事变结束了内战,也就是抗战的开始。国共合作虽然说了很久,尚未实现,联俄问题,亦在动摇中。西安事变促进了国共合作,结束了他的动摇。西安事变,开始了这些任务的完成。"[1]在张学良送蒋介石回南京刚两天、政治局势还显得有些扑朔迷离的时候,对西安事变的意义和历史地位就说得这样明白和肯定,真是难得。

为什么西安事变后国共内战能够停止,能促成这个转变的实现?毛泽东接着指出:"西安事变这样的收获不是偶然的,因为国民党已开始动摇,酝酿了很久。他们内部矛盾发展到最高度。所以西安事变便解决了这个矛盾,这是酝酿成熟、时局转变的焦点。西安事变是划时代转变新阶段的开始。"[2]也就是说:在日本侵略者咄咄逼人地进攻和全国汹涌澎湃的民众抗日救国热潮的压力下,蒋介石已着手准备抵抗日本侵略的战争。对转变政策、团结国内各方面力量共同抗日,"国民党已开始动摇,酝酿了很久",但这个决心一时仍下不了,"一定要一种力量逼着他来转变"。继福建事

---

[1] 毛泽东在中共中央政治局扩大会议上的报告记录,1936年12月27日。
[2] 同[1]。

变和两广事变之后，东北军和十七路军在西安事变中竟采取如此激烈的"兵谏"手段，不能不给蒋介石留下极深的印象，感到自己阵营内部的抗日要求也已很难压抑得住，这就"结束了他的动摇"。周恩来同蒋介石直接接触，使蒋多少感受到中共的诚意。事实也使他看到中共不是在短期内能够消灭的。这一切推动并促使他终于下了决心。历史就是在这样充满矛盾的运动中前进的。

在中共中央政治局讨论毛泽东的报告时，林伯渠在发言中说："党对这次事变的处置，所采取的策略路线完全是正确的。""国民党十年错误政策的转变，我同意毛（所说）是由于内部矛盾的发展。"他又说："国际对西安事件总的分析是对的，但有些没有顾到中国实际情形，应多多供给他们实际材料。"在党的政治局扩大会议上能这样说，而且出于林伯渠这样的长者之口，可见共产国际的意见虽仍受到尊重，但已不再都被看作金科玉律。张闻天说："现在一般的说，结束内战的前途是占了优势，但是我们应估计到这中间一些可能发生的障碍。我们应争取把中派的动摇最后的结束。"[1]毛泽东在做结论时说："关于内战是否结束，我们应该说基本上是结束了。至于前途，不是内战或是抗日的问题，而是抗日迅速与迟缓问题。"[2]

这三次政治局会议，清楚地表明中共中央对西安事变的决策过程。在局势仿佛仍在千变万化的进程中，能如此当机立断地做出正确的判断和决策，实在极不容易。

为了调整政策，国民党决定在1937年2月召开五届三中全会。这是西安事变后举行的第一次国民党中央全会。1月24日，中共中央在刚接管的延安召开政治局常委会议。毛泽东报告谈判问题。

---

[1] 林伯渠、张闻天在中共中央政治局扩大会议上的发言记录，1936年12月27日。

[2] 毛泽东在中共中央政治局扩大会议上的结论记录，1936年12月27日。

他说"自从释蒋后,我们总的方针是和平","现在已一般的趋向和平了","现在困难问题,就是怕和平没有保障"。[1]张闻天说:"照现在看,蒋一般的是想和平的,蒋开始结束他的动摇。"他提出:"关于三中全会,还有二十天要开,这是国民党转变关键。我们的方针应争取国民党彻底的转变。我们不能希望他立刻宣布对日作战,但停止内战是可能做到的。""我们要发表宣言:第一要表白我们在西安事变和平的决心。第二,要坚决拥护和平统一,拥护能够和平统一的中央政府。第三,应表示我们愿意改变红军的番号与苏维埃名称,红军应改什么名称,可以考虑。我们表示忠于和平统一。在苏维埃区域可以实现普选的制度。我们要声明停止没收豪绅地主。"朱德说:"我们过去如果条件苛刻,我们就觉得有些投降的样子。现在看清楚只要于抗日有利,无论条件怎样都好的,因为真要抗日,群众和我们是一定要发展的。"张浩说:"在国际国内的情势上,我们在某些地方让步,在别的地方获得胜利是策略上需要的。我们愿意改变红军番号,改苏区为特别区域,多给面子与蒋。"他又说:"我们与国际指示有一点不同,就是逼蒋抗日。国际也是主张用群众的逼,但我们还主张利用张、杨、陈、李、白、刘(湘)逼他。这在中国封建社会环境下,这种方法也未尝不对。"从共产国际归来的张浩这样说,再次表明中共中央已不只是亦步亦趋地按照共产国际的指示去做,而是努力按照中国的实际情况办事了。毛泽东再次发言说:"对三中全会,应有表示。这次表示应有新问题。""我们并不主张成立西北国防政府,我们要张学良去与蒋介石说和,但蒋不要他去,蒋要派兵来消灭我们,要说我们是汉奸。当时我们对内是动员抵抗,但对外还是积极表示和平

---

[1] 毛泽东在中共中央政治局常委会上的报告记录,1937年1月24日。

的。至于蒋扣留起来，我们还是主张和平。至于放了蒋，我们开去，还是为着和平。"他坦率地指出在这过程中的一点教训："西安事变后，那宣言上交人民裁判是不对的。"张闻天最后说："关于和平谈判，是表示双方让步，实际上所说到的，我们是大的胜利。"[1]

2月9日，中共中央政治局常委会通过对国民党五届三中全会的通电。通电在第二天发出，提出著名的"五项要求"和"四点保证",[2]奠定了第二次国共合作的基础。11日，毛泽东在政治局会议上说："我们的通电，是大的让步，是带原则性的让步，是对工人农民以外的小资产阶级等的让步。因为为着一个大的问题。就是为着现阶段的革命，为着抗日问题。对于土地问题在大阶段说，是不放松的，但在目前阶段是应停止的。苏维埃过去十年斗争是对的，现在改变是对的，应从理论上说清楚这个问题。"[3]事实确实如此：中国的土地属于日本还是属于中国，比它属于地主还是属于农民更加重要。当时要团结一切有爱国心的中国人一起抗日，只能限制地主的剥削，还不能完全解决土地问题。这样，晋西会议上没有解决的怎样对待蒋介石和土地革命这两大问题都得到了解决。

3月23日，毛泽东在政治局扩大会议的发言中提出一条极为重要的原则："中日矛盾是基本矛盾，国内矛盾放在次要地位。在早我已提出，在十二月决议上还没有明显的规定。"[4]也就是说：在现阶段，中日之间的民族矛盾是中国社会的主要矛盾，阶级矛盾应该处在次要和服从的地位。这便把党在战略决策上的大转变，"从

---

[1] 张闻天、朱德、张浩、毛泽东在中共中央政治局常委会议上的发言记录，1937年1月24日。
[2] 中央档案馆编：《中共中央文件选集》第11册，北京：中共中央党校出版社，1991年版，第157、158页。
[3] 毛泽东在中共中央政治局会议上的发言记录，1937年2月11日。
[4] 毛泽东在中共中央政治局扩大会议上的发言记录，1937年3月23日。

理论上说清楚"了。从而，使中国共产党在整个抗日战争时期处理各种复杂问题时，始终有一条明确的指导原则，不致因某些一时或局部的现象偏离大的方向。

正确的战略决策，来自主观认识能符合不断变动着的客观实际。经过一年多在实践中的艰难探索，包括过程中的若干反复和曲折，抗战前夜中共中央的战略决策和中国的抗日民族统一战线已经大体形成，开始进入实际准备抗日的阶段。尽管前进中仍不断遇到这样那样的障碍，总的发展趋势已不可逆转。再过三个多月，中国历史上空前规模的全民族抗日战争便开始了，中华民族的历史揭开了新的一页。

从十二月会议到六届六中全会[1]

——抗战初期中共党内的一场风波

中国共产党领导人民取得今天的成就，确实太不容易。无论革命时期还是社会主义建设时期，都曾走过曲折的道路。这不奇怪，因为那是前人没有走过的路，在前进中遇到许多以往从来没有遇到过的新情况、新问题，不少人有时会感到困惑、甚至做出错误的判断是可以理解的。但中国共产党总是依靠自己的力量和人民的支持，在实践中总结经验教训，摸索出一条正确的新路来，胜利前进，这给我们留下宝贵的精神遗产。

抗日战争初期，党内有过一段不算大也不算小的曲折，出现过以王明为代表的右倾错误，从1937年十二月会议开始，到第二年中共六届六中全会召开，前后半年多时间。周恩来在延安整风时曾一针见血地指出："王明路线的本质：党外步步投降，党内处处独立。"它在党内不少人中产生过一定影响。如果沿着这条错路走下去，中国革命又会遭受新的挫折。但是，中国共产党此时毕竟已走向成熟，王明的右倾错误终究只是局部性的问题，中共六届六中全会从根本上给予了纠正，避免对革命造成严重损失。

对于这场斗争，党史著作已经谈得很多，但仍有进一步探讨

---

[1] 原文载于《党的文献》2014年第4期。

之处。比较重要的问题有两个：第一，遵义会议后已经在实际上确立了毛泽东在全党的领导地位，党内不少领导人对王明原来也有所了解，为什么他在十二月会议上的主张一时还能产生相当大的影响？第二，共产国际当时的看法到底是怎样的？王明在十二月会议上的报告是否都是共产国际的意见？为什么共产国际在中共六届六中全会时会支持毛泽东而没有支持王明？本文准备着重就这些问题做一些探讨。

一、中共中央在抗战爆发初期的决策

中国全民族抗战到来的大趋势虽然早在中共中央的预料之中，但 1937 年 7 月 7 日卢沟桥事变的发生仍有突然性。第二天，中共中央在告全国同胞书中号召全国一切力量团结起来，抵抗日本侵略者。可是事变将如何发展，是以前曾多次发生过的那种局部性事件，还是全民族大规模抗战的开始？这个问题还不明朗。中国共产党必须很快做出准确的判断，才能制定相应的应对方针。

平津失守后，中共中央在 8 月 9 日召开政治局会议。由于局势发展还有不少未知数和变数，讨论中的看法并不一致。会议主持人比较谨慎，认为：全国抗战已经起来，这样说还早了点，应该说接近全国抗战，把事变的曲折性包含在内是有好处的。毛泽东却斩钉截铁地指出："应估计大战已经到来，新的阶段在 7 月 7 日晚上即已开始。抗战已经开始，准备抗战的阶段已经结束。"在这样大转折面前，中国共产党应该怎么办？毛泽东对一些原则性问题，特别是国共合作中独立自主问题和军事问题，提出了明确意见。他先从军事谈起，说："红军应当是独立自主的指挥与分散的游击战争。必须保持独立自主的指挥,才能发展红军的长处。""国共合作大体成功,彻底完成是以后任务。""反倾向问题,一是急躁病,一是适合国民党的适合主义。保持组织的独立性、批评的自由。"[1]

要实行国共合作,又要坚持党的独立自主,确实是中国共产党当时面对的最重要也最不容易处理的问题。国民党是全国范围的执政党,有几百万军队和国际承认的外交地位。没有它的参加,难以形成全民族的抗日统一战线。但是,蒋介石对共产党的疑忌实在太深。他既需要国共合作来抵抗日本侵略,又总想在抗战过程中限制、溶化乃至最后消灭共产党。如果共产党在国共合作中放松甚至放弃了独立自主,听任别人支配,那就存在被消灭的危险,这是生死攸关的大事。毛泽东在国共合作一开始就清醒地提出坚持独立自主这个极端重要的问题,这对以后局势的发展有着巨大而深远的影响。

国共合作的谈判最初并不顺利,但抗战的形势却发展得很快。8月13日,日本侵略军对上海发动大规模进攻,战火燃烧到南京政府统治的心脏地区。蒋介石看到中日之间的全面战争再难避免,更迫切需要红军开赴抗日前线,共同作战。于是,国共谈判中长期拖延不决的一些问题急转直下地得到解决。18日,蒋介石同意红军改编为国民革命军第八路军,任命朱德、彭德怀为正副总指挥。同一天,中共中央书记处致电朱德、周恩来、叶剑英,提出红军充任战略的游击支队,在总的战略方针下执行独立自主的游击战争。经过反复磋商,蒋介石、何应钦最后同意:八路军充任战略游击队,执行只作侧面战、不作正面战,协助友军,扰乱与钳制

---

[1] 毛泽东在中共中央政治局会议上的发言记录,1937年8月9日。

敌人大部并消灭敌人一部的作战任务。

在这种新形势下,中共中央又在8月22日召开政治局会议,即洛川会议。这次会议通过了《抗日救国十大纲领》。毛泽东在会上谈了两个问题:一个是战略问题,一个是两党关系问题。他谈到这两个问题时,都强调了要在国共合作中保持相对的独立自主。对前一个问题,他说:"独立自主的山地游击战争——包括有利条件下消灭敌人兵团与在平原发展游击战争——但着重于山地。a. 在统一战略下,是相对的独立自主(在总的战略上),但一定要争取战略方针的共同商量——指挥原则。b. 游击战争——分散发动群众,集中消灭敌人,打得赢就打,打不了就跑——作战原则。c. 山地战——要达到创造根据地及便于游击战争——小游击队去发达平原。"对后一个问题,他说:"现在统一战线正成熟中,但另一方面党的阶级的独立性问题,应提起全体党员注意。""独立性是组织的、政治的独立问题两方面。1927年革命,以后只有组织的独立性,而无政治的独立性,做了资产阶级的尾巴。现在在政治上,我们有大革命教训。"[1]

在重大的历史转折关头,怎样才是正确的领导者?那就需要有清醒的头脑、深远的战略眼光、果断的胆略,不是被动地走一步看一步,而能敏锐地抓住全局中的关键问题,做出正确的判断和应对方针。事实表明:在卢沟桥事变爆发刚一个多月时,以毛泽东为代表的中共中央做到了这一点,从而保证局势能循着正确的轨道发展。

这些是王明从莫斯科归国前的事情。

---

[1]毛泽东在中共中央政治局会议上的发言记录,1937年8月22日。

二、王明归国和十二月会议

共产国际此时对中国共产党的态度怎么样，产生了怎样的影响？周恩来在1960年做过一个综合的分析。他说："毛泽东同志说它是两头好，中间差。两头好，也有一些问题；中间差，也不是一无是处。"他又说："1935年七八月，共产国际召开了第七次代表大会。斯大林更多地注意国内问题，共产国际由季米特洛夫领导。当时通过了一个决议，说国际执委会要把工作重心转到规定国际工人运动基本政治路线及策略路线方面去，一般不干涉各国党的内部事务。当时，共产国际搞反法西斯统一战线，和中国搞抗日民族统一战线相合。"[1]这是一个基本评价。

中日全面战争爆发后，共产国际认为它将对世界力量对比的全局产生重大影响。7月16日，共产国际执委会主席团发表决议说："中国人民的胜利，将是对所有法西斯侵略者的征服计划的沉重打击。"[2]

8月10日，共产国际执委会书记处举行特别会议，总书记季米特洛夫在会上说："中国党面临的问题异常复杂，而党的处境十分特殊。请想想看，近两年发生了多少事情。曾作为中国红军领导者的中国共产党正在进行重要转折。你们找不到共产国际的任何一个支部，像中国共产党这样，面临如此复杂的局面，并在几年之内于政策和策略上完成了如此重要的转折。""在反对南京政府的武装斗争中，培养了干部，优秀的干部成长起来了，一批政

---

[1]《周恩来选集》编委会:《周恩来选集》(下卷)，北京：人民出版社，1984年版，第300、311页。
[2][英]珍妮·德格拉斯选编:《共产国际文件（1929—1943）》，北京：东方出版社，1986年版，第536页。

治活动家也成长起来了。"他由此得出结论:"还是这些干部,不是别的政党,不是新换的人,还是这些党员,这些群众,却要去执行另外一种政策。""这样一来,我们中国同志和中国党就会遇到很大的艰难险阻,因为蒋介石及其亲信会耍弄种种手腕。不难想象,我们党面临的是何等严重的险象环生的局面。这就必须给予帮助,派人去帮助,从内部加强中国的干部队伍。"[1]

可见,在季米特洛夫看来,当中国抗日民族统一战线建立起来后,中国共产党面临的"严重的险象环生的局面"是"蒋介石及其亲信会耍弄种种手腕"。在这个问题上,他的认识是清醒的。他肯定中国党在如此复杂的局面下"完成了如此重要的转折",显然并不认为中共中央在抗日民族统一战线问题上存在什么原则性的错误,更不是因此而决定派王明等回国。派人回去,只是为了加强些力量。1937年10月,去苏联疗伤的王稼祥接替王明、康生,成为中国共产党在共产国际执委会的代表。王明、康生回国的前一天,11月13日,他们和王稼祥一起去见季米特洛夫,进行临行前的谈话。王稼祥在延安整风时回忆道:"季米特洛夫对王明说:你回中国去要与中国同志关系弄好,你与国内同志不熟悉,就是他们要推你当总书记,你也不要担任。"王稼祥又说:"对于中国党的路线,我的印象没有听过国际说过路线不正确的话。"[2]这是一个极为重要的总印象。以后,季米特洛夫对任弼时也说过在王明回国前,他特地提醒王明:"虽然你在国际工作了多年,而且又是执委会成员和书记处书记,但你并不代表国际,而且你长期离开中

---

[1] 中国社会科学院近代史研究所翻译室编译:《共产国际有关中国革命的文献资料》第3辑,北京:中国社会科学出版社,1990年版,第17、18页。

[2] 王稼祥在中共中央书记处工作会议上的发言记录,1941年10月8日。

国，脱离中国革命实际，所以，回国后，要以谦逊的态度尊重党的领导同志。"[1]这里说得很明白："你并不代表国际。"可见共产国际派王明等在这时回国，并没有要他们以"钦差大臣"身份去纠正中国共产党"路线不正确"的意思。

王明和康生在11月14日动身，29日到达延安。12月9日至14日，中共中央举行政治局会议，通常称为十二月会议。

会议一开始，先由张闻天做政治报告。他说："这个会议是转变关头的会议。""现在说来，中国的抗战还只是政府片面的抗战。"对国共关系，他从两方面进行分析。一方面是："抓住抗日为中心，巩固抗日民族统一战线的基础，我们不能因为民主与民生等问题而放松抗日这一中心问题。"另一方面，他又强调："我们在统一战线中需要保持我们的独立自主性。""不要在民族革命浪潮中被淹没在浪潮中，而是要在民族革命浪潮中保持独立性，使我们在大海中不会淹死。"[2]这正是重申洛川会议的方针。

接着，由王明做报告。他一直讲到第二天下午，唱的调子却是着重批评洛川会议提出的在国共合作中要坚持党的独立自主的方针，实际上是提出中国共产党的路线是否正确的问题。他在报告中重申了抗日民族统一战线和国共合作的重要性，这本来并不成问题，而他强调的却是："目前的中心问题是如何争取抗日战争的胜利。如何巩固统一战线，即是如何巩固国共合作问题。我们党虽然没有人破坏国共合作，但有同志对统一战线不了解，是要破坏统一战线的。"

---

[1]师哲口述、李海文整理：《在历史巨人身边：师哲回忆录》，北京：中央文献出版社，1991年版，第121页。

[2]张闻天在十二月会议上的政治报告记录，1937年12月9日。

所谓"有同志对统一战线不了解,是要破坏统一战线的",指的是什么?前面说到,洛川会议主要讨论国共两党关系和军事战略问题,都谈了必须坚持党的独立自主。王明的报告正是针锋相对地直指这个问题。

对国共两党的关系,他说:"在统一战线中两党谁是主要的力量?在全国政权与军事力量上要承认国民党是领导的优势的力量。""没有力量,空喊无产阶级领导是不行的。空喊领导,只有吓走同盟军。""我们的斗争方式也要注意,如章乃器说多建议少号召,在一定程度上是有意义的。"

他提出一个口号:"今天的中心问题是一切为了抗日,一切经过抗日民族统一战线,一切服从抗日。现在我们要用这样的原则去组织群众。"(这是记录的原文,也没有说这是共产国际的意见。)他举例说:"我们对政权问题,不要提改造政权机构,而是要统一的国防政府。""行政制度在山西等地区不能建立与(陕甘宁)特区同样的政策,要同样用旧县政府、县长,不用抗日人民政府的,少奇同志写的小册子提得太多。"

既然王明很明白地说:"在统一战线中两党谁是重要的力量?""要承认国民党是领导的优势的力量",那么,他所说的"一切经过抗日民族统一战线",显然就是"一切经过"蒋介石,他所强调的"服从",也只能是一切"服从"蒋介石。

对军事问题,他也强调要实现"统一",说:"我们要拥护统一指挥,八路军也要统一受蒋指挥。我们不怕统一纪律、统一作战计划、统一给养,不过注意不要受到无谓的牺牲。红军的改编,不仅名义改变,而且内容也改变了。""我们八路军、新四军是要向着统一的方向发展,而不是分裂军队的统一。过去提国民党片面抗战,是使他们害怕,要提出政府抗战很好,要动员广大人民来帮助抗战,不要提得这样尖锐。""在抗战条件下不怕国民党的限制,而是我们的方法不好。人民拥护八路军,许多同志过于高兴,也是不好的。"[1]

对蒋介石的政治态度应该怎样估量?这是决定如何对待他的政策的依据。应该说,蒋介石此时决心进行并积极投入抗战是值得肯定的,同共产党的关系也确有改善,坚持以国共合作为基础的抗日民族统一战线是十分重要的;但蒋介石对共产党的疑忌实在太深了,始终想在抗战过程中限制、溶化以至伺机消灭共产党。进入1937年12月时,上海已经失陷,南京岌岌可危,战局异常紧急。他在日记中的"本月大事预定表"中"考虑长期抗战之最恶场合",第二项就是防止"共党乘机捣乱,夺取民众与政权"。他还在"对共党对军阀政客之方针"中规定:"未至溃决,当以苦心维持忍耐处之。若果一旦崩溃则无此顾忌,惟以非常手段处理。"[2]这里早已透露出杀机来了。12月10日,也就是十二月会议的第二天,蒋在日记中写道:"以全局设计,应暂使能与共党合作共同抗倭,似为相宜。""应与共党从速谈判开始。"[3]这里值得注意的是一个"暂"字,可见在蒋介石看来国共合作不过是权宜之计。11日,他在日记的注意事项中写道:"控制共党,勿使捣乱。"[4]13日又写道:要注意"共党阴谋与反动派","如一旦溃决,只有快刀斩乱麻,成败有所不计也"。[5]

---

[1] 王明在十二月会议上的报告记录,1937年12月9日。
[2] 蒋介石日记(手稿本),1937年12月1日,美国斯坦福大学胡佛研究所藏。
[3] 蒋介石日记(手稿本),1937年12月10日,美国斯坦福大学胡佛研究所藏。
[4] 蒋介石日记(手稿本),1947年12月11日,美国斯坦福大学胡佛研究所藏。
[5] 蒋介石日记(手稿本),1937年12月13日,美国斯坦福大学胡佛研究所藏。

蒋介石在国共合作刚开始时，就在盘算如何"控制共党"，并且准备在需要时以"快刀斩乱麻"的断然手段对付共产党。他从来没有忘记过这一点。若是沿着王明在十二月会议上提出的路走，在合作中解除一切戒备，甚至连"八路军也要统一受蒋指挥"。那样，蒋介石什么时候一旦翻脸，势必会葬送党、葬送革命。

讨论中，毛泽东接着林伯渠后第二个发言，对王明的报告做出回答，他说："团结御侮是我们的基本方针，执行这个方针是内外一致、切实执行的。"对王明所谈的统一战线和军事问题，毛泽东说："统一战线问题——总的方针要适合于团结御侮。在统一战线中，要了解'和'与'争'是对立的统一。目前应该是和为贵。章乃器说少号召多建议，我们是要批评的。""我们要在政治上有号召，在做的时候要经过国民党来做，向国民党建议。""红军问题：八路军与游击队应当使成为全国军队的一部分，但是要政治上的区别。""我们所谓独立自主是对日本作战的独立自主，战役战术是独立自主的山地战，游击战是我们的特长。""如果没有共产党的独立性，便会使共产党降低到国民党方面去。国民党与共产党谁吸引谁这个问题是有的，不是要将国民党吸引到共产党，而是要国民党接受共产党的政治影响。"[1]毛泽东在延安整风时讲到十二月会议说："我是孤立的。当时，我别的都承认，只是持久战、游击战、统战原则下的独立自主等原则问题，我是坚持到底的。"[2]这时，毛泽东同从苏联归来的王明刚刚相识，而且对共产国际的态度还不是很清楚，他的发言是慎重的，讲话口气是和缓的，但实际上已经态度鲜明地回答了王明对洛川会议的批评。

---

[1] 毛泽东在十二月会议上的发言，1937年12月10日。

[2] 毛泽东在中共中央政治局会议上的发言记录，1943年11月13日。

由于王明是共产国际执委会主席团成员和政治书记处候补书记,他还曾起草并发表了影响很大的《八一宣言》,虽然他在十二月会议上的报告没有说是传达共产国际的指示,但许多人把王明的话看作是共产国际的意见。国共两党经过十年内战后又重新合作,是十分缺乏经验的新问题。要重新合作,不能不做出一些让步,有的是重大的让步。怎样恰当地处理合作和保持独立自主的关系,如何准确把握其中的"度",许多人心中还不那么有数。所以,不少重要领导人听王明报告后检查过去的统一战线工作,在不同程度上做了自我批评。如说:"抗战以来对国民党本质上的转变估计不足","我们强调独立自主,便走到与统一战线对立起来";"把全面抗战与片面抗战对立起来","对抗日问题没有抓住这一基本问题,常常拿民主、民生与抗日问题并列起来,甚至强调起来","只着重批评国民党片面抗战一定要失败";"在党方面,把独立自主提得太高","把独立自主发展到各方面,妨碍统一战线,如自立军区,自行罚款,聂(荣臻)没有得阎(锡山)合法承认"等。两位以往与王明关系比较密切的政治局成员还说:"抗日高于一切、一切经过民族统一战线、一切为了民族统一战线的口号没有提出";"群众运动,一切要为了统一战线,一切服从统一战线。"[1]

尽管如此,会议并没有形成决议案,中共中央的常委成员也没有变更,因此依然能继续实行洛川会议决定的政治路线。会议确定:党的第七次代表大会筹备委员会以毛泽东为主席,王明为书记。

还有一点不能忽视:王明回到延安时,扬言"说他跟斯大林

---

[1] 十二月会议记录,1937年12月10日、11日。

谈过话"[1]。那时斯大林在中国共产党内有非常高的威信。王明这样说给人一个错觉,仿佛他那些主张是斯大林的意见,这也是许多人受他影响的重要原因。那时候,斯大林担心苏联受到日、德从东和西两面的夹击,确曾过于看重蒋介石的军事力量,想用它来牵制日本从东面向苏联进攻。但不能把王明在十二月会议上那些主张看成就是斯大林的意见。在王明、康生归国前3天的11月11日,他们和季米特洛夫、王稼祥一起到克里姆林宫听取过斯大林的意见。这是斯大林表明对中国共产党态度的一次最重要的谈话。好在季米特洛夫日记中对这次谈话要点做了详细记录。斯大林说:"对于中国共产党现在的基本问题是:融入全民族的浪潮并取得领导地位。"他说的是要"取得领导地位",而不是如王明在十二月会议上所说的"没有力量,空喊无产阶级领导是不行的",更不是要中国共产党"一切经过"和"一切服从"蒋介石。斯大林又说:"口号就是一个:'争取中国人民独立的胜利战争','争取自由中国反对日本侵略者'。"他没有再提什么别的口号。斯大林还谈了军事问题,说:"八路军必须要有三十个师,而不是三个师。""在八路军还没有炮兵的时候,它的策略不该是直接进攻,而应该是骚扰敌人,把他们引进自己一方,并在后方打击他们。"[2]也就是说:八路军在敌我力量悬殊的条件下应该发展游击战争,这当然不能"统一受蒋指挥"。薄一波还回忆过,1938年,曾听和王明等一起见斯大林的王稼祥传达过斯大林的一句很重要的话,大意是:"你们中国现在搞统一战线,要注意自己不要叫人家统走。要有决心到大海中游泳,但又不要把自己淹死。"张闻天在十二月会议开始时也

---

[1]《周恩来选集》编委会:《周恩来选集》(下卷),北京:人民出版社,1984年版,第311页。
[2] [保]季米特洛夫:《季米特洛夫日记选编》,桂林:广西师范大学出版社,2002年版,第60页。

引用了这句话。这自然不是"一切经过"和"一切服从",而是提醒在统一战线工作中要保持自己的独立自主。薄一波说:"这句话给我印象很深刻,因为我当时在跟国民党的地方实力派搞统一战线工作。这句话用得着。"[1]

了解了这些就不难理解:为什么当共产国际进一步了解中国实际情况后,没有给王明以支持,而是明确表示领导机关要在毛泽东为首下解决。这不是偶然的。

当然,如周恩来后来所说:"第二次王明路线与共产国际不无关系。斯大林信任王明,季米特洛夫和王明的关系也好。后来我去莫斯科对季米特洛夫谈王明的错误,季米特洛夫听了还表示惊讶。"[2]周恩来这段评论,在用词的分寸把握上是很慎重和准确的,没有缩小,也没有夸大。

三、建立长江局和三月会议

十二月会议开始时,南京还没有陷落。会议最初规定:"王明同志到南京后回中央工作",并指定他回来后主管统一战线部。因为南京随即陷落,王明又要去武汉。那时,国民政府从南京迁到重庆,但蒋介石和国民党的主要党军政机关都移到武汉。全国各界各派爱国民主人士、社会名流、外国外交官和记者也大多集中在这里。王明不愿留在延安而急于去武汉,显然在他看来,只有武汉才是中国政治舞台的中心。周恩来后来指出他"十二月出去

---

[1] 薄一波在中央整党工作指导委员会第十次办公会议上的讲话,1984年2月11日。转引自徐则浩:《王稼祥传》,北京:当代中国出版社,1996年版,第288页。
[2] 《周恩来选集》编委会:《周恩来选集》(下卷),北京:人民出版社,1984年版,第311页。

意在入阁"。毛泽东说他"梳妆打扮，送上门去"，也是这个意思。

12月18日，王明、周恩来、博古等到达武汉。21日，同蒋介石会谈。同日，他们给中共中央的电报说：蒋要王明"在汉相助"。[1]这样，他就在武汉留了下来。但蒋介石这天日记中只淡淡地写了一句："与共党代表谈组织事，此时对共党应放宽，使之尽其所能也。"[2]这里值得注意的有两点：第一，他说"此时对共党要放宽"，同11天前日记中所说"当暂使能与共党合作共同抗倭"是同一意思：那只是为了使中共能在抵御日军大举进攻时"尽其所能"的权宜之计。第二，这是蒋介石第一次同王明相见，但日记中连王明的名字也没有提到，可见他对王明并不那么看重。周恩来以后也说："当时蒋介石也不要王明，连个部长都没给他当。毛泽东同志说，要是给他一个部长当，也许情形更坏。"[3]周恩来还说过：王明没有被蒋介石选中的一个原因是：脚跟轻，腹中空，未为人所重视也。

两天后，也就是12月23日，中共中央代表团与长江中央局在武汉举行第一次联席会议。会议做出决议："A. 因代表团与中央局成分大致相同，为工作集中和便利起见，决定合为一个组织，对外为中央代表团，对内为长江局。B. 中共代表团与长江中央局的项英、博古、恩来、剑英、王明、必武、伯渠组织之。C. 暂以王明为书记，周恩来为副书记。以上A、B、C三项呈报中央政治局批准。"[4]

---

[1] 王明、周恩来、博古、叶剑英致洛甫、毛泽东并中共中央政治局的电报，1937年12月21日。
[2] 蒋介石日记（手稿本），1937年12月21日，美国斯坦福大学胡佛研究所藏。
[3] 《周恩来选集》编委会：《周恩来选集》（下卷），北京：人民出版社，1984年版，第311、312页。
[4] 中央代表团与长江中央局第一次联席会议记录，1937年12月23日。

长江中央局成立后,对推动抗日民族统一战线的发展做了许多开拓性的重要工作。那时,国民党对抗战比较努力,与共产党的关系有所改善。中国共产党以各种形式向蒋介石和国民党当局提出种种建议,同他们进行周旋。1938年1月,国民党代表在国共两党关系委员会上提出"一个政党、一个领袖、一个主义"的主张。2月10日,周恩来见蒋介石,说明宣扬"一党运动"的严重后果。蒋介石说:"对各党派并无取消或不容其存在,惟愿溶成一体。"周恩来在给中共中央的电报中指出:"其意仍在一党。"并当场答复蒋介石:取消国共两党都不可能,只有"联合中找出路"。[1]武汉当时又是各方人士相当集中的地方。以前,共产党处在遭受被"围剿"和严密封锁的条件下,无法在国民党统治区公开活动,社会上不少人对共产党缺乏了解。这时,长江局利用各种合法条件同他们广泛交流,宣传党的主张,增进相互信任和友谊,还输送大批进步青年到延安和根据地去。经中共中央批准,周恩来兼任了国民政府军事委员会政治部副部长,利用这个阵地,开展声势浩大的群众性爱国救亡活动。长江局还负责领导云南、贵州、四川、湖南、湖北、安徽、江西、浙江、福建、广东、广西、河南等省及东南分局、新四军的党的工作。这些地区的共产党组织在战前由于"左"倾错误的恶果,受到极其严重的摧残和破坏,有的已不存在,大多数地区还没有恢复或建立起党的组织。长江局在这些地区迅速重建各级组织,大量吸收积极分子入党,还完成了新四军的组建工作。当年在长江局工作的邓颖超后来说:"关于抗战初期长江局组织是否执行了王明右倾投降主义路线,是否影响了武汉的工作

---

[1] 陈绍禹、周恩来、秦邦宪、叶剑英、董必武致毛泽东、张闻天意见,1938年2月10日。

问题，我们应该承认有一点影响。项英是长江局的委员，他就是受了王明的影响。但是影响不大，不是全局性的影响，工作有缺点。当时长江局的民主与集中制不健全，分工如划线，各人管各人的工作。"[1]这是实事求是的分析。长江局所做的这些工作，对以后中国政治局势的发展有着深远的影响。

王明在长江局时期的错误，正如前引周恩来指出的那样："党外步步投降，党内处处独立。"短短的两句话，都说到点子上，而到武汉后表现得更为突出。

长江局成立的第三天，12月25日，王明起草了《中国共产党对时局的宣言》，随后在《新华日报》和《群众》周刊上公开发表。这样一个用中国共产党名义发表的《宣言》竟没有报中共中央批准。它在强调巩固国共两党合作的重要性方面是正确的，但在坚持全面抗战路线和独立自主的原则上却比中国共产党在《抗日救国十大纲领》中提出的目标后退了。《宣言》宣称："我国军民在国民政府军事委员会委员长蒋先生领导之下"，"开始形成了我统一的国家政权和统一的国家军队"，并且提出要"巩固和扩大全中国的统一的国民革命军"，做到"统一指挥、统一纪律、统一武装、统一待遇、统一作战计划"。[2]

同一天，王明会见美国合众社记者白得恩时说："国民政府军事委员长蒋先生精明坚决、雄才大略，力能胜任领导全国抗战。"又说："抗战以来，中国在各方面已有相当进步，例如政府开始成立全中国统一的中央政府。""同时，开始建立了全中国统一的国

---

[1]《邓颖超谈长江局及其妇女工作》，中共湖北省委党史资料征集编研委员会：《抗战初期中共中央长江局》，武汉：湖北人民出版社，1991年版，第473页。

[2]《群众》周刊第1卷第4期，1938年1月1日。

民革命军的基础,更有重大意义。"[1]

两天后,他又写了一篇《挽救时局的关键》,在强调必须更加巩固和扩大国共两党合作时写道:国共两党是中国一大部分优秀进步青年的总汇。[2]

当国民党方面狂热鼓吹"一个政党、一个领袖、一个主义"时,1938年2月10日和22日在《新华日报》和《群众》周刊上,先后发表王明起草而署名毛泽东的《与延安新中华报记者其光先生的谈话》。它的主要内容虽然是驳斥那种鼓吹"现在国民党应该实行'一党专政'"的言论[3],但它不仅没有报经中共中央批准,而且完全没有征得毛泽东本人的同意。在发稿当天,才致电中央书记处称:"此稿所以用泽东名义发表者,一方面使威信更大,另方面避免此地负责同志立即与国民党起正面冲突,不过因时间仓猝及文长约万字,不及事先征求泽东及书记处审阅,请原谅。"[4]这样目无中央的做法,前所未见。在王明看来,十二月会议后的中央政治局常委共九人,除正在接受批判的张国焘外,在延安的有张闻天、毛泽东、康生、陈云四人,在长江局的有王明、周恩来、博古、项英四人,他认为已可同在延安的中央书记处分庭抗礼、为所欲为了。

就在这些日子里,中央代表团与长江局联席会议在2月6日决议:"建议中央召集政治局会议,日期二月廿二号。"[5]第二天,王

---

[1] 陈绍禹:《王明选集》第5卷,[日本]汲古书院,1975年11月发行,第77、80页。

[2] 参见《群众》周刊第1卷第4期,1938年1月1日。

[3] 《毛泽东先生与延安新中华报记者其光先生的谈话》,《新华日报》1938年2月10日。

[4] 中共武汉市委党史研究室:《抗日战争初期中共中央长江局史》(上册),北京:中共党史出版社,2011年版,第413页。

[5] 中央代表团与长江局第九次联席会议记录,1938年2月6日。

明、周恩来、博古、董必武、叶剑英致电中央书记处,提出"最近时局中发生许多新的严重问题",建议召开中央政治局会议。[1]次日,中央书记处复电同意。

那么,时局到底发生了哪些"新的严重问题"呢?主要是指两点:第一,日本侵华战争的作战中心要迅速打通津浦铁路,夺取徐州,然后截断陇海铁路,造成包围武汉的形势,夺取武汉。战局日趋严重。第二,国民党方面一再鼓吹"一个政党、一个领袖、一个主义",在1月17日发生新华日报馆被捣事件,政治局势日趋恶化。

中央政治局会议于2月27日至3月1日在延安举行,通常称为"三月政治局会议"。

王明在会上做政治报告。他再次肯定十二月会议,说:"我感觉前次政治局会议的方针是正确的,但统一战线的基本政策在党内的教育不够,没有许多新的论文解释。其次是前次政治局会议没有写成一个决议,同时对国民党提议的意见也没有写出来,这是政治上的损失。"

对国共关系,王明说:"现在蒋介石等国民党不承认国共合作,不许新华日报登国共合作,不许登共产主义、共产党等。即陈立夫也认为只有共产党投降国民党。国民党认为军令统一,只有服从国民党军委的命令。所谓军政统一,便是人事的统一,八路军干部要由他们调动。"怎么办?他却说:"我们认为统一军令是统一指挥、统一纪律、统一供给(山西军队:八路军四块[元]半,山西军六元半,中央军是九元二角,供给是不统一的)、统一武

---

[1] 中共武汉市委党史研究室:《抗日战争初期中共中央长江局史》(上册),北京:中共党史出版社,2011年版,第396页。

器。""国民党现在提出只要一个军队,我们也不能反对这个口号。现在大公报认为国家要有超党派的国家军队。关于统一军队问题,需在党内外进行教育。"

对"关于统一政府与拥护中央政府问题",王明说:"现在边区要开放党禁,允许国民党的公开活动,现在特区不允许国民党活动是不好的。""八路军新占领的区域还是中华民国的一部分,还是服从中央政府的。"[1]

毛泽东在次日发言。他说:"我只讲军事问题,先说军事的长期性。"他指出:"中国抗战最后是必然胜利的,但如何取得最后胜利是没有解答,这是人人都要知道的问题。"[2]军事问题是这次政治局会议的重要议题之一。毛泽东做了详细的分析,实际上就是不久后发表的《论持久战》的初步论述。

会议的最后一天,王明做结论后,毛泽东再次发言说:"王明同志在今天的形势下不能再到武汉去。"这时,他已明白不能再让王明离开延安到武汉去了,但并不是所有人都明白。会议付表决,以五票赞成、三票反对通过决定:"政治局决定王明同志同凯丰同志去武汉。王明同志留一个月即回来(如估计武汉、西安交通有断绝之时则提前),凯丰同志留长江局工作。"[3]

王明回武汉后,对"留一个月即回来"的决定置之不顾,留在武汉不走。他一到武汉,就在3月11日写成一篇没有报经中央同意而用他个人署名的《三月政治局会议的总结》,在《群众》周刊上公开发表。

---

[1] 王明在三月政治会议上的政治报告记录,1938年2月27日。
[2] 毛泽东在三月政治局会议上的发言记录,1938年2月28日。
[3] 三月政治局会议记录,1938年3月1日。

《总结》一开始就宣称出席这次会议的政治局成员"对目前时局和党的工作问题完全一致"。

在回答"如何继续抗战和争取抗战胜利"时,王明写道:"须要建立统一的国家军队。"它的基本条件有七点:统一指挥,统一编制,统一武装,统一纪律,统一待遇,统一作战计划,统一作战行动。怎样作战?他要求"确定和普遍地实行以运动战为主、配合以阵地战、辅之以游击战的战略方针"。他用了"普遍地"几个字,也就是要求八路军和新四军都得以运动战为主,那就推翻了洛川会议确定的战略方针。

王明在《总结》中还写道:"国民党现在在政府和军队中均居于领导地位","陕甘宁边区政府是中华民国的地方政府之一,服从统一的中央国民政府";各地的群众团体也"应向政府机关登记,并接受政府的领导","以达到群众运动和群众组织的统一"。[1]

不知什么原因,这篇东西写成后搁了近一个半月,才在《群众》第19期上刊出。这时早已超过了三月政治局会议对王明留武汉一个月就回的决定,但他仍不返回延安。

5月26日至6月3日,毛泽东在延安做了《论持久战》的讲演,不久就正式刊印出版。这是科学地指导全国抗战的军事理论纲领,其中也澄清了王明在《三月政治局会议的总结》中散播的种种错误论点。7月上旬,中共中央电示长江局在《新华日报》上刊发这篇文章。王明却借口文章太长加以拒绝。中央又要求可以连载,王明仍拒不执行。以后,周恩来等以《新群丛书》名义印成单行本,随新华日报附送并正式销售,在大后方产生巨大反响。

王明这类目无中央、自作主张的事情很多。8月6日,毛泽东

[1] 参见《群众》周刊第19期,1938年4月23日。

致电王明、凯丰："致参政会贺电,《新华日报》改易了一些文句,与我发致该会的及在解放报发表的不符,对外显示了一点分歧,似不甚妥。尔后诸兄如有意见,请先告后方,以便发时一致。"[1]

王明始终把工作重点放在大城市和同国民党上层的关系上,把武汉看得比延安更重要,将自己置身于中央书记处之上。中共中央准备召开六届六中全会时,他又提出全会在武汉或西安举行。回国后这些日子,他俨然以领袖自居,言论行动处处自行其是,已令人忍无可忍。

毛泽东在延安整风时说:"王明路线的特点是:(1)以速胜论反对持久战;(2)以一切经过统一战线反对独立自主;(3)军事上反对游击战主张运动战;(4)有了上面三个基本问题的不同,因此就要在组织上闹独立性,不服从中央,闹宗派主义。"[2]

王明的问题已到非解决不可的时候了。

四、在共产国际的讨论

要解决王明的问题,需要取得共产国际的认可和支持。三月政治局会议上,中共中央决定派遣了解十二月会议以来王明种种表现和中国共产党实际情况的中央政治局委员任弼时到莫斯科去向共产国际汇报,并代替王稼祥担任中共驻共产国际的代表。任弼时这次去莫斯科解决这些问题并没有受到大的阻碍,甚至可以说很顺利。这不奇怪,因为主要分歧本来并不在共产国际和中共中央之间存在。

---

[1] 毛泽东致陈绍禹、凯丰电,1938年8月6日。
[2] 毛泽东在西北局高干会上的报告记录,1943年10月14日。

1938年3月底，任弼时到达莫斯科。4月14日，他出席共产国际执委会，向主席团递交了题为《中国抗日战争的形势与中国共产党的工作和任务》的书面报告大纲。

这份手写的报告大纲长达一万五千字。它首先分析中国抗日战争的形势，指出中国人民、政府与军队开始了保卫民族生存的自卫斗争，给了日寇以相当打击，造成中国从未有过的内部团结统一的局势。同时也指出："国民党和政府对群众运动，还是害怕而未能充分动员民众"；"在军事上要取单纯正面防御作战方针"。

报告大纲接着谈了抗日民族统一战线的现状，说国共两党的合作在西安事变后逐渐具体化，抗战爆发后这一合作日益进步。同时又说："在统一战线中党应保持组织上的独立与批评的自由，但批评应当善意的，反对投降主义与关门主义。"接着指出："蒋介石希望中国只有一个党，企图引诱共产党成为这个党中的一个派别。复兴社（国民党内的一个派别）中的顽固分子乃提出'一个主义'、'一个政党'、'一个领袖'、'一个军队'、'一个政府'等口号，并勾结和利用托匪分子，对共产党与八路军作种种的进攻。"

报告大纲用不少篇幅来谈八路军在抗战中的作用，说："八路军有着红军时代与工农群众亲密合作关系的优良传统，在抗日战争中与地方人民建立了极亲密的关系。""由于八路军在平型关、广阳和在敌人侧后取得许多胜利，提高了一切军队与人民对抗日战争的胜利信心。""八路军在敌人占领的后方地区，开展着广大的游击战争，创造了持久的根据地区——晋察冀三省交界边区。"它的结论很醒目："八路军在改编为国民革命军后，仍然保持共产党的绝对领导。"

报告大纲特别强调："巩固共产党在八路军、（新）四军中的绝对领导，保持和发挥过去十年来红军的优良传统，提高一般指战员政治上、军事上和技术上的水平，阻止外界恶劣影响的侵入。"[1]

一个月后，任弼时在共产国际执委会主席团会议上就报告大纲做了详细的说明和补充。在讨论时，王稼祥也发了言。他着重补充说明：这次抗日民族统一战线与第一次统一战线的不同点，"即是同国民党第一次合作破裂后的第二次合作，而且国共两党现在都有武装"。[2]

共产国际原来对中国共产党在抗战以来的实际情况了解并不多，听取任弼时的报告后没有提出任何异议，而对它做了很高的评价。王稼祥回国后传达说："根据国际讨论时季米特洛夫的发言，认为中共一年来建立了抗日统一战线，尤其是朱、毛等领导了八路军执行了党的新政策，国际认为中共的政治路线是正确的。中共在复杂的环境及困难条件下真正运用了马列主义。"[3]

6月11日，共产国际执委会主席团根据讨论结果通过两个文件：一个是内部的《关于中共代表报告的决议案》，另一个是公开发表的《共产国际执委会主席团的决定》。

《决议案》用明确的语言写道："共产国际执委会主席团在听了关于中国共产党的活动的报告以后，认为中国共产党的政治路线是正确的。中国共产党在复杂和困难条件之下，灵活地转到抗日民族统一战线的政策之结果，已建立起国共两党的新的合作，团结起民族的力量，去反对日本的侵略。""共产党的巩固，它的独

---

[1] 任弼时：《中国抗日战争的形势与中国共产党的工作和任务》（报告大纲），手稿，1938年4月14日，第3、8、9、12—14、21页。

[2] 徐则浩：《王稼祥传》，北京：当代中国出版社，1996年版，第294页。

[3] 王稼祥：《王稼祥选集》，北京：人民出版社，1989年版，第138页。

立性及它的统一,正是继续向前发展民族统一战线和继续同日寇作胜利的斗争的基本保证。"[1]

公开发表的《共产国际执委会主席团的决定》,刊登在《国际月刊》(俄文版)1938年8月号上。1938年9月8日,《新华日报》发表了它的中译文。《决定》宣告:"共产国际执委会主席团声明完全同意中国共产党的政治路线,并声明共产国际与中华民族反对日寇侵略者的解放斗争是团结一致的。"[2]这个《决定》,以简明的语言在国际范围内宣布完全同意中国共产党的政治路线,它的作用不能小看。

王稼祥到苏联原本是为了治伤。任弼时到莫斯科接替驻共产国际代表的工作后,他便在1938年7月初动身回国。行前,季米特洛夫同他做了一次重要谈话。王稼祥回忆道:"在我要走的那一次,他向我和任弼时同志说了一番语重心长的话。他说:应该告诉大家,应该支持毛泽东同志为中共领导人,他是在实际斗争中锻炼出来的。其他人如王明,不要再去竞争当领导人了。"[3]

王稼祥回国后在中央政治局会议和随后召开的六届六中全会上正式传达了共产国际的指示和季米特洛夫的意见。王稼祥带回的共产国际书面指示中说:"要保持统一战线中各党派的独立性,说不要在统一中束缚自己手足,最低限度纲领是不能让步的。"[4]特别引人注目的是,他传达季米特洛夫的话:"今天的环境中,中共主要负责人很难在一块,因此更容易发生问题。在领导机关中要

---

[1]《共产国际执委会主席团关于中共代表报告的决议案》,《文献和研究》1985年第4期。

[2]《共产国际执委会主席团的决定》,《新华日报》1938年9月8日。

[3] 王稼祥:《我的履历》(1968年),转引自徐则浩:《王稼祥传》,北京:当代中国出版社,1996年版,第296页。

[4] 毛泽东在中共中央政治局会议上的发言记录,1943年11月13日。

在毛泽东为首的领导下解决，领导机关中要有亲密团结的空气。"[1]

共产国际执委会主席团做出的《决议案》和《决定》、季米特洛夫的意见传达后，对纠正王明的右倾错误起了重大作用。陆定一回忆道："这样，就把王明路线所以能够存在的第一个原因——共产国际的支持——取消了。"[2]中共中央"要在毛泽东为首的领导下解决"的定位，虽然遵义会议后已在实际上解决，而这是第一次由共产国际正式加以肯定，它的意义自然非同小可。

毛泽东对共产国际的态度也高度肯定。他后来在中共七大会议上说："遵义会议以后，中央的领导路线是正确的，但中间也遭过波折。抗战初期，十二月会议就是一次波折。十二月会议的情形，如果继续下去，那将怎么样呢？有人说他奉共产国际命令回国，国内搞得不好，需要有一个新的方针。所谓新的方针，主要是在两个问题上，就是统一战线问题和战争问题。在统一战线问题上，是要独立自主还是不要或减弱独立自主；在战争问题上，是独立自主的山地游击战还是运动战。六中全会是决定中国之命运的。六中全会以前虽然有些著作，如《论持久战》，但如果没有共产国际指示，六中全会还是很难解决问题的。"[3]

五、中共扩大的六届六中全会

解决王明问题的条件，无论在中共党内还是共产国际方面，都已渐趋成熟。中共中央决定从1938年9月14日至27日举行政

---

[1] 王稼祥：《王稼祥选集》，北京：人民出版社，1989年版，第141页。

[2] 陆定一：《陆定一文集》，北京：人民出版社，1992年版，第8页。

[3] 毛泽东：《毛泽东在七大的报告和讲话集》，北京：中央文献出版社，1995年版，第231页。

治局会议,为召开六届六中全会做准备。

这次政治局会议开得十分隆重。第一个议程是由王稼祥做关于共产国际指示的报告,这在某种意义上确定了会议的基调;接着,由朱德、刘少奇、周恩来、博古、项英、高岗分别代表八路军、北方局、中共代表团、长江局、新四军、边区做工做报告,由王明、张闻天、陈云、康生分别做专题发言;9月24日,由毛泽东在政治局会议上做经常委讨论过的题为《抗日战争与民族战线的新阶段新形势与党的任务》的报告。

毛泽东先讲了这次会议的意义,强调共产国际指示不仅是政治局会议成功的保证,而且是六中全会以至七大的指导原则。他接着说,我们的责任是要向全国人民解释三个问题:"第一,抗日战争是长期的或是短期的;第二,最后胜利是中国的还是日本的;第三,怎样进行持久战与争取最后胜利。"对抗日战争的形势,他说:"在武汉沦陷后将开始进入新阶段","军事意义上是相持阶段。政治的情况特点有两方面,更进步,也更困难"。对抗日统一战线的新形势,他着重讲了"统一战线中的统一性和斗争性"问题,说:"统一战线下,统一是基本的原则,要贯彻到一切地方、一切工作中,任何时候,任何地方,不能忘记统一。同时,不能不辅助之以斗争的原则,因为斗争正是为了统一,没有斗争不能发展与巩固统一战线。适合情况的必要斗争是需要的,对付顽固分子,推动他们进步是必要的。"最后,他提出十一项任务,指出这是"党的任务,也是全民族的任务,即民族统一战线中的任务"。[1]

十个报告、发言和毛泽东长篇报告后,政治局展开了讨论。周恩来在发言中说:"我完全同意国际指示与泽东等同志的报

---

[1] 毛泽东在中共中央政治局会议上的报告记录,1938年9月24日。

告。""我们拥蒋抗日、拥护三民主义是巩固统一战线的政治基础,但我们必须在保持党的独立性的原则之下。"[1] 9月26日是会议的最后一天,通过了六届六中全会的议程。

9月29日至11月6日,中国共产党在延安举行扩大的六届六中全会。参加这次会议的中央委员和候补中央委员十七人,中央各部门和各地区领导干部三十多人,这是党的六大以后出席人数最多的一次中央全会。

张闻天在9月29日致全会开幕词,他说:"在我们今天开会的时候,国际形势和国内形势都是非常紧张的。国际上和平阵线和侵略阵线进行着激烈的斗争,国内武汉的抗战正处在最紧急的关头。我们是处在抗战的新阶段前面。如何使我们在中国民族抗战中发挥先锋作用,坚持已经进行了一年三个月的抗战,并增强我们的力量,这是这次全会要讨论的问题。"[2]

王稼祥在全会上再次传达共产国际的指示和季米特洛夫的意见。与会的中央委员李维汉后来回忆说:"季米特洛夫的话在会上起了很大作用,从此以后,我们党就进一步明确了毛泽东的领导地位,解决了党的统一领导问题。"[3]

10月12日至14日,毛泽东在全会上做《论新阶段》的报告。他系统地谈了从五中全会到六中全会、抗战十五个月的总结、抗日民族战争与抗日民族统一战线发展的新阶段、全民族的当前紧急任务、长期战争与长期合作、中国反侵略战争与世界反法西斯运动、中国共产党在民族战争中的地位、党的七次全国代表大会

---

[1] 周恩来在中共中央政治局会议上的发言记录,1938年9月25日。

[2] 《张闻天选集》编辑组编:《张闻天选集》,北京:人民出版社,1985年版,第224页。

[3] 李维汉:《回忆与研究》(上),北京:中共党史资料出版社,1986年版,第416页。

等八个问题。

在《长期战争与长期合作》中,他说:"战争的长期性决定合作的长期性。""这里就发生了各党之间互助互让的问题。""统一战线中有什么互让呢?有的。我们曾经在政治上作过一些让步。那就是停止没收土地,改编红军,改变苏区制度,这是一种政治上的让步,这是为了建立统一战线团结全民共同对敌的必要步骤。""互助就不是互害。损人利己,在个人道德是不对的,在民族道德上更加不对。因此,无理的摩擦甚至捉人杀人等事,无论如何是要不得的。共产党是绝不应该以此对待友党。而如若友党以此对待我们时,我们也决不容置之不理。"

在《中国共产党在民族战争中的地位》一文中,他说:"坚持抗日民族统一战线才能胜敌,并须是长期坚持,这是确定了的方针。但同时,必须保持加入统一战线中的任何党派在思想上政治上组织上的独立性","如果被人抹杀或自己抛弃这种相对的独立性或自由权,也同样将破坏团结对敌,破坏统一战线"。他还着重提出:马克思主义的中国化,使之使其一切表现中带着中国的特性,即是说,按照中国的特点去应用它,成为全党亟待了解并亟须解决的问题。[1]

周恩来在中央代表团报告中,叙述了抗日民族统一战线形成和发展的历史过程,剖析了国民党在抗战中表现出来的复杂的两重性,指出统一战线工作的原则应该是坚持抗战高于一切,坚持党的政治上的独立性。张闻天在关于组织工作的报告中说:"两条战线斗争的目的,不是在造成同志们怕犯错误的心理,而是在教

---

[1] 中央档案馆编:《中共中央文件选集》第8册,北京:中共中央党校出版社,1991年版,第623、630—632、646、658、659页。

育同志们能够正确的执行党的路线与运用策略","但这一切决不能放松对真正机会主义倾向与机会主义者的斗争,这种斗争是巩固党的必要条件"。[1]

会议进行过程中,广州、武汉在10月21日和27日相继沦陷。

11月5日、6日两天,毛泽东在全会上做结论,着重讲了统一战线中的独立自主、战争和战略这两个根本问题。

对前一个问题,他再一次说:"为了长期合作,统一战线中的各党派实行互助互让是必需的,但应该是积极的,不是消极的。"他没有点谁的名而批评了"一切经过统一战线"的错误口号,说:"中国的情形是国民党剥夺各党派的平等权利,企图指挥各党听它一党的命令。我们提这个口号,如果是要求国民党'一切'都要'经过'我们同意,是做不到的,滑稽的。如果想把我们所要做的'一切'均事先取得国民党同意,那末,它不同意怎么办?国民党的方针是限制我们发展,我们提出这个口号,只是自己把自己的手脚束缚起来,是完全不应该的。"

对后一个问题,他从中国的国情和历史发展进行分析,指出:"在中国,主要的斗争形式是战争,而主要的组织形式是军队。""游击战争是在全战争中占着一个重要的战略地位的。没有游击战争,忽视游击队和游击军的建设,忽视游击战的研究和指导,也将不能战胜日本。"[2]

这两个问题,正是近一年来同王明争论的焦点所在。

由于这些问题上的是非已经分清,毛泽东对王明的错误,用正面说理的方式来进行总结;对王明本人采取同志式的帮助态度,

---

[1] 张闻天:《张闻天文集》(2),北京:中共党史出版社,1993年版,第455、456页。
[2] 毛泽东:《毛泽东选集》第2卷,北京:人民出版社,1991年版,第537、539、540、543、552页。

希望他能改正错误。以后,他曾这样说明:"在六中全会的文件上,在六中全会的记录上,看不出我们尖锐地批评了什么东西,因为在那个时候,不可能也不应该提出批评,而是从正面肯定了一些问题,就是说在实际上解决了问题。"[1]

确实,毛泽东从抗战开始以来一直坚持的那些正确主张,在六届六中全会上已得到绝大多数人的理解和拥护。彭德怀在这次全会上的发言中说:"领袖是长期斗争经验总结的,是长期斗争中产生的。毛泽东的领导地位是由正确的领导取得的。"[2]

全会除根据毛泽东的报告通过《政治决议案》外,还通过《关于中央委员会工作规定与纪律的决定》《关于各级党部工作规则与纪律的决定》《关于各级党委暂行组织机构的决定》和其他一些文件。文件中规定:"各中央委员不得在中央委员会以外对任何人发表与中央委员会决定相违反的意见,亦不得有任何相违反的行动。""各中央委员如果没有中央委员会、中央政治局及中央书记处的委托不得以中央名义向党内党外发表言论与文件。""中央委员如有违犯纪律及有重大错误发生,中央委员会全体会议及政治局得依其程度之大小给以适当处分。"[3]这显然也是总结王明在党内向中央闹独立性的严重教训后提出来的,并且做出有关纪律处分的严格决定,以儆效尤。这在党的建设历史上也跨出了一大步。

根据形势的发展变化,全会撤销长江局,设立南方局(周恩来为书记)和中原局(刘少奇为书记),将东南分局改为东南局(项

---

[1] 毛泽东:《毛泽东在七大的报告和讲话集》,北京:中央文献出版社,1995年版,第163页。

[2] 彭德怀在中共六届六中全会上的发言记录,1938年10月23日。

[3] 中央档案馆编:《中共中央文件选集》第9册,北京:中共中央党校出版社,1991年版,第760、761页。

英仍为书记）；对北方局做了调整，以杨尚昆为书记。王明留在延安，不久担任中央统一战线部部长，对中共中央的实际工作不再发生重大影响。

六届六中全会是中国共产党历史上一次具有重大意义的会议。它正确地分析了抗日战争的形势，规定了党在抗战进入新阶段后的任务，并做出全面的规划。它基本上克服了党内以王明为代表的右倾错误，进一步确立了毛泽东在全党的领导地位，统一了全党步调，推动了各项工作的迅速发展。因此，毛泽东在中共七大上说"六中全会是决定中国之命运的"，这丝毫不是夸张。

六、结语

中国共产党党内的这场风波，是在抗日战争爆发不久后发生的。国共两党从十年内战到合作抗日，是很多人原来没有想到的大转折。随着客观局势的急遽变化，许多问题摆在人们面前，需要相应地做出新的考虑。

这是国共两党在历史上的第二次合作。它同大革命时期的第一次合作相比，有着显然不同的特点：第一，它是在中日的民族矛盾处于压倒一切地位时形成的。一个民族遭到敌人侵略这一事实，起着决定一切的作用。"中华民族到了最危险的时候"，只有合作抗日，才能挽救中华民族。这就决定了这次合作能够比较长时间地保持下去。第二，它是在两党经历了十年内战的生死搏斗后重新合作的。十年里，共产党人的血流得太多太多了，这种伤痕难以很快消除。合作抗日期间，国民党仍力图限制以至消灭共产党，共产党不能不时刻保持着戒备。这就给第二次国共合作带来很大的复杂性,包括严重的斗争。第三,它是在国共双方都有自己的军队和政权的情况下合作的。国民党有着全国性的政权和强大的军队,所以很自大,合作是不平等的。共产党也有自己的军队和政权,并且在敌后迅速壮大,这是它赖以生存和发展的保障。因此,在军队和政权问题上限制与反限制的斗争,一直成为两党矛盾的焦点。

这些特点,使中国共产党面对许多从来没有遇到过的新问题,一些问题相当棘手,需要在实践中探索并闯出一条路子来。

要合作,而且是相当长时间的合作,正如毛泽东所说:"互助互让是必需的。"停止没收土地,改编红军、改变苏区制度,这些对共产党来说都是非常大的让步。它是必要的,不这样做就不可能换得停止内战,合作抗日,也就不可能在生死存亡关头挽救中华民族。问题在于:让步的底线是什么?在合作的同时是不是有斗争?哪些让步是容许的,哪些让步是不容许的?对中国共产党来说,这些是缺少足够经验和没有把握的新问题。在抗战开始不久、蒋介石表面上还做出一些友好表示时,尤其如此。事后看来很清楚的事情,在当时却不易做出判断。这是王明打着共产国际旗号、提出"一切经过统一战线"的错误口号,能在党内产生不小影响的根本原因。

但中国共产党此时毕竟已走向成熟,并没有重复第一次国共合作破裂时的惨痛经历。抗战开始才一个多月,毛泽东在洛川会议上就明确提出党在抗日民族统一战线中的独立性问题,告诫人们不要忘了"大革命教训"。在十二月会议上,他始终坚持自己的主张。以后,在争论中又恰当地把握住斗争的方式和火候,始终用事实来教育人们,最后使问题水到渠成地得到解决。

不仅如此。由于在这场斗争中有了不同意见的比较，促使人们更深入地去思考，对在统一战线中必须坚持独立自主、在敌强我弱的形势下必须坚持以游击战为主这些根本问题有了更深刻的理解，更自觉地坚持这些原则。

中国共产党从它诞生之日起，就是这样在实践中不断进行或大或小的思想斗争，辨明是非，逐步深化对客观实际的认识，形成完整的新民主主义革命理论，而走向胜利的。

抗日战争与中华民族的新觉醒[1]

抗日战争胜利已经七十年了。中国人在日本军国主义者的野蛮侵略下，遭受到空前未有的蹂躏和苦难，付出了重大代价。但正如恩格斯所说："没有哪一次巨大的历史灾难不是以历史的进步为补偿的。"这场战争又是一所大学校，教育人们懂得了许多平时不明白的道理，成为中华民族走向伟大复兴的重要枢纽。

实现中华民族的伟大复兴，是深埋在中国人内心最强烈的愿望，是鼓舞无数中华优秀儿女不惜付出任何代价为之奋斗的内在动力。

人们对事物的认识有一个过程。近代以来，为了拯救这垂危的民族，中国的先进分子进行了可歌可泣的顽强斗争，人们的觉悟在不断提高。但是，古老中国社会几千年来许多消极方面的因素已凝成相当大的惰性，容易习惯地束缚着不少人的头脑。如果没有极为强烈的刺激，要撼动它直到根本改变它并不容易。即便少数先进分子已初步认识的事情，要使它成为亿万大众的共识，也需要他们在亲身经历的事实教育下，经过若干阶段，才能做到。

日本侵略者对中国发动的全面战争，给中华民族带来前所未有的苦难。它给中国人思想上引起的变动，无论在广度和深度上，都大大超过以往任何时候。抗日战争成为中华民族觉醒历程中一

---

[1] 原文载于《历史研究》2015年第4期。

个极为重要的阶段。只要把抗战前的中国和抗战后的中国、特别是人们深层次的意识形态状况具体地比较一下，不难看到在这短短八年中所发生的变化。

其中，影响最深远的三个方面，一是中华民族的民族自觉达到前所未有的高度；二是民主观念日益深入人心；三是中国共产党抵抗外来侵略的高度民族自信和提出的正确主张被越来越多的中国人所了解和接受。这些变化不是局部的枝节的，而是对全局的变动有着根本性的意义。抗战胜利时的中国与抗战前的面貌确实已大不相同。如果没有这八年中发生的深刻变化，很难想象新生的人民共和国会那么快地在中国大地上建立起来。

一、民族自觉的新高度

中华民族由五十六个民族组成，被称为"多元一体"。它所以能够形成，首先是中国各族人民在几千年漫长岁月中经济和文化密切交流的结果，融合成你中有我、我中有你、谁也离不开谁的命运共同体。而在近代以来，更在反对外来侵略者的共同斗争中形成自觉的认识。

这些外来侵略者替中华民族充当了反面教员。1840年的鸦片战争，标志着中国开始走上半殖民地半封建社会的悲惨道路。在外来侵略者中，后来居上的日本军国主义者扮演了格外突出的角色。

中日甲午战争的惨败给了中国先进分子极大的刺激。"振兴中华"的口号，便是孙中山在甲午战争发生那年喊出来的。"中华民族"这个名称，从已知的材料来看，是当年流亡日本的梁启超1902年提出来的。

进入 20 世纪后,日本军国主义者的侵华步伐大大加速:向袁世凯政府提出"二十一条",巴黎和会后夺取在中国山东的特权,1927 年的东方会议等,都给了中国人巨大的刺激。1931 年九一八事变的消息传来,如此大片富饶的国土不经抵抗而沦丧,更使整个中国为之震动。东北人民的悲惨遭遇,使人们感同身受。原先政治态度比较温和的邹韬奋,在对全国青年拥有巨大影响的《生活》周刊上写道:"今日日本在东北无端占我土地,焚我官署兵营,解我军械,逮捕我官吏,惨杀我无辜,凡此种种,亡国奴所受之至惨极痛之悲剧,若我们无彻底觉悟,与坚决奋斗的抗御,则为我们人人及身所必须遭遇,妻女任人奸淫掳掠,自身任人奴役蹂躏,子子孙孙陷入非人的地狱深渊,皆非意想而为可能之事实。"

日本军国主义者并没有就此停步,紧接着又把侵略矛头伸入包括平津在内的华北地区。塘沽协定、何梅协定、"华北五省自治运动"等令国人惊心动魄的噩耗一道接着一道传来。北平(今北京)是中国几百年的故都,它的遭遇使人感到亡国惨祸已迫在眉睫。以《义勇军进行曲》为主题歌的影片《风云儿女》,正是在 1935 年拍摄的。"中华民族到了最危险的时候"的歌声唱遍全国。以一二·九运动为标志的爱国救亡运动高潮,也在这一年震动全国。

1937 年 7 月 7 日,是中国人永远不会忘记的日子。这一天,日本军国主义者发动了企图灭亡中国的全面侵略战争。这一天,中国人民终于开展了全民族的抗日战争。它改变了几乎所有中国人的生活。

在亡国灭种的严重威胁面前,如果国家民族没有前途,根本没有什么个人前途可言。这种人人都能亲身感受到的事实,比别的千言万语更具有强烈的说服力。著名作家巴金写道:"这一次全中国的人真的团结成一个整体了。我们把个人的一切全交出来维护这个'整体'的生存。这个'整体'是一定会生存的。'整体'的存在就是我们个人的存在。我们为着争我们民族的生存虽至粉身碎骨,我们也不会灭亡,因为我们还活在我们民族的生命里。"为什么那么多志士仁人不惜牺牲个人的一切,甚至献出自己最宝贵的生命,去为国家民族的前途奋斗?原因就在这里。

中华民族空前地团结起来。它所蕴藏着的巨大能量,在反抗外来侵略者的战斗中,像火山般喷发出来。这是抗日战争能够顽强坚持下去、直到取得最后胜利的力量源泉所在。

中国共产党全力共赴国难。中国工农红军改编成国民革命军第八路军和新编第四军,开赴前线。平型关战役是抗战开始以来中国军队取得的第一场大捷,打破了"皇军不可战胜"的神话。他们随后又深入敌后,同一切不愿做亡国奴的中国人紧紧团结在一起,开展游击战争,建立起抗日根据地,迅速发展壮大。

国民党将士中,众多人也表现出高度的爱国热情。卢沟桥事变炮声一响,守军第二十九军便奋起抗击,副军长佟麟阁和师长赵登禹英勇牺牲。茅盾在回忆录中写道:"国民党军队的广大将士们,是不愿做亡国奴的。他们同仇敌忾,就等一声令下,奔赴疆场。"在淞沪战役、台儿庄战役、忻口战役、武汉保卫战、三次长沙会战、滇缅战役等战场上,许多爱国官兵宁死不屈,壮烈殉国。枣宜战役中,第三十三集团军总司令张自忠壮烈殉国。他是抗战期间牺牲的最高级将领。周恩来在纪念文章中写道:"张上将是一方面的统帅,他的殉国,影响之大,决非他人可比。""这种生死不苟、大义凛然的民族气节,乃是抗日战争中所需要的宝贵精神。"

蒋介石和投降叛国的国民党副总裁汪精卫不同,看到日本侵略者要灭亡中国,下决心坚持抗战。卢沟桥事变后10天,他在庐山谈话会上发表演讲说:"如果战端一开,那就是地无分南北,年无分老幼,皆有守土抗战之责任,皆应抱定牺牲一切之决心。"这句话传诵一时,受到普遍欢迎。在八年抗战的艰苦岁月中,他始终坚持抗战,没有屈服于强敌,这是值得肯定的。中国国民党是当时中国最大的握有全国性政权的政党,有着几百万军队和得到国际承认的外交地位。没有它的参加,全民族的抗战是难以形成的。

国民参政会1938年在武汉举行时,年龄最长的老翰林张一麐在开幕式上说:"暴日处心积虑,积十年之准备,加之以谋我,意在全部覆灭我中华。到今日况既让无可让,忍无可忍!政府为求延续我国家和民族的生命,万不得已出而抗战。我全国人民,是当捐弃一切,团结各党各派各地各界之心思财力,凝成整个的力量,树立我抗战政府有力之后盾。"

战争烈火迅速蔓延。日本侵略铁蹄踏遍中国的富庶地区。邹韬奋1941年在香港写道:"自从全面抗战发动以来,全国的许多同胞受到日本帝国主义者的摧残蹂躏、奸淫残杀。在这极惨酷的苦痛中,使每一个中国人(汉奸当然除外)虽不出国门一步,也都深深地感觉祖国的可宝贵,也都能深深地感觉到争取祖国的独立自由是每一个中国人所不得不负起的重要责任。我们要做一个堂堂正正的人,就不得不爱我们的祖国。"在国家民族面对生与死的严峻考验时,这些发自肺腑的呼喊产生了巨大的感染力。

日本侵略者所到之处,从来就把中华民族作为一个整体来对待,并不区分你是汉族还是满族、蒙古族、回族、壮族、彝族、苗族等。中国各族人民面对的是共同的命运,单靠哪一个民族都不足以抵抗日本侵略者。当时流行的《流亡三部曲》歌曲中唱道:"敌人打来,炮毁枪伤,到头来都是一样。"正是日本侵略者这个反面教员,大大增强了中国各族人民的认同感和凝聚力。

这种高度的民族自觉,是中华民族所以能在抗日战争中顽强地坚持下来,直到取得最后胜利的力量源泉。反过来,经过这场血与火的洗礼,深深扎根于人民脑海中的民族自觉,成为抗战结束后鼓舞无数优秀儿女继续为实现中华民族伟大复兴奋斗的无形动力。经过八年浴血抗战,最终取得完全胜利,又一扫不少人在长期半殖民地境遇中造成的自卑心理,极大地增加了中华民族的民族自信。

二、民主观念的深入人心

在全民族抗战岁月中,人们最关切的头等重要问题,莫过于怎样才能取得抗战的胜利。

毛泽东1938年在《论新阶段》中正确指出:"敌人乘我弱点之处,不但在军事,而且在政治,在我政治制度之不民主化,不能与广大人民发生密切的联系。""长期艰苦的抗日战争,一切须取给于民众,没有普遍发展的并全国统一的民众运动,要长期支持战争是不可能的。"这就说明了抗日和民主是不可分割的,没有民主政治就不能取得抗战的胜利。

中国经历过几千年的封建社会,民主传统一直极为缺乏。只有"奉天承运"的皇帝至高无上、神圣不可侵犯,握有一切大权。百姓被称为"子民""蚁民"。被一些人大肆吹捧过的清末《钦定宪法大纲》头两条便写道:"大清皇帝统治大清帝国,万世一系,永永尊戴。""君上神圣尊严,不可侵犯。"被编织得异常精密的"三纲五常"那套意识形态所网罗,从小就灌输在一般人头脑中,不敢越雷池一步。辛亥革命推翻了君主专制制度,建立起共和政体,这是20世纪中国第一次历史性变化。领导这次革命的孙中山曾说:"在南京所订民国约法,内中只有'中华民国主权属于国民全体'一条是兄弟主张的。"可见他最看重是这一点。但事实上,国家主权依然没有"属于国民全体",先是北洋军阀,随后是蒋介石和国民党的独裁统治,尽管搬用过一些西方的政治名称,其实哪里谈得上什么民主。

抗日战争时期,民主呼声在全国范围内日益高涨。因为它是实现争取抗战胜利这个人们最关切的焦点的重要条件,便产生前所未有的巨大吸引力,并被赋予新的更广阔的含义。

中国共产党所以能在极端困难的敌后环境中站住脚跟并不断发展壮大,原因就在于实行了民主政治,同民众建立起不可分离的鱼水情。敌后建立的根据地称为抗日民主根据地,以往被人瞧不起的劳苦大众如今抬起头来自己当家做主。八路军和新四军被称为"人民子弟兵"。这在人们面前展开了一片新天地。

在国民党统治下的大后方,走过的却是曲折的道路。邹韬奋在遗著《患难余生记》中写道:"八一三全面抗战开始,如把政治的进步当作'曲线图'来看的话,那么可说这'曲线'是开始逐渐上升,取径尽管迂回曲折,而渐渐上升却是事实。""1938年是'曲线'的最高峰。1939年便很不幸地渐渐下降了,至1941年的皖南事变后的数月间降到最低层。"

为什么"1939年便很不幸地渐渐下降了"?原因在于:武汉和广州失陷后,日本侵略者的兵力财力物力已大大损耗,难以再发动以前那样规模的攻势。蒋介石感到来自日本侵略者的威胁和压力已明显减轻。于是，他的反民主的独裁统治日益加强。其中突出的是特务横行。董必武从重庆回延安时说："在国民党特务政策统治下面，在路上走的人有被抓去的，在家中坐的人有被抓去的，甚至坐在办公室的公务员有被抓去的。抓去的方式，不依任何法律手段，不公开，被抓到什么地方去拷问和监禁，没有人知道。"这些常被称为"失踪"的人，有些关进了集中营，有些被秘密杀害。

就连有很高声望的经济学家马寅初教授，因为发表文章，指出豪门资本的大发"国难财"："现在前方抗战百十万之将士牺牲其头颅热血，几千万人民流离颠沛，无家可归，而后方之达官资本家，不但与政府无所贡献，且趁火打劫，大发横财，忍心害理，孰甚于此。"建议："欲实行资本税必须先自发国难之大官始。"他说出了百姓普遍的心里话，却被国民党当局逮捕。蒋介石在日记中写道："本日押解马寅初在宪兵司令部，以此人被共产党包围，造谣惑众，破坏财政信用也。"马寅初被捕后，先后被关押达二十一个月之久。

人民连起码的人身安全都毫无保障，哪还有什么民主可言？

这种愤怒越积越深。到抗战即将胜利的前夜，垂败的日本侵略者在1944年鼓其余力向河南、湖南、广西发动大规模军事进攻，短短八个月内先后攻陷中国二十万平方公里国土。重庆陷入一片恐慌之中。如果人们对其他有些问题还可勉强忍受的话，那么，抗日战争在军事方面出现不应有的大溃败就使人无法忍受。谁都看得出来，这其实是国民党当局政治腐败的集中大暴露。

人们再也无法忍受了。于是，大后方的民主运动便风起云涌般以空前的规模掀起新的热潮。许多大学教授、文化界人士、青年知识分子纷纷投入反对国民党专制独裁的斗争。中国民主同盟主席张澜老先生在 1944 年 9 月说:"关键是在民主。只有民主是中国唯一的道路,只有实行民主才是国家人民之福。"一个月后,他在成都五所大学两千多学生的座谈会上说:"你们提出这样许许多多的问题出来,其实根本问题只有一个。为什么你们会提出这样许多问题来呢?反面就是不民主。"

人心的这种大变动,使蒋介石和国民党当局陷于前所未有的孤立境地,它的后果,在抗战胜利后、特别当国民党政府冒天下之大不韪发动全面内战时,便再清楚不过地表现出来。

三、中国共产党被更多人所了解和接受

中国共产党从诞生之日起,就是为中国最广大人民的根本利益奋斗的。但是,在抗日战争前,它的政治影响主要在各革命根据地的贫苦农民和城市里的革命知识分子中。由于国民党当局对革命根据地严密封锁和对共产党的造谣污蔑,加上中共中央多年"左"的关门主义错误,一般民众对共产党的真实情况了解有限。

抗日战争开始后,国共两党实行第二次国共合作,共产党人在一些地区能够公开或半公开地活动。人们对中国共产党逐渐有了较多的认识和了解。

周恩来等中共领导人先后在武汉、重庆同国民党当局谈判,并同社会各界、各党派人士和外国友人广泛接触,坦诚相待,增强了相互了解和友谊,博得了人们的普遍尊敬。加拿大的白求恩大夫、印度的柯棣华大夫等就是经他介绍,到敌后抗日根据地去的。

毛泽东在 1938 年 5 月、6 月间写成了名著《论持久战》,系统地阐明为什么这场战争一定是长期的艰苦的持久战,中国怎样在持

久战中一步步地转弱为强，直到取得最后胜利。这本书在武汉公开出版，在大后方产生了轰动的效果，回答了人们最关心而一时还看不清楚的问题，也使很多人进一步了解并信任中国共产党和它的主张，一个外国记者评论说："不管他们对于共产党的看法怎样，以及他们代表的是谁，大部分的中国人现在都承认毛泽东正确地分析了国内和国际的因素，并且无误地描绘了未来的一般轮廓。"

曾留学美国的救国会领导人李公朴，根据半年内在共产党领导的敌后抗日根据地亲身考察所见所闻，在1940年写出《华北敌后——晋察冀》，一开始便说道："模范的抗日根据地，模范的抗日民主、抗日民族统一战线的晋察冀边区，象征着中华民族解放的胜利，象征着新中国光辉灿烂的前景。""民主政治的彻底实施，行政机构的改革，经济政策的规定，人民生活的改善，边区政权的日益巩固和扩大亦是人所共见的事实。"

美国很有影响的《时代》和《生活》两杂志的驻华记者西奥多·怀特和安娜·雅各布也有一段异常生动的描绘："共产党的全部政治论题可以概括为下面的一段话：如果你遇见这样的农民——他的一生都被人欺凌、被人鞭笞、被人辱骂，而且他的父亲把祖祖辈辈传下来的痛苦感情都转移给了他。你真正把他作为一个人来对待，征求他的意见，让他投票选举地方政府，让他组织自己的警察和宪兵；给予他权力，让他决定自己应交纳多少赋税，让他自己决定是否减租减息。如果你做到了这一切，那么，这个农民就会变成一个具有奋斗目标的人。而且，为了保卫这个目标，他将同任何敌人——不管是日本人还是中国人——进行殊死拼搏。如果你再给这个农民提供一支军队和一个政权，帮助他们耕种土地、收割庄稼，为他们消灭曾经强奸他妻子、糟蹋他母亲的日本鬼子，那么，他就必然会忠于这支军队，这个政府以及控制军队和政府的政党；必然会拥护这个政党，按照这个党给他指引的方向进行思考，并在很多情况下成为这个政党的积极参加者。"

全国各地有成千上万青年知识分子奔向延安，其中包括不少平津的大学生。任弼时说过："抗战后到延安的知识分子总共四万余人，就文化程度言，初中以上百分之七十一（其中高中以上百分之十九，高中百分之二十一，初中百分之三十一），初中以下约百分之三十。"他们很多在陕北公学、鲁迅艺术学院、抗日军政大学等学习，毕业后奔赴前线，成为传播革命思想的种子，许多人成长为革命的骨干力量。

抗日战争后期，同盟各国的对日作战将进入决战阶段，迫切需要了解中国战场的全盘情况。在中国，以往共产党领导的各抗日根据地或者远处敌后，或者遭受国民党当局的严密封锁，大后方许多人不容易了解它的具体情况。这时，在各方面压力下，国民党当局第一次允许中外记者西北参观团二十一人到这些根据地采访，其中包括美联社、合众社、美国《时代》杂志等六名外国记者。1944年6月9日，他们到了延安。有些人还到敌后抗日根据地考察，他们所写的大量报道和评论，在大后方和国外一些报刊上陆续发表，成为轰动一时的事情。

美国《纽约时报》记者福尔曼进行了6个月的采访后写出一本《来自红色中国的报告》。他一开始说明："我们新闻记者多半既不是共产主义者，也不是共产主义的同情者。"在描述了大量亲眼目睹的事实后，他写道："凡见到过八路军的都不会怀疑他们，他们所以能以缴获的武器或简陋的武器坚持作战，就是他们能与人民站在一起。""在延安他们把战果告诉我时，我真不敢相信。但是我和八路军在敌后共同作战两个月后——真正地去参加占领和摧毁这些据点和碉堡，我所见到的一切证明了共产党的叙述并无夸大。"

《新民报》记者赵超构所写的《延安一月》，黄炎培在同其他五位参政员访问延安五天归来后所写的《延安归来》，也产生很大影响。

这些报道和评论，是大后方许多人以往没有接触过的，使他们看到一个过去并不了解的天地，感到耳目一新，对中国的未来产生新的希望。

四、结语

经过漫长的八年岁月，经历了这样一场决定国家民族命运的生死搏斗，中国人付出了极其惨痛的代价，却也受到平常日子里难以相比的深刻教育。

拿抗日战争前的中国同抗战胜利时比较一下，就会看到，中国的状况、特别是人心的趋向发生了巨大的变化：这个变化的历史地位和意义，只有把它放在中华民族走向复兴前后相续的过程中，作为经历的一个特定阶段去考察，才能真正理解它。

民族自觉的提高，使人们在付出血的代价后，思想境界变得大大开阔，超越过去仅仅局限于个人和家庭小圈子的狭隘眼光，更多地关心国家和民族的命运。中华民族的觉醒是一股巨大的无形凝聚力，成为鼓舞人们万众一心地为实现中华民族伟大复兴而奋斗的自觉和推动力量。

民主观念的日益深入人心，深刻地改变了众多人的生活态度，抛弃那种逆来顺受、安于现状的消极心态，不再满足于对旧社会秩序做些枝枝节节的改良，期待着建立一个真正由人民当家做主的新社会和新国家。

许多原来在政治上处于中间状态的人，对长期居于统治地位的国民党当局强烈失望，转而对以往还比较生疏甚至抱有若干怀疑的中国共产党越来越寄以信任和期望。到抗日战争结束时，在大多数中国人眼中，共产党和国民党已成为中国的两大政党，而且越来越多的同情在倾向共产党。这对抗战胜利后中国政治局势的发展，有着不可忽视的影响。

当然，不能对这种变化做过分的估计，政治上处于中间状态的人一时依然很多，但风向标已显然朝前面所说这个方向转动，出现了八年抗战以前不曾有过也难以想象的新格局，并且继续沿着这个方向大步迈进。

抗日战争的胜利，是一百多年来中国人民反对外来侵略者第一次取得完全胜利的民族解放战争。由于中国抗日战争对世界反法西斯战争做出的巨大贡献，受到国际社会的肯定和尊重，中国的国际地位有很大提高。

抗日战争不只是军事行动。毛泽东在中共七大报告中指出："这个战争促进中国人民觉悟和团结的程度，是近百年来中国人民的一切伟大的斗争没有一次比得上的。"把"促进中国人民觉悟和团结的程度"称为"是近百年来中国人民的一切伟大的斗争没有一次比得上的"，这是一个分量极重的论断。八年抗战，有些事情如战争的胜利，当下就给人立刻留下极为强烈的印象，而有些事情如它对"人民觉悟和团结"的意义也许过些时间后会看得更清楚。相隔70年后再回头来看，对中共七大当年做出的这个没有引起足够重视的重大论断和它包含的深远含义又会有新的更深切的体会。

三大战略决战中的毛泽东和蒋介石[1]

什么是战略决战？就是指对战争全局有决定意义的战役，通常表现为交战双方的主力会战，因为只有在会战中歼灭对方的主力，才能最终决定战争的胜负。在全国解放战争中，战略决战就是辽沈、淮海、平津三大战役。正因为战略决战对战争全局起着决定性作用，是战争的真正重心所在，双方的军事统帅不能不全力以赴地为争取真正的胜利而投入这场斗争。又因为它是双方主力的会战，在整个战争过程中是最激烈、最复杂、最变化多端的阶段，在指挥上也是最不容易驾驭的时段。

对军事统帅来说，战略决战是检验他的战略眼光、驾驭复杂局势的能力以及决心和意志力的最好试金石。这里包括：他能不能总揽全局地正确判断客观战争局势的发展；能不能敢于在适当时机下常人难以决断的最大决心，排除种种困难，坚决贯彻实行；能不能灵活地应对战场上出现的可以预见或难以预见的重要变化，随机应变，及时调整部署；能不能巧妙地从战役的这一阶段向下一阶段发展，如此等等。可以说，战略决战在相当程度上也是双方军事统帅指挥作战能力的较量。较量中孰优孰劣，空言争辩是没有用的，一切只能靠战争实践的事实来检验。

当然，战略决战的胜败不能单纯从军事这一个角度来考察，

---

[1] 原文载于《党的文献》2013 年第 1 期。

它通常有着深刻的社会原因，同政治、经济、思想、文化等诸多因素交织在一起，特别是由人心向背这一根本因素所支配，但军事统帅的主观指挥是否正确无疑也起着极为重要的作用。

毛泽东曾着重指出这一点："我要优势和主动，敌人也要这个，从这点上看，战争就是两军指挥员以军力财力等项物质基础作地盘，互争优势和主动的主观能力的竞赛。竞赛结果，有胜有败，除了客观物质条件的比较外，胜者必由于主观指挥的正确，败者必由于主观指挥的错误。"[1]

他还指出："战争是力量的竞赛，但力量在战争过程中变化其原来的形态。在这里，主观的努力，多打胜仗，少犯错误，是决定的因素。客观因素具备着这种变化的可能性，但实现这种可能性，就需要正确的方针和主观的努力。这时候，主观作用是决定的了。"[2]他在这短短的一段话里连用了两次"决定"这个词，来加强语气。战争的胜败，从根本上说，自然取决于客观因素是否具备，取决于人心的向背，取决于胜利一方各级将领、战士以及民众的共同努力，而有了这些条件以后，军事统帅的作战指导是否正确，无疑可以起"决定"作用。

对抗双方的统帅，在战略决战中总是竭尽自己的全力进行较量。双方又各拥有一定的实力，力图取胜，否则也没有什么"决战"可言。这就使历史的发展显得波澜起伏，险象环生。最后，一方胜利了，一方失败了。双方统帅的高下和优劣，在这种全力较量的检验中，表现得远比其他时候更为明显，从而能激起人们研究它的浓厚兴趣。

---

[1] 毛泽东：《毛泽东选集》第2卷，北京：人民出版社，1991年版，第490页。
[2] 同[1]，第487页。

笔者常感觉：研究中国共产党在革命时期的历史，必须同时研究国民党，而研究这个时期国民党的历史，也必须研究共产党，注意它们之间的互动关系。如果只把眼光始终对着其中的一个方面，就难以对那段历史有全面的真实的了解。

笔者记得在高中读书时，课外看过梁启超的《中国历史研究法》和它的《续编》。有一段话给笔者留下很深的印象。他说："我们看李瀚章做的《曾文正公年谱》，实在不能满足我们这种欲望。因为他只叙谱主本身的命令举动，只叙清廷指挥擢黜谕旨，其余一切只有带叙，从不专提，使得我们看了，好像从墙隙中观墙外的争斗，不知他们为什么有胜有负！虽然篇幅有十二卷之多，实际上还不够用。倘然有人高兴改做，倒是很好的事情；但千万别忘记旧谱的短处，最要详尽的搜辑太平天国的一切大事，同时要〔把〕人的相互关系，把当时的背景写个明白，才了解曾国藩的全体如何。"[1]这段话是六十多年前读的，但梁启超所说的"从墙隙中观墙外的争斗，不知他们为什么有胜有负"那几句话，至今不忘。

还可以打个比喻：看人下棋，一定要同时看双方分别如何布局，如何下子。棋局中变化多端，充满着未知数和变数，还要看一方走出什么别人原来没有料到的一着棋时，另一方又是如何应对的，应对得是对还是错。这样才能看懂这局棋。如果眼睛只盯着一方的布局和下子而不看对方，那就根本无法看懂这局棋，甚至也无法真正看懂你所关注的那一方为什么胜利或失败。

在战争史中，双方统帅如何统筹全局、做出判断、布局下子，如何处理战争进程中那些异常复杂而有关键意义的问题，他们的领导能力究竟怎样，后果又是如何，常常引起人们的特别兴趣。

---

[1] 梁启超:《中国历史研究法补编》，上海：商务印书馆，1947年版，第103页。

下面，就毛泽东和蒋介石在三大战略决战中的作战指导，分别做一点综合的考察。

一、关于毛泽东

毛泽东本来不是军人。他自己说过："我是一个知识分子，当一个小学教员，也没学过军事，怎么知道打仗呢？就是由于国民党搞白色恐怖，把工会、农会都打掉了，把五万共产党员杀了一大批，抓了一大批，我们才拿起枪来，上山打游击。"[1]

既然如此，毛泽东为什么会成长为一位出色的军事统帅？他的办法是从战争中学习战争。这有两层意思：一是要投身到战争实践中去，否则就谈不上从战争中学习战争；二是要在战争实践中用心去想，不断总结实践中成功的经验和失败的教训，用来校正自己的认识和行动，并且把战争中遇到的重要问题提到较高的原则性上去思索和解决，这就是研究战略问题。

陈毅曾对毛泽东的军事思想做过这样的概括："其特点是以实事求是的方法去研究中国战争的实际，去发现和掌握中国革命军事的总规律。"[2]

陈毅说得很对。实事求是，确实是毛泽东军事思想的精髓。在战争中，他总是力求熟识敌我双方各方面的情况，使作战的部署和指挥尽量适合当时当地的情况，使主观的指导和客观的实际情况相符合，做那些实际上可能做到的事情，而不是只凭主观愿

---

[1] 中共中央文献研究室，金冲及主编：《毛泽东传（1893—1949）》，北京：中央文献出版社，2004年版，第164页。

[2] 中国人民解放军军事学院编：《陈毅军事文选》，北京：解放军出版社，1996年版，第325页。

望去瞎指挥，更不是只说一大堆空话。这是他在战争中所以能克敌制胜的关键所在。

当然，对客观事物的认识不可能一次完成，在战争中尤其如此。他清醒地看到："统统相符合的事，在战争或战斗中是极其少有的，这是因为战争或战斗的双方是成群的武装着的活人，而又互相保持秘密的缘故，这和处置静物或日常事件是大不相同的。然而只要做到指挥大体上适合情况，即在有决定意义的部分适合情况，那就是胜利的基础了。"

他对军事统帅如何才能正确地指挥作战的思考和实行过程做了具体而清晰的叙述：

> 指挥员的正确的部署来源于正确的决心，正确的决心来源于正确的判断，正确的判断来源于周到的和必要的侦察，和对于各种侦察材料的联贯起来的思索。指挥员使用一切可能的和必要的侦察手段，将侦察得来的敌方情况的各种材料加以去粗取精、去伪存真、由此及彼、由表及里的思索，然后将自己方面的情况加上去，研究双方的对比和相互的关系，因而构成判断，定下决心，作出计划——这是军事家在作出每一个战略、战役或战斗的计划之前的一个整个的认识情况的过程。粗心大意的军事家，不去这样做，把军事计划建立在一厢情愿的基础之上，这种计划是空想的，不符合于实际的。
>
> 认识情况的过程，不但存在于军事计划建立之前，而且存在于军事计划建立之后。当执行某一计划时，从开始执行起，到战局终结止，这是又一个认识情况的过程，即实行的过程。此时，第一个过程中的东西是否符合于实况，需要重新加以检

查。如果计划和情况不符合，或者不完全符合，就必须依照新的认识，构成新的判断，定下新的决心，把已定计划加以改变，使之适合于新的情况。部分地改变的事差不多每一作战都是有的，全部地改变的事也是间或有的。鲁莽家不知改变，或不愿改变，只是一味盲干，结果又非碰壁不可。[1]

这两段话是毛泽东在1936年12月写的，而他在12年后的三大战略决战时作为中国人民解放军最高统帅时也是这样思考和践行的。

正确判断战争全局的客观形势，是中国人民解放军决定发动三大战略决战的出发点和基本依据。到1948年8月，正确选择决战时机已成为刻不容缓的问题。

解放战争两年来国民党军有生力量被大量消灭，双方力量对比已发生巨大变化。国民党当局正在考虑撤退东北、确保华中的问题，但仍举棋不定。叶剑英写道："在这种情况下，究竟是让敌人实现他们把现有兵力撤至关内或江南的计划，使我们失去时机，从而增加我军尔后作战的麻烦呢？还是在敌人还没有来得及决策逃跑之前，我们就当机立断，抓住大好时机，组织战略决战，各个消灭敌人的强大战略集团呢？机不可失，时不再来。毛泽东同志根据对战争形势的科学分析，毅然决然地抓住了这个战略决战时机，先后组织了辽沈、淮海、平津三大战役。"[2]

在兵力还没有超过对方的条件下，综合各方面因素的考虑，下决心发动战略决战，需要有大智大勇。这也是蒋介石没有料到、

---

[1] 参见毛泽东：《毛泽东选集》第1卷，北京：人民出版社，1991年版，第179、180页。
[2] 中国人民解放军军事学院编：《叶剑英军事文选》，北京：解放军出版社，1997年版，第458页。

因而在事先也没有做出应对准备、结果处处陷于被动挨打的重要原因。

抓住决战时机后,确定决战方向十分重要。既要全局在胸,又要正确地选择从何着手,接着如何一步一步发展,直至达到预期的目标。这对军事统帅的指挥能力是一个重要考验。

毛泽东历来强调:"一战而胜,再及其余,各个击破,全局因而转成了优势,转成了主动。"[1]他写道:"第一个战斗,关系非常之大。第一个战斗的胜败给予极大的影响于全局,乃至一直影响到最后的一个战斗。"怎样打好第一个战斗?毛泽东归纳了三条原则:"第一,必须打胜。必须敌情、地形、人民等条件,都利于我,不利于敌,确有把握而后动手。否则宁可退让,持重待机。机会总是有的,不可率尔应战";"第二,初战的计划必须是全战役计划的有机的序幕。没有好的全战役计划,绝不能有真正好的第一仗";"第三,还要想到下一战略阶段的文章。""战略指导者当其处在一个战略阶段时,应该计算到往后多数阶段,至少也应计算到下一个阶段。尽管往后变化难测,愈远看愈渺茫,然而大体的计算是可能的,估计前途的远景是必要的。""走一步应该看那一步的具体变化,据此以修改或发展自己战略战役计划,不这样做,就会弄出冒险直冲的错误。然而贯通全战略阶段乃至几个战略阶段的、大体上想通了的、一个长时期的方针,是决不可少的。"[2]

三大战略决战是从东北战场开始的。叶剑英描述了毛泽东的决策过程:"当时全国各战场的形势虽然在不同程度上都有利于人

---

[1] 毛泽东:《毛泽东选集》第2卷,北京:人民出版社,1991年版,第491页。

[2] 参见毛泽东:《毛泽东选集》第1卷,北京:人民出版社,1991年版,第220—222页。

民解放军的作战，但敌人在战略上却企图尽量延长坚守东北几个孤立要点的时间，牵制我东北人民解放军，使我军不能入关作战；同时，敌人又准备把东北敌军撤至华中地区，加强华中防御。在这种情况下，如果我们把战略决战的方向，指向华北战场，则会使我军受到傅作义、卫立煌两大战略集团的夹击而陷于被动；如果我们把战略决战的方向首先指向华东战场，则会使东北敌人迅速撤退，而实现他们的战略收缩企图。因此，东北战场就成为全国战局发展的关键。""决战首先从局部的形势开始，进而争取全局上的更大优势。由于迅速而顺利地取得了辽沈战役的胜利，就使全国战局急转直下，使原来预计的战争进程大为缩短。"[1]

作战方向确定后，为了取得理想的作战效果，毛泽东和中央军委在三大战略决战中几乎都采取了奇袭的作战方法。正如《孙子兵法·九地篇第十一》所说："兵之情主速，乘人之不及由不虞之道，攻其所不戒也。"又如《孙子兵法·始计篇第一》所说："兵者，诡道也。""攻其无备，出其不意。此兵家之胜，不可先传也。"英国军事学家李德·哈特也写道："军事计划不用'奇袭'这把永远管用的钥匙，失败就可能接踵而至，不现实的想法是替代不了这把钥匙的。"[2] 这句话大体上也是这个意思。

要做到奇袭，并不容易。怎样才能使对方"无备"和"不意"呢？有两个重要条件：一是迅速，二是保密。有时还需要以佯动来造成对方的错觉。

在三大战略决战中，初战几乎都采取奇袭的做法，先从对方

---

[1] 中国人民解放军军事学院编：《叶剑英军事文选》，北京：解放军出版社，1997年版，第459、460页。
[2] [英]李德·哈特著，林光余译：《第一次世界大战战史》，上海：上海人民出版社，2010年版，第220页。

"不意"的要地突然发动强有力的攻击,在它的防御链上打开一个大的缺口,使对方在部署和心理上都陷于异常慌乱的地步,再一步一步扩大战果,直到取得全局的胜利。

拿辽沈战役来说,锦州的重要战略地位是谁都知道的。但当时东北野战军的主力和后方根据地都在北满,又采取了一些佯动,使国民党军误以为解放军会将进攻重点指向长春,而解放军主力却隐蔽地远途奔袭锦州地区,直到以突然行动包围义县并切断锦州同关内的陆路交通,才使蒋介石如梦初醒,慌忙地调整部署,陷入一片混乱。这可以称为奇袭。

再看淮海战役,国民党军原来判断解放军会从西侧奔袭徐州,解放军又以多路佯动,增强对方这种错觉,从而将李弥兵团西调,孙元良兵团北调,集中在徐州周围。华东野战军主力立刻乘虚而入,隔断孤悬东侧的黄百韬兵团同徐州之联系,开始了淮海战役的第一个战斗。这就打乱了国民党军队在徐州地区的整个部署,随后,中原野战军同样乘虚而入,突袭宿县,切断徐州同蚌埠之间的联系,奠定淮海战役全胜的基础。这也是"攻其不备,出其不意"的奇袭。

在平津战役中,国民党军的注意力最初集中在东面,提防东北野战军主力大举入关,蒋介石还要求把部队东移津沽,以备必要时从海路南撤。解放军却出其不意地从西线打起,让原在归绥的杨成武兵团和原在石家庄北面的杨得志兵团分别迅速包围张家口和新保安,将傅作义的注意力吸引到西边,顾不上东线。而东北野战军主力又提前行动,悄悄地越过长城南下,分割东面的北平、天津、塘沽之间的联系。尽管东北解放军不进行休整就开始秘密入关,但有如时任东北野战军第一兵团副司令员的陈伯钧所说:"这时我们对整个华北敌人的战略包围还未形成,我们在津塘方面的兵力还很不够,倘若过早对平津等地实行战役包围,对张家口、新保安、南口等地实行战役进攻,势必吓跑敌人,不利今后作战。除此而外,在辽沈战役结束之后,部队由于连续作战未及休整,又经过长途跋涉,来到关内,十分疲劳。"[1]这些都需要有一定时间。因此,才采取"围而不打"和"隔而不围"这种战史上十分罕见的打法。在这过程中,也有许多奇袭的因素。

像下棋一样,下好每一步重要的棋,都必须具有战略眼光,充分考虑这步棋会引起全局发生怎样的变化,乘势扩大战果,夺取全局的胜利。而在关键的地方,必须十分用心,考虑到多种可能性和切实的应对办法。毛泽东指出:"学习战争全局的指导规律,是要用心去想一想才行的。""指挥全局的人,最要紧的,是把自己的注意力摆在照顾战争的全局上面。主要地是依据情况,照顾部队和兵团的组成问题,照顾两个战役之间的关系问题,照顾各个作战阶段之间的关系问题,照顾我方全部活动和敌方全部活动之间的关系问题,这些都是最吃力的地方,如果丢了这个去忙一些次要的问题,那就难免要吃亏了。"[2]

在毛泽东和中央军委指挥下,三大战略决战不是分散的、孤立的、各自进行的三个战役,而是有着通盘筹划,一环紧扣一环,相互照应,一气贯注地完整部署。

对具体的作战方法,毛泽东在1947年十二月会议上提出了著

---

[1] 陈伯钧:《兵临城下——回忆解放北平》,《红旗飘飘》编辑部编:《解放战争回忆录》,北京:中国青年出版社,1961年版,第297页。

[2] 毛泽东:《毛泽东选集》第1卷,北京:人民出版社,1991年版,第177、176页。

名的十项军事原则。[1]其中,"集中优势兵力,各个歼灭敌人"是根本的方法。毛泽东很早就说过:"集中兵力看来容易,实行颇难。人人皆知以多胜少是最好的办法,然而很多人不能做,相反地每每分散兵力,原因就在于指导者缺乏战略头脑,为复杂的环境所迷惑,因而被环境所支配,失掉自主能力,采取了应付主义。"[2]这种根本的作战方法,在毛泽东指导三大战略决战时得到了充分的运用。

军事胜利从来不是单靠军队来实现的。人民战争更是如此。毛泽东一向强调"兵民是胜利之本"。三大战略决战能获得胜利,一个基本原因是民众的支持,不断以人力物力支援前线。

拿淮海战役来说,中央军委决定"举行淮海战役,甚为必要"后三天,毛泽东就为中央军委起草电报指出:"这一战役必比济南战役规模要大,比睢杞战役的规模也可能要大。因此,你们必须有相当时间使攻济兵团获得休整补充,并对全军作战所需包括全部后勤工作在内有充分之准备方能开始行动。"[3]战役开始后不久,周恩来又为中央军委起草致中原局、华北局、华东局电报,说明前线参战部队和民工近百万人,每月需粮约一亿斤,要求各地立即动手筹集并速调粮食供应前线。[4]

那时供应解放军前线的物资运送,几乎全靠肩挑背负、小车推送。粟裕回忆道:"参战部队加支前民工每日需粮数百万斤。加上天气寒冷,供应线长,运输不便。因此,粮食的供应,就成为

---

[1] 参见毛泽东:《毛泽东选集》第4卷,北京:人民出版社,1991年版,第1247、1248页。
[2] 毛泽东:《毛泽东选集》第1卷,北京:人民出版社,1991年版,第222页。
[3] 《毛泽东军事文集》第5卷,北京:军事科学出版社、中央文献出版社,1993年版,第26页。
[4] 参见中共中央党史资料征集委员会主编:《淮海战役》第3册,北京:中共党史资料出版社,1988年版,第12页。

淮海战役能否取胜的一个重要关键。为此，毛泽东同志一再指示我们，必须统筹解决全军连同民工一百三十万人三至五个月的口粮，以及弹药、草料和伤员的治疗等问题。华东局发出了'全力以赴，支援前线'的指示，提出了'解放军打到哪里，就支援到哪里'的口号，组成了华东支前委员会，进一步加强了对支前工作的统一领导。山东人民积极响应党的号召，省吃俭用，保证了部队用粮。"淮海战役后期的解放军阵地上，"粮足饭香，兵强马壮。待战役结束时，前方尚存余粮四千多万斤"。[1]

整个淮海战役中，共动员民工543万人次，运送弹药1460多万斤，粮食9.6亿斤。陈毅深情地说：淮海战役的胜利是人民群众用小车推出来的。这同国民党军队屡屡弹尽粮绝，陷入绝境，成为他们多次覆没的重要原因，恰成鲜明的对照。能不能得到民众的全力支持，确实是战争能不能取得胜利的根本问题。

毛泽东思想是集体智慧的结晶。在军事领域内，他十分重视处在第一线的将领们的意见，常同他们反复商议，认真听取并考虑他们的判断和建议。

以淮海战役为例：它的发动，起于华东野战军代司令兼代政委粟裕在济南战役快结束时向中央军委"建议即进行淮海战役"。[2]第二天，毛泽东立即为中央军委起草复电："我们认为举行淮海战役，甚为必要。"[3]

当华东野战军正准备分割包围黄百韬兵团时，留在大别山地

---

[1] 粟裕:《山东人民对解放战争的支援》，邓华、李德生等:《星火燎原未刊稿》第10集，北京:解放军出版社，2007年版，第101、102页。

[2] 粟裕:《粟裕文选》第2卷，北京:军事科学出版社，2004年版，第571页。

[3] 毛泽东:《毛泽东文集》第5卷，北京:人民出版社，1996年版，第157页。

区的中原野战军司令员刘伯承在1948年11月3日致电中央军委提出:"蒋军重兵守徐州,其补给线只一津浦路,怕我截断……只要不是重大不利之变化,陈、邓(指陈毅、邓小平——引者注)主力似应力求截断徐、蚌间铁路,造成隔断孙(指孙元良——引者注)兵团、会攻徐州之形势,亦即从我军会战重点之西南面斩断敌人中枢方法,收效极大。"[1]第三天,毛泽东就为中央军委起草致陈、邓并告粟、陈、张(指粟裕、陈士榘、张震——引者注)电,提出在宿蚌地区作战的两个方案,"何者为宜,望酌复"。7日,粟、陈、张报告,"如中原军歼灭刘汝明部作战已经完成,则建议以主力直出津浦路徐蚌段……截断徐敌退路,使李、邱(指李弥、邱清泉——引者注)兵团不能南撤"。[2]9日,毛泽东为中央军委连续起草两个电报,前一个电报,要求"陈邓直接指挥各部,包括一、三、四、九纵队应直出宿县,截断宿蚌路"。[3]后一个电报更明确地指出:"齐辰电(指粟裕、张震11月8日电——引者注)悉。应极力争取在徐州附近歼灭敌人主力,勿使南窜。华东、华北、中原三方面应用全力保证我军的供给。"[4]淮海战役的全盘战略设想,就是在中央军委同前线各将领根据实际情况经过反复磋商后确定的。

中原野战军参谋长李达评论道:"军委、毛主席善于采纳前线指挥员的建议,及时修改计划,适应已经变化的情况,并再次重申给予总前委刘陈邓(指刘伯承、陈毅、邓小平——引者注)'临

---

[1] 中国人民解放军军事学院编:《刘伯承军事文选》,北京:解放军出版社,1982年版,第437页。
[2] 粟裕:《粟裕文选》第2卷,北京:军事科学出版社,2004年版,第616页。
[3] 毛泽东:《毛泽东军事文集》第5卷,北京:军事科学出版社、中央文献出版社,1993年版,第182页。
[4] 同[3],第184页。

机处置'之权,这是淮海战役所以能顺利发展并取得全胜的一个重要原因。"[1]

军情本来是异常紧迫的,但在决策酝酿阶段或情况许可时,毛泽东总是同前方将领反复磋商,听取他们的意见,然后做出决断;在决策已定而情况紧急时,又要求前方将领一切由他们"临机处置,不要请示"。这在蒋介石的作战指挥中是没有的。

中国共产党提倡:在民主基础上的集中,在集中指导下的民主。三大战略决战过程中,解放军最高统帅部和前方将领间在这方面确实达到了水乳交融的地步。

这里还要讲一讲周恩来在三大战略决战中发挥的特殊作用。

1947年3月国民党军队进攻延安后,人民解放军总参谋长彭德怀担负起西北解放军的指挥工作,以少数兵力抗击胡宗南部队的进攻。周恩来担任中央军委副主席兼代总参谋长。那时,毛泽东、周恩来、任弼时带了一支八百人的小队伍转战陕北。为适应当时的紧张局势,这个时期中共中央的领导是高度集中的,在中央决定问题的只是毛、周、任三个人。周恩来后来对外宾说:"在中央只有三个人,毛泽东、周恩来与任弼时同志。所谓中央,就是这三个人嘛!"[2] 在他们转战陕北的一年内,刘邓大军千里跃进大别山,人民解放军从战略防御转入战略进攻,战争形势发展之快是惊人的。新中国成立后不久,毛泽东曾说过:"胡宗南进攻延安以后,在陕北,我和周恩来、任弼时同志在两个窑洞指挥了全国的战争。"周恩来接着说:"毛主席是在世界上最小的司令部里,指挥了最大

---

[1] 中国人民解放军军事学院编:《李达军事文选》,北京:解放军出版社,1993年版,第291页。
[2] 中共中央研究室编,金冲及主编:《周恩来传》第2卷,北京:中央文献出版社,1998年版,第842页。

的人民解放战争。"[1]他没有提到自己，但他在其中所起的作用是不言自明的。

三大战略决战时，中共中央已集中在河北西柏坡，周恩来继续担任着中央军委副主席兼代总参谋长。他的工作是最忙碌的。每晚都是工作到次日凌晨才去睡觉，到上午9时又准时起床，一天休息不过五个小时。他和毛泽东住的院子靠得很近，随时见面，一有什么问题，两人就交换意见，商议解决办法。20世纪80年代初，笔者曾访问当时在周恩来身边工作的张清化。他说：那时军事上的问题，主要是由毛泽东和周恩来商量解决。毛泽东是挂帅的，周恩来参与决策，并具体组织实施。除了军委作战部外，周恩来还有个小作战室，由张清化任主任，相当于他的军事秘书。每天根据局势的变化负责标图。周恩来经常到军委作战室了解情况。他对敌我双方的战争态势、兵力部署、部队特点、战斗力强弱，以至国民党方面指挥官的简历、性格等，可以说了如指掌。有了什么情况，周恩来总是仔细地核实并弄清，然后向毛泽东报告。两人经过研究确定对策后，多数由毛泽东起草文电，少数由周恩来起草，而所有军事方面的文电都经周恩来签发。

从中央档案馆保存的当时军事方面的文电来看，由于军情紧急，除很少数经过书记处五位书记共同商议后做出决定外，其他大多数是毛泽东和周恩来商议后为中央军委起草发出的。发出时大抵是两种情况：一种，比较多的是在文电上由毛泽东或周恩来批有"刘、朱、任阅后发"，经三人圈阅后发出；另一种，军情特别紧迫时，就批有"发后送刘、朱、任阅"。由于文电都是毛、周

---

[1] 榆林地区《毛主席转战陕北》编写组编：《毛主席转战陕北》，西安：陕西人民出版社，1979年版，第2、3页。

两人共同商议后用军委名义起草的,不能说毛泽东起草的只是毛泽东一个人的意见,只有周恩来起草的才是周恩来的意见。在重大战略问题上,究竟哪些意见是周恩来提出的,由于当时只有他们两人商议,没有别人在场,现在已难以辨别,以后恐怕也无法再说清楚了。

还有一点需要说明:军事从来不能同经济、政治、文化等因素分割开来孤立地考察。李德·哈特说:"胜利是累积而成的。在此,所有武器包括军事、经济以及心理皆有所贡献。胜利的获得,唯靠善用与整合现代国家中一切既存资源。成功则需依赖各种行动的圆满协调。"[1]毛泽东在军事指导中的一个重要特点,是他始终把军事同经济、政治、文化等诸多因素作为一个整体,综合起来考察,在此基础上做出判断和决策。

二、关于蒋介石

蒋介石是一名军人,先后在保定军官学校和日本士官学校学习过。在大陆期间,他任职最久的职务是军事委员会委员长,很多人往往用"委员长"这个称呼来代表他。毛泽东曾说过:"蒋介石代替孙中山,创造了国民党的全盛的军事时代。他看军队如生命。""有军则有权,战争解决一切,这个基点,他是抓得很紧的。"[2]但从他一生来看,长于政治权术,军事指挥能力却未见高明。

---

[1] [英]李德·哈特著,林光余译:《第一次世界大战史》,上海:上海人民出版社,2010年版,第427页。

[2] 毛泽东:《毛泽东军事文集》第2卷,北京:军事科学出版社、中央文献出版社,1993年版,第545、546页。

埃德加·斯诺在1936年7月9日问曾同蒋介石在黄埔军校共过事、对蒋十分了解的周恩来："你对蒋介石作为一个军人，看法如何？"周恩来回答："不怎么样。作为一个战术家，他是拙劣的外行，而作为一个战略家则或许好一点。""他的政治意识比军事意识强，这是他能争取其他军阀的原因。"[1]（周恩来叮嘱埃德加·斯诺：这次谈话暂时不要发表，因此没有收录在《西行漫记》中。）细看国民党各派的内战中，蒋介石先后打败李宗仁、冯玉祥、唐生智、阎锡山、十九路军、陈济棠等，主要依靠的是政治分化和金钱收买，而没有表现出高超的战略指导和作战指挥能力。

衡量一个军事统帅是不是具有远大的战略眼光和驾驭复杂多变局势的能力，至少可以从两方面来考察：第一，他能不能对全局客观情况的发展变化及时掌握，清醒地做出正确的判断，并且预见到下一步可能的发展；第二，他能不能针对面前的实际情况制定明确而有效的决策，除非情况发生重大变化决不轻易动摇或改变，而不是头痛医头、脚痛医脚地忙于应付，也不会因某些次要情况的变动就轻易地一再改变决心。

从三大战略决战的实践检验中可以看出，蒋介石对这两个条件，都不具备：既不知己，也不知彼，目光短浅，反复多变，被动应付，顾此失彼，而且始终自以为是，出了错只怪部下无能或没有执行他的指示。这些都是军事统帅的大忌，他在平时都有表现，而在辽沈、淮海、平津这些决定命运的战略决战中暴露得格外突出。

可是，国民党军队的作战指挥大权却一直紧紧抓在他一个人手里，都要由他来做决断。深得蒋介石信任的外交部部长王世杰

---

[1]［美］埃德加·斯诺：《中共杂记》（摘译），《党史研究资料》1980年第1期。

在1948年初的日记中写道:"目前国防部实际上全由蒋先生负责,诸事殊乏分责之人。"[1]

能对蒋介石的作战指挥有近距离观察的杜聿明,在回忆淮海战役中黄维兵团被歼的经过时更具体地说:"先是蒋介石对解放军估计过低,将自己估计过高,幻想不增加兵力,南北夹攻,打通津浦路徐蚌段;继而见解放军声势浩大,战力坚强,阵地森严,非国民党军可破,于是决心放弃徐州,以仅有的残部保卫南京。等到徐州部队出来后,蒋又被解放军的战略运动迷惑(误认为解放军撤退),再改变决心,令从徐州退却中之国民党军回师向解放军攻击,协同李延年兵团解黄维之围。黄维兵团就是这样地套在解放军既设的口袋内,被重重包围,战力日益消耗,包围圈逐渐缩小。一直战到十二月十日以后,蒋介石才发现从徐、蚌出来的国民党军都没有击退解放军的希望,于是决心要黄维在空军和毒气掩护下白天突围,黄维则认为白天无法突围。双方争执到十五日晚,黄维见情势危急,于是夜间突围。黄维一经突围,在解放军的天罗地网下土崩瓦解,除胡琏个人乘战车只身脱逃外,全部被歼。事后蒋介石给我的信中,怪黄维不听他的命令在空军毒气掩护下突围,而擅令夜间突围,是自取灭亡。"[2]

时任南京政府副总统的李宗仁在海外口述的回忆录中说:"蒋先生既不长于将兵,亦不长于将将。但是他却喜欢坐在统帅部里,直接以电话指挥前方作战。""蒋先生的判断既不正确,主张又不

---

[1] 王世杰:《王世杰日记》(手稿本)第6册,台北:"中研院"近代史研究所,1990年版,第163页。

[2] 杜聿明:《淮海战役始末》,中国人民政治协商会议全国委员会文史资料委员会编《淮海战役亲历记:原国民党将领的回忆》,北京:文史资料出版社,1983年版,第29、30页。

坚定。往往军队调到一半,他忽然又改变了主意,益发使前线紊乱。蒋先生之所以要这样做,实在是因为他未作过中、下级军官,无战场上的实际经验,只是坐在高级指挥部里,全凭一时心血来潮,揣测行事,指挥系统就乱了。"这个评论是很中肯的。

李宗仁又说:"凡是中央系统的将领都知道蒋先生这项毛病。他们知道奉行蒋先生的命令,往往要吃败仗,但是如不听他的命令,出了乱子,便更不得了。所以大家索性自己不出主意,让委员长直接指挥,吃了败仗由最高统帅自己负责,大家落得没有责任。将领如果是这样的庸才,当然不能打胜仗,而蒋先生偏偏喜欢这样的人。"[1]

国民党军方在台湾出版的《国民革命军战役史第五部——"戡乱"》的第9册"总检讨"中,在"野战战略"部分检讨说:"斯时国军中高级指挥机构,在考量匪我双方战力时,常以装备为评估战力惟一之因素","上下皆以收复或攻占地域为目标,主从颠倒,违背用兵原则"。而在"统帅节度"部分也做了多处检讨:"(一)过分干预下级,使下级无从发挥其自身指挥能力。长此以往,易于使下级逐渐失去自主及应变能力。(二)各地区战略构想及指挥,由统帅部决定,不易切合战场状况变化。故易陷于被动,尤其重要会战或决战指导,战机呈显之时间短暂,如等待上级决定后再采取行动时易失战机。战场陷于危机时,若等待上级之决定,亦难以及时挽救。(三)统帅部所决定之各地区作战构想及指导,系基于上层人员之判断而产生者,与战场实际情况,难免有所隔阂,在研议过程中,亦不征询下级意见,又不重视战场指挥官之意见

---

[1] 李宗仁:《李宗仁回忆录》,香港:南粤出版社,1987年版,第549页。

具申，故所决定之各案，往往与作战部队之实况及能力不相吻合，致战略难以取得战术之充分支持。"[1]这里虽然都没有提蒋介石的名字，分析也有避重就轻之处，但由于蒋介石对军事指挥大权一人独揽，这里多次提到的"统帅部"的过失，其实更多地反映出蒋介石作为军事统帅的严重弱点。

郝柏村在解读蒋介石日记时写道："剿共作战一直是蒋公亲自决策，两任参谋总长陈诚与顾祝同，只是执行蒋公的政策而已。"蒋介石最信任的陈诚对此也有抱怨。郝柏村写道："蒋公与参谋总长陈诚间之歧见，在本日日记中表露。我以客观立场评析，主因当为蒋公对进剿作战计划批示过多，干预过细，将领不能不服从，陈诚亦然。当战事受挫，参谋总长责无旁贷，难免对蒋公抱怨，这是陈诚的个性。"[2]可见，三大战略决战中国民党军队战略指导的拙劣，其主要责任只能归之于蒋介石。

辽沈、淮海、平津三大战略决战，对蒋介石的军事指挥才能是一次严格的检验。可以看到，他的作战指导实在缺乏章法，并且严重地脱离实际，先是对战场局势缺乏客观而全面的分析和了解，更谈不上对它的发展趋势有足够的预见，没有经过深思熟虑、明确而坚定的作战预案；临事张皇失措，被动应付，而又主观武断，甚至在辽沈战役和淮海战役的中后期依然盲目地想同解放军在不利条件下"决战"；继而决心动摇，终致束手无策，多次慨叹"此事殊出意外"，只能"默祷恳求上帝默佑"。他在1949年2月25日

---

[1] "三军大学"战史编纂委员会编纂：《国民革命军战役史第五部——戡乱》第9册"总检讨"，台北："国防部史政编译局"，1989年版，第70、76、144页。

[2] 《郝柏村解读蒋公日记（1945—1949）》，台北：天下远见出版股份有限公司，2011年版，第269、475页。

的日记中写道:"对共匪不能有所期待,而以阻止其渡江为惟一要务。"他已提不出其他办法,但他的主要军事力量既已失去,被他视为"惟一要务"的"阻止其渡江"又怎么做得到呢?[1] 1948年12月30日,毛泽东发表《将革命进行到底》。1949年4月21日,毛泽东和朱德联合发表《向全国进军的命令》。至此,中国革命在全国的胜利可以说大局已定了。

---

[1] 蒋介石日记(手稿本),1949年2月15日。美国斯坦福大学胡佛研究所藏。

中国人从此站立起来了[1]

五十年前,新中国诞生的前夜,毛泽东在中国人民政治协商会议开幕词中说了一段令人难忘的话:"诸位代表先生们,我们有一个共同的感觉,这就是我们的工作将写在人类的历史上,它将表明:占人类总数四分之一的中国人从此站立起来了。"

一百多年来受尽苦难和屈辱的中国人,经过艰苦卓绝的奋斗,终于挺身站立起来。帝国主义勾结中国封建势力恣意宰割中国的历史,从此一去不复返了。多少年来国家四分五裂那种令人痛心的局面不再存在。一向遭受压迫和奴役的劳动人民,翻身做了国家的主人。昔日被人视为"劣等民族"的中华民族,如今受到了国际社会的尊重,祖国的未来充满希望。这真是翻天覆地的大变化。从此,中国的历史翻开了全新的一页。

一、为了共和国的诞生

中华人民共和国的诞生,是中国近代民族民主革命的产物,是多少先烈用鲜血和生命换来的,是无数革命者经过前仆后继、可歌可泣的斗争取得的。

江泽民在党的十五大报告中说:"鸦片战争后,中国成为半殖

---

[1] 原文载于《人民日报》1999 年 8 月 26 日。

民地半封建国家。中华民族面对着两大历史任务：一个是求得民族独立和人民解放；一个是实现国家繁荣富强和人民共同富裕。前一任务是为后一任务扫清障碍，创造必要的前提。"

实现国家繁荣富强和人民共同富裕，为什么一定要以求得民族独立和人民解放作为必要的前提？建设现代化的国家是几代中国人的梦想，为什么在一百多年时间里，中国的先进分子却不惜任何牺牲，先集中力量投身到革命中去？有一种看法，认为这样做完全错了，中国需要的是建设和渐进的改革而不是革命，革命的结果只能造成破坏。似乎这是走入了误区，似乎无数先烈的牺牲是多余的。这种看法十分荒唐。

人类社会的变革，通常有两种形式：一种是在现有社会秩序下的渐进的改革，一种是在短期内根本改变原有社会秩序的暴力革命。什么时候应当采取哪一种变革形式，不能单从抽象的原理出发来作判断，不能笼统地说这种形式好还是那种形式好，一切取决于当时当地的具体历史条件。

革命决不是任何人所能随心所欲地制造出来的。它只有在社会内部种种矛盾已经尖锐到无法在原有体制内得到解决的时候，才会发生并取得成功。只有当社会大变革的内在条件已经成熟的时候，暴力才能成为新社会的助生婆。一般说来，人们最初总希望在现有社会秩序下从事建设或进行渐进的改革，以求得进步。这样做，不但牺牲少，而且也容易被更多人所接受。如果这条路走得通，人们何必一定要不惜流血牺牲而投身到革命中去？孙中山、毛泽东等人，早年也都曾这样想过。

决定他们投身革命的，是由于中国当时的民族矛盾和社会矛盾实在太尖锐了。中华民族已处在生死存亡的关头。占中国人口绝大多数的劳苦大众被压在社会的最底层，连起码的生存保障都没有，哪里还谈得上民主和发展的权利？中国的旧势力那样强大，顽固地拒绝一切根本变革，并且用极端残酷的暴力来镇压一切反对他们的人。严酷的形势，特别是中华民族濒临灭亡的危急局面，逼得每一个有血性的中华儿女再也不能忍受下去，也无法长期等待下去。这才驱使他们义无反顾地走上革命的道路。

中国人民坚持了八年的抗日战争，难道能责怪他们为什么一定要拿起武器来进行反抗吗？就是对国民党统治的武装斗争，也是在国民党屠刀政策下被迫做出的选择。毛泽东在新中国成立后曾对外国朋友说过："有了共产党以后，就进行了革命战争。那也不是我们要打，是帝国主义、国民党要打。1921年，中国成立了共产党，我就变成共产党员了。那时候，我们也没有准备打仗。我是一个知识分子，当一个小学教员，也没学过军事，怎么知道打仗呢？就是由于国民党搞白色恐怖，把工会、农会都打掉了，把五万共产党员杀了一大批，抓了一大批，我们才拿起枪来，上山打游击。"这就把事情说得很清楚了。

革命当然要付出巨大的代价。但如果迫不得已，客观条件又已成熟，它在很短时间内对阻碍社会发展的旧事物所起的扫荡作用，是平时多少年也无法比拟的，而且要彻底得多，从而为日后社会经济的迅速发展开辟了广阔的道路。这样付出的代价是值得的。中华人民共和国的诞生，就是一个例证。

革命并不是在任何时候都可以这样做，而且不能一直用这样的方式革下去。推倒一座旧的建筑或许能在短期内完成，在这座废墟上建设一座新的大厦，却必须遵循建设本身的客观规律，持久地循序渐进。在新的社会制度建立起来以后，不以经济建设为中心而坚持"以阶级斗争为纲"就是完全错误的,因为它不符合已经变化了的客观实际,只能带来巨大的灾难。超越实际可能的急于求成也是有害的,并会受到客观规律的严厉惩罚。新的社会制度内部肯定仍会存在缺陷,在新的历史条件下还会滋生新的不良现象,需要坚持不懈地进行改革。这种改革,在某种意义上说也是一种革命,但它同那种以暴力为手段、以根本改变原有社会制度为目的的革命完全是另一回事了。

1949年,中国人正是经过轰轰烈烈的人民大革命,推倒了压在头上的三座大山,创立中华人民共和国,实现了民族独立和人民解放,才为求得国家繁荣富强和人民共同富裕扫清了障碍,开辟了道路。历史已经证明了这一点。

二、绘制建设新中国的蓝图

建设独立、富强的新中国,是中国人多少年来梦寐以求的目标。可是在长时期内,由于反动统治力量远远大于人民革命力量,这种目标只是美好的前景,一直难以实现。怎样建设新中国的问题,并没有立刻被提到现实的议事日程上来。解放战争后半期,中国革命的胜利来得那么快,大大超出人们的预料,没有给中国共产党留下充裕的时间去从容准备。在新中国诞生前的那些日日夜夜里,局势迅猛发展,纷至沓来的无数难题需要立刻处理,战略决战、土地改革、接管新区(特别是接管大城市)等极端繁重的任务不能不占用中共中央的绝大部分精力。但就在这样忙碌而紧张的时刻,在中国共产党领导下,中国人民政治协商会议通过了新中国成立初期起着临时宪法作用的《共同纲领》,在人们面前展现出一幅建设新中国的比较完整而清晰的蓝图，使各方面的工作一开始就能够有条不紊地开展起来。这实在是了不起的成就。

为什么能够做到这样？它有主客观两方面的原因。

从客观上说，新中国的诞生同俄国十月革命有着明显的不同：它是依靠人民军队，先在一块块解放区内建立政权，积累起经济建设和政权建设的初步经验，培育出一批管理人才，再夺取全国政权的。当然，这并不意味着只要把一块块解放区连成一片、加以扩大就可以了。事实上，从原来没有中央政府的、分散的、主要在农村的政权，到建立全国性的政权，并把新国家的社会经济结构、政治体制、民族关系、对外政策等基本格局确定下来，这是一次质的飞跃。

从主观上说，它充分展现出中共中央具有高瞻远瞩的战略眼光和驾驭全局的领导才能。领导，需要有预见。不到两年前，1947年的十二月会议上，毛泽东就敏锐地指出：中国人民的革命战争已经达到一个转折点。他把在会上所做的《目前形势和我们的任务》那篇报告称作"打倒蒋介石、建立新中国"行动纲领，认为它比《新民主主义论》《论联合政府》更进了一步。战略大决战前夜，在1948年的九月政治局会议上，他又说："中央政府的问题，十二月会议只是想到了它，这次会议就必须作为议事日程来讨论。""至于对经济成分的分析还要考虑，先由少奇同志考虑。"到1949年，他又先后发表《在中国共产党第七届中央委员会第二次全体会议上的报告》《论人民民主专政》等重要文章。刘少奇、周恩来、张闻天等也提出许多重要主张。经过这样的深思熟虑和反复酝酿，对新中国各方面的构想终于越来越明朗化了。

关于新中国的国体即国家性质问题。《共同纲领》明确规定："中华人民共和国为新民主主义即人民民主主义的国家，实行工人阶级领导的、以工农联盟为基础的、团结各民主阶级和国内各民族的人民民主专政。"这正是毛泽东在《论人民民主专政》中阐明的基本主张。关于社会主义前途问题，毛泽东在九月政治局会议上说过："我们要努力发展经济，由发展新民主主义经济过渡到社会主义。"《共同纲领》中没有写入"过渡到社会主义"的内容。在人民政协讨论时，有人提出：我们既然承认新民主主义是一个过渡性质的阶段，要向更高级的社会主义和共产主义阶段发展，总纲中就应该把这个前途明确地规定出来。周恩来回答说："筹备会讨论中，大家认为这个前途是肯定的，毫无疑问的，但应该经过解释、宣传特别是实践来证明给全国人民看。""现在暂时不写出来，不是否定它，而是更加郑重地看待它。而且在这个纲领中经济的部分里面，已经规定要在实际上保证向这个前途走去。"

关于新中国的政体即政权构成形式。毛泽东在九月政治局会议上鲜明地提出一个问题："我们政权的制度是采取议会制呢，还是采取民主集中制？""人民民主专政的国家，是以人民代表会议产生的政府来代表它的。""不必搞资产阶级的议会制和三权鼎立等。"在《共同纲领》中更具体地规定："中华人民共和国的国家政权属于人民。人民行使国家政权的机关为各级人民代表大会和各级人民政府。各级人民代表大会由人民用普选方法产生之。各级人民代表大会选举各级人民政府。各级人民代表大会闭会期间，各级人民政府为行使各级政权的机关。""各级政权机关一律实行民主集中制。"

关于新中国的经济构成和经济建设方针。毛泽东在十二月会议上说，"新中国的经济构成是：（1）国营经济，这是领导的成分；

（2）由个体逐步地向着集体方向发展的农业经济；（3）独立小工商业者的经济和小的、中等的私人资本经济。这些，就是新民主主义的全部国民经济"。九月政治局会议后，中共中央东北局向中央报送了一份由张闻天起草的报告，提出东北经济现在基本上由五种经济成分所构成。这个报告经毛泽东、刘少奇修改后加以肯定。在《共同纲领》中更明确地规定国营经济、农民个体经济、合作社经济、私营经济、国家资本主义经济的性质和政府的有关政策，指出社会主义性质的国营经济是新中国整个社会经济的领导力量，又肯定其他经济成分的存在和发展。《共同纲领》还指出："中华人民共和国经济建设的根本方针，是以公私兼顾、劳资两利、城乡互助、内外交流的政策，达到发展生产、繁荣经济的目的。"

关于国内民族政策。中国是一个多民族国家。人民政协开会前，周恩来在一个报告中详细分析中国民族关系的特点后说："我们国家的名称，叫中华人民共和国，而不叫联邦。""我们虽然不是联邦，但却主张民族区域自治，行使民族自治的权力。"在《共同纲领》中规定：中华人民共和国境内各民族一律平等；反对大民族主义和狭隘民族主义，禁止民族间的歧视、压迫和分裂各民族团结的行为；各少数民族聚居的地区，应实行民族的区域自治。

关于对外政策。中共中央在1949年1月发出由周恩来起草、毛泽东改定的《中央关于外交工作的指示》，把独立自主的问题放在十分突出的地位。在《共同纲领》中又规定：中华人民共和国外交政策的原则，为保障本国独立、自由和领土主权的完整，拥护国际的持久和平和各国人民间的友好合作，反对帝国主义的侵略政策和战争政策；凡与国民党反动派断绝关系、并对中华人民共和国采取友好态度的外国政府，新中国可在平等、互利及互相尊重领土主权的基础上，与之谈判，建立外交关系；中华人民共和国可在平等和互利的基础上，与各国政府和人民恢复并发展通商贸易关系。这些规定，为新中国奉行独立自主的和平外交政策奠定了坚实的基础。

万事开头难。新中国的诞生是中国历史上翻天覆地的社会大变动。许多事情正处在草创时期，既没有现成的答案，也缺乏成熟的经验。它的基本格局一旦确定下来，对中国日后的发展就会产生极其深远的影响。如果当时轻率地做出一些错误的决定，它所造成的恶果也将十分严重。半个世纪过去了，回头来看，我们惊奇地发现当年所做出的这些重大决策都是符合中国实际国情的，是经得住时间考验的。它的影响不仅在今天让人能强烈地感觉到，并且还将延续到将来。这是新中国缔造者和奠基者们留给我们的一笔丰厚遗产，是他们对中华民族做出的难以估量的贡献。

三、人民共和国开始起步

新生的人民共和国已经在东方矗立起来。全世界都在注视着：它究竟能不能站住脚跟，能不能迈开大步前进？

这种关注并不是没有理由的。新中国虽已诞生，但它所面对的局势依然十分严峻。国民党在大陆上还有一百多万军队，控制着以广州为中心的华南地区和以重庆为中心的西南地区，企图负隅顽抗。还有两百多万土匪，盘踞山林，欺压百姓。战争刚刚结束的新解放区，国民党留下的是一个千疮百孔的烂摊子：财政经济已陷入总崩溃，生产萎缩，物价飞涨，投机猖獗，灾情严重。新中国成立后刚半个月，人们还沉浸在开国的欢乐中时，一场无情的风暴就袭来了：从10月15日起，华北以粮食带头，上海以纱布带头，物价像脱缰野马般飞涨，在五十天内上涨约三点三倍，范围遍及全国，人心开始浮动。新中国的国际处境也很复杂：以美国为首的许多西方国家仍对新中国抱着敌视态度，并实行严密的经济封锁；苏联那时对中国共产党不很放心，生怕它成为"第二个铁托"；不少周边国家对新中国缺乏了解，多少存有疑虑，或采取观望的态度。如果在外交工作上处理不当，就会陷于孤立，或者重新沦为别国的附庸。

事非经过不知难。怎样应对同时从四面八方涌来的这许多棘手的难题，确实极不容易。中国共产党在复杂的环境中，以冷静而果断的态度，有条不紊地沉着应付，在不长的时间里取得了惊人的成功。

毛泽东在新政治协商会议筹备会上曾满怀信心地预言："中国人民将会看见，中国的命运一经操在人民自己的手里，中国就将如太阳升起在东方那样，以自己的辉煌的光焰普照大地，迅速地荡涤反动政府留下来的污泥浊水，治好战争的创伤，建设起一个崭新的强盛的名副其实的人民共和国。"

军事上的进展是顺利的。人民解放军以雷霆万钧之势南下。为了全歼已成惊弓之鸟的国民党一百多万军队，毛泽东决断：不采取近距离包围迂回的方法，而采取远距离包围迂回的方法，完全不顾对方的临时部署，远远地超过他，占领他的后方，再加以歼灭。在加紧作战的同时，又采取有力的政治攻势，争取大批国民党军队放下武器或接受改编。这样，到1950年6月底，共消灭国民党军队一百三十万人，解放了除西藏、台湾和沿海一些岛屿外的全部领土。（将近一年后，中央人民政府同西藏地方政府代表签订协议，实现了西藏的和平解放。）在此期间，还剿除一百多万武装土匪。地方各级人民政权相继建立起来。

在经济上，人们最关心的问题是人民政府能不能把物价稳定下来。为了对付开国后不久的那次物价飞涨，在陈云主持下，经过周密准备，从全国范围内调集大量粮食、棉花、煤炭等物资，在各大城市统一抛售，把物价平抑下去，给投机商人以沉重打击。1950年3月，政务院颁布《关于统一国家财政经济工作的决定》。到4月，全国财政收支已接近平衡，物价终于稳定下来，结束了中国人多年来在旧中国饱受的恶性通货膨胀之苦。在战争尚未结束又遭受帝国主义经济封锁的情况下，能在短时间内创造出这样的奇迹，确实是值得自豪的。毛泽东对它做出高度评价，说：平抑物价，统一财经，其意义"不下于淮海战役"。

农村的土地改革，新中国成立时已在约有一亿一千九百万农业人口的老解放区完成，但在约有二亿九千万农业人口的新解放区和待解放地区尚未进行。这些地区不仅面广，而且情况复杂。人民政府采取慎重的态度，认真进行准备。1950年6月，刘少奇在全国政协一届二次会议上做了《关于土地改革问题的报告》。同月，中央人民政府公布施行《中华人民共和国土地改革法》。这就为同年秋收后开展大规模的土地改革，铲除封建主义在中国的根基，提供了行动准则。还必须说到，新区农村这时直接面对的最急迫的问题是严重的自然灾害，特别是水灾。1949年，全国被淹耕地达一亿二千多万亩，灾民达四千万人。淮河河堤全部失去作用，两侧成为一片汪洋，灾民挣扎在死亡线上。这年12月，政务院通过《关于生产救灾的决定》，开始了规模空前的治淮和救灾工作。

本着"迅速地荡涤反动政府留下来的污泥浊水"的要求，社会各方面除旧更新的民主改革全面展开。在工矿企业和交通运输业中，废除了工人群众深恶痛绝的封建把头制度。中央人民政府颁布了《中华人民共和国婚姻法》，取消包办婚姻，禁止重婚、纳妾、童养媳，禁止干涉寡妇再嫁，实行男女婚姻自由、一夫一妻、男女权利平等、保护妇女和子女合法利益的新婚姻制度。在严厉取缔妓院、清除鸦片烟毒、打击流氓和黑社会势力等方面，也迅速取得令人拍手称快的效果。

在对外关系方面，苏联首先同新中国建立外交关系。三个多月内，中国就同十一个国家建交，它们都是当时社会主义阵营内的国家。毛泽东、周恩来访问苏联。中苏双方签订《中苏友好同盟互助条约》。在此期间，又有十三个国家先后宣布承认中华人民共和国。其中，印度、印度尼西亚、缅甸、瑞典、丹麦、瑞士、芬兰七个国家，经过谈判，在1950年10月底前同新中国建立正式外交关系。这是第一批同新中国建交的不同社会制度的国家。

在旧中国，帝国主义列强不仅在政治上和经济上牢牢地支配着中国，并且在中国境内享有驻军、内河航行、海关管理、自由经营、领事裁判等种种特权。解放战争时期，中国人民解放军到达的地方，驻扎在中国领土上的外国军队被迫全部撤走，帝国主义列强原来享有的内河航行、自由经营、领事裁判等特权随之被取消。新中国成立后，中国政府又在北京、天津、上海等地先后收回外国兵营的地产权，征用兵营及其他建筑。对外侨持有的武器和电台，要求他们进行登记和封存。更使人兴奋的是，建立了人民海关，使海关大权完全掌握在中国人自己手里。周恩来称赞这件事："我们已经掌握了国家大门的钥匙。"

在短短一年时间里，人民政府通过大量的工作，使中华大地呈现出一派万象更新的景象。1950年9月30日,在庆祝新中国成立一周年的大会上,周恩来满怀豪情地说:"在中国,历史上只有一个政府,曾经在一年内做了这么多有利于人民的工作;只有一个政府,曾经在一年内驱逐了那么多的强盗式的'军队'和'政府',而代之以纪律严明和蔼可亲的人民军队和廉洁而讲道理的人民政府;只有一个政府,曾经在一年内剥夺了帝国主义国家的特权,消灭了可恨的特务机关,停止了无限期的通货膨胀,而给予人民一种欣欣向荣的气象;这个政府,就是中央人民政府。""国内外的人民都看到:经过了这一年,中国已经比过去几百年甚至几千年经历了更重要的变化;旧面貌的中国正在迅速地消失,新的人民的中国已经确定地生长起来了。"

中华人民共和国的成立,成为新中国一切进步和发展的基础。五十年来新中国取得的一切成就:都是以它为起点的。邓小平说过一段很动情的话:"中国在世界上的地位,是在中华人民共和国成立以后才大大提高的。只有中华人民共和国的成立,才使我们这个人口占世界总人口近四分之一的大国,在世界上站起来,而且站住了。还是毛泽东同志那句话:中国人民从此站起来了。国内的人民也罢,国外的华侨也罢,对这点都有亲身感受。也只有在中华人民共和国成立以后,才真正实现了全国(除台湾外)的统一。""我们能够取得现在这样的成就,都是同中国共产党的领导、同毛泽东同志的领导分不开的。恰恰在这个问题上,我们的许多青年缺乏了解。"为什么许多青年会对这个问题缺乏了解?这并不奇怪。他们太年轻没有亲身在旧中国那种环境中生活过,也许已很难想象当年中华民族的悲惨境遇,也很难体会到改变这种境遇是多么艰难的事情。

中华民族一百多年来奋斗的历史,就像是一场毫不间断的接力跑。后继者总是以前人所达到的位置作为出发点,随后又远远地跑到他的前面去,前人有过的挫折也是后继者的财富。先人的业绩是不会被淡忘的,它将永远活在人们心里,并将激励后人更加奋发地前进。

新中国的第一年[1]

新中国的成立,是中华民族历史上从未有过的一场社会大变革,而不是通常意义上的一个政权代替另一个政权,或以往的那种"改朝换代"。

这场社会大变革是怎样起步的?

它所面对的任务异常艰巨:需要在不太长的时间内改变根深蒂固的旧中国的面貌,需要战胜摆在面前的无数严重困难,需要逐步建立起一整套适应人民当家做主的全新的社会制度。

拿下棋做比喻,这是一个"布局"阶段。棋局的发展会千变万化,但一开始的布局是否得当,关系极其重大。布局如有不当,形成某种定势,就会产生深远的影响,再要矫正便十分困难。

这样重大的社会变革在起步时,处境的艰难也许是今天许多人难以想象的。那时候,国内战争仍在激烈地进行着,华南和西南广大地区有待解放;旧时代遗留下来的难题堆积如山,特别是物价的飞涨严重威胁着人民的生活;一些西方国家对人民共和国抱着敌视态度,实行严密的经济封锁;不少国家对它还缺乏了解,心存疑虑;原有的革命根据地主要在农村,并且被严重分割,如何建立统一的全国性新政权几乎完全没有经验。客观形势迅猛发

---

[1] 原文载于《人民日报》2004年9月30日。

展，许多燃眉之急的重大问题必须很快做出决断。

新中国的前途会怎么样？海内外存在着种种猜测。有些人怀疑：它虽然建立起来了，能不能站住脚跟？中国共产党虽然夺取了政权，能不能把政权巩固下来并向前发展？这些怀疑的存在不能说是毫无理由的，因为要实现那样的目标确实有太多的困难，稍有不慎便可能前功尽弃，或者留下很多后遗症。

事实回答了这些问题，新中国第一年的开局是成功的。当中华人民共和国成立满一年的时候，也就是1950年9月30日，周恩来同志在庆祝大会的报告中从五个方面总结了一年来取得的成绩：人民解放战争的大胜利，中华人民共和国的外交政策，巩固人民民主专政和准备土地改革工作，统一财政和恢复经济，培养干部和提高文化。他得出结论："经过了这一年，中国已经比过去几百年甚至几千年经历了更重要的变化；旧面貌的中国正在迅速地消失，新的人民的中国已经确定地生长起来了。"

他在报告快结束时充满自豪地说："在中国，历史上只有一个政府，曾经在一年内做了这么多有利于人民的工作；只有一个政府，曾经在一年内驱逐了那么多的强盗式的'军队'和'政府'，而代之以纪律严明和蔼可亲的人民军队和廉洁而讲道理的人民政府；只有一个政府，曾经在一年内剥夺了帝国主义国家的特权，消灭了可恨的特务机关，停止了无限期的通货膨胀，而给予人民一种欣欣向荣的气象；这个政府，就是中央人民政府。"

在短短一年内能够做那么多的事情，实在是个奇迹。尽管在前进中还存在种种困难，尽管工作中也有这样那样的缺点和错误，例如各地党组织和政府在城市管理、工厂管理等方面严重缺乏经验，有的还沿用以往管理农村和军队的方式去管理，不少干部在执行工作任务时犯有官僚主义特别是命令主义的错误等，但新中国已充分显示出旺盛的生命力。各项工作，总体说来都在有条不紊地进行。人民信任自己的国家。新中国不但站稳了脚跟，而且在人们面前展现出了美好的前景。

为什么新中国的第一年能取得这样的成就？原因很多。最重要的至少有以下几点：

第一，着手建立一个全新的国家和社会，领导者必须有预见，胸有成竹地早做准备，才能在复杂环境中有条不紊地开展工作，临事不乱。

中国有句老话：凡事预则立，不预则废。有准备和没有准备是大不一样的。毛泽东同志在党的七大的结论中也讲道："预见就是预先看到前途趋向。如果没有预见，叫不叫领导？我说不叫领导。"他又说："没有预见就没有领导，没有领导就没有胜利。因此，可以说没有预见就没有一切。"

中国共产党成立后，既有长远的理想，又规定了明确的当前任务。

新中国的社会经济形态是新民主主义社会。这个问题在抗日战争时期毛泽东同志的《新民主主义论》和《论联合政府》中，就已从原则上得到解决。但这时中国共产党领导的革命力量相对说来还比较小，怎样建立一个新中国的问题还没有被提到现实的议事日程上来。

根本的转折发生在1947年，国民党由强者变为弱者，共产党由弱者变为强者，各方面的优势都转到革命力量方面来了。这年10月，我们党响亮地喊出"打倒蒋介石，建立新中国"的口号。建立新中国的问题，已被提到现实的议事日程上来。两个月后，毛泽东同志在《目前形势和我们的任务》中更加明确而具体地提出了新民主主义革命的经济纲领和政治纲领，指出："新中国的经济构成是：（1）国营经济，这是领导的成分；（2）由个体逐步地向着集体方向发展的农业经济；（3）独立小工商业者的经济和小的、中等的私人资本经济。这些，就是新民主主义的全部国民经济。而新民主主义国民经济的指导方针，必须紧紧地追随着发展生产、繁荣经济、公私兼顾、劳资两利这个总目标。"在1948年9月召开的中共中央政治局会议上，毛泽东同志又提出："我们政权的阶级性是这样：无产阶级领导的，以工农联盟为基础，但不是仅仅工农，还有资产阶级民主分子参加的人民民主专政。"他又说："人民民主专政的国家，是以人民代表会议产生的政府来代表它的。中央政府的问题，十二月会议只是想到了它，这次会议就必须作为议事日程来讨论。""我看我们可以这样决定，不必搞资产阶级的议会制和三权鼎立等。"1949年，党的七届二中全会的决议和毛泽东同志的《论人民民主专政》等文章，又对新中国的方方面面做出许多新的更加具体的论述。这些是在近两年的时间里，经过深思熟虑和反复斟酌后确定下来的。

要做到这样，很不容易。解放战争的胜利来得太快，大大超出了人们的预期。在这段时间里，党中央的绝大部分精力不能不集中在指导战略决战和解放区土地改革等这些极端紧迫而不容有半点疏忽的工作上。在如此紧张而忙碌的情况下，我们党仍然始终保持着清醒的头脑，不放松把目光同时转向为下个阶段建立新中国做准备，对未来国家和社会的基本格局勾勒出一个清晰的轮廓，使全党和全国人民对行将到来的大变革在精神上和行动上有所准备。

人民共和国成立前夕，中国人民政治协商会议通过的《共同纲领》，在总纲、政权机关、军事制度、经济政策、民族政策、外交政策等部分，对新中国的各个方面描绘出具体而可以操作的蓝图；并且通过反复协商，听取意见，取得大家的同意，使这个纲领成为中国各党派、各社会团体和各界人士的共识。周恩来同志对民主人士黄炎培说：在全国政协会议上，由全国各党派一起千斟万酌制定的《共同纲领》，就是为人民服务的"剧本"。10月1日，中央人民政府委员会第一次会议一致同意以这个《共同纲领》为中央人民政府的施政方针。有了它，才能在新中国成立后，全国上下有一个共同遵循的行动准则，步伐一致地开展各项工作。

第二，新旧社会的本质区别在于人民当家做主人。新中国取得的成功，是全体人民团结一致、共同奋斗的结果。换句话说，就是要做到一切为了人民，一切依靠人民。这是力量的源泉。没有这一条，人民共和国一起步要冲破重重困难，顺利发展，使人耳目一新，是根本办不到的。

为了做到这一点，除要求各级领导干部极端重视同人民群众的关系外，还在政权建设中把建立各界人民代表会议放在了十分突出的地位。毛泽东同志在新中国成立后不到半个月，就致电各大区负责人说："这是一件大事。如果一千几百个县都能开起全县代表大会来，并能开得好，那就会对于我党联系数万万人民的工作，对于使党内外广大干部获得教育，都是极重要的。"当新中国成立满一年时，极少数市和县已召开了人民代表大会，其他所有的市以及1007个县、36个蒙古旗都召开了各界人民代表会议。大部分的区、乡和村都召开了人民代表大会、人民代表会议或农民代表会议。在过渡时期内，由各界人民代表会议代行人民代表大会的职权。

这些代表会议和代表大会，对团结各社会阶层、各党派、各民族，对政府听取人民的意见，以及使人民能了解并监督政府的工作，都收到了良好的效果。特别值得注意的是，由各界人民代表来共商大事，表明原来处于社会下层的工人农民翻身做了国家的主人。著名社会学家费孝通在参加北平市第一届人民代表会议后，生动地描述了他当时那种强烈的感受："我踏进会场，就看见很多人，穿制服的，穿工装的，穿短衫的，穿旗袍的，穿西服的，穿长袍的，还有一位戴瓜帽的——这许多一望而知不同的人物，而他们会在一个会场里一起讨论问题，在我说是生平第一次。这是什么意思呢？我望着会场前挂着大大的'代表'两字，不免点起头来。代表性呀！北平市住着的就是这许多形形色色的人物。如果全是一个样子的人在这里开会，那还能说是代表会吗？"确实，过去被人瞧不起的穿着"短衫"和"工装"的工人、农民，现在能够同穿着"西服"和"长袍"的人坐在一起，平等地共商大事，这是过去根本无法想象的，是整个社会大变革中富有象征性的一个缩影。它把民主从少数人才享有的权利变成多数人都能享受的权利，这才是真正的人民民主。这场社会大变革的确是中国历史上从来不曾有过的。

中国的老百姓，以往常被讥笑为"一盘散沙"。新中国在全国范围内将社会各阶层人民以空前规模组织起来，建立起各级工会、农民协会、青年团、学联、妇联、街道居民委员会等，形成一个巨大的网络，随时可以动员起来协助人民政府完成各项工作，改变了过去那种散漫无组织的状态。这是使中国人民团结大大加强的一个重要因素，形成了人民政府最广泛的社会支柱。

在旧社会，许多贫苦民众被压在社会最底层，受尽种种非人折磨。这种状况不改变，很难谈得上人民当家做主人。新中国成立的第一年，政府在帮助他们从苦难中解脱出来、"迅速地荡涤反动政府留下的污泥浊水"方面，做了大量富有成效的工作。1950年4月，中央人民政府公布施行《中华人民共和国婚姻法》，废除包办、强迫等封建婚姻制度，禁止重婚、纳妾和童养媳，禁止干涉寡妇再嫁。这是新中国颁布的第一部法律，是中国妇女解放运动史上的一件大事。妓院是旧社会最惨无人道的黑暗场所之一。新中国成立后，先在北京市经过调查，由第二届各界人民代表会议做出《关于封闭妓院的决议》，在12小时内封闭全市妓院，解放妓女1288人，并做好安排。全国各地也相继采取同样行动。1950年2月，政务院公布《关于严禁鸦片烟毒的通令》，贻害中国一百多年的鸦片烟毒的清除工作取得巨大成功。对横行一方、欺压民众的"东霸天""西霸天"之类的流氓和黑社会等恶势力，各地也采取措施，进行有力打击。社会风气从此焕然一新。这些是谁都能看到的变化，因此到处传诵："新旧社会两重天。"人们的这种切身感受，比千言万语的宣传所收到的效果要大得多。

中国是一个多民族国家，各族人民都是新中国的主人。中国的民族关系有着自己的特点：境内的各民族在千百年的漫长岁月中已形成相互依存、不可分离的关系，许多民族还长期在同一地区杂居。这些特点是历史形成的，是现实生活的主流。中国共产党在建党初期，由于机械地搬用外国经验，曾提出实行民族自决、组成中华联邦共和国的设想。随着对我国实际国情了解的加深，这个看法逐渐改变，终于提出在统一国家内实行民族区域自治制度。《共同纲领》制订前，周恩来同志代表中共中央向政协代表解释说:"关于国家制度方面,还有一个问题就是我们的国家是不是多民族联邦制。""今天帝国主义者又想分裂我们的西藏、台湾甚至新疆,在这种情况下,我们希望各民族不要听帝国主义者的挑拨。为了这一点,我们国家的名称,叫中华人民共和国,而不叫联邦。""希望大家能同意这个意见。我们虽然不是联邦,但却主张民族区域自治。"《共同纲领》把民族区域自治作为国家的一项基本政治制度确定了下来。这是中国共产党在民族问题上的成功创造。如果不实行这样的制度,不实行民族区域自治而实行联邦制,中国的民族团结和国家稳定不可能有今天这样的局面。它的重要性,随着时间的推移,人们看得越来越清楚了。

第三,在新旧社会交替的时候,必然会出现许多混乱现象,给人民带来痛苦。在这种情况下,秩序和稳定十分重要。要做到这一点,加快人民解放战争的步伐,解放除西藏外的全部大陆国土,清剿还残存的200万土匪,自然是根本前提。与此同时,中央人民政府特别注意两个问题:一是采取坚决措施,集中力量解决社会生活中群众最关心、最感到痛苦的实际问题,使人民的正常生活得到基本保障;二是对旧社会和旧政权进行改造时,审时度势,有步骤地推进,决心要大,步子要稳,尽可能减少混乱。

那时候,人民生活中感到最痛苦的几件事是:在国民党统治时期长年恶性通货膨胀,物价飞涨,由于战争仍在继续,这种势头一时还难以消除;严重水旱灾荒,使广大农村居民的生命财产得不到保障;在城市中存在着严重的失业现象。

其中,最突出的是物价问题,它直接牵动着家家户户老百姓的心。人民共和国成立才半个月,当人们还沉浸在开国的欢乐中时,一场无情的风暴就袭来了:从10月15日起,物价开始大幅度上涨,粮食、棉布的价格在一个月内上涨近两倍，人心惶惶不安。人民政府立刻采取断然措施，从农业地区特别是东北老根据地调集大量粮食等物资，在适当时间向城市放手抛售，并厉行增产节约，以后又统一了国家的财政经济工作。到1950年3月间，全国财政收支接近平衡，物价稳定下来了。全国批发物价总指数，如果以1950年3月为100来计算，到这年12月已降为88.6；这种稳定不是一时的，而且延续下去，到1952年6月还只有99.2。稳定物价，这个中国老百姓企盼多年而不可得的愿望，竟在新中国成立后不到半年内实现了，对人心产生了极大的影响。"资产阶级代表人物也不得不为之折服，说'中共此次不用政治力量，仅用经济力量，就能稳住物价，是我们所料不到的'。"

在自然灾害中，当时最严重的是1950年的淮河大决口，被淹耕地达3100万亩，灾民995万人，有些地方的灾情到了惨不忍睹的程度。周恩来同志在政务会议上激动地说："水灾是非治不可。如果土地不洪就旱，那就土改了也没有用。"经过统筹安排和认真准备，从1951年2月起，规模宏大的治淮工程便开始了。

除救灾外，救济城市失业者也是一项繁重而艰难的任务。旧社会本来就留下庞大的失业队伍。新政府成立后，在经济改组过程中，一部分不适应社会需要的工厂倒闭，又增加了失业的人数。全国失业总人数达到117万人。政府采取的主要救济方法是以工代赈，同时又使用生产自救、还乡生产、发放救济金、转业训练、介绍就业等办法。到1950年9月底，失业工人和知识分子受到救济的达半数以上。

这些工作，使人民感到政府是关心他们的，是切切实实替他们办事的，是值得信赖的。人民的信任是一种巨大的无形力量，能造成万众一心，去完成各种艰巨的任务。

为了减少新旧社会交替过程中因出现混乱而造成的损失，另一个重要问题是，在进行接管和改造工作时力求步子稳妥。对必须解决的问题，坚决采取措施去解决；凡不是急迫需要解决的事情，可以先维持原状，不急于改动。

毛泽东同志对这个问题提出了明确的指导原则。他在1950年4月给当时担任上海市委第一书记和市长的陈毅的电报中说："目前处在转变的紧张时期，力争使此种转变进行得好一些，不应当破坏的事物，力争不要破坏，或破坏得少一些，你们把握了这一点，就可以减少阻力，就有了主动权。"不久，他又提出，要集中力量解决最迫切需要解决的问题，"不要四面出击"。他说："四面出击，全国紧张，很不好。我们绝不可树敌太多，必须在一个方面有所让步，有所缓和，集中力量向另一方面进攻。"

在这种思想指导下，当接管国民党的官僚资本企业时，提出了"不要打乱原来的企业机构"的原则。也就是说，不要打乱原来的技术组织和生产系统，而要保持其完整；在派出军代表后，原有员工除极少数反动分子和劣迹昭著者外，凡愿照旧供职的仍然照旧供职；在此基础上，逐步推行民主改革，以便实现管理民主化和经营合理化。当准备1950年冬大规模开展新区土地改革时，做出保存富农经济、保护富农所有自耕和雇人耕种的土地及其他财产的规定，以减少社会的震动。在接管旧政权时也采取慎重的方针，将旧人员包下来，"三个人的饭五个人吃"。当时担任中南军政委员会副主席的邓子恢写道："我们随着军事的迅速发展，采取了以省为单位、自上而下、委派干部建立各级政权机构的步骤，同时在区、乡以下采取了大胆利用旧保甲人员的方针。采取这个方针的目的是为着在过渡时期稳定社会秩序、减少混乱和破坏，并便利进行当时紧急的支前、征粮工作。"文教工作方面也是如此。拿高等学校来说，主要采取的措施是"一开始即废除了反动的训育制度，停止了党义与公民课程，改用校务委员会负责校务，以新民主主义的文教方针来代替国民党反动派的反人民的反动文教方针"，其他方面不轻易改动。

这样，就保证了整个接管和改造工作能够有秩序、有步骤地稳步推进，不致造成重大的混乱和损失。

第四，社会大变革需要秩序和稳定，不仅在国内如此，在国与国之间也希望有一个相对稳定的秩序，以便能集中力量推进国家的建设和社会的改造。其中最重要的有两点：一是力求有一个和平的国际环境、和睦的周边环境；二是独立自主，不畏强暴，排除任何外来的干预。

如何开辟外交工作的这种新局面，是新中国成立时面对的极端重要而又陌生的问题。一切都需要另辟蹊径，从头做起。新政府的外交工作，一开始就树立起自己的鲜明特点，那就是独立自主。

周恩来同志在外交部成立大会上，充满民族自豪感地明白宣示："中国一百年来的外交史是一部屈辱的外交史。我们不学他们。我们不要被动、怯懦，而要认清帝国主义的本质，要有独立的精神，要争取主动，没有畏惧，要有信心。"他又严肃地提醒大家："但也不要盲目冲动，否则就会产生盲目排外的情绪。""外交不能乱搞，不能冲动。遇事要仔细想，分析研究，看是属于哪一类性质，其后果如何，分析好的一方面，同时也要分析坏的一方面。要培养思考的能力。"他反复地叮嘱大家："过去我们可以说是打游击战的，只接触过一些外国记者和马歇尔等，不是全面的战斗。现在我们是代表国家，一切都要正规化，堂堂正正地打正规战。我们更应该加倍谨慎。"

这以前，随着人民解放军在大陆取得基本胜利，一百多年来帝国主义国家的在华特权已从根本上被废除。外国人在中国趾高气扬地为所欲为的局面，一去不复返了。这是社会大变革的一项重要内容。

新中国一成立，外交工作面对的第一个问题是要同其他国家建立正常的外交关系，走向国际社会。人民政府向所有国家表示了善意。毛泽东同志在开国大典上宣布："凡愿遵守平等、互利及互相尊重领土主权等项原则的任何外国政府，本政府均愿与之建立外交关系。"

但那时，世界已进入第二次世界大战后的冷战时期，形成了社会主义和资本主义两大阵营的对立。这种对立和冲突越来越剧烈。美国政府当时对新中国抱着敌视的态度，不仅自己不肯承认新中国，还竭力阻挠其他西方国家承认新中国。这种敌视态度在以后一段时间内更加强了。第一个承认新中国的是社会主义国家苏联，这是十分可贵的。三个多月内，新中国同11个国家建立了外交关系，它们都是当时社会主义阵营的国家。1949年12月和1950年1月，毛泽东、周恩来同志先后抵达苏联访问。新中国在对外关系中特别关心的是世界和平问题。在同斯大林会谈时，毛泽东同志一开始就提出：目前最重要的问题是建立和平。中国需要和平的环境，把经济恢复到战前的水平，并从总体上使国家稳定。两国签订了《中苏友好同盟互助条约》。毛泽东同志将条约提交中央人民政府委员会批准时说："这次缔结的中苏条约和协定，使中苏两大国家的友谊用法律形式固定下来，使得我们有了一个可靠的同盟国。这样就便利我们放手进行国内的建设工作，和共同对付可能的帝国主义侵略，争取世界的和平。"

在毛泽东、周恩来同志访苏期间，又有十三个国家先后宣布承认中华人民共和国。其中有七个国家在1950年10月底前同新中国建立起正式外交关系。它们包括：一类是亚洲新独立的民族主义国家印度、印度尼西亚、缅甸；另一类是北欧的瑞典、丹麦、芬兰和中欧的瑞士。这是第一批同新中国正式建交的不同社会制度的国家，是新中国外交工作的重要突破。以后四年内，中国又同巴基斯坦、阿富汗、尼泊尔等分别建交。这样，直接同中国接壤的周边国家大体上都同新中国建立了正式外交关系。同周边国家建立起稳定的睦邻友好关系，对刚刚诞生的人民共和国自然有着特别重要的意义。

经过一年的努力，中华人民共和国最初阶段对外关系的基本格局大体上确定了下来。这一切，进行得井井有条，有力地捍卫了国家的独立、安全和尊严，把屈辱外交一扫而光，使新生的人民共和国一开始就以独立自主、热爱和平而又不畏强暴的崭新风貌屹立在世界的东方。

民族独立和人民解放，是20世纪前半期中华民族面对的两大历史任务，也是新中国第一年面对的最重要课题。人民正是通过事实来了解中国共产党，认定只有共产党才能领导人民建设一个新中国的。半个多世纪的岁月过去了，回顾新中国在第一年走过的历程和种种新气象，依然令人神往。

新中国的前三十年[1]

今天讲的题目是新中国成立到十一届三中全会之前这29年的历史，也可以说是"新中国的前三十年"。这一段历史是很光荣的历史，因为中华人民共和国是在这个时候成立的，中国人从此站立起来；中国的社会主义制度是在这一段时间里建立起来的（我们今天讲的社会主义初级阶段是从1956年算起，到未来的21世纪中叶刚好100年）；热气腾腾的大规模经济建设也是在这一时期开始的。这些都是在我们中华民族历史上从来没有过的。同时，它又是一段很复杂的历史。在社会主义制度建立起来以后怎样向前走？那个时候，对什么是社会主义、怎么样建设社会主义都还不很清楚，世界上也没有这方面完全成功的先例，中国的情况又那么复杂。但客观环境也好，大众心理也好，都不容许等把这些问题弄清楚了以后再起步，而且不起步也不可能把问题弄清楚，只能边摸索边前进。在这个过程中，一方面取得了很大成绩，同时也遭受过很多挫折。其中最重要的，一个是在经济建设中因为急于求成造成的"大跃进"，一个是在社会主义条件下还提出"以阶级斗争为纲"，造成"文化大革命"这样的全局性错误。这些错误是共产党自己跟全国人民一起纠正的，并不是别人纠正的。这也给我们留下了很多沉痛的教训。

---

[1] 本文是作者2011年5月20日在北京大学文史大讲堂所做报告的记录。

正因为这一段历史是很复杂的历史，所以在 30 年前，中共中央十一届六中全会做出了《关于建国以来若干重要历史问题的决议》。那时，小平同志说，要"使这个决议起到像一九四五年那次历史决议所起的作用，就是总结经验，统一思想，团结一致向前看"。它把 30 年中间许多根本问题说清楚了，希望通过决议的总结，把大家的思想统一起来，大家团结起来向前看，今后更好地集中力量，进行社会主义现代化建设。30 年过去了，思想看来并没有完全统一，社会上混乱的思想还相当多。这种混乱思想主要表现为两点：

一种是我们不少媒体好像特别津津乐道建设过程中出现的一些消极面或者黑暗面，而对当时全国人民如何热气腾腾地建设一个新社会、新国家，却表现出令人奇怪的冷淡。至于有一些地方特别是海外，抓住个别事实，甚至是歪曲和编造事实，散布很坏的影响。这是值得警惕的，苏联解体前也有过这样一段过程。

另外一种是出于好心，因为要宣传改革开放的伟大成就，往往拿过去 30 年作为对比或者是反衬。我参加过纪念改革开放 20 周年讲话的起草，讨论的时候，我曾说：最近电视里有一些表现，我看了很反感，比如说，过去有那么多布票、粮票、油票，今天我们商店里商品那么丰富。看起来好像是忆苦思甜似的，我们过去总忆旧社会之苦、思新社会之甜。刚才说的那些，脱离了当时的历史条件，缺乏具体分析。在当年物质非常缺乏的情况下，如果没有这些粮票、布票、油票，一切都听任自由市场去处理，恐怕许多人，特别是收入比较低的人，连最起码的穿着和生活都无法得到保障。那个时候采取这个措施是一个不得已而又很成功、有利于人民的措施。当然，今天物资非常丰富，就不需要那么做了。

大家都在学习党史。中国共产党成立90年来，笼统地讲，前面30年，也就是民主革命时期的历史，也有许多争论和问题，但至少公开地全盘否定的很少。最后30年，也就是改革开放后这30年，尽管看法也未必一致，但公开地全盘否定的也不多。但对中间这30年，看法相当不一致，很多问题存在着严重争议。

我今年81岁，1947年进复旦大学读书，在国民党统治下受了两年大学教育，1949年之后又受了两年大学教育。我是1948年年初加入共产党、接受马克思主义的，这可能跟以后有些同志不太一样。我们是受国民党教育长大的，到大学以后也接触过西方的各种学说。有一次我和一位朋友在讨论会上辩论，他说现在都是成者为王、败者为寇，哪一个成功了就都好、哪一个失败了就都不好。我说，不见得。就拿我自己来说，我接受马克思主义，参加共产党，并不是说那时共产党已经成功了，当时看起来国民党仿佛还占优势。评论事情总有个客观标准，那就是对最大多数人有利还是不利。国民党那时太不得人心了。我们是根据亲眼看到的大量事实，经过自己的思考、反复比较后才做出那个当时不容易做出的决定。我讲这段历史，只是想说明，新中国前30年中的许多事情我是亲身经历过的，很多问题在自己的思想上也都曾做过这样、那样的思考。在座的都比我年轻，我只是想向各位介绍一下一个亲历者的理解和体会。

本来，我想把中华人民共和国的成立也作为今天的一个题目来讲，因为这件事情确实了不得。只有从那个时代过来的人，才会真正体会到一种强烈的新旧社会两重天的感觉。在我这一辈子里真正感到这个社会发生了翻天覆地的变化，就是在那时。以后的事是在这个基础上发展的。但今天由于时间的关系，这个问题我就不多说了。三年多前我在《人民日报》上看到前辈学者任继愈先生的一篇文章。任先生那时已九十多岁了，他说，"只有历经灾难、饱受列强欺凌的中国人，才有刻骨铭心的'翻身感'。经过百年的奋斗，几代人的努力，中国人民终于站起来了。这种感受是后来新中国成长起来的青年人无法体会得到的。他们认为中国本来就是这样的"。这段话讲得是很深刻的。在那个时代，毛主席在人民政协的开幕式上讲："我们都有一个共同的感觉，这就是我们的工作将写在人类的历史上，它将表明，占人类总数四分之一的中国人从此站立起来了。"我看过孙起孟先生的回忆文章，他是参加了那次会议的，那时不但他自己一面鼓掌一面掉眼泪，周围很多老先生也都在掉眼泪。我也记得，刚解放的时候，上海街头的高音喇叭都在放郭兰英唱《妇女翻身歌》，歌中唱道，"旧社会好比那黑咕咚咚的枯井万丈深，井底下压着咱们老百姓，妇女在最底层"。这种感觉确实是没有经历过旧中国的人很难体会到的。照理讲，对新中国的成立，应该专门作为一个问题讲。现在没有时间了，我就不多说。但有一点要说，就是在1949年以后，中国历史的全部发展都是以新中国成立这一和旧社会完全不同的情况作为起点来起步的。没有这个，也就谈不上以后的一切。

下面我讲三个问题，一是关于社会主义制度的建立，二是关于"大跃进"，三是关于"文化大革命"。

一、关于社会主义制度的建立

大家知道，在新中国成立的时候，我们建立的是新民主主义社会，1953年党提出一个过渡时期总路线。到1956年，党的八大会议上宣布社会主义基本制度已经在中国建立起来了。对有争议的问题，我想谈三点：

第一，过渡时期总路线的提出。这个问题以前没有多少争议。《关于建国以来党的若干历史问题的决议》写道："历史证明，党提出过渡时期总路线是完全正确的。"

但是，近年来也有一些学者，包括我很熟悉的朋友有不同的看法。有的人认为，过渡时期总路线提出来，把原来搞得很好的新民主主义社会的做法放弃了，要搞社会主义了，就造成走了弯路。我说，你还年轻，你不知道。当总路线酝酿和提出来的时候，我在复旦大学听党内传达，完全没有你所讲的那种感觉。那时的突出感觉是，本来认为从新民主主义到社会主义大概是到一定时候一步到位，到那一天，采取"严重的社会主义步骤"，宣布工业国有化和农业的集体化，大家要像过"土改关"一样，过好"社会主义关"。但总路线提出来以后，才感到原来我们从中华人民共和国成立起，就在那里一步一步地向社会主义过渡，不是说到哪一天才一步跨入社会主义。而这个过渡是和平的，并且采取赎买等逐步过渡的办法，并没有觉得突然要搞社会主义了。

大家知道，共产党从成立开始，目标就是要建立社会主义和共产主义，当然这是长期的任务。新民主主义从一开始就说清楚了，是一个过渡性质的阶段，并不是到1953年才提出来的。1949年制定共同纲领的时候，有一些民主人士提出，为什么在这个纲领中没有把更长远的目标"要走向社会主义"定进去。周总理在大会上回答说，"这个前途是肯定的，是毫无疑问的……现在暂时不写出来，不是否定它，而是更加郑重地看待它。而且这个纲领中，经济的部分里面，已经规定要在实际上保证向这一前途走去"。所谓的"这个前途",就是社会主义。这些都是公开发表的,大家都很清楚:新民主主义是一个过渡阶段,是向社会主义发展。

过渡时期总路线是什么时候提出来的呢?最早是1952年9月一次中央政治局常委会上,听取周恩来到苏联向斯大林谈中国第一个五年计划时。那次讨论中,毛泽东讲,10年到15年基本上完成社会主义,而不是10年以后才过渡到社会主义。这是最早提出过渡时期总路线的问题。为什么这个时候会提出这个问题呢,而且正好是周恩来到苏联见斯大林回来以后?当时胡乔木同志让我们查一下档案,斯大林有没有提出来这个建议。我们查了档案,斯大林没有谈过这个问题。我们当时注意到,在那次去和斯大林谈之前,周恩来写了一个《三年来中国国内主要情况及今后五年建设方针的报告提纲》。报告里有这样一段话,"工商业总产值公私比重已由1949年的43.8%和56.2%之比,变成了1952年的67.3%与32.7%之比"。这是什么意思呢?就是说在1949年的时候,公有经济在工商业里只占43.8%,是少数,而私有经济占56.2%,是多数;到1952年的时候,公有经济占到了67.3%,成为多数;而私营经济的比重已经下降到32.7%,成为少数。"私营商业在全国商品总值中的经营比重,已由1950年的55.6%降为1952年的37.1%,但在零售方面,私商经营1952年仍占全国总额的67%。数量上已经不再占优势的私营工业,大部分又承办加工业务、接受国家的订货和收购包销产品;私营商业也开始为国营商业代销。随着大规模经济的开始,扩大国有经济的步伐更在大大加快。第一个五年计划中的156项重点工程都是国有经济,属于社会主义经济。""毫无疑问,国营工商业今后的发展将远远超过私营工商业的发展,而且会日益加强其控制力量。"

当时农业的合作化也在迅速开展。周恩来报告中所讲的，说明中共中央看到了原来没有注意到、没有认识到的一个重要事实。

那就是，在实际生活里面公有制经济已在逐渐取得主体的地位（当然农业的问题还没有解决）。私营经济的比重已在逐步缩小。这样，未来不需要在十年后宣布工业国有化、一步进入社会主义，而是逐步过渡。过渡时期总路线提出的主要内容是这样。"先有事实，后有概念。"中共中央看到了一个过去没有认识到的事实，本来，社会主义的前途早就肯定了，但对如何过渡到社会主义，这时有了一个新的认识，从而做出了新的决策。1953年，第一个五年计划开始，许多大型的、中国以往没有过的新企业建立起来，国有经济的比重更是大大增强，过渡时期总路线的提出是在这样的时代背景下出现的。

第二，总路线的主体问题。

刚才提出要逐步向社会主义过渡，怎么过渡呢？过渡时期总路线的基本内容称为"一体两翼"，一个主体、两个翅膀，或者是"一化三改"，"一化"是社会主义工业化，"三改"是对农业的社会主义改造，对手工业的社会主义改造，对资本主义工商业的社会主义改造。这是一个很明确的方针。但后来有一些文章或书籍，在讲到社会主义怎样建成这一问题的时候，常常把主体忘记了，好像只是"两翼"的结果，特别是把它看作对资本主义工商业进行社会主义改造的结果。其实，中国能不能建立起社会主义制度的基本条件，首先取决于我国社会主义工业化能否有重大发展，这在某种程度上也可以说是进行其他三个改造的物质基础。如果没有社会主义工业化，就根本谈不上基本建成社会主义制度。

新中国成立以后，当过渡时期总路线宣布第一个五年计划开始的时候，全国人民的主要力量放在哪里？主要投身在社会主义工业化这个事情上。我举个例子，当时最有名的是 156 项工程为重点的建设，第一项是鞍钢，有三大工程，一个是轧钢厂，如果你没有轧钢厂，只有钢的粗坯，你就不能制成钢板、不能制成铁轨，这在中国以前是没有的。二是无缝钢管，以前是把铁皮卷起来，把它焊接起来的管子，中间是有缝的。现在大家哪还能见到那样的东西，现在都是无缝钢管。三是自动控制的高炉。

  以前毛泽东讲过，我们现在能造什么？桌子、板凳、茶杯、茶碗，会种粮食磨成面粉，还会造纸（还有一些纺织厂），除了这些，一辆汽车、拖拉机、飞机、坦克都不会造。现在的年轻人也许想象不到中国当时是这样的。鞍钢以外，武汉钢铁公司、包头钢铁公司等是那时候建的。北满钢厂造合金钢，现在我们知道什么都离不开合金钢，中国在以前也不会造。富拉尔基和太原的重型机械厂。上海是电机厂、锅炉厂、汽轮机厂，完整的一套发电设备，过去也不能造。其他大家知道的，汽车，长春第一汽车制造厂建立起来，当年江泽民、李岚清都是在第一汽车制造厂做技术工作和管理工作的。拖拉机厂，洛阳的拖拉机厂。飞机厂，沈阳飞机厂自己制造出喷气式飞机，都是那时建立的。连手表以前都不会造，那时候第一只手表做出来，听说中国人自己会做手表了，大家兴奋得不得了。除了工厂以外，那个时候修铁路、公路。铁路大家知道当时十分有名的成渝铁路，公路特别是康藏公路和川藏公路，当时到处传唱着"二呀二郎山，高呀高万丈"的歌曲。水利，比如说新安江的水电站，现在那个地方叫千岛湖。还有三门峡水电站，都是那个时候建立的。为了支援内地工厂，工厂大量内迁。当时上海迁出了 20 万人，里面有 2.2 万名技术人员、8000 名熟练工人和一些管理人员。

前几年我到黑龙江去看兵工厂，他们兵工厂里原来的骨干还都是 50 年代清华大学等的毕业生。在 50 年代的长时间里，恐怕在座各位的祖父辈们都献身在这些事业里。那时候有一句话是"献了青春献终身，献了终身献子孙"，都献给国家了，真可以说是可歌可泣。大家感到新中国的事业蒸蒸日上，当时人们在生活中首先看到的是这种变化，感到自豪是有理由的。

有许多媒体常常给人一种感觉，好像新中国成立以来，共产党无非就是一个运动接着一个运动，整了一批人又整一批人，别的就没干什么好事。这跟我们这些可以算作见证人的感觉很不一样。如果真是这样的话，那就无法理解新中国成立后，为什么那么多的知识分子拥护共产党，青年学生都那么热情地投身到新中国的建设事业中。建设社会主义，主要是靠人们满腔热情地投身社会主义工业化带来的，这是主体。

关于私人资本，我想用一些数字来说明。1956 年合并了全国的私人资本共有 24.1864 亿（当年 1 块钱的币值远不止今天的 100 块），后来发现有的地方少计算了 20%，有的地方少计算了 40%。就算是加一倍，也只有 50 亿人民币。所有私人企业加在一起也就是这么些。中国最大的资本家荣家的申新纺织集团、茂新面粉集团，加在一起是 24 个工厂。荣家是最大的，没有人能够和它比，也就不过这些。当时号称是火柴大王，后来又是煤炭大王的刘鸿生 1949 年从海外回来，做华东军政委员会委员，可以看出他在工商界的地位。他的全部资本总额是两千万元。而且在工商业中，极大部分是商业，不是工业。又非常分散，绝大多数规模很小。所以这些厂即使是全部买下来，也谈不上在中国建成社会主义基本制度，远不足以真正把一个社会主义国家支撑起来。

再做一个对比，刚才我所说的，建立那么多大型的国有新厂，它的投资是多少呢？在第一个五年计划里，全民所有制的企业固定资产投资是611.58亿元，资金从哪儿来的呢？从1953年到1957年计算，全民所有制的企业的上缴利润占国家财政收入增加数的74.7%。这样一比就知道了，国家在五年里的投资是611.58亿元，而私营企业全部资金总额最多不到50亿元，而且还很分散。

这样我们就能知道，中国之所以能够建立起社会主义，首先是靠全国人民流血流汗投身到热气腾腾的社会主义建设事业中去干出来的，是一代人勤劳奋斗出来的，而不是靠收买那一点私营工商业得来的。忽视主体，只讲"两翼"，如果不说它是本末倒置，至少是主次不分。提出那些看法的人用客气一点的话说，至少是对当年中国的实际情况太不了解了，以为中国从来就是像他们后来所见到那样的。

到了1956年，社会主义制度在中国基本建立起来，社会主义初级阶段就是从这个时候算起的。现在也有人把社会主义初级阶段和新民主主义混同起来，感到都是多种经济成分共同发展，所以社会主义初级阶段其实就是新民主主义，只是改了一个名称。甚至说"既知今日，何必当初"，何必要搞什么过渡时期总路线、搞建设社会主义？这是误解。

新民主主义和社会主义初级阶段最大的区别在哪里？就是社会主义初级阶段是公有制为主体、多种经济共同存在和共同发展。而新民主主义阶段开始的时候，在工商业中，私营经济的比重明显超过公有经济，至于在农村里没有多少公有经济，广泛的是小农经济，甚至在新中国成立初期全国土改前还有大量封建地主土地所有制，那个时候只能说是新民主主义，经过社会主义工业化，经过刚才所说的三大改造，到1956年才建成了以公有制为主体的社会主义社会，进入社会主义初级阶段。

第三，怎样看待1956年社会主义制度在中国的建立。

对这件事，《决议》里也有很明确的论断，"整个来说，在一个几亿人口的大国中间比较顺利地实现了如此复杂、困难和深刻的社会变革，促进了工农业和整个国民经济的发展，这的确是伟大的历史性胜利"。胡绳主编的《中国共产党的七十年》里也说了两句话，"它是在保证国民经济基本上稳定发展的情况下完成的，它是在得到人民群众基本上普遍拥护的情况下完成的"。这跟苏联很不一样。苏联在农业集体化的时候，整个的农业生产总量总值是大幅度下降，而且还受到了很多破坏和抵抗。

就中国来讲，整个社会主义改造过程中，生产是明显地逐年发展，而人民群众绝大多数是拥护的。当然，不可讳言，在社会主义改造中，特别是最后一年，存在着过快、过粗、过于求纯的缺点，有些人用这些缺点来否定中国在1956年建立起社会主义制度的整个历史性胜利。有的人甚至提出，《决议》里的这一条应该修改。但事实上，从刚才所做的分析可以看到，到了1956年，甚至再提早一点儿，公有制经济已成为中国建成社会主义制度的基本条件。我有一次在讨论会上打了一个比方，等于要生孩子，你总要有七八个月才能生下来。假定说，这个时间都没有到，那就是流产，连早产儿都做不到。但如果是最后一两个月缺乏经验，不小心，早产了一点，这是一个失误，孩子生下来会有一些先天不足的地方，但首先我们应该做的是欢呼一个新的生命的诞生，他的先天不足的东西，只有在后天采取一些措施补足，你也不可能把婴儿再塞到母亲的肚子里再重新生出来的。应该说，建立社会主义基本制度的条件那时已基本有了，社会主义制度的建成总体来说是成功的，但是有缺点。

我刚才讲到"过于求纯"，大家知道这是十分明显的一个缺点，反映了当时包括中共中央对什么是社会主义还没有完全弄清楚。但是在八大的时候，陈云同志已经提出"三个主体、三个补充"，就接触到这个问题。而在1956年年底和1957年年初，中共中央好几个领导人谈过一些重要的看法。毛泽东说，"地下工厂，因为社会需要，就发展起来，要使它成为地上，合法化。只要有市场，有原料，这样的工厂还可以增加。可以开夫妻店，可以雇工、可以开私营的大厂。私人投资开厂，定息也有出路。华侨投资，一百年不要没收，可以消灭了资本主义，又搞资本主义"。特别是最后一句"可以消灭了资本主义，又搞资本主义"，十分精辟。刘少奇说，"有这么一点资本主义，一条是可以作为社会主义经济的补充，另一条是它可以在某种方面同社会主义经济作比较"。周恩来讲，"在社会主义建设中，搞一点儿私营的，活一点儿有好处"。当时是探索的过程，究竟如何搞社会主义谁都还不那么清楚，在1956年底和1957年初。他们考虑到可以允许多种经济成分共同发展是十分可贵的，可惜到1957年下半年"左"的错误发展起来，之前所说的那些思想就没有得到实施。这是探索中的特点。

二、关于"大跃进"

关于"大跃进"。这是错误的，带来了严重的灾难。

有人认为，"大跃进"只是毛泽东个人在那里胡来，干部都没有头脑，都跟着起哄。我觉得事情并不那样简单。"大跃进"发生在1958年左右，我当时在复旦大学担任教学科学部副主任，那时候的学校不像今天有那么多部门，那时候一个教学科学部、一个总务处、一个政治辅导处，还有一个校长办公室，就这样几个部门。我周围都是高级知识分子，我很清楚当时高级知识分子在"大跃进"开始的时候，绝大多数人是兴奋的，是拥护的。邓小平同志也讲过，"大跃进是不正确的。这个责任不仅仅是毛主席一个人的，我们这些人脑子都发热。完全违背客观规律，企图一下子把经济搞上去。主观愿望违背客观规律，肯定要受损失"。这个话值得我们思考，为什么那个时候不仅仅是一两个人，而是很多人，包括邓小平在内，头脑都发热，这是什么原因？我想它的发生至少有三个原因。

第一，要从当时中国的民族心理去了解。

大家都知道，我们中华民族是一个曾经创造过灿烂文明的国家，甚至到18世纪时还站在世界的前列。但到19世纪以后，不光是落后了，而且还被人家踩在脚底下，被人看成是劣等民族。为什么新中国成立时毛泽东说中国人从此站立起来了，引起那么多人激动，有这个原因在内。

尽管新中国独立了，大家都看到，我们的经济还是很落后。如果没有经济上的独立，政治上的独立就不能得到保障。毛泽东当时也讲，我们经济落后，物质基础薄弱，这样总使我们感到自己处于被动的状态。哪一天，例如再过15年，我们的粮食多了，钢铁多了，那我们就可以更多地取得主动。

再加另外一个因素。朝鲜战争结束后，中国估计15年内不会再发生战争，那么就要抢这15年，在这15年中一定要把我们的工业，特别是重工业发展起来。我当时听陈毅同志做报告，他讲，有人问，为什么要花这么大的力搞重工业呢？他说，如果我们只搞轻工业，大家都在这儿吃鸡蛋糕，吃得很高兴，但就在你很高兴地吃着鸡蛋糕的时候，人家把几万吨钢往你头上倒下来，你还有什么？确实是那样，那个时候大家都讲"落后就要挨打"，在这样的状态底下，大家希望快，希望能够尽快改变中国经济文化落后的面貌，把我们的经济文化发展搞上去，这种主张得人心，这是一个普遍的民族心理。

第二，那个特定的历史时期，形成了人们一种特定的思维方式和心态。

那以前的几年，人们许多原来认为根本不可能做到的事情，结果都很快做到了。我拿自己的感受来讲。在解放战争的时候，毛泽东说我们要争取三年、五年胜利。那时，我是共产党员，在国民党的统治区。说实在的，那时根本还看不清胜利能在什么时候实现，总以为时间还要长一点。我心里想，三年、五年能胜利吗？结果，1946年全面内战爆发，1949年就胜利了，就三年。新中国成立后，面对国民党留下的一个财政经济总崩溃的烂摊子。新中国是10月1日成立的，从10月15日开始，上海、天津领头物价飞涨，到11月底物价涨了两倍。在这个时候，毛泽东说，三年、五年恢复，八年、十年建设。我在国民党统治区生活过，亲眼看到过金圆券，财政经济总崩溃的状况，国民党有那么多财政金融专家，都一筹莫展。共产党能那么快解决问题吗？结果是从1949年解放到1952年国民经济恢复、物价稳定，一共又是三年的时间。抗美援朝开始后，很多人都捏把汗，我们能打赢美国吗？美国的军事现代化，特别是我们完全没有制空权，它的飞机可以从树梢上飞过进行轰炸扫射，比现在的法国、英国对利比亚轰炸还要厉害，结果1953年美国被迫签订停战协定，战线稳定在"三八线"，1950年发生战争，到1953年又是三年。社会主义改造，现在看起来是快了一点儿，但1953年宣布过渡时期总路线到1956年敲锣打鼓进入社会主义，又是三年。一次次，自己认为不能那么快做到的事情，结果都做到了。在这样的状况下，到"大跃进"时，河南省委第一个提出，"苦战三年，改变面貌"。毛泽东还加了两个字，"苦战三年，基本改变面貌"。今天大家都清楚，我们的经济水平、科学发展，如果谁说三年就能改变面貌，在座的不会相信，我也不会相信。但在当时，正是一次次的事实证明，你觉得做不到的事情，结果做到了，结果，就把人的主观能动性的作用夸大了，这是特定的历史条件下形成的一种特定的思维方式，跟平时一般情况下不是一种状态。不处在这种特定条件下，不会有这样的想法。

第三，对社会主义建设根本没有经验。

毛泽东一辈子的主要经验是在战争年代政治挂帅大搞群众运动条件下的经验，而这个经验又被事实证明是成功的。对于国家的经济建设应该怎么搞，他没有经历过。毛泽东在新中国成立前没有出过国，他也并不是说没认识到出国的重要性，留法的勤工俭学，他送人走，别人问他，你为什么不出国？他说，我对中国的情况还了解得不够，我希望对中国的情况了解更多些，将来再与国外的情况进行对比。所以，对旧中国的了解，特别是农村，毛泽东比任何人的了解都多、都更深刻，在推翻旧中国方面，他比任何人都高明。但是，怎么建设一个现代化的新中国。他就缺乏经验了。这也是他的局限性，与此有差别的，周恩来、邓小平都是一二十岁出国，在国外待了那么多年，他们对现代化的新观念，如何建设一个新的国家，就了解得多一些。

人的认识往往是受到了自己的经验影响。读毛泽东的政治经济学笔记，真感到包含着一个悲剧。他常常讲：在过去战争年代这样做都成功了，现在为什么不能呢？他讲的时候都是满怀信心地讲，但事实上到了建设的时候许多事就不能像过去那么做了。而我们党的各级领导干部，不仅仅是毛泽东，极大部分的干部都是和他一样，是在战争年代政治挂帅、大搞群众运动里面成长起来的，这种做法也是最容易被许多人所接受。今天看起来大炼钢铁这么多人上山，那不是荒唐吗。我讲自己的一点儿感受，"大跃进"的时候，我去上海郊区看，半边天都是红的，是小土炉在烧。我不是搞工程的，但也不会愚蠢到认为中国的钢铁问题能够靠小高炉来解决。但是当时内心还是抑制不住的兴奋，觉得我从来没有看到过群众有那么一种热情、那么一股劲，把这个劲头鼓起来了，说不定会一步步摸出一条路，做出以前根本不可能做到的事情。这不只是一个人的想法，所以说"大跃进"的发生恐怕不是偶然的。

最早提出"大跃进"那些思想是1957年毛泽东到苏联去，苏联提出来要用15年在经济上超过美国，毛泽东就提了要15年超过英国。当时也不懂，认为钢铁产能超过英国，就是工业化了，等于全面超过了英、法。毛泽东也做了一些调查，他征求了英国共产党总书记波立特的意见，认为是可行的。1957年说用15年赶上英国，1972年中国生产了2338万吨钢，而英国那一年只生产了2232万吨钢。用15年的时间在钢铁的产量上赶上英国，这一点中国还真做到了。但问题出在什么地方呢？

一个就是钢产量超过英国，并不等于中国总体经济力量，特别是科技力量超过英国，还有管理的问题和方方面面的其他因素，更何况还有人均的问题。不能只讲数量，不要质量。第二个，那个时候对经济工作没有经验,毛泽东认为15年以后,我们粮食多一点、钢多一点,我们就主动了。所以他提出,以粮为纲、以钢为纲。而且还提出一个口号:"一马当先,万马奔腾。"结果是,只抓钢铁,逼各种行业都给它让步,造成了经济比例严重失调,后果非常严重。第三个,经济建设是不能搬用大搞群众运动的那套做法。那时候农村几千万农民上山炼钢,结果那一年"丰产不丰收",当时没有今天的农业机械,很多稻子就烂在地里。所以,看起来15年钢铁产量是超过了英国,但整个思路都不对。

当时更大的问题出在农村,包括建立了人民公社,当时刮起了浮夸风、共产风,到处瞎指挥,到处"放卫星",在座的绝大多数人都没有经历过,开会的时候一个人站起来,说我要放颗卫星,我的亩产比如说能够达到3000吨,另外一个人可以站起来说,我要放一个太阳,要亩产达到5000吨,或者是10000吨。这股浮夸风,结果就是高估产,那时候因为虚报产量非常严重,结果就带来了高征购。工业不能生产粮食,商品粮得靠农村供给,再加上"大跃进"中城市里面的人口主要是工人增加了2000万人,农村减少了2000万劳动力,城市增加了2000万吃商品粮的人,都要向农村征购。像上海这样的大城市,紧张的时候只有几天存粮。这一下子问题就严重了。大家知道,粮食有多少不是一个月、两个月就看得出来,要等最后收下来才能定数。觉得粮食不够,开始还认为是农民"瞒产",当时开展了"反瞒产"斗争。

高征购的结果,就把农民的一些口粮和种子粮也征购了。到那个时候,劳动力没有粮食吃。一旦撑不住,问题就大了。毛泽东说过:"饿死人,到1960年夏天才反映到中央。"等到1960年夏天以后,这个情况报上来越来越多的时候,这对于共产党、我们国家来说是一个最大的教训。别的问题放松一点儿都不要紧，但粮食没有，这就了不得。而且中国那么几亿人口的国家，粮食没有，谁也救不了你，短时间也解决不了。问题最严重的就是河南信阳。等到问题一出来，当时周总理几乎主要力量是抓粮食。他有一个"哈达表"，记着每一个省的粮食有多少、仓库里存粮多少，人口是多少、需要粮食是多少等，一个星期一次。还有火车很多车皮，列车装满粮食，哪里情况特别严重了，要周总理亲自批，就像救火车一样，火车就拉去。这个问题一旦爆发出来以后，说实在的，谁也没有本事短时间内解决这个问题。李先念副总理也说过：粮食问题，我们是吓怕了的。这确实是惨痛的教训。

再讲讲人口问题。海外越说越凶，有的人说饿死了 3000 万，有的说饿死了 4500 万人，最多的说饿死了 7000 万人。大家知道中国的人口统计，第一次人口普查是 1954 年，配合选举法的普查。当时查下来的人口是 6 亿零一点，但那个时候把台湾、港澳、华侨都算在内，如果光讲大陆的话不到 6 亿人，第一次突破 6 亿人是 1955 年，到 1958 年的时候全国的人口是 6.5994 亿人，1959 年是 6.7207 亿人。按照全国的人口的统计，到 1960 年，我们饿死多少人，说实在的，谁也拿不出一个准确的统计数字来。但人口统计虽然也有不准确的，但大体上总有一个基本的数字。1960 年那一年下降了 1000 万人，到 1961 年又下降了 348 万人。当然下降 1300 多万人也不是说饿死了 1300 多万人，也包括困难情况下妇女的身体体质下降、生育率下降、本来有病的老年人身体支持不住了等。但非正常死亡非常多，这是那时候最惨痛的教训。到 1962 年经济有好转了，人口又上去了，1962 年人口增加了多少呢？增加了 1436 万人，到了 6.7295 亿人。也就是说，经过两年才超过了大饥荒以前的人数。这是一个极沉痛的教训。

我前面讲了那三点是不是给"大跃进"做辩护呢？丝毫不存在这个意思。因为"大跃进"最后造成的问题，每一个共产党人、每一个中国人都感到痛心，确实是非常惨痛的教训。说这些，主要想说明一个问题，说明你不管出于什么目的，即便是好心，想把国民经济搞得快一点儿，让人民的生活更好一点儿，但如果违背了客观的经济规律，不仅是要受到严重的惩罚，而且会造成灾难性的后果。这一点应永远记住。所以"文化大革命"期间，周总理把这一条紧紧抓住，他跟谷牧说，农村问题一定要看好，没有饭吃，还革什么命？所以"文化大革命"虽然那样乱，但还没有发生"大跃进"时候的状况，要记住这个惨痛的教训。这里还有一个因素，就是，如十一届六中全会《决议》所说，虽然"不能把所有错误归咎毛泽东同志个人"，但"他的个人专断作风逐步损害党的民主集中制，个人崇拜现象逐步发展"。当时，错误地批判以周恩来、陈云同志为代表的反冒进，批判了以彭德怀同志为代表的所谓右倾机会主义，这些造成了政治上的压力，也使得中央没有很快地了解事实真相。破坏了集体领导，破坏了民主，造成了一种不正常的政治压力，也是使问题不能得到及时发现和解决的一个重要原因。

也许有人这样说，"大跃进"应该多讲，不要回避问题。因为得总结教训啊。我刚才讲的这些都属于总结教训。如果问题只在于毛泽东一个人在发神经病，那叫总结经验教训吗？毛泽东现在死了，问题不就解决了？刚才的那几条教训，对我们来讲，一定要记住。我们的民族心理普遍还是过于求速度快。特别是发展顺利了，就更想快。包括接连两位数增长，对 7% 就感到不是滋味。

这些年我们的经济一直反对低水平重复建设，反对急于求成，防止过热。但阻力不小。发达地区总讲，我们条件好，我们应该可以超过这个速度，可以更快。落后地区讲，我们已经落在后面了，不快一点，就不能改变落后现象怎么赶上去。这个老毛病也是根深蒂固的。

另外，我们并不是什么经验都有了。记得在20年前，陈云同志讲过，我们特别缺两种人才，一类是金融人才，一类是外贸人才，今天恐怕还缺乏这两类人才，对这些方面的客观规律还未必都已很好掌握。外贸走出去的战略，最近好一点，开始"走出去"时赔得也很厉害，当然这也需要付一定的学费，只能一步一步发展。鉴古为多知今。要总结经验教训的话，对这些问题怎么发生的，必须要好好分析和总结。

三、关于"文化大革命"

第三个问题，关于"文化大革命"。许多西方学者总是热衷于把它说成权力斗争。这个话是很说不通的，第一，毛泽东的权力当时是不是受到什么威胁？谁能够跟他的声望与权力相比？不存在这个问题。第二，如果他真要消除某一个人的权力，那用不着发动"文化大革命"。刘少奇那样的地位，《炮打司令部——我的一张大字报》不就站不住了？这些说法完全是拿他们自己习见的境况来推测中国的事，根本不是那么一回事。

我讲这个问题，有人可能会问，你是不是作为"官方学者"总会讲一庇护的话。"文化大革命"时，我吃的苦头大概不算小，那时，我在北京，复旦造反派到北京，把我揪回上海，停了一辆汽车，跳下几个人来把我抬上汽车，拉到火车站，押送到复旦去。在复旦关了整整一年。押回北京的时候，随同带去一个材料，说我在1948年被告发是地下党员后就参加了国民党特务组织"学运小组"，这一下又审查了四年，有三年没有和家里人见面。在这个过程中，我自己的亲属有受迫害而死的。《毛泽东传》是逄先知和我主编的，他的境遇比我更厉害。他在"文化大革命"期间，在秦城监狱单身监禁七年半，没有人说话。如果再关下去，神经也会出问题。现在有一些"伤痕文学"中写的事，在我们看来还不算什么。所以，我们不存在为"文革"辩护的问题。谈这个问题，是因为它涉及我们国家的历史，我们今后应该吸取什么教训，还是应该以科学的态度来进行分析。

"文化大革命"为什么发生？邓小平给法拉奇说："搞'文化大革命'，就毛主席本身的愿望来说，是出于避免资本主义复辟的考虑，但对中国的实际情况做了错误的估计。"

为什么毛泽东那时候提出要避免资本主义复辟，在他看来，有两个原因。

一个是中央领导层中，对有的问题的看法并不完全一致，大家都熟悉的包产到户，批判很突出的一条是"单干风"。当时有的同志还提了分田到户。当然提出来的同志是好心，也是作为权宜的临时措施，但这对毛泽东来讲，这可了不得了。是反对农业集体化，是否定社会主义。当时国民经济比较快地恢复，毛泽东就感到原来有些人对困难估计得太严重了，因为那时中央提过是非常时期，他称这是"黑暗风"。

更重要的是，在他看来，社会主义社会里也有它的黑暗面。他特别担心干部严重脱离群众，胡作非为。他有一段很有名的批示，批在当时农业机械部部长陈正人给薄一波写的一封信上。那封信说，我这一次到洛阳拖拉机厂去蹲点，知道了许多以前从来不知道的事情，现在有很多老干部在我们取得政治地位以后，就利用特权为所欲为，这样发展下去社会主义的企业就可能会变成资本主义的企业。薄一波在信上批，这是个问题，它所以成为问题，主要是由于我们多年来没有抓或者是很少抓阶级斗争的缘故。毛泽东就在这个上面批：同意这个意见，"官僚主义者阶级与工人阶级和贫下中农是两个尖锐对立的阶级"。这种状况不改变，"那就一辈子会同工人阶级处于尖锐的阶级斗争中，最后必然要被工人阶级把他们当作资本主义打倒"。当时"四清"运动中，也看到大量报告。把农村中的问题说得十分严重。

我们访问过吴旭君，她是毛泽东的护士长。吴旭君讲，毛泽东跟她说了这样一段话，"我提出主要问题，他们接受不了，阻力很大。我的话他们可以不听，这不是为我个人，是为将来这个国家、这个党，将来改变不改变颜色、走不走社会主义道路的问题。我很担心，这个班交给谁我能放心？我现在还活着呢，他们就这样！要是按照他们的做法，我以及许多先烈们毕生付出的精力就付诸东流了"。"我没有私心，我想到中国的老百姓受苦受难，他们是想走社会主义道路的。所以我依靠群众，不能让他们再走回头路。""建立新中国死了多少人？有谁认真想过？我是想过这个问题的。"他把这个问题看得极严重。"文化大革命"开始那一年，他73岁，觉得自己的时间不多了。所以他想，在他有生之年，要防止国家改变颜色，想要解决这个问题。他跟阿尔巴尼亚一个代表谈，他说，"我的身体还可以，但马克思总是要请我去的"。"我们是黄昏时候了，所以，现在趁还有一口气的时候，整一整这些资本主义复辟。"毛泽东和几个人讲,刚才讲的干部问题,现在干部那么多人,我们也不可能都认得。谁了解他,只有群众了解他。只有发动群众,来充分揭露。揭露出来后,批一批也没有坏处,将来再重新出来工作。不好的,这样就可以发现,把他去掉。他要找红卫兵,他说杜勒斯要把和平演变中国的希望寄托到第三代、第四代身上。所以我们发动红卫兵,让他们年轻时候经过那么一场斗争,当时称为反修斗争,他们长大了就能够知道中国如何避免离开社会主义的道路。他是这样的一套想法,所谓"天下大乱"达到"天下大治"。

他这个时候已经进行了"四清"了,已经搞一些文化方面的批判了,为什么还要搞"文化大革命"呢?他认为,光是那些办法还只是枝枝节节。他说:"这些都不能解决问题,就没有找出一种形式,一种方式,公开地、全面地、由下而上地来揭发我们的黑暗面。"在他看来,"文化大革命"就是这样一种方式。

但是,毛泽东犯了两个极其严重的错误,一个是他把问题的严重性,甚至问题的性质判断错了。他把这些问题认为都是要导致资本主义复辟,尤其是以为他不在了,今后国家会不会变颜色。大家都熟悉"五一六通知"那篇文章,"混进了党内、政府内、军内、文化界的很多人都是反革命的修正主义的分子,有朝一日他们就会要夺取政权、改变颜色"。把问题估计得太严重了,混淆了敌我、混淆了是非。"四清"时他就讲,看来三分之一的领导权不在我们手里,当时少奇同志还补了一句,我看三分之一挡不住。当时就把这个问题看得那么严重。

第二,采取的方法是完全错误的。应该承认,社会主义社会也有它的黑暗面,但这个黑暗面怎么来消除,这要靠发展社会生产力，靠依法办事，在这个过程中逐步采取措施，限制并消除社会主义社会中的黑暗面。毛泽东当时发动群众，说可以对群众"来一个放任自流"。大家知道，没有正确的领导，中国6亿人口的国家，情况复杂，那可了不得，什么人们想不到的事都会出来。在社会上，那时真正有大的特权者人数很少。待遇高一点和有一点特权的，一个是领导干部，另一个是高级知识分子，你现在号召反对"走资本主义道路当权派"和"资产阶级反动学术权威"，这下，一些自己觉得不得志的，就纷纷起来了，矛头最集中的是对这两种人。一个单位中，平时种种恩恩怨怨，现在都在"革命造反"的旗号下，来一下恶性的大爆发。一些野心家更在里面浑水摸鱼，干尽坏事。在中国，如果说不加引导的放任自流，搞"大民主"，是非常可怕的。毛泽东的那个"阶级斗争"，想通过发动群众大搞阶级斗争"把走资派篡夺的权力重新夺回来"等，完全是错的，造成了非常严重的后果。

这些错误认识，集中地形成所谓"无产阶级专政下继续革命"的错误理论，既不符合马克思主义，也不符合中国的实际情况。

那个时候，对毛泽东的个人崇拜已经发展到了狂热的程度，也有许多年轻人是出于对他的崇拜而起来"造反"的，由于集体领导的破坏，权力过分集中于个人，发展到个人专断，也使得党和国家难以防止和纠正错误，所以导致让悲剧的发展到"打倒一切、全面内战"，带来了巨大的灾难，而且极为严重。

在这里，有两点想简单地说一说，一件是："文化大革命"期间毛泽东的档案保存得很完整。凡是他看过的文件，只要画过一道线的都保存着，而且附件都还在，人家的来信、报告，附件也在。把那些档案读下来，有一个感觉："文化大革命"里面，一会儿传达一个"最新指示",而且不能过夜,往往是半夜敲锣打鼓说毛主席"最新指示"。那时候给人的印象,包括我自己在内,以为一切都是"毛主席的伟大战略部署",按照他的部署做。他确实犯了许多极严重的错误,但也有很多情况的发展,并不是他所预期的,甚至有相反的。比如说"文化大革命"的时间搞多久。

从档案中看,一开始毛泽东并没有想到会延长到十年之久。但错误的头一开,就一步步滑下去,他也控制不住了。何况他也老了,没有力量控制住全局了。毛泽东最初的设想是搞到1966年底。到1966年8月,他说"文化大革命"的时间看来到年底还不行,先搞到春节再说。在这一年10月份的中央工作会议上,他说,这个运动才五个月,可能要搞两个五个月,或者还要再多一些时间。1967年1月全面夺权开始,他说大概2、3、4这三个月是决胜负的时候,至于全部解决问题可能要到明年2、3、4月,或者还要长。

全面夺权以后,各地的武斗愈演愈烈。对武斗,毛泽东很吃惊。他跟很多外宾讲,"有些事情,我们事先也没有想到。每个机关、每个地方分两派,搞大规模武斗,也没有想到"。局面失去控制以后,时间越拉越长,问题越来越严重。到1969年要开九大了,他觉得这是从"天下大乱"到"天下大治"的转折了,所以讨论文件时说,"文革小组不要加上,是管文化大革命的,文化革命快结束了,用常委"。但九大后不久,九届二中全会又发生了"林彪事件",一直到1971年。第二年毛泽东开始病得很厉害。1972年2月12日,毛泽东突发休克,脉搏都摸不到,脸色是发紫的。那时候通知周总理去,总理的两条腿都发软,车都下不来了,毛泽东在20分钟后才慢慢缓过来。

这以后没几天,他接见尼克松,当时负责必要时抢救的药是放在针管里，护士和医生都在帘子背后，万一发病就冲出来抢救。1974年以后，他的身体越来越不行，走路都要扶着，说话都说不清楚。当时张玉凤是他的机要秘书，给他当翻译，张玉凤看他的口型习惯地听着。她很聪明，据说在毛泽东去世前不久，有一次要讲又讲不出来，在椅子的木扶手拍了三下，张玉凤就把最近日本首相"三木武夫"的材料拿过来，木头敲三下，三木。这中间确实病危了好多次，好一点儿，他又撑一下，1974年以后大体是这个状况。但这个状况对外完全保密，谁都不知道。

大家知道，高文谦写了一本《晚年周恩来》，他在序言里面讲，周恩来死了以后，毛泽东要在中南海放鞭炮，很多人看了很生气：毛泽东怎么能干这种事。问张玉凤，因为放鞭炮的是张玉凤。她说：大家看毛主席是伟大领袖，我们天天伺候着的只感到他是又老又病的病人，周总理是1976年1月8日去世的。去世后，毛泽东本人也报过一次病危。那年的春节在1月底，当时北京没有禁止放鞭炮，中南海到处响起鞭炮声，毛泽东睁开眼来，看人家都回去过年了，说就你们几个陪我这个病人，你们也拿两个鞭炮去放一放。周恩来是1976年1月去世的，毛泽东也在1月份让人在中南海放鞭炮。说得仿佛是那么回事，其实不是一回事。这样的例子举起来很多。私人医生李志绥的书只说一点。毛的病历我看过，上面有李志绥自己记录得很清楚：1957年7月2日才由卫生部副部长黄树则派他去做毛的保健医生。他本来是给中南海一般干部看病的。当时在中南海的许多人都清楚，但他在书里说，1952年他就开始做毛的私人医生。而从1952年到1957年毛泽东和他的长篇谈话占全书篇幅的三分之一，他根本还没有到毛那里去，这些话是怎么来的？是凭空编的。戈培尔讲"谎言说了一百遍就成了真理",人家就会相信了。不少人可能习惯于把只要排成铅字的就看作是真的,至少是"无风不起浪",不知道有人竟会这样凭空编造。

另一件是毛泽东和江青的关系。江青自己一再讲,我不过是毛主席的一条狗,他让我干什么,我就干什么。这是在审判的时候讲的。其实,从1966年9月份开始,自从毛泽东原来住的丰泽园修理后,他们两个就分居了,毛泽东住在游泳池,江青住在钓鱼台。张玉凤对情况最清楚,她讲:1970年、1971年,江青和毛泽东见面还多一点儿,谈得还长一点儿。她说"72年春,江青来主席处,主席发过几次脾气,还给我们规定了,没有他的同意,江青不能随便来他的住处,来了要挡"。"到了73年,江青打电话要求见主席,主席总是推托不见。"1974年3月20日,江青写了封信给毛主席,想见个面。毛主席就批了,"不见还好些,过去多次同你谈的,你有好些不执行,多见何益?"1975年1月,江青给毛主席写信,信封上写"张玉凤同志转呈毛主席"。信里说,"我最近经常低烧,脑子也快崩溃了,我希望能够见你一次"。毛主席在上面批的,"不要来看我"。在批邓的初期,在政治局小范围批邓的时候,毛主席对毛远新说,不要告诉江青,什么也不讲。这记在毛远新自己的笔记上。毛主席特地向政治局声明说,她并不代表我,她只代表她自己。所以,初期毛主席是很信任和重视江青,后来他也并没有想打倒江青。但对江青越来越不满意,接触也很少,江青也起不到那么大的作用。像这些,是大家不知道的事情。

说了半天,主要有一个目的:去年中共中央召开了全国党史工作会议,用党中央的名义召开党史会议,过去从来没有过,习近平同志在会议上讲,实事求是研究和宣传党的历史,就要把握党的历史发展的主题和主线、主流和本质。以前看到过宋平同志（中央政治局常委）写过一封信，说，当时的主流和主线是什么，是共产党领导全国人民建设一个新社会和新国家的历史。当然在这个建设过程中，我们也犯过了很多错误。

习近平同志说："现在大多数在职的党员干部和领导干部都是新中国成立后出生的。许多人没有经历过新民主主义革命时期的艰苦斗争，也没有直接参与新中国成立后进行的社会主义革命和上世纪五六十年代的大规模社会主义建设，相当一部分人甚至没有经历十年'文化大革命'的反面教育，对新中国成立以来我们党取得的成就以及历史曲折缺乏亲身感受和直接体验，因此很需要组织和引导他们比较系统地学习党的整个历史，接受生动具体的党性和革命传统教育。"我想他讲的意思就是这个。

讲了两个小时了。由于时间关系，讲得匆匆忙忙，很多问题讲得不周全，请大家批评。

新民主主义社会和社会主义初级阶段 [1]

新民主主义社会和社会主义初级阶段,既有联系,又有区别。

事情本来很清楚,大体说来,从1949年新中国成立到1956年,一共七年,这时的中国还不能说是社会主义国家,而是新民主主义国家;1956年,社会主义制度在中国基本上建立起来,从这时起中国就进入社会主义初级阶段,这个阶段大约需要一百年,也就是到21世纪中叶,中国基本实现社会主义现代化,我们现在正处在这个阶段中。

既然事情是清楚的。为什么还要把这个问题提出来讨论呢?因为事实上存在着不同的看法。例如,有的同志认为,1953年提出过渡时期总路线,就是放弃了新民主主义,要搞社会主义;也有的同志认为,社会主义初级阶段其实是回归到新民主主义。这两种看法,恐怕都不符合实际。

新民主主义社会,本来就是一个向社会主义发展的过渡性质的阶段。1949年人民政协讨论《共同纲领》,有人提出既然如此,就应该明确地把这个前途规定出来。周恩来当时回答:"筹备会讨论中,大家认为这个前途是肯定的,毫无疑问的,但应该经过解释、宣传特别是实践来证明给全国人民看……所以现在暂时不写出来,不是否定它,而是更加郑重地看待它。而且这个纲领中经济的部

---

[1] 原文载于《党的文献》2008年第5期。

分里面，已经规定要在实际上保证向这个前途走去。"[1]

可见，说新民主主义社会是一个过渡性质的阶段，是要走向社会主义的，并不是过渡时期总路线突然提出来的新问题。

新民主主义社会和社会主义初级阶段的根本区别在哪里？最重要的是看公有制经济在整个国民经济中是否处于主体的地位。

新中国成立、建立起新民主主义国家时，公有制经济远没有处于主体地位。虽然由于没收了官僚资本主义企业，把它变成社会主义的国有经济，在整个国民经济中已处于领导地位，但那时的中国还是一个落后的农业国家，加上长期战争的破坏，生产力水平十分低下。拿工业和农业的总产值比较一下，就可以看到：1949年，农业总产值是326亿元，工业总产值只有140亿元，而且大部分国土的土地改革还没有进行，还保存着地主土地所有制；到1952年，农业总产值增长到484亿元，工业总产值增长到349亿元，仍低于农业。虽然经过土改，农村经济中占支配地位的仍是一片汪洋大海似的个体小生产者的私有经济。这是当时的基本国情。直到1956年，工业总产值才超过农业总产值。[2]再看城市工商业：1949年，工业总产值的公私比重为43.8%和56.2%之比；商业经营总值中的公私比重为44.4%和55.6%之比；私营的比重都明显大于公营。[3]

总之，在新民主主义社会中，无论城市或农村，公有制经济都没有占主体地位，在广大农村中尤其如此。这自然称不上社会

---

[1]《周恩来选集》编委会：《周恩来选集》（上卷），北京：人民出版社，1980年版，第368页。

[2] 参见中央财经领导小组办公室编：《中国经济发展五十年大事记》，北京：人民出版社、中共中央党校出版社，1999年版，第6、51、99页。

[3] 参见周恩来：《三年来中国国内主要情况及今后五年建设方针的报告提纲》，1952年8月。

主义初级阶段。从这里也可以看出社会主义初级阶段同新民主主义社会的根本区别所在。

最早谈到党在过渡时期总路线,是在 1952 年 9 月的一次中央书记处会议上。那次会议听取周恩来赴苏联同他们商议第一个五年计划轮廓的汇报。周恩来在去苏联时准备的材料中谈到一个重要事实:到 1952 年,工业总产值中的公私比重已变成 67.3% 与 32.7% 之比,商业经营总值中的公私比重已变成 62.9% 与 37.1% 之比。[1] 也就是说,在工商业中,公有制经济都已占六成以上。农村中,这个问题还没有解决,但合作化运动正在顺利开展,社会主义集体经济的成分正在逐步增加。

人的认识总是在实践中接受检验和发展的。原来没有完全预见到的事实,使中共中央的认识发生了变化。这个变化并不在于要不要搞社会主义,只在如何过渡到社会主义上。

本来,许多人认为新民主主义革命胜利后,大概要停步一个时期,然后到某一天,宣布资本主义工商业国有化、土地国有化,一步跨入社会主义。上面所说的事实,却使人们发现:从新中国成立那天起,事实上已经在逐步向社会主义过渡,也就是说,社会主义经济成分一直在不断发展,它在国民经济中的比重正在一天天增长,这是过渡的基本途径。过渡时期总路线还提出:对资本主义工商业在条件成熟时可以采取赎买的办法,农业合作化可以分步骤过渡。要说变化,变化是在这里。那时预计的时间是十年到十五年或者更多一些时间。

这种办法可以减少社会震荡,有利于社会生产力不间断地向前发展,显然比原来的设想更为妥善。它不仅符合实际情况,而

---

[1] 参见周恩来:《三年来中国国内主要情况及今后五年建设方针的报告提纲》,1952 年 8 月。

且是中国共产党对怎样建立社会主义社会的创造性贡献。并不是忽然抛弃了新民主主义，要搞社会主义了。所以，《关于建国以来党的若干历史问题的决议》说：过渡时期总路线是完全正确的。

过渡时期总路线的基本内容，通常称为"一体两翼"或"一化三改"。主体是社会主义工业化，两翼是对农业、手工业和资本主义工商业的社会主义改造。

其中最重要的又恰恰被不少人忽略或遗忘的是：在中国建立起社会主义制度的主体是靠社会主义工业化。经历过那段历史的人都记得：从1953年起，在中国大地上掀起了历史上从来不曾有过的热气腾腾的大规模经济建设。多少人的青春年华无私地奉献给它。作为它的骨干的156项重点工程中，包括：鞍钢的三大工程、武钢、包钢、北满钢厂、富拉尔基重型机器厂、白银有色金属公司、洛阳拖拉机厂、第一汽车制造厂、哈尔滨仪表厂、洛阳矿山机械厂、兰州炼油厂、沈阳和南昌的飞机修理厂等。这些都属于全体中国人民所有。没有它们，就谈不上在中国建立社会主义制度，也就没有以后的社会主义现代化可言。

不能把中国社会主义制度的建立看成主要是对资本主义工商业进行社会主义改造的结果，或者过多地把注意力集中在这一点上。旧中国留下的民族工商业力量实在很薄弱，在三座大山的压迫下到新中国成立前已近奄奄一息。1956年底清产核资时核定的私人资本共24.1864亿元，其中工业16.9345亿元，商业和饮食业5.8639亿元。当然，由于种种原因，当时有低估的问题，同清产前的账面金额对比，武汉低了43.91%，重庆低了24.62%。[1]但即便

---

[1] 参见李定主编:《中国资本主义工商业的社会主义改造》，北京：当代中国出版社，1997年版，第255—257页。

算高一点——低了一半，也没有到50亿元。而且这些私营企业十分分散，企业大多很小。最大的荣氏家族，经营的纺织（申新集团）、面粉（茂新集团）、印染、机械工业企业，加起来只有24家。号称煤炭大王、火柴大王的刘鸿生自己说：他的资本总额是2000万元。[1]

拿它同社会主义工业化比较一下：第一个五年计划中，国家对基本建设的投资是427.4亿元（其中工业投资248.5亿元，占58.2%；其次是运输和邮电等基础设施，82.1亿元，占19.2%）。[2]实际执行的结果，全民所有制固定资产的投资为611.58亿元。资金从哪里来？以1953年到1957年计算，全民所有制企业的上缴利润占国家财政收入增加的74.7%。[3]

国家在五年内的投资是611.58亿元，私营企业的资金总额最多也不到50亿元。比一比就可以知道：中国之所以能建立起社会主义基本制度，首先是靠全国人民流血流汗苦干出来的，而不是靠赎买得到的。忽视主体，只谈两翼，不说是本末倒置，至少是主次不分。

还要谈一下农村的问题。农业合作化是分互助组、低级社、高级社这几步走的。毛泽东在《论联合政府》中说："中国一切政党的政策及其实践在中国人民中所表现的作用的好坏、大小，归根到底，看它对于中国人民的生产力的发展是否有帮助及其帮助

---

[1] 参见寿充等编：《走在社会主义大道上——原私营工商业者社会主义改造纪实》，北京：中国文史出版社，1988年版，第86页。

[2] 参见中共中央文献研究室编：《建国以来重要文献选编》第6册，北京：中央文献出版社，1993年版，第289页。

[3] 参见董志凯、吴江：《新中国工业的奠基石——1956年建设研究》，广州：广东经济出版社，2004年版，第161、165页。

的大小，看它是束缚生产力的，还是解放生产力的。"中国的农业生产总值，1949年是326亿元，1950年是384亿元（这是按1952年的不变价格算的），1951年是420亿元，1952年是484亿元，1953年是510亿元，1954年是535亿元，1955年是575亿元，1956年是610亿元。[1]七年内将近增加一倍，可见合作化总的说是成功的。

对高级社，似乎批评的话多，肯定的话不多。这里忽略了它的一个突出的历史贡献：初级社是土地入股，高级社是土地公有。这对建立公有制为主体的社会主义制度有着极为重要的意义。以后在一次次改革中，这一条始终没有改变和动摇。为什么说家庭联产承包责任制没有改变它的社会主义集体经济性质？因为土地仍然是公有的，改变的只是经营方式，并不是回到分田单干。现在，在社会主义现代化建设的进程中，土地公有这一条的重要性，越来越明显地表现出来，几乎处处都会遇到。对于高级社这个重大历史功绩，应该给予充分的重视和肯定。

中国在建立社会主义基本制度时，当然也有缺点以至失误。主要是两条：一是后期走得过快过急，因此工作就做得粗，留下不少后遗症；二是对社会主义社会追求"纯而又纯"，其实无论奴隶社会、封建社会、资本主义社会都不是"纯而又纯"的，社会主义社会也不可能、不应该这样。

1956年底，党中央已经多少觉察到这个问题。毛泽东说："可以搞国营，也可以搞私营。可以消灭了资本主义，又搞资本主义。当然要看条件，只要有原料，有销路，就可以搞。现在国营、合

---

[1] 参见中央财经领导小组办公室编：《中国经济发展五十年大事记》，北京：人民出版社、中共中央党校出版社，1999年版，第6、24、40、51、64、77、89、99页。

营企业不能满足社会需要,如果有原料,国家投资又有困难,社会有需要,私人可以开厂。""这叫新经济政策。"[1]刘少奇说:"有这么一点资本主义,一条是它可以作为社会主义经济的补充,另一条是它可以在某些方面同社会主义经济作比较。"[2]周恩来稍后也说:"在社会主义建设中,搞一点私营的,活一点有好处。""主流是社会主义,小的给些自由,这样可以帮助社会主义的发展。工业、农业、手工业都可以采取这个办法。"[3]可惜,从1957年起,党中央"左"的指导思想发展起来,这些可贵的探索不仅中止了,而且向着相反的方向发展得越来越严重,直到十一届三中全会才得到纠正。

总之,那时中国成为社会主义国家、开始进入社会主义初级阶段的基本条件已经具备,公有制经济的主体地位已经确立。这是中华民族历史发展进程中的伟大变革,是中国开始全面的大规模的社会主义建设、以后又迈向社会主义现代化的伟大起点。对它的历史意义应该给予充分的估计。在它的后期虽然有过缺点和失误,那是可以在社会主义的自我发展和自我完善中来解决的,不用开回头车。

打个也许不恰当的比喻。常话说:"十月怀胎,一朝分娩。"要能分娩,总得基本条件具有后才行,如果只有四五个月,那只能是流产,连早产也谈不上。在临近产期后期由于缺乏经验,又急了些,有些缺点和失误,八个月就生下来,这自然会带来某些先天不足的后遗症。但我们首先总得要欢呼一个新生命的诞生,这

---

[1] 毛泽东:《毛泽东文集》第7卷,北京:人民出版社,1999年版,第170页。
[2] 刘少奇在第一届全国人大常委会第52次会议上的发言记录,1956年12月29日。
[3] 周恩来在国务院第44次全体会议上的发言记录,1957年4月6日。

是一件了不得的大事。至于先天不足留下的某些后遗症，只能在认真总结经验教训后在后天加以调整补充。相信它也有在自我发展和自我完善的过程中解决这些问题的能力，总不能走回头路，把它塞回母腹里补好了再生下来。

从十一届三中全会到十二大[1]

——新时期是这样开始的

改革开放30年，中国的面貌发生了巨大的变化，无论规模还是速度，都是许多人没有料想到的。全世界都以惊异的眼光注视着它，议论它是怎么发生的，是怎样一步一步走过来的。中国有句老话："万事开头难。"中国的改革开放，并不是在各种条件都已具备的顺利环境下开始的，相反，倒是在异常复杂而艰难的环境中迈出了第一步。

那时候，两大难题摆在中国人民面前：一方面，经过"文化大革命"的十年动乱，遗留的问题堆积如山，人们的思想相当混乱，一时仿佛还看不清该从哪里下手才能从这种困境中摆脱出来；另一方面，又不能只停留在应对当前种种迫切而棘手的问题，还要从长远的战略眼光出发，形成一条全新的思路，为打开一个前所未有的新局面奠定坚实的基础。这两个方面必须在不长时间内同步完成。没有非凡的战略眼光、智慧和胆略，很难在这种存在着许多不确定因素的局势下勇敢地做出历史性的决断。从中共十一届三中全会到十二大，中国走过的正是这样一条道路。

---

[1] 原文载于《党的文献》2008年第6期。

一、三中全会的前夜

走上这样一条路实在不易。在十一届三中全会前夜,中国经历过在徘徊中前进的两年。

1976年10月中共中央一举粉碎"四人帮",结束了"文化大革命",使中国从危难中得到拯救。接着,中央抓了两件事:一是揭批"四人帮",二是恢复和发展国民经济。

那时,"四人帮"和一批他们的骨干分子已被隔离审查,全国绝大部分地区的局势迅速得到控制,但他们多年经营的帮派势力遍布全国。有些还掌握着一定权力,如果不认真清理便会留下隐患。中央采取果断措施,清查同"四人帮"有牵连的人和事,调整和充实各级领导班子,在短时间内解决了这个问题,并且始终保持着社会的稳定,没有出现动荡或混乱。同时,又发表大量文章,清除极"左"思潮的流毒,取得明显成效。

国民经济,在这两年得到初步的恢复和发展。1977年国内生产总值比上年增长7.6%,1978年又增长11.7%。许多重点工程建设取得明显进展。1977年,还为全国40%的职工增加了工资,这是十多年来第一次为职工提高工资,改善了人民生活。

这两件事,都是应该做的。但是,前进仍处在严重的徘徊中。最重要的是:没有从指导思想上彻底清理"文化大革命"时期以及多年来存在的"左"的错误。不敢从毛泽东晚年的错误中真正解脱出来。这就是大家熟知的"两个凡是"。这个思想束缚不打破,"以阶级斗争为纲"也好,"无产阶级专政下继续革命的理论"也好,对"文化大革命"的肯定评价也好,都不能改变,中国便无法走出一条成功的新路,更谈不上开辟一个改革开放的新时期。

二、从端正思想路线入手

新的时期,新的任务,需要有新的领导人物。邓小平由于他在长期革命中的历史功勋,由于他对"四人帮"的坚决斗争和在动乱时期主持全面整顿取得的显著成效,在党和人民中享有巨大的威望。在全国人民的殷切期待中,中共十届三中全会决定恢复邓小平原来担负的中央领导职务。邓小平没有辜负全党和全国人民的期望。他一出来工作,立刻表现出一个战略家的远见卓识,坚定有力而又有条不紊地从混乱中打开新的局面。

事情千头万绪,应该从哪里做起?邓小平断然抓住具有决定意义的环节,从端正思想路线入手。

恢复工作前,他给中共中央写信,针对"两个凡是",鲜明地提出"必须世世代代地用准确的完整的毛泽东思想来指导我们全党、全军和全国人民"。并且对去看他的中央办公厅负责人说:"'两个凡是'不行。"[1]可见在他看来,这是首先需要解决的问题。以后,关于真理标准问题的讨论,就是在这个基础上发展起来的。

邓小平不只在理论上鲜明地提出这个问题,而且立刻果断地付诸行动。恢复工作后,他提出分管科学和教育工作,并且立刻做出一项重大决定:恢复高等学校的招生考试制度。这件事涉及的社会面很广,向无数知识青年重新敞开了进入高等学校的大门,改变了他们的人生道路。它震动全国,以行动打破"两个凡是",对打开改革开放的新局面起了先导作用。

《实践是检验真理的唯一标准》一文发表后,在全国引起强烈

---

[1] 中共中央文献研究室编:《邓小平年谱(1975—1997)》(上),北京:中央文献出版社,2004年版,第157页。

反响，但也受到相当大的政治压力。邓小平这时明确指出："毛泽东思想最根本的最重要的东西就是实事求是。现在发生了一个问题，连实践是检验真理的标准都成了问题，简直是莫名其妙！"[1]以后不久，邓小平到东北三省去考察。用他的话讲：我这是到处点火。

在十一届三中全会前的中央工作会议上，邓小平做了《解放思想，实事求是，团结一致向前看》的讲话，实际上成为十一届三中全会的主题讲话。他讲了一句分量很重的话："一个党，一个国家，一个民族，如果一切从本本出发，思想僵化，迷信盛行，那它就不能前进，它的生机就停止了，就要亡党亡国。"[2]人的行动是受思想指导和支配的。事实证明，只有解决好思想路线问题，才能提出新的正确政策。在思想受到严重束缚的情况下，是不可能迈开大的步子的。从端正思想路线入手，便从千头万绪中抓住了要端，成为改革开放能够顺利展开的起点。

三、新时期基本格局的形成

思想解放的闸门一打开，什么样的主张都有。但是，一个国家、一个民族要前进，必须有坚定正确的共同方向。没有方向，就像大海上的一叶扁舟，随着潮流漂来漂去，是很危险的。紧迫的客观形势又不容许长期议论不休。必须尽快做出决断，使全党和全国人民能够统一认识，万众一心地前进。如果犹豫迟疑，拖延不决，

---

[1] 中共中央文献研究室编：《邓小平年谱（1975—1997）》（上），北京：中央文献出版社，2004年版，第320页。

[2] 邓小平：《邓小平文选》第2卷，北京：人民出版社，1994年版，第143页。

便会丧失时机,以至重走弯路。

邓小平不愧为改革开放的总设计师。在关系中华民族前途命运的历史时刻,他经过深思熟虑,当机立断,清晰地绘制出一幅新时期中国如何前进的蓝图。

中共十一届三中全会形成了以邓小平为核心的中国共产党第二代中央领导集体。全会最突出的贡献,是冲破长期"左"的指导思想的束缚,抛弃在社会主义时期依然"以阶级斗争为纲"的错误观点。全会公报明确地提出要"把全党工作的着重点和全国人民的注意力转移到社会主义现代化建设上来";公报要求,为了实现这个目标,必须坚决地实行全面改革:"实现四个现代化,要求大幅度地提高生产力,也就要求多方面地改变同生产力发展不适应的生产关系和上层建筑,改变一切不适应的管理方式、活动方式和思想方式,因而是一场广泛、深刻的革命。"[1]全会还要求实行对外开放,也就是要努力利用外国的先进技术、管理经验和资金,加快中国的社会主义现代化建设。

十一届三中全会结束后二十多天,理论务虚会在北京举行。会议进一步澄清了许多重大的理论是非。但也有少数人从一个极端走向另一个极端,社会上还存在一些不安定因素。邓小平以高度的政治敏锐性及时做出了回答。他说:"要在中国实现四个现代化,必须在思想政治上坚持四项基本原则。这是实现四个现代化的根本前提。""如果动摇了这四项基本原则中的任何一项,那就动摇了整个社会主义事业,整个现代化建设事业。"[2]

---

[1]《人民日报》1978年12月24日。
[2] 中共中央文献研究室编:《邓小平年谱(1975—1997)》(上),北京:中央文献出版社,2004年版,第502页。

这样，以经济建设为中心、坚持四项基本原则、坚持改革开放这些作为新时期基本路线指导思想的"一个中心，两个基本点"，在很短时间内都已十分明确地提出来。这样，就拨开迷雾，能使中国的社会主义制度充满生机和活力，使人们在前进中有了共同的方向和衡量是非的标准。建设中国特色社会主义的新道路，正是以十一届三中全会为起点开辟出来的。

四、拨乱反正和改革开放的开始

怎样在已经指明的大方向下开始社会主义现代化建设？中国要解决的问题和要做的工作实在太多，而国家的力量和资金都很有限，各项变革又需要有序地进行。如果一哄而上，齐头并进，必将一事无成，甚至把事情搞乱。当时最迫切的是两大任务：一是完成拨乱反正，一是部署和展开全面改革开放。

拨乱反正，在十一届三中全会前后做了大量工作。开展真理标准问题的讨论，重新确立实事求是的思想路线，是思想路线上的拨乱反正。三中全会停止使用"以阶级斗争为纲"的方针，把党和国家的工作重点转移到社会主义现代化建设上来，集中力量发展社会生产力，是政治路线最根本的拨乱反正。邓小平又提出：思想路线、政治路线的实现要靠组织路线来保证，现在解决组织路线问题已经提到我们议事日程上来了。

组织工作方面，三中全会前后用很大的力量解决平反冤假错案和正确处理种种历史遗留问题。这些问题如果不及时解决，就不可能实现安定团结的局面，不可能发挥各方面的积极性，顺利地实现工作着重点的转移。接着，又着重抓了由什么人来接班的问题,着手解决干部的革命化、年轻化、知识化、专业化,废除领导职务终身制,实行新老合作和交替。1979年11月,邓小平强调指出:"选拔接班人这件事情不能拖。否则,搞四个现代化就会变成一句空话。"[1]

1981年6月,中共十一届六中全会通过了《关于建国以来党的若干历史问题的决议》,基本上统一了全党和全国人民的认识。全会公报写道:"这次会议将以在党的指导思想上完成拨乱反正的历史任务而载入史册。"[2]

改革开放,是新时期最鲜明的特点。它是社会主义制度的自我完善和发展。

全面改革也有一个从哪里入手的问题。改革的浪潮首先从农村掀起。中国当时是一个农民占全国人口80%的国家。农业是国民经济的基础。正如陈云所说:"要先把农民这一头安稳下来。""摆稳这一头,就是摆稳了大多数,七亿多人口稳定了,天下就大定了。"[3]

为了使农业生产有较快的发展,最重要的是要充分调动起广大农民的积极性。农村改革的主要内容是实行家庭联产承包责任制,形成农户分散经营与集体统一经营相结合的双层经营体制。它不是回到农业合作化以前的小私有经济,而是农村集体经济的新的经营形式、经营体制。

城市的情况远比农村复杂,农村的承包责任制不能简单地搬到城市中来,应该怎么做最初并不那么清楚,所以改革的步伐没有像农村中跨得那么大,在起始阶段主要是在扩大企业自主权等

---

[1] 邓小平:《邓小平文选》第2卷,北京:人民出版社,1994年版,第221页。
[2] 《人民日报》1981年6月30日。
[3] 陈云:《陈云文选》第3卷,北京:人民出版社,1995年版,第236页。

方面做了一些探索。

对外开放，首先在广东迈出较大的步子。广东地接港澳，又是重要的侨乡。一直有着对外经济交往的传统。接着，设置经济特区的问题便提上议事日程，要给予特殊政策，使特区有较大的经济管理权限。经济特区建设，以令人吃惊的速度和效率，在人们面前展开。"深圳速度"对全国起了巨大的示范带动作用。为了吸引外资，还允许外商在华直接投资，1979年批准兴办六家中外合资企业。对外开放，从决策进入组织实施阶段。

这段时间内还有一项重大措施，就是调整国民经济。在十一届三中全会以前，在经济工作中曾再度发生急于求成、片面追求高速度的错误倾向，提出"要为创建十来个大庆油田而斗争"等口号，要求"出现一个全面跃进的新局面"。这种想法是可以理解的，粉碎"四人帮"后，人们都想大干一番，把被耽误的时间夺回来。但是，十年动乱留下的问题太多了：国民经济比例关系严重失调，人民生活积下大量"欠账"，被严重打乱的规章制度和经济管理工作有待重建和整改，经济增长的许多基础工作需要做好准备。正如有的学者所指出的，好比重病初愈的人，不让他休养一段时间，恢复健康，就要求他跑步前进，没有不跌跤子、不出问题的。

邓小平在1979年3月指出："中心任务是三年调整，这是个大方针、大政策。""首先要有决心，东照顾西照顾不行。"[1]这年4月，中央工作会议决定用三年时间对国民经济实行"调整、改革、整顿、提高"的方针，其中着重调整农轻重、积累与消费之间的比例关系。使改革开放得以在比较扎实可靠的基础上进行。邓小平在1983年

---

[1] 中共中央文献研究室编：《邓小平年谱（1975—1997）》（上），北京：中央文献出版社，2004年版，第497页。

3月说:"现在看起来,没有那次会议进一步明确八字方针,而且以调整为核心,就没有今天的形势。"[1]

十一届三中全会以后短短三年多时间内,以邓小平为核心的中共中央领导集体,高瞻远瞩,从容应对,在艰难复杂的处境中,分清轻重缓急,合理安排,既积极又慎重,有条不紊地开展工作。中国在经历了十年动乱后,顺利地实现了伟大的历史性转折。

五、高举起中国特色社会主义的旗帜

邓小平曾用十分概括的语言指出:"从十一届三中全会到十二大,我们打开了一条一心一意搞建设的新路。"[2]

走上这条新路后,中国人应该举着怎样的旗帜前进?一心一意搞建设的目标是什么?这是放在中国各族人民面前迫切需要回答的问题。建设有中国特色的社会主义,就是对这些问题的总回答,是邓小平1982年在中共十二大的开幕词中提出来的。他说:"把马克思主义的普遍真理同我国的具体实际结合起来,走自己的道路,建设有中国特色的社会主义,这就是我们总结长期历史经验得出的基本结论。"[3]

什么是中国特色社会主义?它的含义十分明确:第一,我们要建设的是社会主义,绝不是其他什么社会。后来,邓小平同一位台湾朋友说:"我们大陆坚持社会主义,不走资本主义的邪

---

[1] 中共中央文献研究室编:《邓小平年谱(1975—1997)》(下),北京:中央文献出版社,2004年版,第895页。

[2] 中共中央文献研究室编:《邓小平年谱(1975—1997)》(下),北京:中央文献出版社,2004年版,第850页。

[3] 邓小平:《邓小平文选》第3卷,北京:人民出版社,1994年版,第3页。

路。社会主义与资本主义不同的特点就是共同富裕，不搞两极分化。"[1]第二，我们所要建设的社会主义，必须按照中国的国情来办，具有中国特色。别国的建设和管理经验，无论是苏联的还是西方国家，都可以而且应该积极学习和借鉴，但是都绝不能照抄照搬。这是一面鲜明的旗帜。高举这面旗帜，就使十几亿中国人在前进中有了共同的明确方向。有如毛泽东早年所说："主义譬如一面旗子，旗子立起了，大家才有所指望，才知所趋赴。"[2]

一心一意搞建设，中国本世纪内所要达到的具体目标是什么？邓小平反复地思考这个问题。1979年12月，他提出中国要在本世纪末达到小康水平的目标。这是一个新的重要判断。以往，一直把实现四个现代化作为20世纪末的奋斗目标，容易导致提出许多过高的指标。20世纪末达到小康的状态这个新的判断，规定了一个既积极而又脚踏实地、切合实际的基本设想。这就从根本指导思想上防止了重犯过去长期存在的脱离中国实际国情而急于求成的错误。

这个基本设想在中共十二大上确定下来。十二大报告要求：从1981年到20世纪末的20年，力争使全国工农业总产值翻两番，这时人民生活就可以达到小康水平。这个决策是符合实际的，是经过努力能够实现的。在20世纪末翻两番这个奋斗目标由此深入人心，成为鼓舞全国各族人民投身社会主义现代化建设的巨大力量。

从十一届三中全会到十二大，只有三年多时间。但人们看到：方向已经指明，目标已经确定。中国人民在共产党领导下，从此在新的起点上阔步前进，开辟一个新的历史时期。

---

[1] 中共中央文献研究室编：《邓小平年谱（1975—1997）》（下），北京：中央文献出版社，2004年版，第1047页。

[2] 中共中央文献研究室编，逄先知主编：《毛泽东年谱（1893—1949）》（上卷），北京：中央文献出版社，2002年版，第71页。

世纪之交的回顾和展望[1]

江泽民同志在党的十五大所做的报告,是中国共产党跨世纪的纲领性文件。报告站在世纪之交的历史高度,高瞻远瞩,回顾一个世纪以来中国人民的奋斗历史,展望下世纪50年的发展前景,使全党有一种强烈的历史使命感。正如报告中所说:"在二十世纪即将过去的时候,举行党的全国代表大会,大家有一种共同的认识:我们党对中华民族的命运担负着崇高的历史责任。"

一、20世纪中华民族奋起的历程

20世纪,在人类历史上是空前动荡剧变的世纪,又是空前发展进步的世纪。这100年,变化之巨大,发展之迅猛,超过了以往的几千年。对中国来说,这是中华民族从极度衰败、备受屈辱、国家濒临灭亡边缘,到奇迹般地重新站立起来、大踏步走向繁荣富强的100年。这种翻天覆地的变化,是中国共产党领导全国各族人民,经过长时期艰苦卓绝的奋斗取得的,为中国走向更加美好的明天开辟了广阔的道路。

中华民族创造过灿烂的古代文明,在近代却落后了。1840年

---

[1] 原文载于《人民日报》1997年9月27日。

鸦片战争以后，中国逐渐丧失独立的地位，成为半殖民地半封建国家。当翻开20世纪历史第一页时，展现在中国人面前的是一幅十分悲惨的图画——1900年，八国联军进攻中国。几乎所有的帝国主义国家联合起来，占领中国的首都北京，并把北京划分成各国的占领区，强迫悬挂他们的旗帜。这种极端屈辱的状况延续了整整一年，最后以清朝政府被迫签订丧权辱国的《辛丑条约》告一段落。90年后，邓小平会见外国朋友时说道："我是一个中国人，懂得外国侵略中国的历史。当我听到西方七国首脑会议决定要制裁中国，马上就联想到一九〇〇年八国联军侵略中国的历史。"可见这件事对中国人刺激之深。

国家和民族的生存已处在千钧一发的关头。中国要生存，要独立，要发展，应该怎么办？在19世纪的下半个世纪里，中国人做过多次尝试：只搬用洋枪洋炮和某些近代工业技术的洋务运动很快就证明救不了中国；期望清朝政府自上而下地进行改革的戊戌变法这条路也走不通；义和团那种"扶清灭洋"的旧式反抗又失败了。于是，迫使中国人只能义无反顾地走上革命的道路。革命正是为建设一个现代化国家扫清障碍，创造必要的前提。

中华民族在20世纪重新站立起来，是举世瞩目的大事。它的到来十分不易。十五大报告对这个过程做了精辟的概括："一个世纪以来，中国人民在前进道路上经历了三次历史性的巨大变化，产生了三位站在时代前列的伟大人物：孙中山、毛泽东、邓小平。"

这三位伟大人物，是20世纪中国三次历史性巨变中先进分子的最杰出代表。

"振兴中华"这个深深打动几代中国人心的响亮口号，是孙中山在1894年11月的兴中会宣言中最早喊出来的。为了把祖国从危难中拯救出来,近代中国最迫切需要解决的问题是民族独立、民主和民生幸福。孙中山从近代中国面对的复杂社会现象中提纲挈领地提出这三个带根本性的目标,并且主张用革命的手段来实现它,从而在中国开创了完全意义上的近代民族民主革命,尽管他提出了问题却没有完全找到解决问题的正确办法。1911年的辛亥革命是在孙中山领导下发生的。这次革命推翻了统治中国几千年的君主专制制度,建立了民主共和国,使人们的民族觉醒和民主精神普遍高涨起来。这是一个新的起点。闸门一经打开,历史进步的洪流便不可阻挡地奔腾向前,中国的反动统治秩序再也无法稳定下来了。

这是中国在20世纪经历的第一次历史性巨变。

辛亥革命的历史功绩是巨大的,但它没有能改变旧中国半殖民地半封建的社会性质和人民的悲惨境遇。国家的情况仍在一天一天坏下去。中国的先进分子经历过极度的失望和苦闷,开始了新的求索,终于找到马克思列宁主义,中国革命的面貌就为之一新。1921年,中国共产党成立了。这个党一成立,就有着两个鲜明的特点:一个是掌握着马克思主义这个锐利的思想武器,能够为中国人指明奋斗的目标和走向胜利的道路;另一个是它代表着中国人民的根本利益,有着十分严密的组织,并且同最广大的人民群众保持着血肉联系,有着巨大的力量源泉。这两个特点,是中国以往任何政党不曾有过的。

马克思主义必须同中国实际相结合。这是中国革命和建设成败的关键,又是前人从来没有经历过的极其复杂艰难的任务。20世纪的中国社会正处在空前剧烈的大变动中。中国又是一个和任何西方国家不同的东方农业大国。在这样一个国家里,无论发动革命还是进行建设,都遇到一个又一个新问题。这些新问题,在书本上和别国经验中都找不到现成的答案。唯一的办法,只能依靠中国人自己,按照中国的实际情况,大胆探索,从成功和失败的实践中总结经验教训,摸索出一条自己的路子来。除此以外,没有别的轻便的路可走。

为了走出一条符合中国国情的自己的路子,中国共产党又经历了长期而艰苦的探索,终于形成以毛泽东为核心的第一代领导集体,形成指导中国人民取得革命胜利和建立社会主义新中国的毛泽东思想。经过二十多年艰苦卓绝、不屈不挠的斗争,推翻了帝国主义、封建主义、官僚资本主义在中国的统治。到20世纪刚刚过去一半的时候,中华人民共和国成立了。毛泽东在新政协筹备会上充满自豪地宣布:"中国必须独立,中国必须解放,中国的事情必须由中国人民自己作主张,自己来处理,不容许任何帝国主义国家再有一丝一毫的干涉。"这使每一个中国人都感到扬眉吐气。一百多年来受尽苦难和屈辱的中国人,从此在全世界面前站立起来了。新中国成立后,在迅速医治战争创伤、恢复国民经济的基础上,建立起社会主义制度,这是我国历史上最深刻、最伟大的社会变革,成为新中国一切进步和发展的基础。随后,又取得建设社会主义的巨大成就。

这是中国在20世纪经历的第二次历史性巨变。

但是,前进的道路并不平坦。怎样认识社会主义,怎样建设社会主义,这是一个全新的课题。在探索进程中,我们取得了巨大的成功,也经历过严重的挫折,包括遭受"文化大革命"那样的深重灾难。中国共产党以郑重的态度,总结历史经验教训,纠正自己的失误,实行改革开放,集中力量进行社会主义现代化建设,成功地走出一条建设有中国特色社会主义的新道路。这是在以邓小平为核心的第二代中央领导集体的领导下开始的又一场新的革命,形成了作为当代中国的马克思主义、作为毛泽东思想在新的历史条件下的继承和发展的邓小平理论。邓小平响亮地提出:"把马克思主义的普遍真理同我国的具体实际结合起来,走自己的道路,建设有中国特色的社会主义,这就是我们总结长期历史经验得出的基本结论。"他围绕什么是社会主义、怎样建设社会主义这个主题,解放思想,实事求是,第一次比较系统地初步回答了在中国这样的经济文化比较落后的国家,如何建设、巩固和发展社会主义的一系列基本问题,用新的思想观点,丰富和发展了马克思列宁主义、毛泽东思想。在邓小平理论和党的"一个中心,两个基本点"的基本路线指引下,中华民族满怀信心地朝着社会主义现代化的宏伟目标大步迈进,大大改变了中国的面貌。中国社会主义显示的蓬勃生机和活力,为举世所瞩目。

这是中国在20世纪经历的第三次历史性巨变。

中华民族在近代面对着两大历史任务:一个是求得民族独立和人民解放,一个是实现国家繁荣富强和人民共同富裕。20世纪内发生的三次历史性巨变,接连跨上了三个大的台阶,就像是一场不停步的接力跑那样。把20世纪行将结束时的中国,同20世纪刚刚到来时的中国比较一下,立刻可以看到,它确实发生了翻天覆地的变化。这个变化是怎样取得的?正如十五大报告中所说的:"百年巨变得出的结论是:只有中国共产党才能领导中国人民取得民族独立、人民解放和社会主义的胜利,才能开创建设有中国特色社会主义的道路,实现民族振兴、国家富强和人民幸福。"这正是中国人民在整整一个世纪的漫长实践中得出的正确结论。

二、牢牢抓住前所未有的历史机遇

20世纪已经只剩下最后几年，21世纪很快就将到来。此时此刻，人们都在沉思：将要到来的新世纪对中国究竟意味着什么？可以断言：21世纪将会是一个新的世纪，中国的前景将更加美好。我们面对严峻的挑战，更面对着前所未有的有利条件和大好时机。

十五大报告突出地强调了"抓住机遇"的极端重要性。指出：能否抓住机遇，历来是关系革命和建设兴衰成败的大问题。这也是邓小平的一贯思想。他在1992年南方谈话中说："要抓住机会，现在就是好机会。我就担心丧失机会。不抓呀，看到的机会就丢掉了，时间一晃就过去了。"第二年春节，他又在上海说："希望你们不要丧失机遇。对于中国来说，大发展的机遇并不多。"他的谆谆嘱咐，时时回响在我们耳边。

中国实现社会主义现代化，现在面对着怎样的历史机遇和有利条件呢？

第一，从中国的外部环境来看：尽管世界仍然充满矛盾，但和平与发展已成为当今时代的主题。世界正在走向多极化，较长时期的国际和平环境可望保持，使我们有可能集中力量从事社会主义现代化建设。特别值得注意的是：世界范围内的科学技术革命正在日新月异地突飞猛进，并且广泛地应用到生产中去，推动经济的迅猛发展和产业结构的不断重组。经济因素在国际关系中的作用正在不断增强。尽管我们在经济和科学技术上同发达国家还有不小差距，但只要能够清醒地把握住世界发展的大趋势，利用后发的地位，不屈不挠地埋头苦干，努力掌握和运用最新的科学技术成果和现代化的管理方法，又发挥社会主义制度下可以集中力量办大事的优势，完全有可能经过较长时间的努力后迎头赶上。

第二，从中国的内部条件来看：在新中国成立后特别是近二十年来已经形成相当可观的综合国力。1996年，国内生产总值达到67795亿元。主要工农业产品如钢铁、煤炭、水泥、电力、粮食、棉花的生产总值已居世界前列。水利、交通、通信等基础设施快速增长。进出口贸易大幅度增加，国家外汇储备超过1050亿美元。人民生活水平显著提高。改革开放，为现代化建设创造了良好的体制条件，开辟了广阔的市场需求和资金来源，焕发出人民新的创造力。在中国社会内部蕴藏着的巨大潜力正在进一步释放出来。这是我们前进的无穷无尽的力量源泉。

第三，更重要的是，党已经确立起正确的建设有中国特色社会主义的基本理论和基本路线。它是认真总结过去成功和挫折的经验所取得的，是付出了沉重代价换来的，又在新的实践中不断丰富和发展。它使我们变得更加聪明，更有远见。只要我们始终高举邓小平理论的伟大旗帜，坚持已被实践证明是正确的十一届三中全会以来的路线不动摇，肯定能够保证我们的事业在新的世纪里沿着正确的轨道不断胜利前进。

这些，都是我们今天拥有而过去不曾或不完全具备的条件。十五大报告提醒我们："过去我们抓住了重要历史机遇，也丧失过某些机遇。现在全党一定要高度自觉，牢牢抓住世纪之交的历史机遇，迈出新的步伐。"

当然，这不等于我们前进道路上不会有困难和曲折。必须清醒地看到我们面对的严峻挑战。以强凌弱、以大欺小、以富压贫的霸权主义和强权政治依然严重存在。我们同发达国家在经济、科学技术上的很大差距和国际竞争日趋激烈，给了我们巨大压力。中国人口那么多，国民生产总值的人均水平很低。我们自身还存在许多困难和问题。改革和发展处在攻坚阶段，任务很重，要走的路很长，不可能一切都进行得那么一帆风顺。我们一定要充分认识困难，正视困难，在克服困难中不断开辟前进的道路。

但是，可以有把握地说：只要我们清醒地把握住世界发展的大趋势，清醒认识中国现阶段的实际国情，同心同德，艰苦奋斗，完全有可能在新的世纪里创造出更加辉煌的业绩。

三、迎接新世纪的到来

邓小平同志很早就提出"三步走"的发展战略。他在1987年说过："我国经济发展分三步走，本世纪走两步，达到温饱和小康，下个世纪用三十年到五十年时间再走一步，达到中等发达国家的水平。这就是我们的战略目标，这就是我们的雄心壮志。"

按照这个战略设想，我们的第一步目标是解决温饱问题，这个目标在80年代已经基本达到。第二步目标是在2000年建立一个小康社会，实现人均国民生产总值比1980年翻两番，基本消除贫困现象；同时，积极推进现代企业制度建设，初步建立社会主义市场经济体制。这样，人民生活虽然还不富裕，但日子好过，国家总的力量大了。这个目标是能够实现的，从而将使中华民族在继续奋进时取得很大的主动权。

展望下世纪的前50年，我们将在建设有中国特色社会主义的伟大征程中，实现"三步走"战略中的第三步战略目标，也就是到21世纪中叶基本实现社会主义现代化。

在实现第三步战略目标的这 50 年内,又将跨出三大步:第一个 10 年,我们要实现到 2010 年的发展规划,使国民生产总值比 2000 年翻一番,使人民的小康生活更加宽裕,形成比较完善的社会主义市场经济体制。这将是第一个巨大进步。到建党 100 周年时,国民经济将更加发展,各项制度将更加完善,将是第二个巨大进步。到 21 世纪中叶,也就是中华人民共和国成立 100 周年时,基本实现现代化,建成富强、民主、文明的社会主义国家,将是第三个巨大进步。

到那时候,我们的国家将以现代化的姿态屹立于世界。这是中华民族包括无数先烈和前辈一百多年来梦寐以求的目标,也是我们预期在经过万众一心的共同努力后能够实现的目标。党的十五大是一个新的起跑点。让我们高举邓小平理论的伟大旗帜,在以江泽民同志为核心的党中央领导下,团结奋斗,把建设有中国特色社会主义事业全面推向 21 世纪,共同迎接中华民族新的伟大振兴!

中国共产党在新世纪之初的行动纲领 [1]

在历史重大关头，及时地提出正确的行动纲领，对党和国家事业的发展至关重要。有了正确的行动纲领，才能把全党和全国人民的思想统一起来，形成共同的奋斗目标，明白应该经过什么样的途径去实现这个目标，从而产生强大的凝聚力，万众一心地去争取胜利。否则，便会人心涣散，各行其是，停滞不前，以至迷失方向。

怎样才能提出一个正确的行动纲领？至少需要三个条件：第一，体现人民群众的利益和愿望；第二，顺应时代要求，符合实际国情；第三，按照事物发展的客观规律办事，经过努力能够实现。这三条，哪一条也不能少。

中国共产党历来极其看重这个问题。毛泽东同志在七大的结论中说："什么叫做领导？领导和预见有什么关系？预见就是预先看到前途趋向。如果没有预见，叫不叫领导？我说不叫领导。""我们的文章，我们的大会文件，根据我们的预见，指出了中国人民将要走什么道路，并规定了我们的政策。"

党的十六大，是中国共产党在新世纪召开的第一次全国代表大会，也是党在开始实施社会主义现代化建设第三步战略部署的新形势下召开的一次十分重要的代表大会。大会通过的江泽民同

---

[1] 原文载于《人民日报》2002年11月19日。

志所做《全面建设小康社会，开创中国特色社会主义事业新局面》的报告，就是中国共产党根据时代要求、人民心愿和实际条件，高瞻远瞩地提出的在新世纪之初的行动纲领。

一、新世纪面对的新形势

怎样正确把握当今时代的特征，怎样认清世界和我国的发展大势，是党正确制定行动纲领的基本依据。

当人类步入21世纪时，大家都有一种共同的感觉：周围一切都处在激烈的大变动中，节奏明显加快。许多过去从来没有遇到过的新问题层出不穷地出现在我们面前。人们原来没有料想到的事情一件接一件地发生。这种变化在广度和深度上，远远超过人类经历过的以往任何一个世纪。这使人产生一种强烈的紧迫感。谁稍一放松，便会落后于时代。

新的世纪并不是平静地到来的。它虽然刚刚开始，但已经可以看到，世界格局正在发生冷战结束以来最为深刻的变化。和平和发展仍是当今世界的两大主题，但至今一个也没有得到解决。维护和平、谋求发展是世界人民普遍的强烈愿望，全球的经济联系日益加强。但天下并不安宁，霸权主义和强权政治依然存在并有所发展，恐怖主义成为国际安全的重要威胁，社会生活中种种不确定因素在增加。总体和平、局部战争，总体缓和、局部紧张，总体稳定、局部动荡，是今后一个时期国际局势的基本态势。这是谁都能够看到的事实，是我们在考虑国内发展时不能不足够估计到的外部环境。

从国内看，十一届三中全会以来，我国社会主义现代化建设取得举世公认的突出成绩，综合国力大大加强，人民生活上了一个大台阶。中国人从来没有像现在这样满怀信心地面对未来。这些也是谁都能从实际生活中强烈感受到的事实。但改革和发展的道路并不平坦，是在充满矛盾中前进的。随着改革开放的深入和社会主义市场经济的发展，社会环境已发生重大变化。社会经济成分、组织形式、就业方式、利益关系和分配方式日益多样化，新事物、新问题、新矛盾不断出现。经济结构战略性调整中有些深层次问题还没有完全解决。收入分配关系尚未理顺，就业压力加大。在人民根本利益一致的前提下，如何妥善处理不同群体间的具体利益关系，成为摆在我们面前的重大课题，决不能掉以轻心。

尤其不容忽视的是，我国的发展是在世界范围激烈竞争的大趋势下进行的。世界多极化和经济全球化正在深入发展。电子信息、生物工程、新材料等带动的科技进步，正以令人吃惊的速度，日新月异地突飞猛进。科技成果商品化周期大大缩短。高新技术及其产业成为当代经济发展的火车头。几年前还难以想象的事情，转眼便来到人们日常生活中间。各国之间在经济实力、国防实力、民族凝聚力等综合国力上进行前所未有的激烈竞争。各种思潮相互激荡。我们在发展，别人也在发展。江泽民同志提醒大家："这是一场全球范围的大竞争，任何国家、任何民族都回避不了。在这场竞争中，就如同逆水行舟，不进则退。"

世界和中国正在发生的这种激烈变动，是大量地普遍地存在的现实，已经有力渗透到我们工作和生活的方方面面，并且还在继续加速地进行着。这是 21 世纪之初呈现在我们眼前的极为壮观的历史画面。用一成不变的眼光看待周围世界，按照一向习惯了的路子来办事,势必落后于时代,而且有被时代淘汰的危险。看不到这一点,就是一个头脑不清醒的人。党的十六大正是在这样的国际国内大趋势、大背景、大环境下召开的。

为什么江泽民同志近年来一再强调必须与时俱进、不断开拓创新?为什么十六大报告提出必须把发展作为党执政兴国的第一要务?为什么报告要求全党同志一定要增强忧患意识,居安思危,清醒地看到日趋激烈的国际竞争带来的严峻挑战,清醒地看到前进道路上的困难和风险?原因也在这里。

可以断言:人们对时代认识的自觉程度越高,奋斗目标越明确,整个社会就会越加充满生机和活力,发展得就越快。

领导着十几亿人民前进的中国共产党,必须科学地分析、正确地把握、积极地应对世界和中国正在发生的这种激烈变化,始终站在时代潮流的前头,激励并带领全国各族人民,把中国特色社会主义的伟大事业继续大踏步地推向前进。这是我们党的庄严历史使命,也是我们党正面对的严峻考验。

二、高举邓小平理论伟大旗帜,全面贯彻"三个代表"重要思想

举什么旗,走什么路,是正确制定中国共产党在新世纪之初行动纲领的前提。

中国共产党坚持用马克思列宁主义、毛泽东思想和邓小平理论武装全党,教育人民,不断推进理论创新。因此,能在极端复杂的环境中始终保持清醒的头脑,把握正确的方向,能够科学地回答发展中遇到的一系列重大问题。这是我们不断胜利前进

的根本。

邓小平理论是当代中国的马克思主义。江泽民同志在十五大报告中明确地指出:"在社会主义改革开放和现代化建设的新时期,在跨越世纪的新征途上,一定要高举邓小平理论的伟大旗帜,用邓小平理论来指导我们整个事业和各项工作。这是党从历史和现实中得出的不可动摇的结论。""做出这个决策,表明中央领导集体和全党把邓小平开创的建设有中国特色社会主义事业全面推向新世纪的决心和信念,也反映了全国人民的共识和心愿。"

江泽民同志这个重要论断,毫不含糊地回答了我们党在新世纪之初举什么旗、走什么路的问题。

十五大报告又告诉我们:"马克思主义是科学,它始终严格地以客观事实为根据。""马克思主义必定随着时代、实践和科学的发展而不断发展,不可能一成不变。"报告指出:邓小平理论形成了新的建设有中国特色社会主义理论的科学体系,"又是需要从各方面进一步丰富发展的科学体系"。

中国共产党是一个勇于在实践中不断探索、不断推进理论创新的党。毛泽东同志在七千人大会上的讲话中说:"对于建设社会主义的规律的认识,必须有一个过程。必须从实践出发,从没有经验到有经验,从有较少的经验,到有较多的经验,从建设社会主义这个未被认识的必然王国,到逐步地克服盲目性、认识客观规律、从而获得自由,在认识上出现一个飞跃,到达自由王国。"实践永无止境,认识的深化也永无止境,我们应该使理论随着时代的前进和实践的进展而不断发展。不这样做,就会使理论丧失蓬勃的生机和活力,它的生命也就会终结。

江泽民同志在十六大报告中,总结了十三届四中全会以来的

10条基本经验。这些基本经验,充分反映出党13年来新的实践和理论成果。这13年,我们走过的是一条充满挑战和风险的道路,确实是外有压力、内有困难。中国共产党在极其复杂多变的环境中,从容应对一系列突发事件的挑战,战胜来自国内和国外、社会和自然界方方面面的风险,不断研究新情况,解决新问题,总结新经验,探索新规律,对事关党和国家全局的大问题做出一个又一个重大决策,乘风破浪,大踏步前进。13年来,我国国内生产总值年均增长9.3%,社会主义市场经济体制初步确立,全方位对外开放格局基本形成,各项社会事业全面发展,中国的面貌发生了前所未有的巨大变化。江泽民同志多次讲:事非经过不知难。十六大报告从实践中总结、概括和提炼的这些新鲜经验,既是理论创新的需要,也是指导今后实践发展的需要。它是十六大报告的一大特色。

这10条基本经验,既坚持高举邓小平理论的伟大旗帜,又体现了以江泽民同志为核心的党中央在新的实践中对邓小平理论的丰富和发展。10条基本经验都分别用两句话来表述。大体说来,前一句讲的是必须坚持什么,后一句讲的是在新的实践中又有哪些丰富和发展,从而体现了继承和创新的统一。前者包括:坚持以邓小平理论为指导,坚持以经济建设为中心,坚持改革开放,坚持四项基本原则,坚持物质文明和精神文明两手抓,坚持稳定压倒一切的方针,坚持党对军队的绝对领导,坚持团结一切可以团结的力量,坚持独立自主的和平外交政策,坚持加强和改善党的领导。后者包括:不断推进理论创新,用发展的办法解决前进中的问题,不断完善社会主义市场经济体制,发展社会主义民主政治,实行依法治国和以德治国相结合,正确处理改革、发展、稳定的关系，走中国特色的精兵之路，不断增强中华民族的凝聚力，维护世界和平与促进共同发展，全面推进党的建设新的伟大工程。这两者是一脉相承、不可分割的，哪一方面都不可缺少。

报告指出："以上十条，是党领导人民建设中国特色社会主义必须坚持的基本经验。这些经验，联系党成立以来的历史经验，归结起来就是，我们党必须始终代表中国先进生产力的发展要求，代表中国先进文化的前进方向，代表中国最广大人民的根本利益。"

"三个代表"重要思想，是江泽民同志2000年2月在广东考察工作时提出来的。在"七一"重要讲话中，他又对"三个代表"重要思想的科学内涵做了系统而深刻的阐述。这篇讲话中的重要观点，如对待马克思主义的正确态度、从革命党到执政党的转变对我们提出的挑战、两个先锋队的联系、增强党的阶级基础和扩大党的群众基础等，在十六大报告中都得到充分的反映，并且贯穿报告的全篇。十六大明确提出："三个代表"重要思想是我们党必须长期坚持的指导思想。

十六大报告还着重谈了如何全面贯彻"三个代表"重要思想的问题。报告中有一段十分重要的话："贯彻'三个代表'重要思想，关键在坚持与时俱进，核心在坚持党的先进性，本质在坚持执政为民。全党同志要牢牢把握这个根本要求，不断增强贯彻'三个代表'重要思想的自觉性和坚定性。"这段言简意赅的话，值得我们仔细体会，可以从中得到许多教益。

这里所讲的三个"坚持"是相互联系、相互补充的整体：坚持与时俱进是我们对待马克思主义的正确态度，它的前提在于正确认识时代特征、把握社会前进脉搏、洞察历史发展大势，使我们的思想和行动能够始终适应迅猛变化着的客观实际；坚持党的先进性,要求我们必须在准确把握世界发展潮流、中国社会前进方向和党自身状况变化的基础上,使党一直自觉地站在时代前列,带领人民前进;而所有这一切,说到底,本质在坚持执政为民,把最广大人民的根本利益作为党的理论、路线、纲领、方针、政策和各项工作的出发点和归宿,充分发挥人民群众的积极性、主动性、创造性,共同奋斗,在社会不断发展进步的基础上使人民群众获得切实的利益。

三、全面建设小康社会

根据在21世纪中叶基本实现现代化的要求,十六大确定本世纪前20年的具体目标是全面建设小康社会。这是一个具有继往开来意义、十分鼓舞人心的奋斗目标。确定这个目标,符合邓小平同志关于实现现代化的战略思想,符合我国国情和现代化建设的实际,也符合全国人民的共同愿望。

邓小平同志指出:在我国这样一个生产力不发达、经济文化比较落后的国家,要实现现代化,必须经过分阶段、长时期的努力。他在十一届三中全会后的第二年同日本首相大平正芳谈话时就提出:到本世纪末,中国现代化所要达到的是小康的状态。在1987年8月同意大利朋友谈话时,他又说:"我国经济发展分三步走,本世纪走两步,达到温饱和小康,下个世纪用三十年到五十年时间再走一步,达到中等发达国家的水平。这就是我们的战略目标,这就是我们的雄心壮志。"

当20世纪结束的时候,我国已经胜利地实现了邓小平同志提出的"三步走"中第一步和第二步的目标:人均国民生产总值比

1980年翻了两番，综合国力有了很大增强，人们以往世世代代渴望实现的温饱问题已得到解决，人民生活在总体上达到小康水平，为21世纪前50年的发展打下了扎实的基础。这是社会主义制度的伟大胜利，是中华民族发展史上的一个新的里程碑。

在前两步目标实现后，如何实施第三步战略目标？党必须及时地对此做出明确的回答。

中国共产党一直在探索和思考着这个问题。

党的十五大提出："展望下世纪，我们的目标是，第一个十年实现国民生产总值比2000年翻一番，使人民的小康生活更加宽裕，形成比较完善的社会主义市场经济体制；再经过十年的努力，到建党100年时，使国民经济更加发展，各项制度更加完善；到世纪中叶建国100年时，基本实现现代化，建成富强民主文明的社会主义国家。"十五届五中全会又进一步提出：从新世纪开始，我国将进入全面建设小康社会、加快推进社会主义现代化的新的发展阶段。这是一个十分重要的论断，但当时还没有进入21世纪，对这个问题还来不及进一步展开论述。

在跨入21世纪之初召开的这次党的全国代表大会明确地规定：把全面建设小康社会作为新世纪最初20年的阶段性目标。这是一个关系全局的战略决策。做出这样的战略决策，是非常必要和及时的。

既然我国在20世纪结束时已进入小康社会，为什么还需要提出"全面建设小康社会"这个阶段性目标？原因在于，我们已经进入的小康社会还是低水平的、不全面的、发展很不平衡的小康。实施第三步战略目标需要五十年左右，时间跨度比较大。从现在这样的基础出发，要达到接近中等发达国家的水平，仍需要经过分阶段、长时期的努力。

全面建设小康社会,就是要进一步巩固和提高目前已达到的小康水平,在优化结构和提高效益的基础上,使国内生产总值到 2020 年力争比 2000 年再翻两番,相当于当时中等收入国家的平均水平,基本实现工业化,将现在低水平的、不全面的、发展很不平衡的小康,变为较高水平的、比较全面、城镇人口比重有较大幅度提高、各种差别的扩大趋势逐步得到扭转的小康,使全体人民都过上比较富足的生活。这是我们在这 20 年内所要做的主要工作。

全面建设小康社会所说的全面,还有一层重要意思:它应该是一个经济、政治、文化等全面发展的目标。江泽民同志在十六大报告中指出:"全面建设小康社会,最根本的是坚持以经济建设为中心,不断解放和发展社会生产力。"报告又指出:"发展社会主义民主政治,建设社会主义政治文明,是全面建设小康社会的重要目标。"报告还论述了文化同经济、政治的关系:"当今世界,文化与经济和政治相互交融,在综合国力竞争中的地位和作用越来越突出。""全面建设小康社会,必须大力发展社会主义文化,建设社会主义精神文明。"我国的生态环境必将得到改善。这样来理解,才比较全面。如果缺少其中任何一个方面,便谈不上全面建设小康社会。

全面建设小康社会,是我国社会主义现代化建设进程中一个必须经过的、不可逾越的发展阶段。我们必须经过 20 年的紧张努力。走好这一步,才能在更高的起点上努力实现预定在本世纪中叶达到的第三步战略目标,基本实现现代化。现在,全国各族人民都希望我国在新世纪继续保持良好的发展势头,都希望我国的综合国力和人民生活再上一个新的台阶。党的十六大在此时提出"全面建设小康社会"这个阶段性目标,并加以具体化,完全符合党心民意,是我们党和国家事业不断向前发展的必然要求。

我们党在革命、建设、改革的各个历史时期,历来都根据人民的心愿和党的事业发展的要求,及时提出明确的具有强烈感召力的目标,团结并带领广大人民为之奋斗。有这样一个明确目标和没有这样一个明确目标大不一样。十六大明确提出在20年内全面建设小康社会的具体目标,并在科学论证的基础上加以阐述,对加快推进我国社会主义现代化必将产生巨大而深远的影响。

四、全面推进党的建设新的伟大工程

在中国这样一个有着十几亿人口的多民族的发展中大国,要把全国人民的意志和力量凝聚起来,齐心协力地全面建设小康社会,如果没有中国共产党的领导,是根本不可能的。那样的话,这么大的国家和这么多的人就会各行其是,成为一盘散沙,甚至出现四分五裂、纷争不已的局面,不再有什么稳定可言,更谈不上集中力量搞好社会主义现代化建设了。

历史证明:要把中国的事情办好,关键在我们党;全面建设小康社会、加快推进社会主义现代化能否顺利实现,同样关键在我们党。

坚持和改善党的领导,同加强党自身的建设无法分开。13年来,党中央一直以很大的力量全面推进党的建设这个新的伟大工程。江泽民同志在《为把党建设成更加坚强的工人阶级先锋队而斗争》这篇讲话中指出:"党的十三届四中全会以来,根据邓小平同志关于'这个党该抓了，不抓不行了'的意见，中央采取了一系列重要措施来加强党的建设，各级党组织为此进行了大量工作，已经开始见效。人民高兴，全党高兴。"这完全符合事实。

在进入新世纪的时候，我们要看到：经过八十多年的发展，党的地位、任务和党员状况都已发生深刻的变化。十六大报告分析了这种变化："我们党历经革命、建设和改革，已经从领导人民为夺取全国政权而奋斗的党，成为领导人民掌握全国政权并长期执政的党；已经从受到外部封锁和实行计划经济条件下领导国家建设的党，成为对外开放和发展社会主义市场经济条件下领导国家建设的党。"

新时代，新形势，新情况，对党自身提出许多新问题，集中起来是两大历史性课题：一个是如何不断提高党的领导水平和执政水平，另一个是如何不断提高拒腐防变和抵御风险的能力。这是两个非解决不可而又并不容易解决的问题，是时代对我们党提出的严峻考验。

十三届四中全会以来，江泽民同志多次强调："治国必先治党，治党务必从严。"这是总结党的建设的历史经验得出的科学结论。

党的建设，包括思想、组织、作风三方面的建设。十六大对坚持和改善党的领导、全面推进党的建设新的伟大工程提出六项措施：第一，深入学习贯彻"三个代表"重要思想，提高全党的马克思主义理论水平。第二，加强党的执政能力建设，提高党的领导水平和执政水平。第三，坚持和健全民主集中制，增强党的活力和团结统一。第四，建设高素质的领导干部队伍，形成朝气蓬勃、奋发有为的领导层。第五，切实做好基层党建工作，增强党的阶级基础和扩大党的群众基础。第六，加强和改进党的作风建设，深入开展反腐败斗争。

可以确信，只要始终抓紧不放，切实地贯彻落实这六项措施，并在实践中不断总结新的经验，全面推进党的建设，一定可以做到十五届六中全会决定中所说的："党就能在世界形势深刻变化的历史进程中始终走在时代前列，在应对国内外各种风险考验的历史进程中始终成为全国人民的主心骨，在建设有中国特色社会主义的历史进程中始终成为坚强的领导核心。"

中国共产党第十六次全国代表大会，是全党和全国人民政治生活中的一件大事。

中国共产党从诞生之日起，就明确宣布自己是工人阶级的先锋队。同时，她又始终坚定不移地为了民族独立、人民解放和国家走向繁荣富强、人民走向共同富裕，带领全国人民百折不挠地奋斗，除了她没有任何其他政党能够成功地担负起这样的历史使命，因此她又是中华民族和中国人民的先锋队。党在新时期开创的建设中国特色社会主义伟大事业，正是实现中华民族伟大复兴的唯一正确道路。

十六大确定的主题是："高举邓小平理论伟大旗帜，全面贯彻'三个代表'重要思想，继往开来，与时俱进，全面建设小康社会，加快推进社会主义现代化，为开创中国特色社会主义事业新局面而奋斗。"这是中国共产党在新世纪之初的行动纲领，也是中华民族和中国人民在新世纪之初的行动纲领。当然，在前进的道路上，不确定因素和困难仍然很多。我们对这些要有足够的精神准备。但是，只要全党和全国人民坚强团结，万众一心地按照这个行动纲领指引的方向共同努力，实现中华民族伟大复兴这个可以告慰于先人、并为未来开辟道路的崇高历史使命，一定能够在 21 世纪内变为现实！

征引文献

一、报刊征引文献

1. 《江苏》第 5 期，1903 年 8 月
2. 《天义》第 3 卷，1907 年 7 月 10 日
3. 《青年》杂志第 1 卷第 6 号，1916 年 2 月 15 日
4. 《新青年》第 3 卷第 3 号，1917 年 5 月
5. 《湖南教育月刊》第 1 卷第 2 号，1919 年 12 月
6. 《时事新报》副刊《学灯》，1921 年 2 月 21 日
7. 《益世报》（天津），1921 年 3 月 22 日
8. 《益世报》（天津），1921 年 3 月 23 日
9. 《国闻周报》第 13 卷第 23 期，1936 年 6 月 15 日
10. 《群众》周刊第 1 卷第 4 期，1938 年 1 月 1 日
11. 《群众》周刊第 19 期，1938 年 4 月 23 日
12. 《新华日报》1938 年 2 月 10 日
13. 《新华日报》1938 年 9 月 8 日
14. 《中国青年》第 1 卷第 2 期，1939 年 5 月
15. 《解放日报》（延安），1941 年 10 月 10 日
16. 《人民日报》1978 年 12 月 24 日
17. 《人民日报》1981 年 6 月 30 日

18.《党史研究资料》1980 年第 1 期

19.《文献和研究》1985 年第 4 期

20.《党的文献》1988 年第 1 期

21.《党的文献》1989 年第 3 期

22.《党的文献》1994 年第 1 期

23.《党的文献》2001 年第 4 期

24.《近代中国》季刊第 157 期,2004 年 6 月 30 日

25.《斗争》第 3 期

26.《斗争》第 8 期

27.《斗争》第 12 期

28.《斗争》第 21 期

29.《斗争》第 27 期

30.《斗争》第 45 期

31.《布尔塞维克》第 1 卷第 1 期

32.《布尔塞维克》第 1 卷第 3 期

33.《布尔塞维克》第 1 卷第 4 期

34.《布尔塞维克》第 1 卷第 5 期

35.《布尔塞维克》第 1 卷第 6 期

36.《布尔塞维克》第 1 卷第 9 期

37.《布尔塞维克》第 2 卷第 1 期

38.《布尔塞维克》第 2 卷第 5 期

39.《布尔塞维克》第 2 卷第 7 期

40.《布尔塞维克》第 3 卷第 1 期

41.《布尔塞维克》第 3 卷第 4、5 期合刊

42.《布尔塞维克》第 4 卷第 1 期

43.《布尔塞维克》第 4 卷第 3 期

44.《红旗周报》第 31 期

45.《红旗周报》第 33 期

46.《党的生活》第 3 期

二、图书等征引文献

1. 梁启超:《中国历史研究法补编》,上海:商务印书馆,1947年版

2.《红旗飘飘》编辑部编:《解放战争回忆录》,北京:中国青年出版社,1961 年版

3. 复旦大学历史系日本史组编译:《日本帝国主义对外侵略史料选编（1931—1945）》,上海:上海人民出版社,1975 年版

4. 梁启超:《欧游心影录》,《梁启超选集》,上海:上海人民出版社,1981 年版

5. 陈伯钧:《陈伯钧日记（1933—1937）》,上海:上海人民出版社,1987 年版

6. [英]李德·哈特著,林光余译:《第一次世界大战战史》,上海:上海人民出版社,2010 年版

7. 吴玉章:《吴玉章回忆录》,北京:中国青年出版社,1978 年版

8. 中国人民政治协商会议全国委员会文史资料研究委员会编:《文史资料选辑》第 62 辑,内部资料,北京:中华书局,1979 年版

9. 广东省社会科学院历史研究室、中国社会科学院近代史研究所中华民国史研究室、中山大学历史系孙中山研究所合编:《孙

中山全集》第1卷，北京：中华书局，1981年版

10. 陈旭麓主编:《宋教仁集》(下册)，北京：中华书局，1981年版

11. 中国社会科学院近代史研究所编:《五四运动回忆录》(续)，北京：中国社会科学出版社，1979年版

12. 中国社会科学院近代史研究所翻译室编译:《共产国际有关中国革命的文献资料》第1辑，北京：中国社会科学出版社，1981年版

13. 中国社会科学院近代史研究所翻译室编译:《共产国际有关中国革命的文献资料》第2辑，北京：中国社会科学出版社，1982年版

14. 中国社会科学院近代史研究所编:《国外中国近代史研究》第3辑，北京：中国社会科学出版社，1989年版

15. 中国社会科学院近代史研究所翻译室编译:《共产国际有关中国革命的文献资料》第3辑，北京：中国社会科学出版社，1990年版

16. 张允侯、殷叙彝等编:《五四时期的社团》(二)，北京：生活·读书·新知三联书店，1979年版

17. 榆林地区《毛主席转战陕北》编写组编:《毛主席转战陕北》，西安：陕西人民出版社，1979年版

18. 中国革命博物馆编:《新民学会资料》，北京：人民出版社，1980年版

19.《周恩来选集》编委会:《周恩来选集》(上卷)，北京：人民出版社，1980年版

20. 中国社会科学院现代史研究室、中国革命博物馆党史研究室选编:《一大前后》(二)，北京：人民出版社，1980年版

21. 蔡和森:《蔡和森文集》,北京:人民出版社,1980年版

22.《李达文集》编辑组编:《李达文集》,北京:人民出版社,1981年版

23. 朱德:《朱德选集》,北京:人民出版社,1983年版

24. 恽代英:《恽代英文集》(上卷),北京:人民出版社,1984年版

25. 李大钊:《李大钊文集》(下),北京:人民出版社,1984年版

26.《周恩来选集》编委会:《周恩来选集》(下卷),北京:人民出版社,1984年版

27. 管文蔚:《管文蔚回忆录》,北京:人民出版社,1985年版

28. [格鲁吉亚] 罗米纳兹,孙武霞、许俊基编:《共产国际与中国资料选辑(1925—1927)》,北京:人民出版社,1985年版

29. 中共中央党校资料征集委员会、中央档案馆编:《遵义会议文献》,北京:人民出版社,1985年版

30.《张闻天选集》编辑组编:《张闻天选集》,北京:人民出版社,1985年版

31. 何孟雄:《何孟雄文集》,北京:人民出版社,1986年版

32. 中国社会科学院近代史研究所编:《米夫关于中国革命言论》,北京:人民出版社,1986年版

33. 王稼祥:《王稼祥选集》,北京:人民出版社,1989年版

34. 毛泽东:《毛泽东选集》第1卷,北京:人民出版社,1991年版

35. 毛泽东:《毛泽东选集》第2卷,北京:人民出版社,1991年版

36. 毛泽东:《毛泽东选集》第4卷,北京:人民出版社,1991年版

37. 陆定一:《陆定一文集》,北京:人民出版社,1992年版

38. 黄克诚:《黄克诚自述》,北京:人民出版社,1994年版

39. 邓小平:《邓小平文选》第2卷,北京:人民出版社,1994年版

40. 邓小平:《邓小平文选》第3卷,北京：人民出版社,1994年版

41. 瞿秋白:《瞿秋白文集》政治理论编,第5卷,北京：人民出版社,1995年版

42. 陈云:《陈云文选》第1卷,北京：人民出版社,1995年版

43. 陈云:《陈云文选》第3卷,北京：人民出版社,1995年版

44. 毛泽东:《毛泽东文集》第1卷,北京：人民出版社,1993年版

45. 毛泽东:《毛泽东文集》第5卷,北京：人民出版社,1996年版

46. 毛泽东:《毛泽东文集》第7卷,北京：人民出版社,1999年版

47. 中央财经领导小组办公室编:《中国经济发展五十年大事记》,北京：人民出版社、中共中央党校出版社,1999年版

48.《马克思恩格斯选集》第4卷,北京：人民出版社,2012年版

49.《忆徐海东》编辑组编:《忆徐海东》,郑州：河南人民出版社,1981年版

50. 中国人民解放军军事学院编:《刘伯承军事文选》,北京：解放军出版社,1982年版

51. 何长工:《何长工回忆录》,北京：解放军出版社,1987年版

52. 杨成武:《杨成武回忆录》,北京：解放军出版社,1987年版

53. 王平:《王平回忆录》,北京：解放军出版社,1992年版

54.《中国工农红军第四方面军战史资料选编·长征时期》,北京：解放军出版社,1992年版

55. 中国人民解放军军事学院编:《李达军事文选》,北京：解放军出版社,1993年版

56. 中国人民解放军军事学院编:《陈毅军事文选》,北京：解放军出版社,1996年版

57. 中国人民解放军军事学院编:《叶剑英军事文选》,北京：

解放军出版社，1997年版

58. 邓华、李德生等:《星火燎原未刊稿》第10集，北京：解放军出版社，2007年版

59. 中国人民政治协商会议全国委员会文史资料委员会编:《淮海战役亲历记：原国民党将领的回忆》，北京：文史资料出版社，1983年版

60. 聂荣臻:《聂荣臻回忆录》（上），北京：战士出版社，1983年版

61. 贵州省档案馆编:《红军转战贵州——旧政权档案史料选编》，贵阳：贵州人民出版社，1984年版

62. 谢本书、冯祖贻主编:《西南军阀史》第3卷，贵阳：贵州人民出版社，1994年版

63.《伟大转折的起点：黎平会议》编辑组编著:《伟大转折的起点：黎平会议》，贵阳：贵州人民出版社，2009年版

64. 瞿秋白:《瞿秋白文集》文学编，第1卷，北京：人民文学出版社，1985年版

65. 中央档案馆编:《中共中央文件选集》第7册，北京：中共中央党校出版社，1991年版

66. 中央档案馆编:《中共中央文件选集》第8册，北京：中共中央党校出版社，1991年版

67. 中央档案馆编:《中共中央文件选集》第9册，北京：中共中央党校出版社，1991年版

68. 中央档案馆编:《中共中央文件选集》第10册，北京：中共中央党校出版社，1991年版

69. 中央档案馆编:《中共中央文件选集》第11册，北京：中共中央党校出版社，1991年版

70.［英］詹姆斯·贝特兰，林淡秋译:《中国的新生》，北京：新华出版社，1986年版

71.［英］珍妮·德格拉斯选编:《共产国际文件（1929—1943）》，北京：东方出版社，1986年版

72.李维汉:《回忆与研究》（上），北京：中共党史资料出版社，1986年版

73.中共中央党史资料征集委员会编:《共产主义小组》（上），北京：中共党史资料出版社，1987年版

74.中共中央党史资料征集委员会主编:《淮海战役》第3册，北京：中共党史资料出版社，1988年版

75.中共桂林地委《红军长征过广西》编写组编著:《红军长征过广西》，南宁：广西人民出版社，1986年版

76.中共云南省委党史资料征集委员会编:《红军长征过云南》，昆明：云南民族出版社，1986年版

77.中央统战部、中央档案馆编:《中共中央抗日民族统一战线文件选编》（中），北京：档案出版社，1985年版

78.四川省档案馆编:《国民党军追堵红军长征档案史料选编（四川部分）》，北京：档案出版社，1986年版

79.中国第二历史档案馆编:《国民党军追堵红军长征档案史料选编（中央部分）》（上），北京：档案出版社，1987年版

80.贺国光:《参谋团大事记》（上），北京：军事科学院军事图书馆，1986年影印本

81.中共湖南省党史资料征集研究委员会研究处编:《红军长征在湘南专号》，《峥嵘岁月》第7集，长沙：湖南人民出版社，1987年版

82. 周朝举主编:《红军黔滇驰骋风云录》,北京:军事科学出版社,1987年版

83. 周朝举主编:《红军黔滇驰骋史料总汇》(上),北京:军事科学出版社,1988年版

84. 军事科学院军事图书馆编著:《中国人民解放军组织沿革和各级领导成员名录》,北京:军事科学出版社,1990年版

85. 毛泽东:《毛泽东军事文集》第1卷,北京:军事科学出版社、中央文献出版社,1993年版

86. 毛泽东:《毛泽东军事文集》第2卷,北京:军事科学出版社、中央文献出版社,1993年版

87. 毛泽东:《毛泽东军事文集》第5卷,北京:军事科学出版社、中央文献出版社,1993年版

88. 粟裕:《粟裕文选》第2卷,北京:军事科学出版社,2004年版

89. 寿充等编:《走在社会主义大道上——原私营工商业者社会主义改造纪实》,北京:中国文史出版社,1988年版

90. 中国人民政治协商会议全国委员会文史资料委员会《围追堵截红军长征亲历记》编审组编:《围追堵截红军长征亲历记——原国民党将领的回忆》(上),北京:中国文史出版社,1991年版

91. 何键、王东原:《何键·王东原日记》,北京:中国文史出版社,1993年版

92.《周恩来书信选集》编委会:《周恩来书信选集》,北京:中央文献出版社,1988年版

93. 师哲口述、李海文整理:《在历史巨人身边:师哲回忆录》,北京:中央文献出版社,1991年版

94. 中共中央文献研究室编:《建国以来重要文献选编》第6册,

北京：中央文献出版社，1993年版

95. 毛泽东：《毛泽东在七大的报告和讲话集》，北京：中央文献出版社，1995年版

96. 中共中央文献研究室编，金冲及主编：《周恩来传》第1卷，北京：中央文献出版社，1998年版

97. 中共中央文献研究室编，金冲及主编：《周恩来传》第2卷，北京：中央文献出版社，1998年版

98. 杨尚昆：《杨尚昆回忆录》，北京：中央文献出版社，2001年版

99. 中共中央文献研究室编，逄先知主编：《毛泽东年谱（1893—1949）》（上卷），北京：中央文献出版社，2002年版

100. 中共中央文献研究室编，金冲及主编：《毛泽东传（1893—1949）》，北京：中央文献出版社，2004年版

101. 中共中央文献研究室编：《邓小平年谱（1975—1997）》（上），北京：中央文献出版社，2004年版

102. 中共中央文献研究室编：《邓小平年谱（1975—1997）》（下），北京：中央文献出版社，2004年版

103. 罗永赋、费侃如主编：《四渡赤水战役亲历记》，北京：中央文献出版社，2010年版

104. 胡绳主编：《中国共产党的七十年》，北京：中共党史出版社，1991年版

105. 张闻天：《张闻天文集》（1），北京：中共党史出版社，1990年版

106. 张闻天：《张闻天文集》（2），北京：中共党史出版社，1993年版

107. 中共山西省石楼县委宣传部编：《红军东征》（上），北京：

中共党史出版社，1997年版

108. 石仲泉：《长征行》，北京：中共党史出版社，2006年版

109. 中共中央党史研究室第一研究部编：《联共（布）、共产国际与中国苏维埃运动（1931—1937）》（14），北京：中共党史出版社，2007年版

110. 中共武汉市委党史研究室：《抗日战争初期中共中央长江局史》（上册），北京：中共党史出版社，2011年版

111. 中共湖北省委党史资料征集编研委员会：《抗战初期中共中央长江局》，武汉：湖北人民出版社，1991年版

112. 罗明：《罗明回忆录》，福州：福建人民出版社，1991年版

113. 朱谦之、师复：《谦之文存·师复文存》，上海：上海书店，1991年影印版

114. 中央档案馆编：《红军长征档案史料选编》，北京：学习出版社，1996年版

115. 徐则浩：《王稼祥传》，北京：当代中国出版社，1996年版

116. 李定主编：《中国资本主义工商业的社会主义改造》，北京：当代中国出版社，1997年版

117. 程中原：《张闻天传》，北京：当代中国出版社，2000年版

118. 黄修荣：《国共关系七十年》，广州：广东教育出版社，1998年版

119. 中国第二历史档案馆：《中华民国史档案资料汇编》第5辑第1编政治（2），南京：江苏古籍出版社，2000年版

120. ［保］季米特洛夫：《季米特洛夫日记选编》，桂林：广西师范大学出版社，2002年版

121. 董志凯、吴江：《新中国工业的奠基石——1956年建设研

究》，广州：广东经济出版社，2004年版

122.《贵州社会科学》编辑部、贵州省博物馆编：《红军长征在贵州史料选辑》，内部资料，1983年版

123.《朱总司令自传（1886—1937）》，孙泱笔记，稿本

124.中央档案馆所藏档案（包括会议记录、电报、谈话记录、简报、手稿等）

三、海外征引文献

1.秦孝仪总编纂：《蒋介石大事长编初稿》卷3，台北：国民党中央党史委员会，1978年

2.《中华民国重要史料初编——对日抗战时期》第6编，傀儡组织（2），台北：中国国民党中央党史委员会，1981年

3.李宗仁：《李宗仁回忆录》，香港：南粤出版社，1987年版

4.陈寿恒、蒋荣森等编著：《薛岳将军与国民革命》，台北："中研院"近代史研究所，1988年

5."三军大学"战史编纂委员会编纂：《国民革命军战役史第五部——"戡乱"》第9册"总检讨"，台北："国防部史政编译局"，1989年版

6.王世杰：《王世杰日记》（手稿本）第6册，台北："中研院"近代史研究所，1990年版

7.蒋中正：《苏俄在中国》，台北："中央"文物供应社，1992年

8.万耀煌口述、沈云龙访问、贾廷诗等记录：《万耀煌先生访问记录》，台北："中研院"近代史研究所，1993年

9.陈立夫:《成败之鉴——陈立夫回忆录》,台北:正中书局,1994年

10.杨奎松:《西安事变新探——张学良与中共关系之研究》,台北:东大图书公司,1995年

11.蒋纬国:《历史见证人的实录——蒋中正先生传》第2册,台北:青年日报社,1997年版

12.《蒋介石档案·事略稿本》(28),台北:"国史馆",2007年

13.《蒋介石档案·事略稿本》(29),台北:"国史馆",2007年

14.《蒋介石档案·事略稿本》(30),台北:"国史馆",2008年

15.郝柏村:《郝柏村解读蒋公日记(1945—1949)》,台北:天下远见出版股份有限公司,2011年版

16.蒋介石日记(手稿本),美国斯坦福大学胡佛研究所藏

17.陈绍禹:《王明选集》第5卷,[日本]汲古书院,1975年11月发行